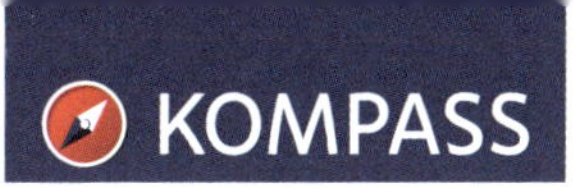

Endlich Hüttenzeit

SÜDTIROL

44 HÜTTENTOUREN

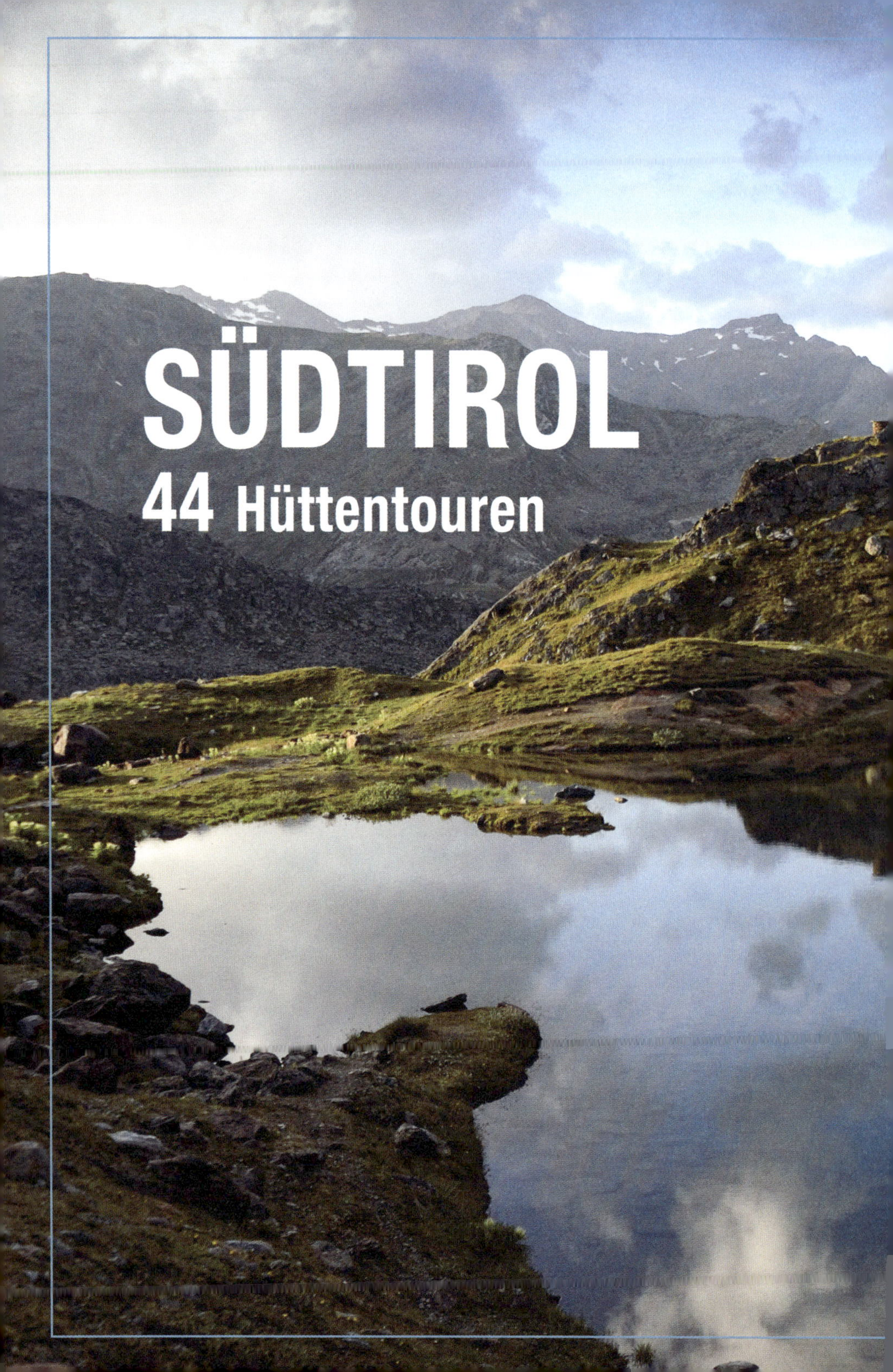
SÜDTIROL
44 Hüttentouren

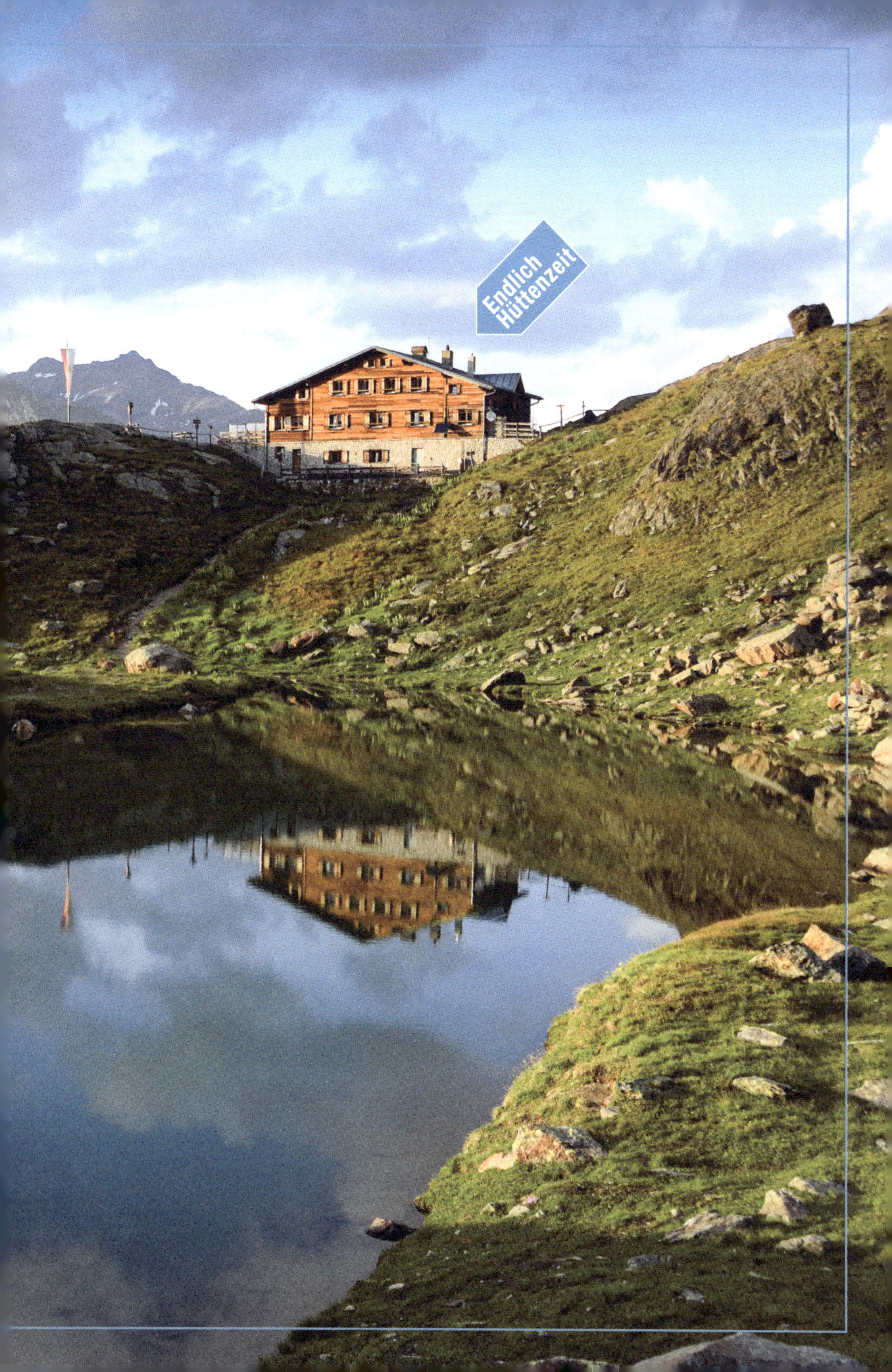
Endlich
Hüttenzeit

Inhalt

Tourenübersicht

Übersichtskarte

Endlich... geht es los!

Packliste

Verhaltenskodex

Wer wir sind

Wegweisend: der KOMPASS Verlag

KOMPASS-Produkte sind für Entdecker, Abenteurer und Menschen mit Tatendrang. Ob spontan aufbrechen oder mit einem klaren Ziel vor Augen, ankommen will jeder und jede. Dafür machen wir seit 1953 Outdoor-Produkte.

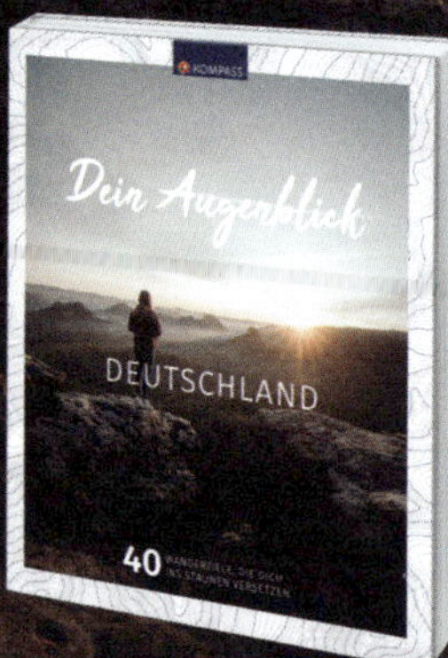

Dein Augenblick Deutschland

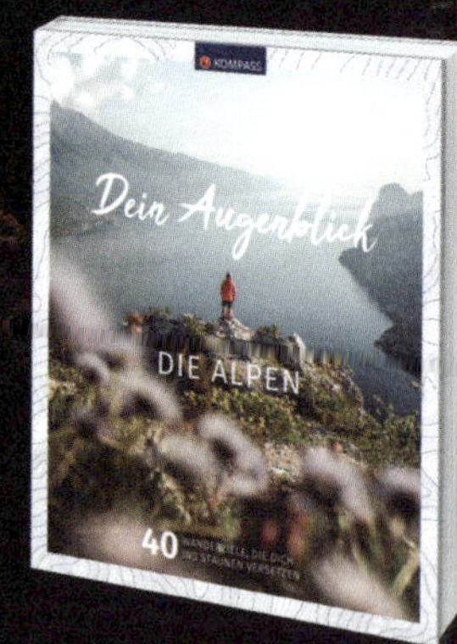

Dein Augenblick Die Alpen

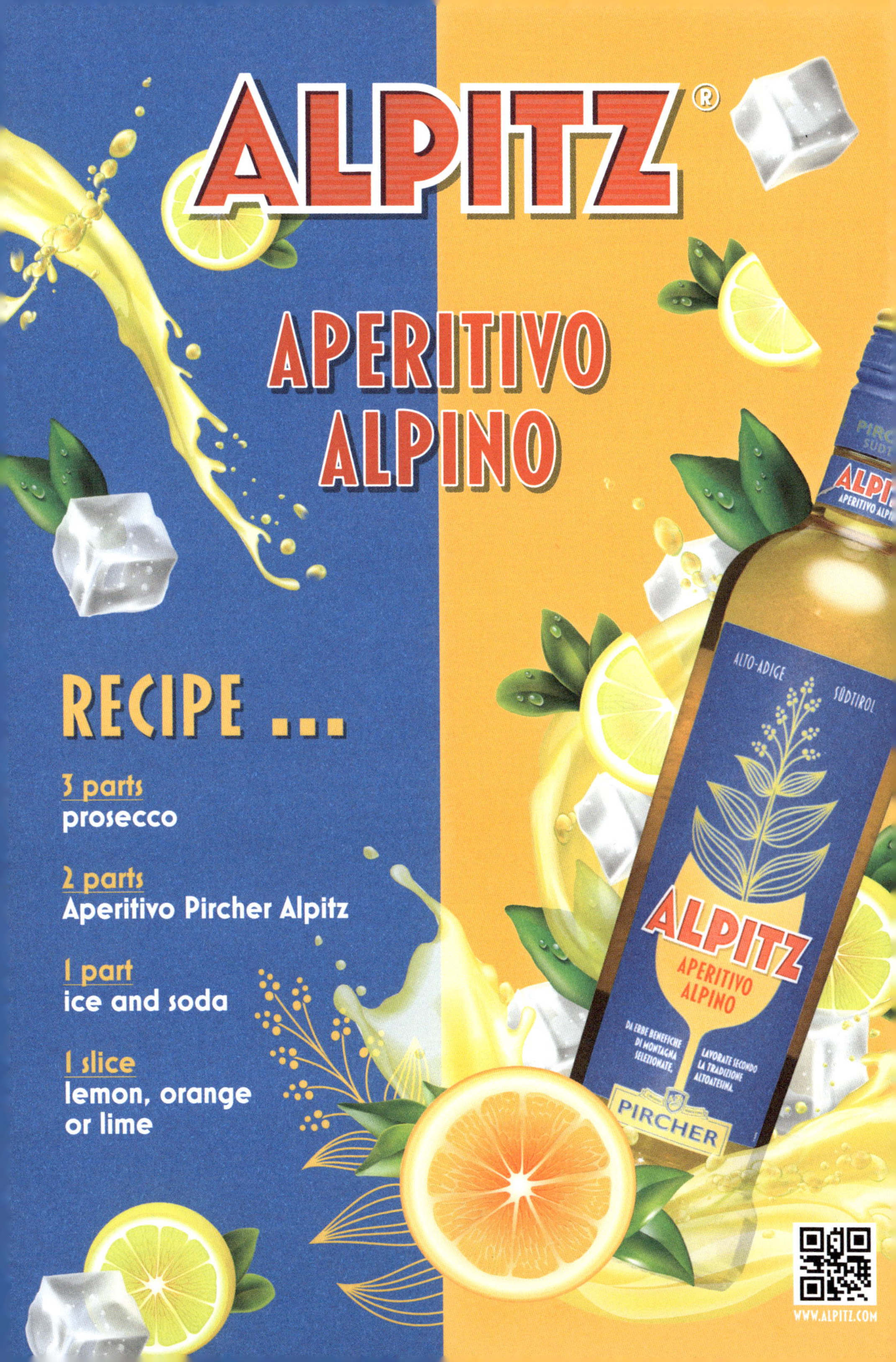

ALPITZ®
APERITIVO ALPINO
RECIPE ...
3 parts
prosecco
2 parts
Aperitivo Pircher Alpitz
1 part
ice and soda
1 slice
lemon, orange or lime
ALTO-ADIGE
SÜDTIROL
ALPITZ
APERITIVO ALPINO
DA ERBE BENEFICHE DI MONTAGNA SELEZIONATE,
LAVORATE SECONDO LA TRADIZIONE ALTOATESINA.
PIRCHER
WWW.ALPITZ.COM

Tourenübersicht

TOUREN 1–11

TOUREN 12–22

Tourenübersicht

TOUREN 23–33

TOUREN 34–44

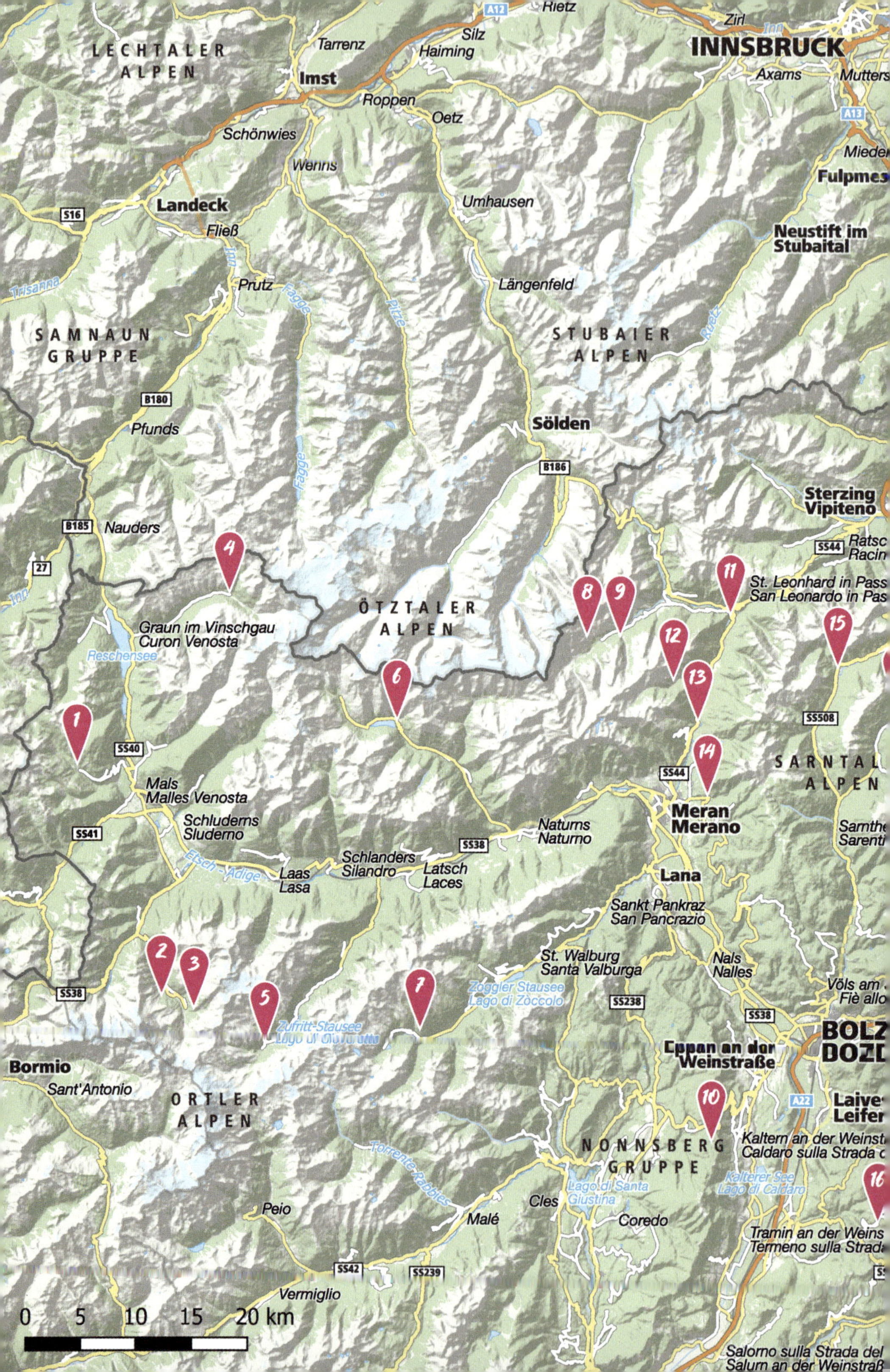
Rietz
Zirl
INNSBRUCK
LECHTALER ALPEN
Tarrenz
Silz
Haiming
Imst
Roppen
Oetz
Axams
Mutters
Schönwies
Wenns
Mieders
Fulpmes
Landeck
Umhausen
Fließ
Neustift im Stubaital
Prutz
Längenfeld
SAMNAUN GRUPPE
STUBAIER ALPEN
Pfunds
Sölden
Sterzing Vipiteno
Nauders
St. Leonhard in Passeier
San Leonardo in Passiria
ÖTZTALER ALPEN
Graun im Vinschgau
Curon Venosta
Reschensee
SARNTALER ALPEN
Mals
Malles Venosta
Schluderns
Sluderno
Naturns
Naturno
Meran
Merano
Schlanders
Silandro
Latsch
Laces
Laas
Lasa
Lana
Sankt Pankraz
San Pancrazio
St. Walburg
Santa Valburga
Nals
Nalles
Zoggler Stausee
Lago di Zoccolo
Zufritt-Stausee
Bormio
Sant'Antonio
Eppan an der Weinstraße
ORTLER ALPEN
NONNSBERG GRUPPE
Kaltern an der Weinstraße
Caldaro sulla Strada del Vino
Kalterer See
Lago di Caldaro
Lago di Santa Giustina
Cles
Coredo
Peio
Malé
Tramin an der Weinstraße
Termeno sulla Strada del Vino
Vermiglio
Salorno sulla Strada del Vino
Salurn an der Weinstraße
0 5 10 15 20 km
1
2
3
4
5
6
7
8
9
10
11
12
13
14
15
16

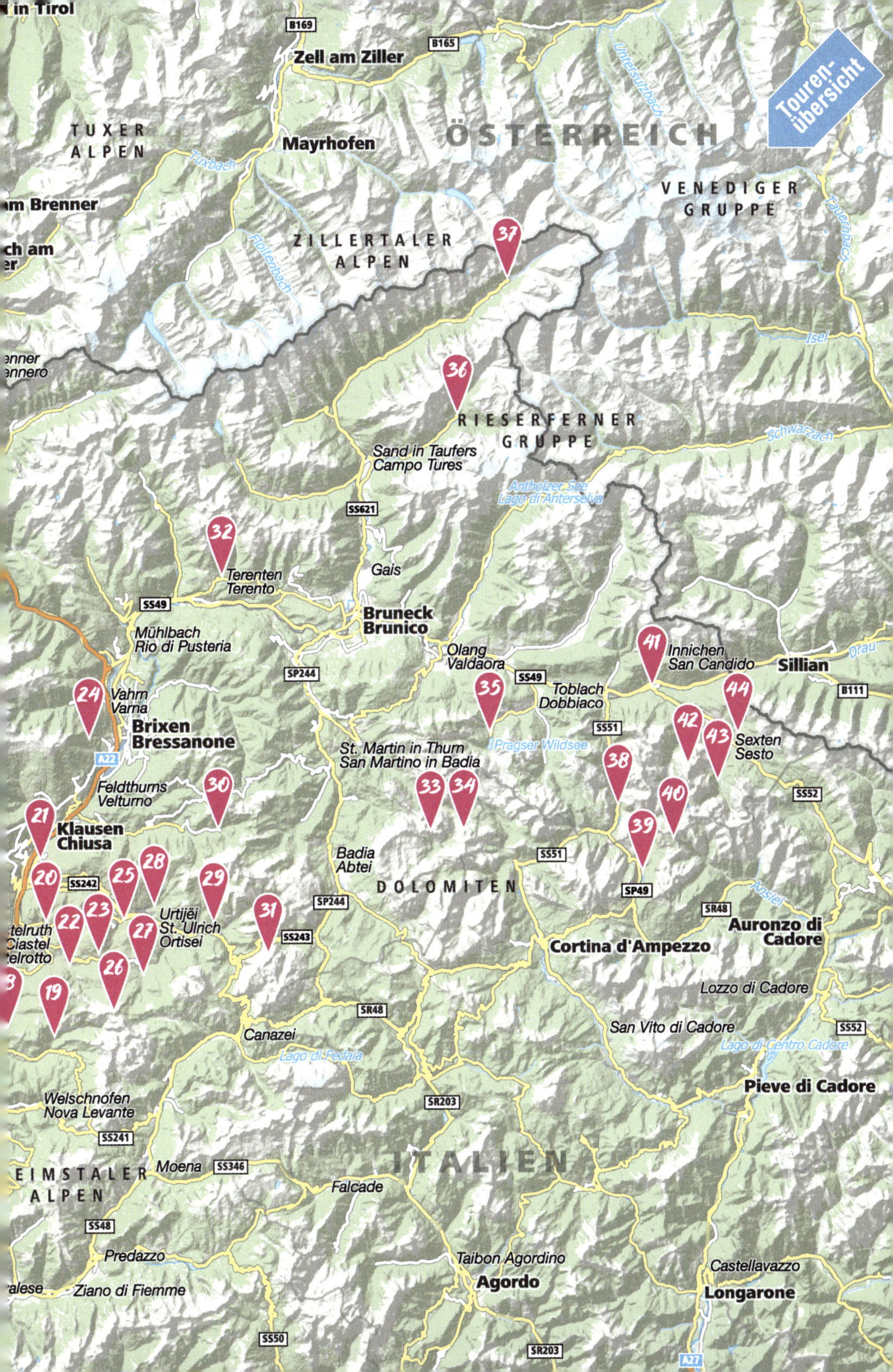

Touren-übersicht
in Tirol
B169
B165
Zell am Ziller
TUXER ALPEN
Mayrhofen
Tuxbach
ÖSTERREICH
Untersulzbach
VENEDIGER GRUPPE
Tauernbach
Brenner
ZILLERTALER ALPEN
Floitenbach
Isel
RIESERFERNER GRUPPE
Sand in Taufers
Campo Tures
Schwarzach
Antholzer See
Lago di Anterselva
SS621
Terenten
Terento
Gais
SS549
Bruneck
Brunico
Mühlbach
Rio di Pusteria
Olang
Valdaora
Innichen
San Candido
Sillian
Drau
SP244
SS49
Toblach
Dobbiaco
B111
Vahrn
Varna
Brixen
Bressanone
SS51
Sexten
Sesto
A22
St. Martin in Thurn
San Martino in Badia
Pragser Wildsee
Feldthurns
Velturno
SS52
Klausen
Chiusa
Badia
Abtei
SS51
SS242
DOLOMITEN
SP49
Ansiei
SR48
Auronzo di Cadore
Urtijëi
St. Ulrich
Ortisei
SP244
SS243
Cortina d'Ampezzo
Ciastel
Lozzo di Cadore
SR48
San Vito di Cadore
SS52
Canazei
Lago di Fedaia
Lago di Centro Cadore
Pieve di Cadore
SR203
Welschnofen
Nova Levante
SS241
ITALIEN
Moena
SS346
ALPEN
Falcade
SS48
Predazzo
Taibon Agordino
Agordo
Castellavazzo
Ziano di Fiemme
Longarone
SS50
SR203
A27
19 20 21 22 23 24 25 26 27 28 29 30 31 32 33 34 35 36 37 38 39 40 41 42 43 44

Endlich ...

geht es los!

44 HÜTTENTOUREN FÜR DICH

Was könnte schöner sein, als endlich Hüttenzeit? Jetzt heißt es raus aus dem Alltag und rein in die Wanderklamotten! Wir haben die schönsten Touren zusammengestellt und zeigen dir die faszinierensten Hütten in Südtirol. Wir nehmen dich mit zu Schlutzkrapfen und Heißer Schokolade, Kaminfeuer und spannenden Berggeschichten. Denn Hüttenzeit heißt Wohlfühlzeit am Berg, ohne Stress und Hektik.

Südtirol liegt am Südrand der Alpen und stellt eine der vielfältigsten und interessantesten Landschaften im Ostalpenraum dar. Das Land an der Etsch und im Gebirge wird im Norden durch den Alpenhauptkamm und seine Gletscher begrenzt. Im Süden geht Südtirol in mediterrane Gefilde über und strahlt mit seinen Weinbergen und Almen südliche Gelassenheit aus. Dieser Teil von Italien hat von den urbanen Zentren, wie Bozen und Meran, bis hin zur beschaulichen Dorfidylle alles zu bieten. Allein schon die Vielfältigkeit der Sprache mit Deutsch, Italienisch, Ladinisch und weiteren Dialekten, die sich von Tal zu Tal unterscheiden, zeigt die Besonderheit Südtirols auf. Gutes Essen und geschmackvolle Weine runden deinen Aufenthalt noch ab.

Endlich Hüttenzeit Südtirol wartet mit einer beeindruckenden Reihe an Hütten auf, die sich wunderbar im Rahmen von idyllischen Tageswanderungen, aber auch reizvollen Mehrtagestouren, erkunden lassen. Ob eine kurze Familienwanderung auf der Puflatschrunde, eine aussichtsreiche aber fordernde Tour zur Similaunhütte oder eine anspruchsvolle Zweitagestour zur Drei-Zinnen-Hütte – wir haben die schönsten Hüttentouren in Südtirol zusammengetragen und wünschen dir viele unvergessliche Wandererlebnisse!

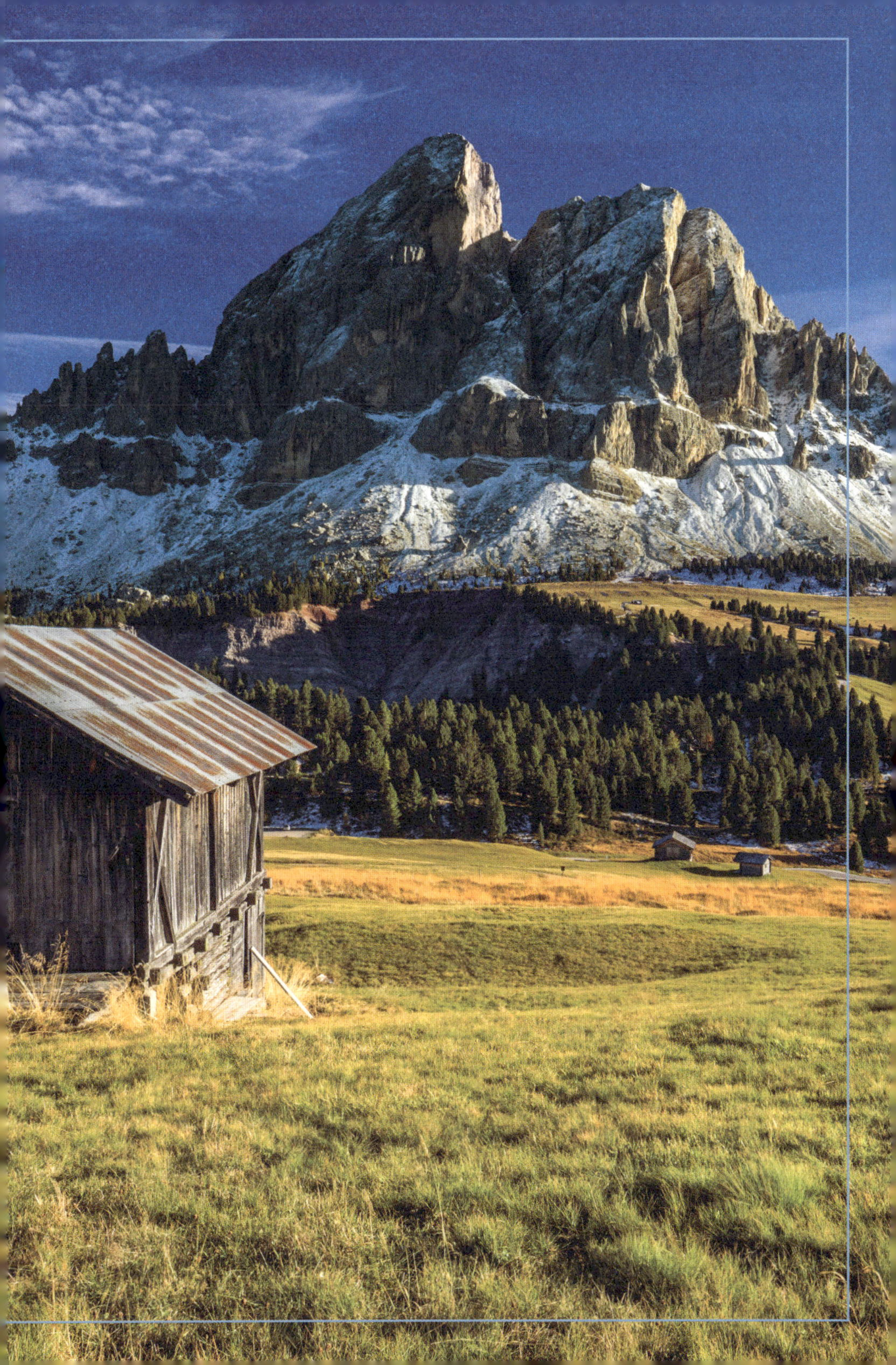

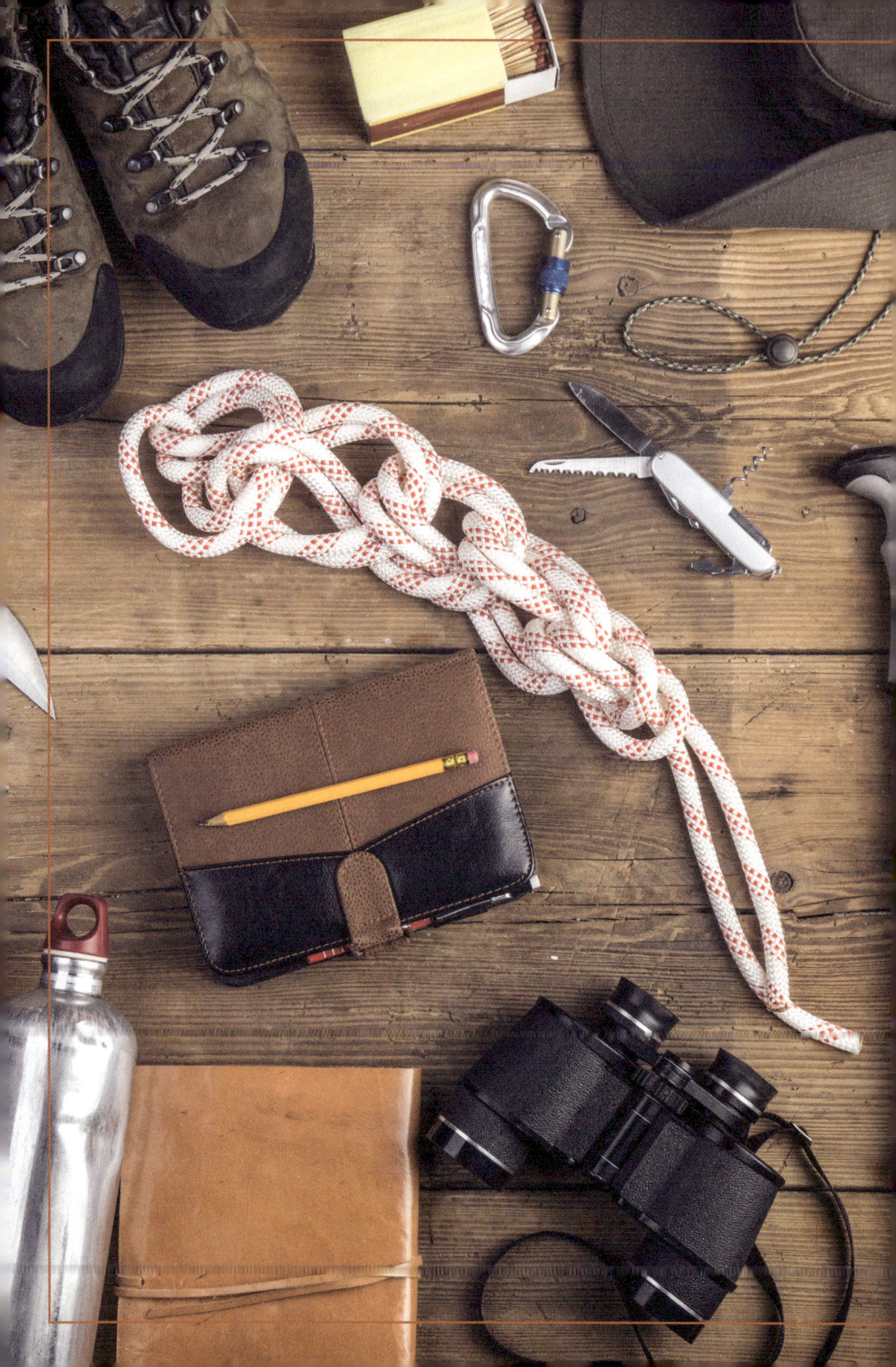

Pack-tipps

Endlich alle 7 Sachen zusammen

Deine Packliste

MATERIALCHECK

Die Hüttentouren sind zum Teil sehr fordernde Bergtouren. Daher sollte der Rucksack gefüllt sein mit dem richtigen Material. Damit ihr nichts Wichtiges vergesst, haben wir eine Packliste für euch zusammengestellt, die euch wohlbehalten zu eurem Ziel bringt:

- ◯ Wanderstiefel
- ◯ Handy (für den Notruf)
- ◯ Wetterfeste Bekleidung
- ◯ Wechselkleidung
- ◯ Wasser (mind. 1,5 Liter!)
- ◯ Proviant
- ◯ Erste-Hilfe-Set
- ◯ Kompass und Wanderkarte

Neben der Standardausrüstung zum Wandern sind für die Hüttentouren und die damit verbundene Übernachtung noch folgende Dinge sehr wichtig:

- ◯ Hüttenschlafsack
- ◯ AV-Ausweis und Bargeld
- ◯ Ohrstöpsel
- ◯ Hüttenschuhe und trockene Socken

Endlich gern gesehen

Verhaltenskodex

WANDERN

Wandern liegt voll im Trend! Immer mehr Menschen lassen sich von der Faszination des Bergsports in den Bann ziehen, kehren dem Städtealltag den Rücken zu und suchen fernab von Stress und Hektik mehr Ruhe, Ausgleich und Bewegung in den Bergen. Doch je mehr wir in der Natur unterwegs sind, desto mehr Schaden trägt sie davon – außer, wir gehen sanft mit der sensiblen Umgebung um und versuchen, möglichst viele Aspekte rund um eine Wandertour nachhaltig zu gestalten. Zum Glück ist umweltfreundliches Wandern mit Respekt vor der Natur und vor der Tier- und Pflanzenwelt nicht allzu schwer. Um im Einklang mit der Umgebung unterwegs zu sein, haben wir wichtige Tipps und einfache Grundregeln zusammengefasst. „Take nothing but pictures, leave nothing but footprints" – beherzige dieses Motto, dann steht deinem umweltschonenden Naturerlebnis nichts mehr im Weg!

Und das kannst du machen...

Dos & Don'ts

01 Befolge Bestimmungen: Informiere dich über Regelungen in Nationalparks und Schutzgebieten und halte dich an die Hinweise auf Informationstafeln.

02 Bewege dich auf sichtbaren Wegspuren: Durchquere keine Gebiete auf eigene Faust, sondern bleibe auf den festgelegten Routen. Respektiere Privatgrund und schließe Weidegatter.

03 Respektvoller Umgang untereinander: Begegne anderen Wanderern, Forst- und Almpersonal sowie Jägern und Landwirten stets freundlich und respektvoll, schließlich bist du Gast in dieser schönen Gegend.

04 Vermeide unnötigen Lärm: Achte auf Ruhezonen und bewege dich möglichst leise in der freien Natur.

05 Respektiere den Lebensraum der Tiere: Weiche Tieren unaufgeregt aus und halte Distanz bei Begegnungen.

06 Halte die Umwelt sauber: Hinterlasse keinen Abfall. Versuche dich bei Notdurft von Gewässern fernzuhalten und nimm Klopapier wieder mit ins Tal.

07 Pflücke und sammle keine Pflanzen: Achte darauf, Pflanzen möglichst unberührt zu lassen.

08 Mache kein offenes Feuer und campiere richtig: Nutze nur ausgewiesene Feuerstellen und beachte die aktuelle Waldbrandgefahr. Wenn du im Freien übernachtest, tu das nur an Plätzen, wo dies erlaubt ist.

Grundwissen

Wandern & Hütten

SICHERHEIT UND BASICS

Wandern ist ein ideales Mittel, um einfach mal auszuspannen und den Alltag hinter sich zu lassen. Nur der eigenen Bewegung folgen, sich auf seine Schritte und den eigenen Rhythmus konzentrieren. Die Natur und ihre Schönheit genießen. Gerade bei Mehrtagestouren kannst du richtig abschalten und das Hüttenleben genießen. Trotzdem gilt es einiges zu beachten, damit durch unvorhergesehene Ereignisse der Spaß nicht auf der Strecke bleibt.

Wettercheck: Gerade im Gebirge ist stabiles Wetter sehr wichtig. Sich bereits zwei bis drei Tage vorher zu informieren und am Abend vor der Tour oder bei Unsicherheit sogar morgens nochmal das Wetter abzuklären, kann oft böse Überraschungen vermeiden. Am besten informierst du dich beim Deutschen Wetterdienst oder über das Bergwetter des Deutschen Alpenvereins. Bei unsicheren Verhältnissen lieber die Tour absagen und auf einen anderen Tag verschieben.

Hüttenübernachtung: Plane deine Hüttenübernachtung schon im Voraus und reserviere dir einen Schlafplatz über die Hüttenwebseite, per Mail oder direkt am Telefon beim Hüttenwirt. Denke auch daran, Bargeld für die Verpflegung und die Übernachtung mitzunehmen. Die anderen Gäste und der Hüttenwirt danken es dir, wenn du dich an die geltenden Regelungen hältst und auch die Essenszeiten sowie die Nachtruhe beachtest.

Notruf bei Unfällen: Bei einem Unfall haben Ruhe bewahren und überlegtes Handeln oberste Priorität. Erst einen Überblick über die Situation verschaffen, dann wird mit der europaweit gültigen Notrufnummer 112 ein Notruf abgesetzt. Funklöcher oder kein Handy erfordern das alpine Notsignal mittels Rufen, Pfiffen oder Licht: Alle zehn Sekunden eine Minute lang ein Signal, dann eine Minute Pause, dann wieder alle zehn Sekunden eine Minute lang ein Signal geben. Auch Erste-Hilfe-Maßnahmen sollten durchgeführt werden.

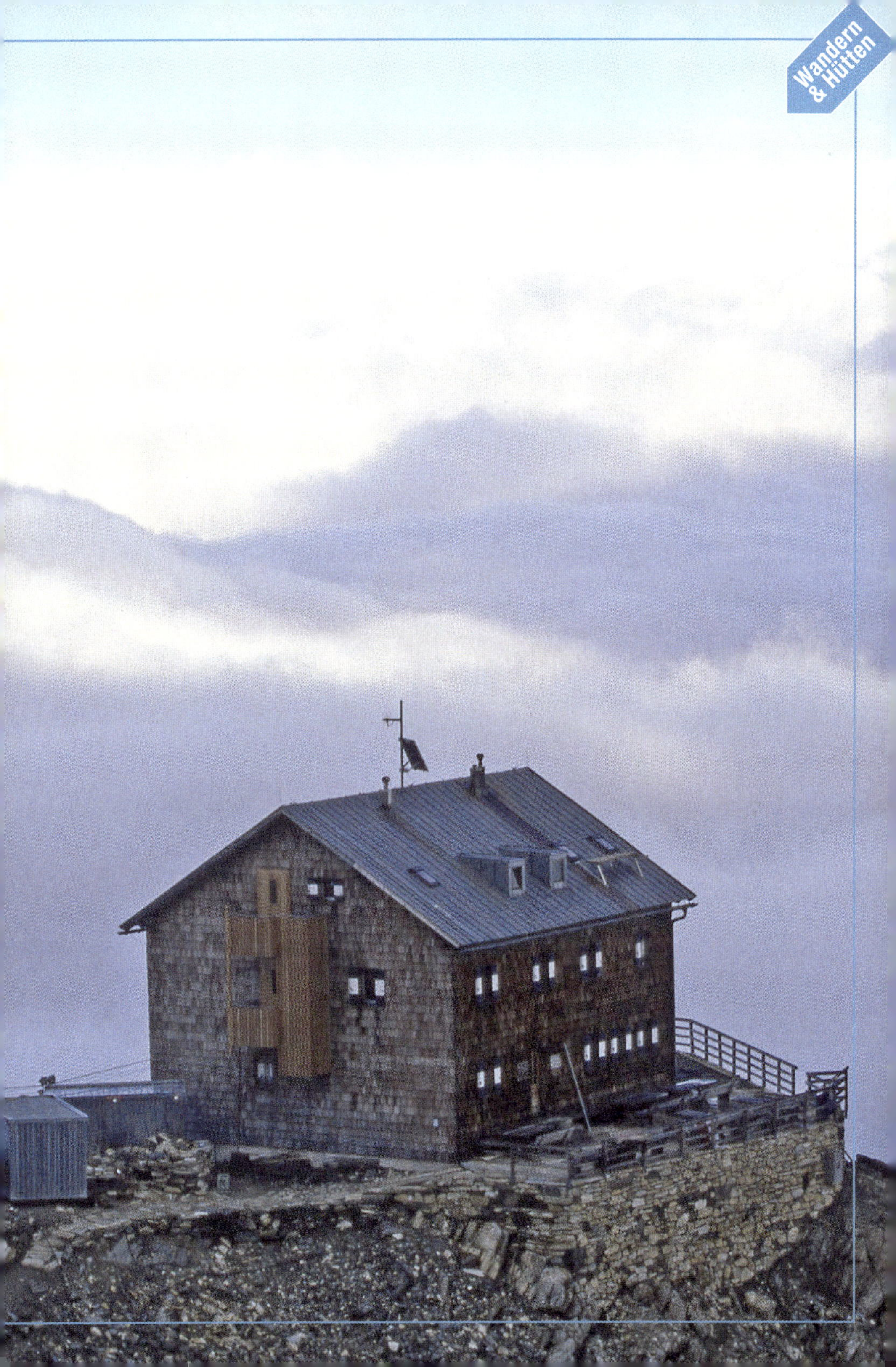
Wandern
& Hütten

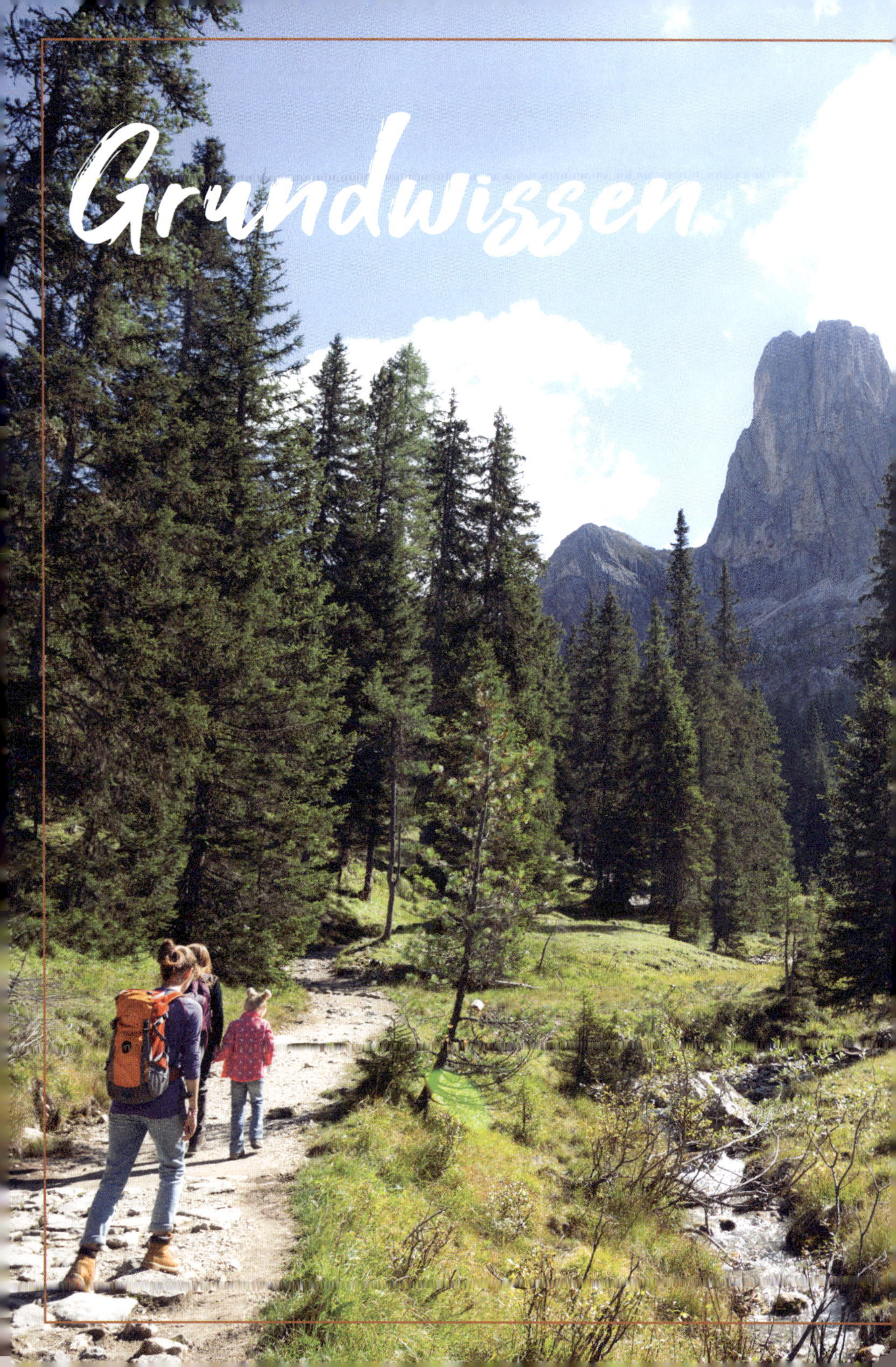
Grundwissen

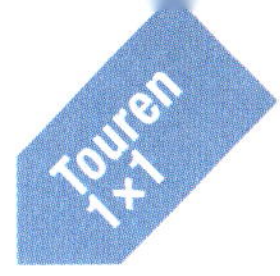

Wandern

TOUREN-1×1 & LEXIKON

Die Klassifizierung der Touren ist als Richtwert zu verstehen. Schätze dein Können und deine Kräfte realistisch ein und richte deine Tourenauswahl danach aus.

LEICHT: Meist gut markierte, breite Wanderwege ohne Gefahrenstellen, die stellenweise auch etwas steilere, wurzelige und felsige Passagen aufweisen können. Die Routen sind für AnfängerInnen, Kinder sowie fitte, ältere Personen geeignet und setzen keine großartige Bergerfahrung voraus.

MITTEL: Anspruchsvollere Wege und Pfade mit teils unwegsamem Untergrund (steinig, wurzelig, verwachsen, rutschig), die meist gut markiert sind und phasenweise leicht ausgesetzte Abschnitte beinhalten können. Die Routen sind überwiegend länger und setzen Bergerfahrung und eine gute Grundkondition voraus.

SCHWER: Herausfordernde Touren, meist auf schmalen und steilen Steigen in alpinem Gelände. Stellenweise können kurze (durch Drahtseile versicherte) Kletter- und Kraxelpassagen vorkommen, bei denen die Hände zu Hilfe genommen werden müssen. Es ist mit längeren An- und Abstiegen zu rechnen. Langjährige Bergerfahrung, Trittsicherheit und Schwindelfreiheit sowie ausgezeichnete Kondition sind Grundvoraussetzung!

Gehzeiten: Die angeführten Zeitangaben verstehen sich als Richtwerte für die reine Gehzeit ohne Pausen und basieren auf folgenden Erfahrungswerten pro Stunde: Aufstieg 400 Höhenmeter, Abstieg 600 Höhenmeter, 4 km auf flacher Strecke.

Wandersaison: Grundsätzlich lässt es sich in Südtirol ganzjährig wandern, trotzdem solltest du mit Schnee in den höheren Lagen rechnen. Besonders bei Minustemperaturen und Nässe ist auf die Wegverhältnisse zu achten. Deswegen empfehlen wir Wanderungen ab April bis Oktober. In alpinen Lagen lässt es sich von Juni bis Oktober gut wandern, wobei jede Jahreszeit ihren ganz besonderen Reiz hat. Während man in niedereren Regionen schon im Mai schöne Touren unternehmen kann, hält sich der Schnee in höher gelegenen Gegenden oft bis in den Hochsommer hinein. Der Herbst schafft eine einmalige Wanderkulisse und oft besteht sehr gute Fernsicht. Informiere dich am besten in der Region über die aktuelle Begehbarkeit der Wege und die Öffnungszeiten der Zufahrtsstraßen und Schutzhütten.

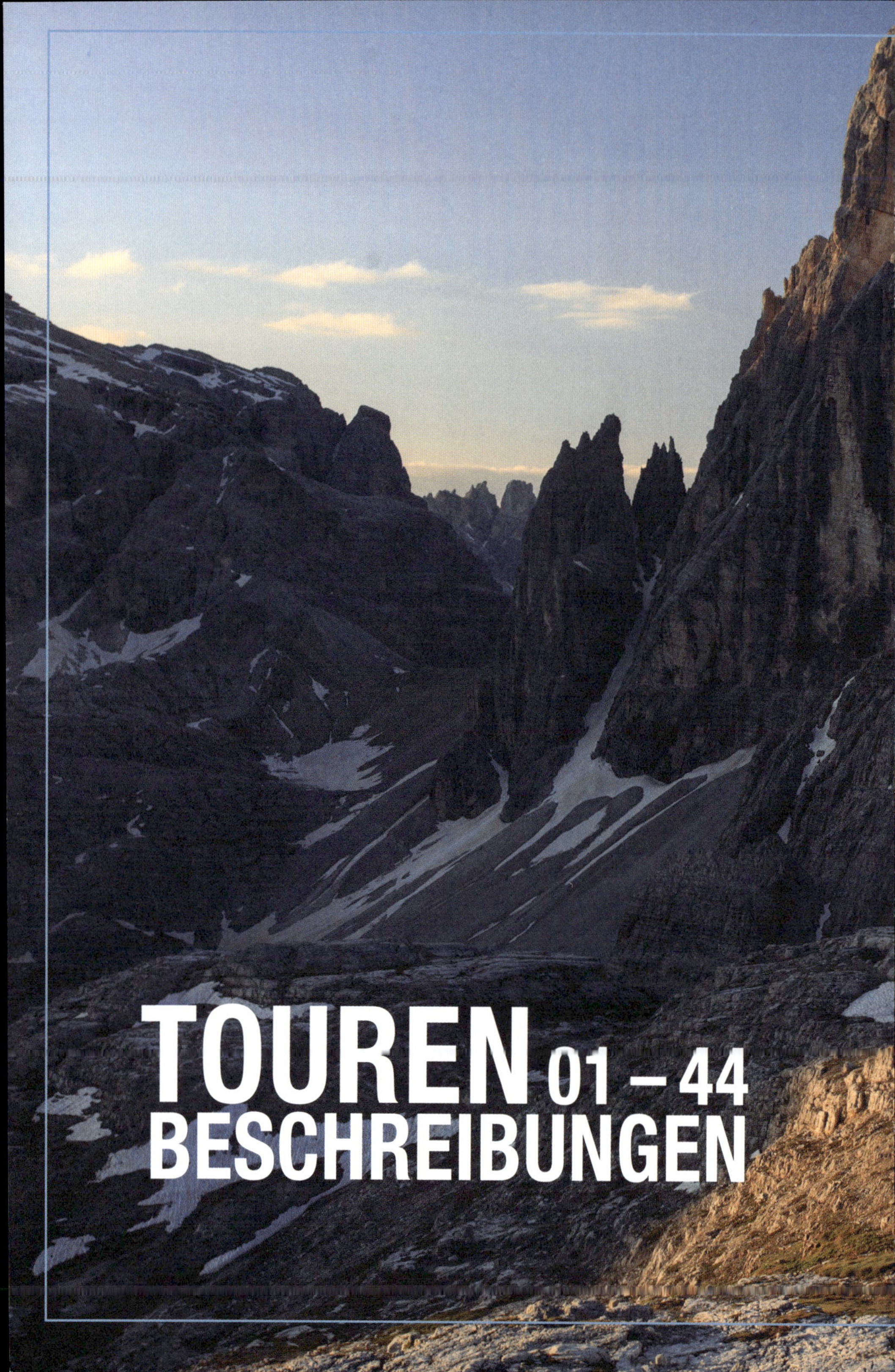
TOUREN 01 – 44
BESCHREIBUNGEN

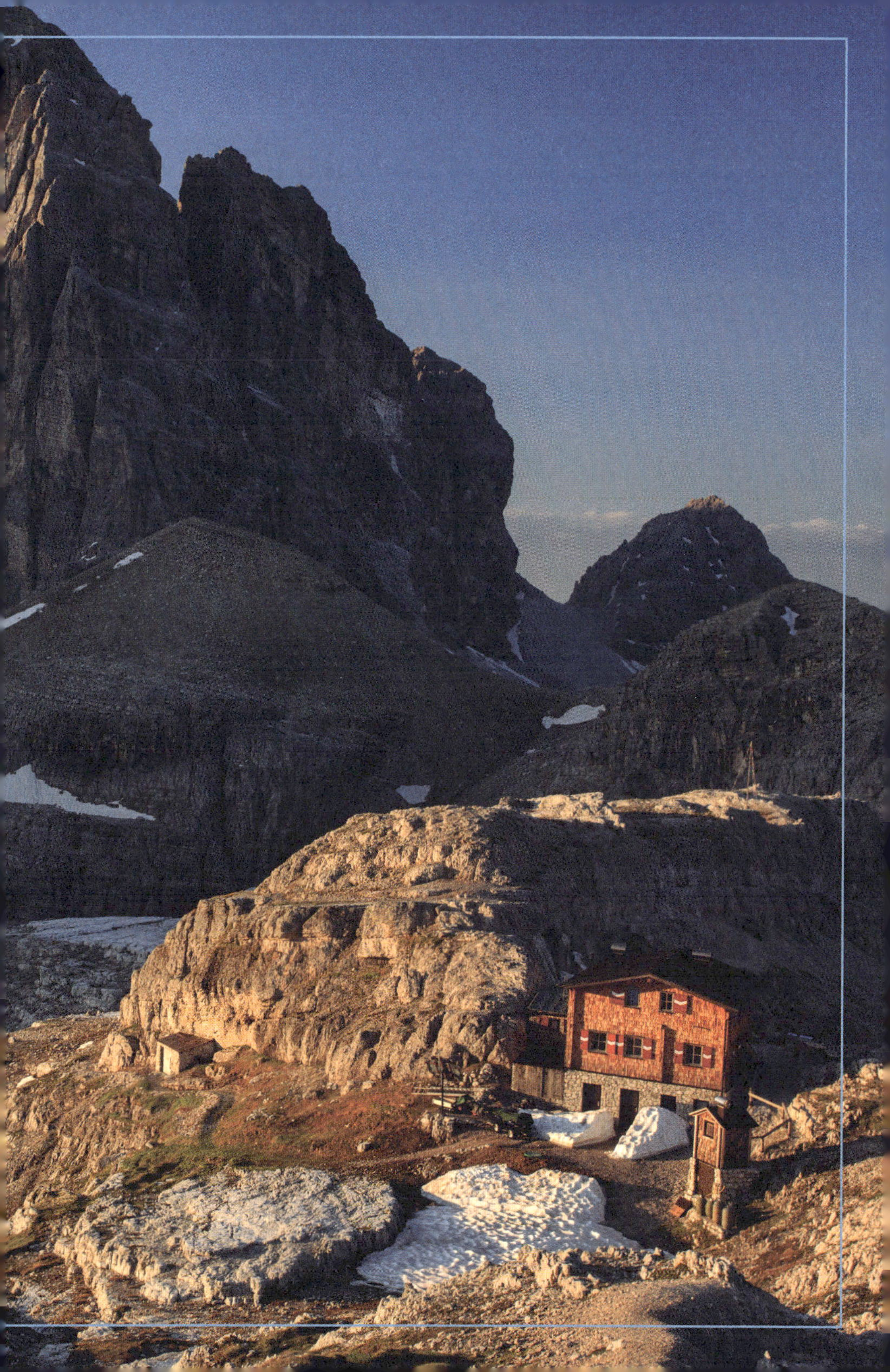

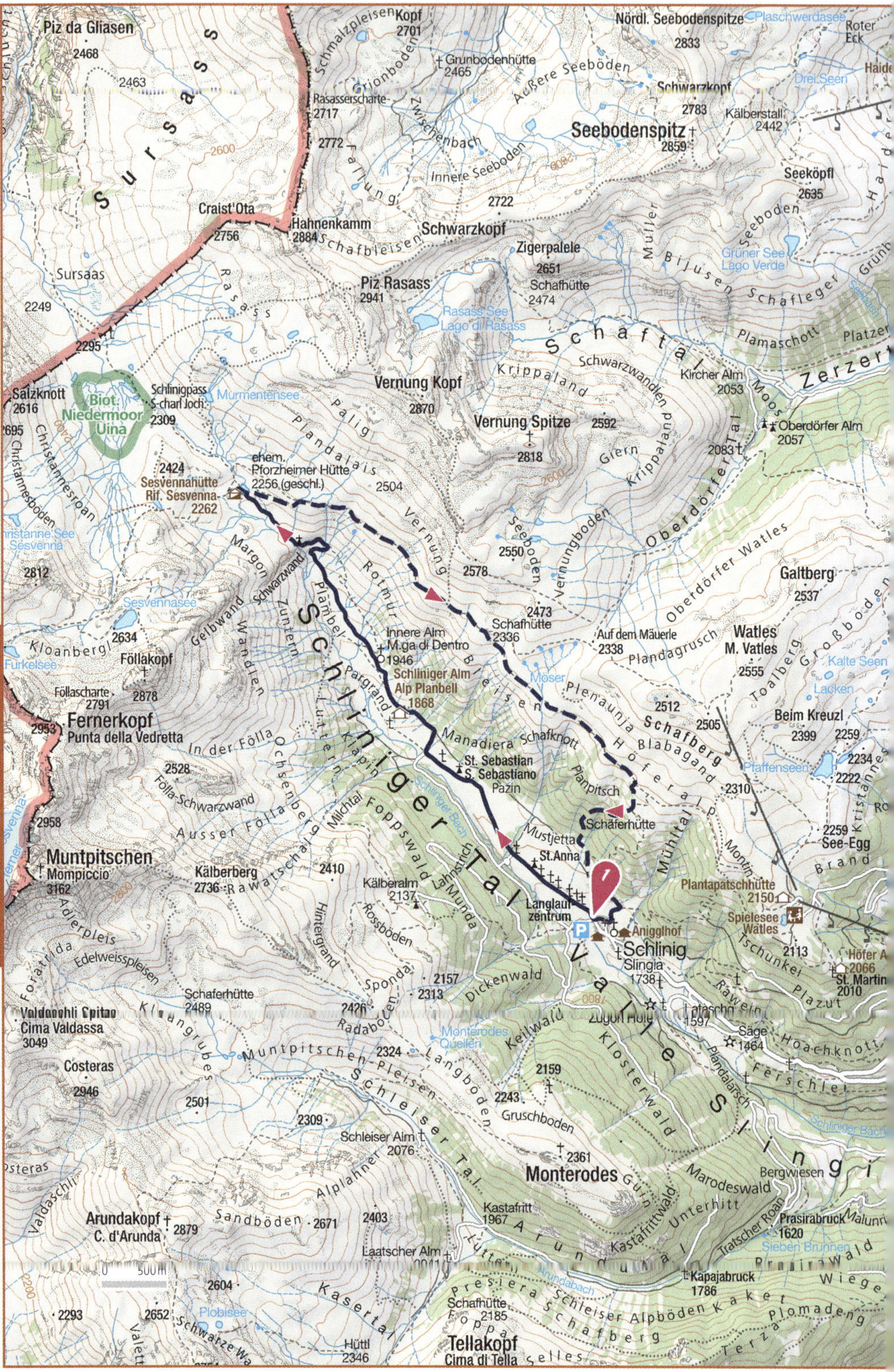

Piz da Gliasen
Sursass
Craist'Ota
Hahnenkamm
Schwarzkopf
Piz Rasass
Rasass See
Lago di Rasass
Zigerpalele
Nördl. Seebodenspitze
Seebodenspitz
Grionboden
Grunbodenhütte
Äußere Seeböden
Innere Seeboden
Zwischenbach
Rasasserscharte
Seeköpfl
Grüner See
Lago Verde
Schaftal
Vernung Kopf
Vernung Spitze
Krippaland
Kircher Alm
Oberdörfer Alm
Zerzer Tal
Salzknott
Biot. Niedermoor Uina
Schlinigpass
S-charl Joch
Murmentensee
ehem. Pforzheimer Hütte 2256 (geschl.)
Sesvennahütte
Rif. Sesvenna
2262
Sesvennasee
Palig
Plandalais
Vernung
Oberdörfer Tal
Oberdörfer Watles
Galtberg
Watles
M. Vatles
Auf dem Mäuerle
Schafhütte
Innere Alm
M.ga di Dentro
Schlinger Alm
Alp Planbell
1868
St. Sebastian
S. Sebastiano
Pazin
Schlinigerbach
Schlinger Tal
Valle di Slingia
Schafberg
Höferalp
Schäferhütte
Mustjetta
St. Anna
Langlaufzentrum
Schlinig
Slingia
1738
Anigglhof
Plantapatschhütte
Spielesee Watles
Fernerkopf
Punta della Vedretta
Föllakopf
Muntpitschen
Mompiccio
3162
Kälberberg
Kälberalm
Valdassa Spitze
Cima Valdassa
Costeras
Schleiser Alm
Schleiser Tal
Monterodes
Arundakopf
C. d'Arunda
Kastafritt
Laatscher Alm
Tellakopf
Cima di Tella
Prasirabruck
Kapajabruck
Bergwiesen
Malunri

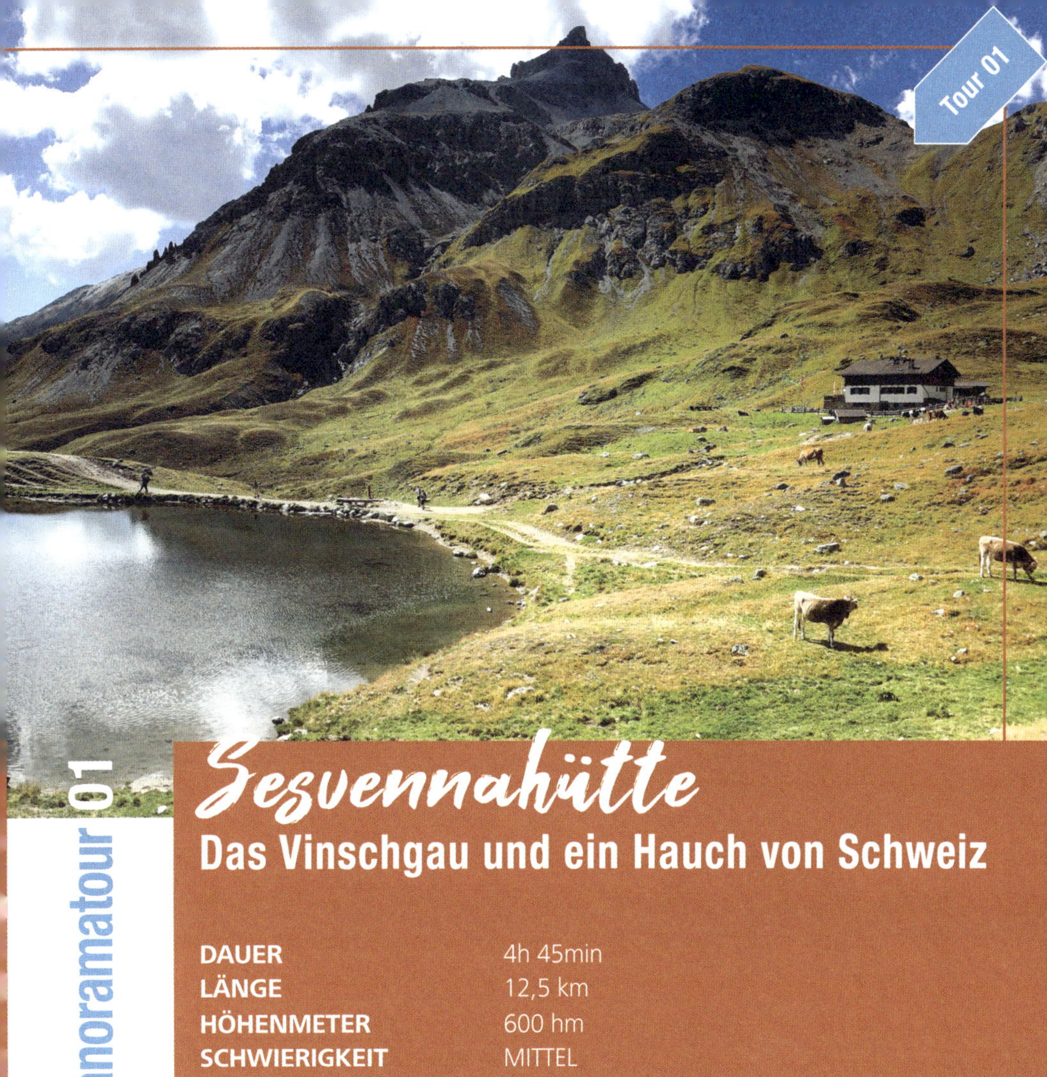

Panoramatour 01

Sesvennahütte

Das Vinschgau und ein Hauch von Schweiz

DAUER	4h 45min
LÄNGE	12,5 km
HÖHENMETER	600 hm
SCHWIERIGKEIT	MITTEL
ÜBERNACHTUNG	ja

Das erwartet dich ...

Die Wanderung bis zur Sesvennahütte stellt ein leichte Bergtour auf guten Steigen und Almwegen dar. Für den Rückweg über die Schafhütte braucht man ein gutes Orientierungsvermögen, da der Weg nicht so gut markiert ist. Der Abstieg ist ab und an steil. Dafür erhält man umfassende Einblicke in die Welt eines einsamen Hochtales, das in früheren Zeiten im Besitz des Klosters Marienberg war.

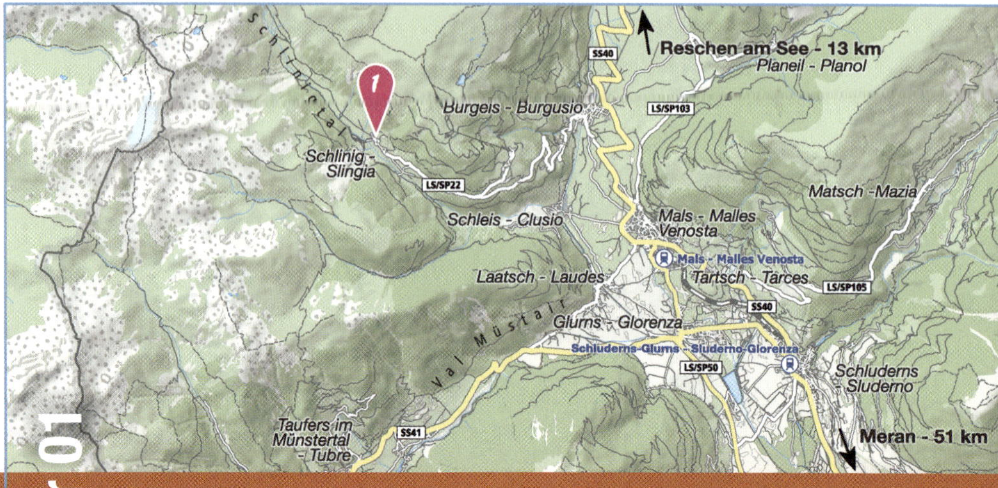

Start & Ziel & Anreise

Von Norden erreicht man Schlinig über den Reschenpass, dann fährt man bis kurz vor Mals. Über das Örtchen Burgeis gelangt man schließlich nach Schlinig. Von Osten fährt man über Meran durch das Vinschgau bis nach Mals. Von hier aus ist der Weg nach Schlinig ausgeschildert. Parkmöglichkeiten befinden sich am Ortseingang.

Tourenbeschreibung

Wir starten von Schlinig auf einem breiten Weg durch den Talgrund. Hier trifft man auf zahlreiche Zeichen der Frömmigkeit: Kreuzwegstationen, Bildstöcke sowie die beiden Kapellen St. Anna und St. Sebastian gehen auf die Zeit der Marienberger Mönche zurück. Nach einer guten dreiviertel Stunde erreichen wir die Schliniger Alm. Ein wenig später passieren wir die Innere Alm. Hier befindet sich neben einer weiteren Kapelle auch die Talstation der Materialseilbahn zur Sesvennahütte. Der Weg steigt immer steiler an und überwindet in einer engen Schleife mehrere Gräben sowie einen Seitenrücken der Schwarzwand; sie reicht in diesem Talabschnitt sehr nahe an unseren Weg heran. Etwas später gelangen wir zur Sesvennahütte.

In ihrer unmittelbaren Nähe stand einst die bereits verfallene Pforzheimer Hütte. In der näheren Umgebung der Hütte tummelt sich gerne das Wild, das sich durch den nahe gelegenen Schweizerischen Nationalpark auch hier hat ansiedeln können. Daher heißt es Augen auf! Murmeltiere und Gämsen sind an der Tagesordnung, doch ab und zu taucht sogar ein Steinbock in den Hängen hoch über der Hütte auf. Die Hütte selbst ist nicht nur für Wanderer, sondern auch für Biker hervorragend ausgestattet. Hier findet man einige Ersatzteile, bei umfangreicheren Reparaturen oder Austausch hilft die Hüttenmannschaft gern, damit die Fahrt schnell weitergehen kann.

Der Rückweg erfolgt nicht auf dem Anstiegspfad, sondern führt uns auf den Steig mit der Nr. 8. Er steigt von der Hütte nochmals leicht an und zieht sich dann über die alpinen Rasenflächen dem Haupttal entgegen. Dabei erhaschen wir immer wieder tolle Blicke auf den gegenüberliegenden Grenzkamm zur Schweiz. Der Piz Sesvenna (3205 m) steht verdeckt von der mächtigen Muntpitschen (3162 m), die jedoch ebenfalls spektakulär anzusehen und Ziel für versierte Alpinisten ist. Schließlich erreichen wir den höchsten Punkt unserer heutigen Runde, die Schafhütte. Auch hier bemerkt man in der näheren Umgebung der Hütte deutliche Erosionsspuren, auch hier sind die Berghänge nicht mehr stabil.

Der Weg Nr. 8 führt uns nun über die Hochflächen der Höferalp. Dann halten wir uns rechts an einer schwer zu erkennenden Abzweigung bis zur Waldgrenze. Wir steigen steil durch den Hochwald ins Tal hinab und überqueren mehrmals einen Bachgraben. Nach langen Regenfällen – was im Obervinschgau allerdings eher selten vorkommt – wird es hier recht rutschig. Bald darauf sehen wir unter uns die Pfarrkirche des Heiligen Antonius Abt. Wir sind am Ende unserer Wanderung angelangt und laufen nun in einem kurzen Spaziergang nach Schlinig zurück.

Autoren Tipp

Vor oder nach der Wanderung bietet sich in Schlinig ein Besuch der Kirche des Heiligen Antonius Abt an. Sie wurde im 15. Jahrhundert gebaut, 1775 wurde das Gotteshaus dann umgebaut. Im Zuge dessen erhielt sie einen Zwiebelturm. Besonders sehenswert ist der spätbarocke Altar; er stammt aus dem Jahre 1763. Der Weihwasserstein der Kirche sticht ebenfalls sofort ins Auge: Er ist aus weißem Marmor und stammt aus dem 16. Jahrhundert.

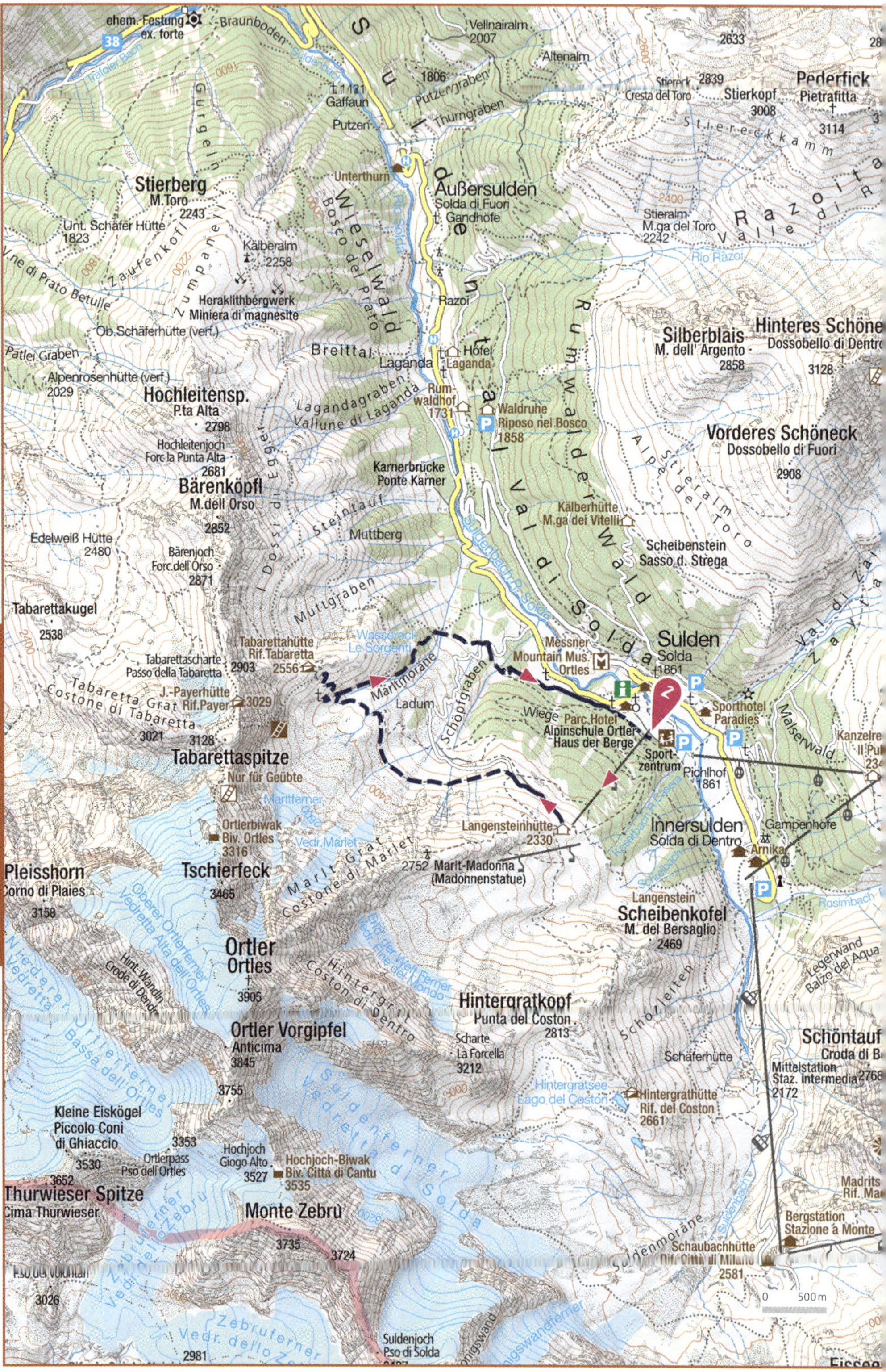

ehem. Festung
ex. forte
Braunboden
Vellnairalm
2007
Altenalm
2633
Pederfick
Pietrafitta
3114
Stierck 2839
Cresta del Toro
Stierkopf
3008
Stiereckkamm
Gaffaun
Putzen
Putzengraben
Thurngraben
1806
Unterthurn
Außersulden
Solda di Fuori
Gandhöfe
Suldental
Val di Solda
Stierberg
M.Toro
2243
Unt. Schafer Hütte
1823
Kälberalm
2258
Zumpanell
Zaufenkofl
Gurgeln
Wieselwald
Bosco del Prato
Stieralm
M.ga del Toro
2242
Razoital
Valle di Razoi
Rio Razoi
Razoi
Heraklithbergwerk
Miniera di magnesite
Ob.Schäferhütte (verf.)
Valle di Prato Betulle
Patleì Graben
Alpenrosenhütte (verf.)
2029
Breittal
Laganda
Hotel Laganda
Silberblais
M. dell' Argento
2858
Hinteres Schöneck
Dossobello di Dentro
3128
Hochleitensp.
P.ta Alta
2798
Lagandagraben
Vallune di Laganda
Rumwaldhof
1731
Waldruhe
Riposo nel Bosco
1858
Rumwalderwald
Vorderes Schöneck
Dossobello di Fuori
2908
Hochleitenjoch
Forc.la Punta Alta
2681
Bärenköpfl
M.dell Orso
2852
Karnerbrücke
Ponte Karner
Stieralm
Alpe del Toro
Egger
Dosso di Egger
Steintauf
Mittberg
Kälberhütte
M.ga dei Vitelli
Edelweiß Hütte
2480
Bärenjoch
Forc.dell' Orso
2871
Suldenbach R. Solda
Scheibenstein
Sasso d. Strega
Muttgraben
Tabarettakugel
2538
Tabarettahütte
Rif. Tabaretta
2556
Wassereck
Le Sorgenti
Messner
Mountain Mus.
Ortles
Sulden
Solda
1861
Val di Zay
Zaytal
Tabarettascharte
Passo della Tabaretta
2903
Marltmoräne
Ladum
Schöpfgraben
Sporthotel
Paradies
Malserwald
J.-Payerhütte
Rif.Payer
3029
Tabaretta Grat
Costone di Tabaretta
3021
Wiege
Parc.Hotel
Alpinschule Ortler
Haus der Berge
Sport-
zentrum
Pichlhof
1861
Kanzelre
Il Pu
Tabarettaspitze
3128
Nur für Geübte
Marltferner
Langensteinhütte
2330
Innersulden
Solda di Dentro
Gampenhöfe
Arnika
Ortlerbiwak
Biv. Ortles
3316
Vedr. Marlet
Marlt Grat
Costone di Marlet
2752
Marlt-Madonna
(Madonnenstatue)
Pleisshorn
Corno di Plaies
3158
Tschierfeck
3465
Oberer Ortlerferner
Vedretta Alta dell' Ortles
Langenstein
Scheibenkofel
M. del Bersaglio
2469
Rosimbach
Legerwand
Balzo del Aqua
Ortler
Ortles
3905
Hint. Wandln
Crode di Dentro
Ende der Welt Ferner
Vedr. Fine del Mondo
Hintergrat
Coston di Dentro
Hintergratkopf
Punta del Coston
2813
Schöntauf
Croda di B
Niederer Ortlerferner
Vedretta Bassa dell' Ortles
Ortler Vorgipfel
Anticima
3845
Scharte
La Forcella
3212
Schäferhütte
Mittelstation
Staz. intermedia
2172
2768
3755
Hintergratsee
Lago del Coston
Hintergrathütte
Rif. del Coston
2661
Kleine Eiskögel
Piccolo Coni
di Ghiaccio
3530
3353
Ortlerpass
Pso dell'Ortles
Hochjoch
Giogo Alto
3527
Hochjoch-Biwak
Biv. Città di Cantu
3535
Suldenferner
Vedretta di Solda
Madritsch
Rif. Ma
3652
Thurwieser Spitze
Cima Thurwieser
Monte Zebrù
3735
3724
Zebrùferner
Vedr. dello Zebrù
Suldenmoräne
Schaubachhütte
Rif. Città di Milano
2581
Bergstation
Stazione a Monte
Pso del Volontari
3026
0 500 m
Zebruferner
Vedr. dello Zebrù
2981
Suldenjoch
Pso di Solda
Königswandferner
Eissee

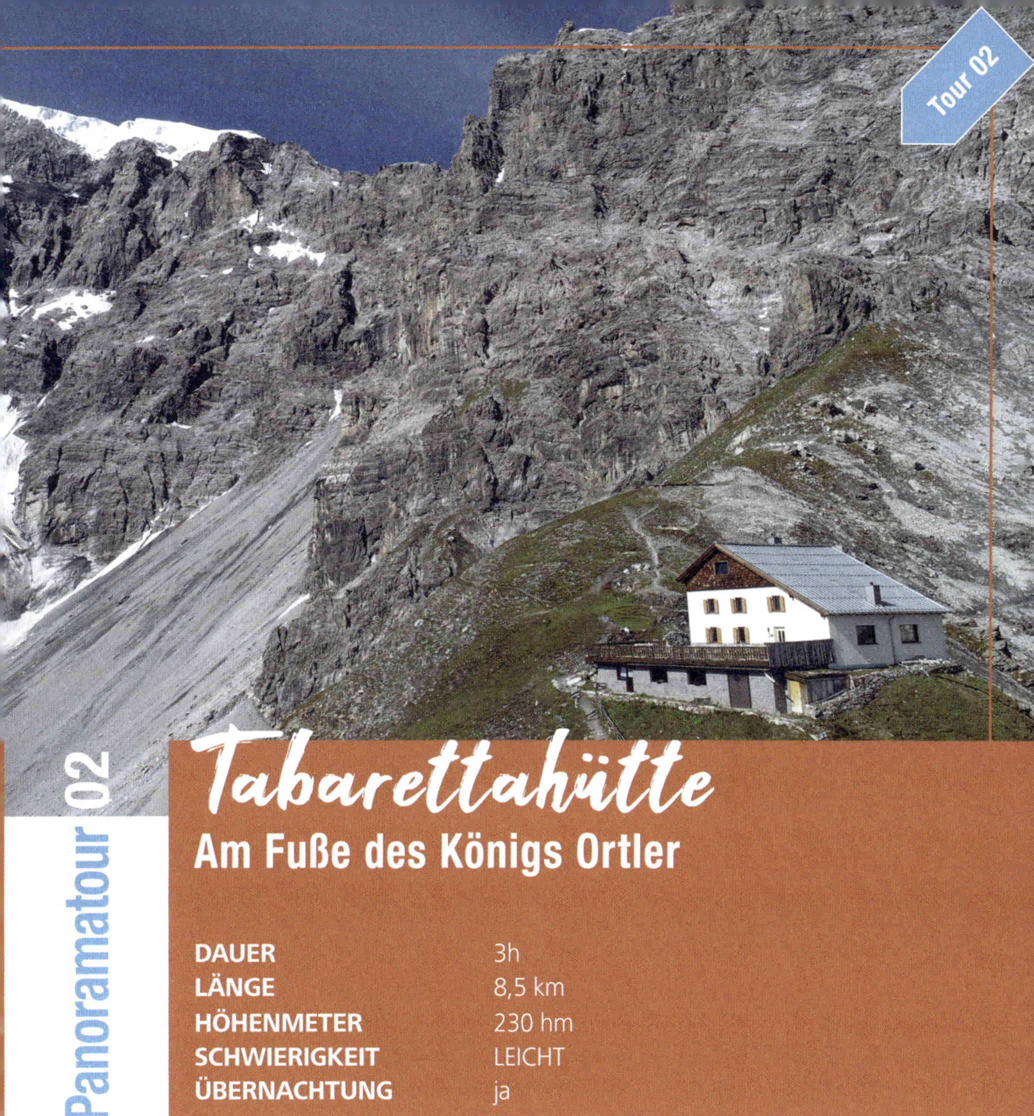

Tour 02

Panoramatour 02

Tabarettahütte

Am Fuße des Königs Ortler

DAUER	3h
LÄNGE	8,5 km
HÖHENMETER	230 hm
SCHWIERIGKEIT	LEICHT
ÜBERNACHTUNG	ja

Das erwartet dich ...

Diese leichte Hüttenwanderung beschert auch weniger erfahrenen Bergwanderern schöne Einblicke in die Eiswelt des Ortlers. Die Tour führt über gute Steige, an denen es jedoch stellenweise steile Abschnitte gibt. Immer im Blick haben wir dabei die wundervolle Umgebung des Ortlers. Die Tabarettahütte ist das erste Etappenziel auf der Besteigung des Ortler.

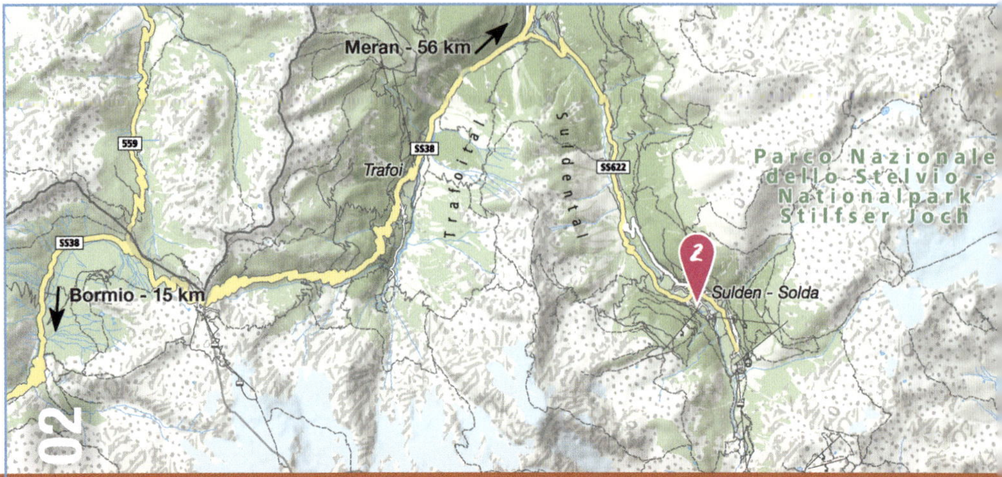

Start & Ziel & Anreise

Ausgangspunkt ist die Langensteinhütte bzw. die Talstation der Seilbahn zur Langensteinhütte. Sulden erreichen wir am besten von Prad am Stilfserjoch über die Staatsstraße 38.

Tourenbeschreibung

Als Ausgangspunkt oder erstes Zwischenziel für die Besteigung des Ortlers ist die Tabarettahütte vielen Alpinisten ein Begriff. Aber auch für Ungeübte stellt sie ein lohnendes Ziel dar. Einen guten Schwung der Höhenmeter kann man dabei mit der Seilbahn überwinden. Und doch wandelt man dann fast schon auf den Spuren von Reinhold Messner und Co. Die Schutzhütte wurde Ende des 19. Jahrhunderts von Alois Schöpf, dem Bauer vom Außerortlerhof in Sulden, erbaut. Nachdem sie im Laufe eines Jahrhunderts einige Wirte hat kommen und gehen sehen, wird sie heute von der Familie Reinstadler bewirtschaftet. Eine Besonderheit auf der Tabarettahütte ist das Nordwandbuch, in das sich seit 1978 Nordwandbesteiger eintragen.

Von der Langensteinhütte folgen wir zunächst dem Weg Nr. 4a und kreuzen dabei den Hang. So erreichen wir das Moränenfeld unterhalb des Marltferners, der heute nur noch den Rest eines ehemaligen Glanzes darstellt. Man sieht hier den Gletscherschwund deutlich. Sollte er sich in dieser Geschwindigkeit fortsetzen, so werden die kleinen Ferner bis zur Mitte unseres Jahrhunderts verschwunden sein. Von rechts mündet nun der Steig Nr. 4 in unseren Weg ein. Ab hier folgen wir diesem Weg, der uns schnell immer näher an die Hütte heranbringt. Dann müssen wir noch einige Serpentinen überwinden, bis wir an der Tabarettahütte ankommen.

Der Weg Nr. 4 bringt den noch nicht müden Wanderer weiter Richtung Payerhütte oder gar zum Ortler selbst. Unser Weg jedoch führt ein kurzes Stück hinab und wir stoßen auf der Marltmoräne auf den Weg Nr. 8. Er bringt uns anfangs sehr steil an der Moräne ins Tal. Man kann beobachten, wie die einst vom Eis bedeckte Vegetation sich ihren Weg zurückbahnt und das Gelände zurückerobert. Je weiter wir absteigen, desto öfter erkennen wir immer größere, eisfreie Stellen und umso mehr unterschiedliche Pflanzen haben sich hier wieder angesiedelt. Problematisch ist jedoch die Erosion, die nach starken Regenfällen Hangabschnitte einfach wegrutschen lässt. Doch es gibt Pflanzen, die in bewegtem Schutt überleben können und den Boden nach und nach wieder verfestigen. So sind tiefer gelegene Moränen ehemaliger Gletscher oft schon wieder vollkommen grün und erinnern nur noch von ihrer Form her an die ehemalige Eiswelt, die sie umgab.

Fast im Talgrund angelangt, führt der Weg in einer weiten Rechtskurve über den Schöpfgraben. Danach treffen verschiedene Markierungen aufeinander. Sulden liegt jedoch schon so nah, dass wir ohne Probleme auf den Ort zuwandern können, am Ende über den Weg Nr. 7.

Autoren Tipp

Im Talort Sulden bietet sich ein Besuch des Messner Mountain Museums an. Das Museum ist unterirdisch angelegt und widmet sich dem Thema Eis. Die weltweit größte Sammlung von Ortler-Bildern sowie Eisgeräte aus zwei Jahrhunderten sind zu sehen. Der Besucher erfährt von der Kraft der Lawinen und der Mühe der Künstler Eis darzustellen. Öffnungszeiten sind 14 – 18 Uhr vom 2. Sonntag im Dezember bis 1. Mai und vom 4. Sonntag im Mai bis zum 2. Sonntag im Oktober sowie 13 – 18 Uhr im Juli und August.

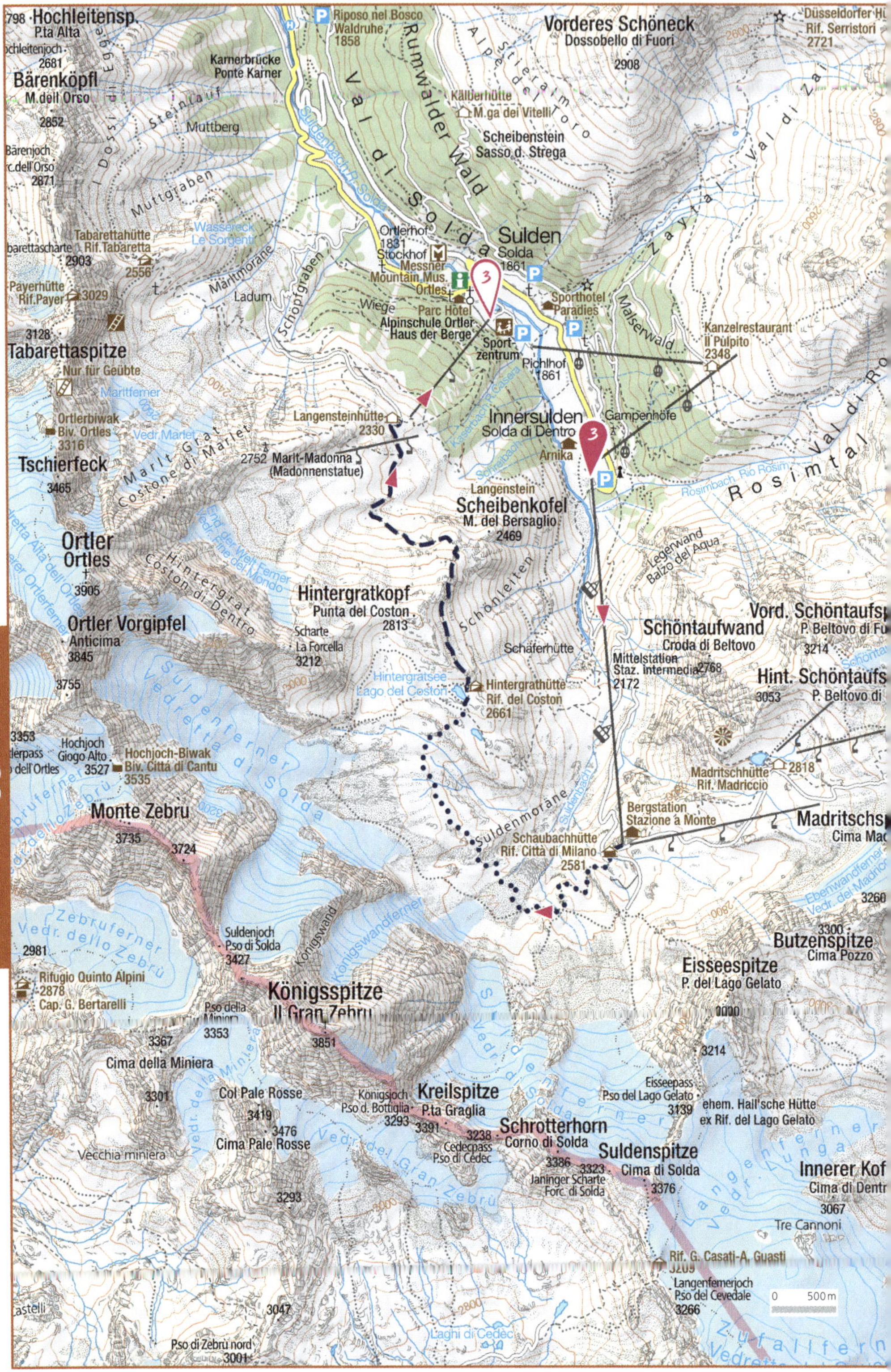

2798 Hochleitensp.
P.ta Alta
Hochleitenjoch
2681
Bärenköpfl
M.dell' Orso
2852
Bärenjoch
P.c.dell'Orso
2871
I Dossi di Egge
Steinlauf
Muttberg
Muttgraben
Riposo nel Bosco
Waldruhe
1858
Rumwalder Wald
Val di Solda
Karnerbrücke
Ponte Karner
Suldenbach Rio Solda
Alpe Stieralm
Toro
Kälberhütte
M.ga dei Vitelli
Scheibenstein
Sasso d. Strega
Vorderes Schöneck
Dossobello di Fuori
2908
Düsseldorfer Hütte
Rif. Serristori
2721
Zaytal
Val di Zai
Tabarettahütte
Rif. Tabaretta
Tabarettascharte
2903
2556
Payerhütte
Rif. Payer
3029
3128
Tabarettaspitze
Nur für Geübte
Marltferner
Wassereck
Le Sorgenti
Marltmoräne
Ladum
Schöpfgraben
Ortlerhof
1831
Stockhof
Messner
Mountain Mus.
Ortles
Wiege
Parc Hotel
Alpinschule Ortler
Haus der Berge
Sulden
Solda
1861
Sporthotel
Paradies
Malserwald
Sport-
zentrum
Pichlhof
1861
Kanzelrestaurant
Il Pulpito
2348
Ortlerbiwak
Biv. Ortles
3316
Tschierfeck
3465
Vedr. Marlet
Marlt Grat
Costone di Marlet
Langensteinhütte
2330
2752 Marlt-Madonna
(Madonnenstatue)
Innersulden
Solda di Dentro
Arnika
Gampenhöfe
Kaserbach
Rio Rosim
Rosimbach
Rosimtal
Val di Rosim
Langenstein
Scheibenkofel
M. del Bersaglio
2469
Ortler
Ortles
3905
Ortlerferner
Vedretta Alta dell'Ortles
End der Welt Ferner
Vedr. Fine del Mondo
Hintergrat
Coston di Dentro
Hintergratkopf
Punta del Coston
2813
Schönleiten
Legerwand
Balzo del Aqua
Vord. Schöntaufspitze
P. Beltovo di Fuori
Schöntaufwand
Croda di Beltovo
3214
Ortler Vorgipfel
Anticima
3845
Scharte
La Forcella
3212
Schäferhütte
Mittelstation
Staz. intermedia
2172
2768
Hint. Schöntaufspitze
P. Beltovo di Dentro
3053
3755
Suldenferner
Vedretta di Solda
Hintergratsee
Lago del Coston
Hintergrathütte
Rif. del Coston
2661
3353
Hochjoch
Giogo Alto
Hochjoch-Biwak
Biv. Città di Cantù
3535
Hochjochpass
P.so dell'Ortles
3527
Madritschhütte
Rif. Madriccio
2818
Zebruferner
Vedr. dello Zebrù
Monte Zebru
3735
3724
Suldenmoräne
Suldenbach
Bergstation
Stazione a Monte
Schaubachhütte
Rif. Città di Milano
2581
Madritschspitze
Cima Madriccio
Ebenwandferner
Vedr. del Madriccio
3260
Zebruferner
Vedr. dello Zebrù
2981
Suldenjoch
P.so di Solda
3427
Königswand
Königswandferner
3300
Butzenspitze
Cima Pozzo
Eisseespitze
P. del Lago Gelato
Rifugio Quinto Alpini
2878
Cap. G. Bertarelli
Königsspitze
Il Gran Zebrù
P.so della Miniera
3353
3851
3367
Cima della Miniera
Vedr. della Miniera
Vedr. di Solda
3214
Kreilspitze
P.ta Graglia
Königsjoch
P.so d. Bottiglia
3293
3391
Eisseepass
P.so del Lago Gelato
3139
ehem. Hall'sche Hütte
ex Rif. del Lago Gelato
3301
Col Pale Rosse
3419
3476
Cima Pale Rosse
3238
Cedecpass
P.so di Cedec
Schrotterhorn
Corno di Solda
3386
3323
Janinger Scharte
Forc. di Solda
Suldenspitze
Cima di Solda
3376
Langenferner
Vedr. Lunga
Innerer Kofel
Cima di Dentro
3067
Vecchia miniera
Vedr. del Gran Zebrù
3293
Tre Cannoni
Rif. G. Casati-A. Guasti
3269
Langenfernerjoch
P.so del Cevedale
3266
0 500 m
Castelli
3047
Laghi di Cedec
Pso di Zebrù nord
3001
Zufallferner
Vedretta

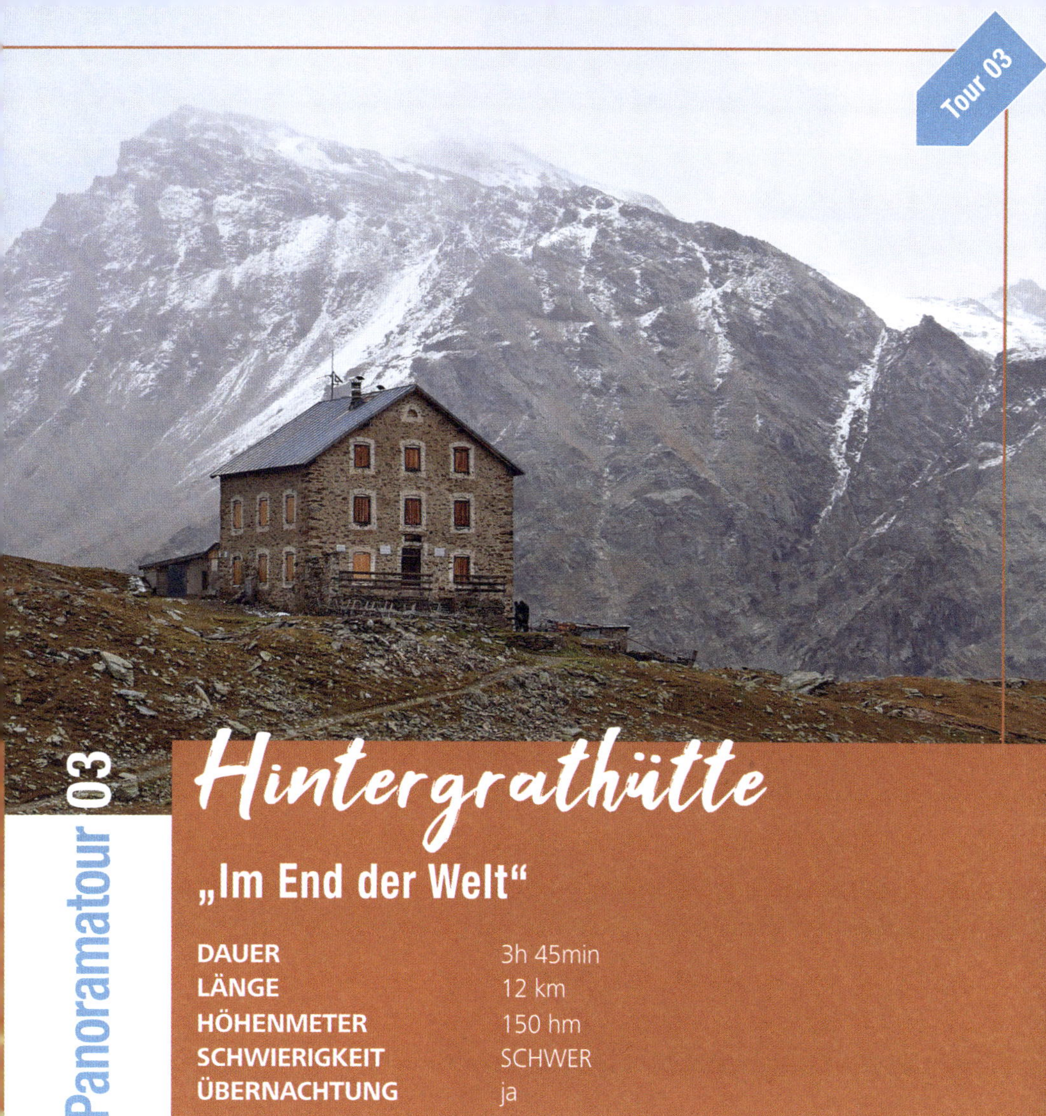

Hintergrathütte

„Im End der Welt“

DAUER	3h 45min
LÄNGE	12 km
HÖHENMETER	150 hm
SCHWIERIGKEIT	SCHWER
ÜBERNACHTUNG	ja

Das erwartet dich ...

Auf dieser Wanderung gibt es zwar nur eine geringe Zahl an Höhenmetern zu bewältigen, der alpine Höhensteig, der von Hütte zu Hütte führt, verlangt jedoch eine gewisse Bergerfahrung und Trittsicherheit. Dafür werden wir mit herrlichen Blicken auf die Ostseite des Ortlers, den Suldenferner und die Bergkulisse zwischen Sulden und Martell belohnt.

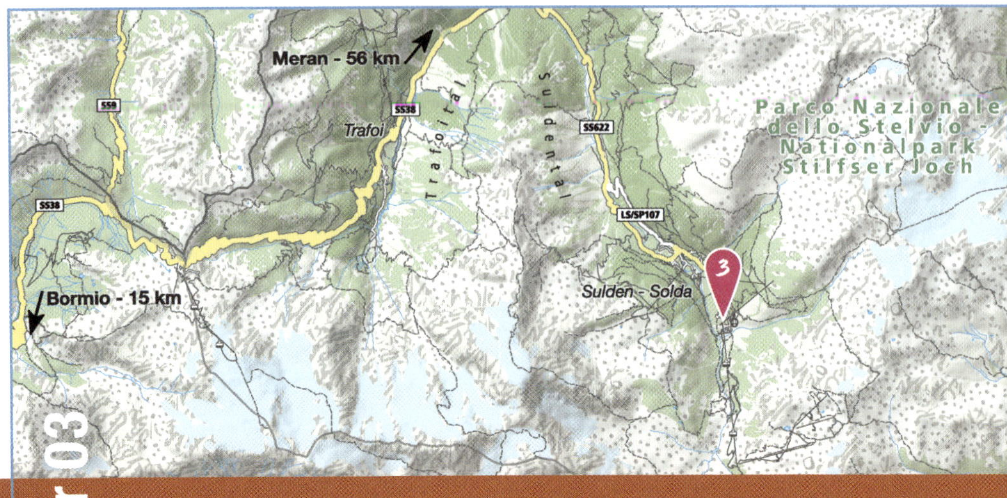

Start & Ziel & Anreise

Die Wanderung beginnt an der Schaubachhütte bzw. an der Talstation der Seilbahn zur Schaubachhütte. Sulden erreichen wir am besten von Prad am Stilfserjoch über die Staatsstraße 38.

Tourenbeschreibung

„Im End der Welt" – diese Bezeichnung ist in alten Tirolkarten von Peter Anich im Bereich rund um den Fuß des Suldenferners eingetragen. Bis heute ist dieser Name erhalten geblieben: Der kleine Gletscher an der Nordostseite des Hintergrats heißt bis heute End-der-Welt-Ferner. Von der Schaubachhütte führt uns zunächst der Weg Nr. 3 zur Suldenmoräne hinauf. Noch Mitte des 19. Jahrhunderts reichte der Suldenferner bis in diese Bereiche. Heute zeugt nur noch eine recht spärliche Vegetation vom letzten Gletscherhochstand. Hier wachsen nur wenige Flechten und Polsterpflanzen. Der Weg führt unterhalb des noch immer gewaltigen Gletschers in sanftem Auf und Nieder dahin. Schließlich erreichen wir einen kleinen See und die Hintergrathütte. 1920 bis 1922 erbauten die Suldner Bergführer die heutige Hintergrathütte, am Oberen Gratsee gelegen, als Stützpunkt für die schwierige Ortlerbesteigung über den Hintergrat. Aber auch die anderen Routen im Südosten des Berges, Minnigerode und Hochjochgrat, ebenso die

Königspitze (Nordwand, Suldengrat, Ostwand), werden von der Hütte aus gerne angesteuert.

Von der Hütte führt uns nun der Morosiniweg nach Norden. Der Steig bringt uns in einem weiten Linksbogen um den Bergrücken, der vom Hintergratkopf zum Scheibenkofel herunterzieht. Wir lassen den Rücken hinter uns und wandern in das weite Vorfeld des End-der-Welt-Ferners. Dieser imprägnante Name gibt wohl die Sicht der damaligen Talbewohner wieder: Die Gegend hier oben stellte tatsächlich das Ende der Welt dar; eine eisige Landschaft voller Gefahren und ohne Nutzen. Das weite Vorfeld des Gletschers und die gut erkennbare alte Kante verdeutlichen, wie sehr der Ferner bereits geschwunden ist. Auch wenn derartige Schwankungen von manchen Glaziologen als normal bezeichnet werden, so ist es doch nicht von der Hand zu weisen, dass die globale Erwärmung dem ewigen Eis noch weiter zusetzen wird.

Nachdem wir die Moränenlandschaft durchquert haben, gelangen wir an die Langensteinhütte. Hier blicken wir zurück auf den eindrucksvollen Weg und seine Landschaft, die hinter uns liegen. Mit dem Lift fahren wir knieschonend hinab nach Sulden. Wer alternativ absteigen möchte, der kann über einen wurzeligen Weg in einer guten Stunde ins Dorf absteigen.

Der Höhenweg führt an den Fuß der Eisriesen

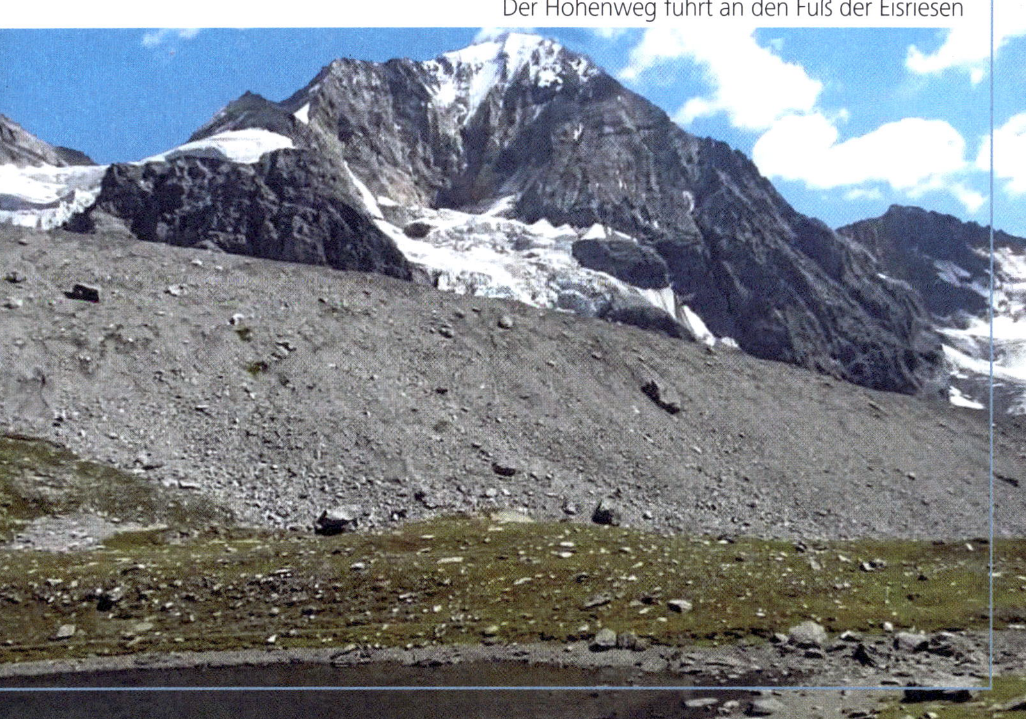

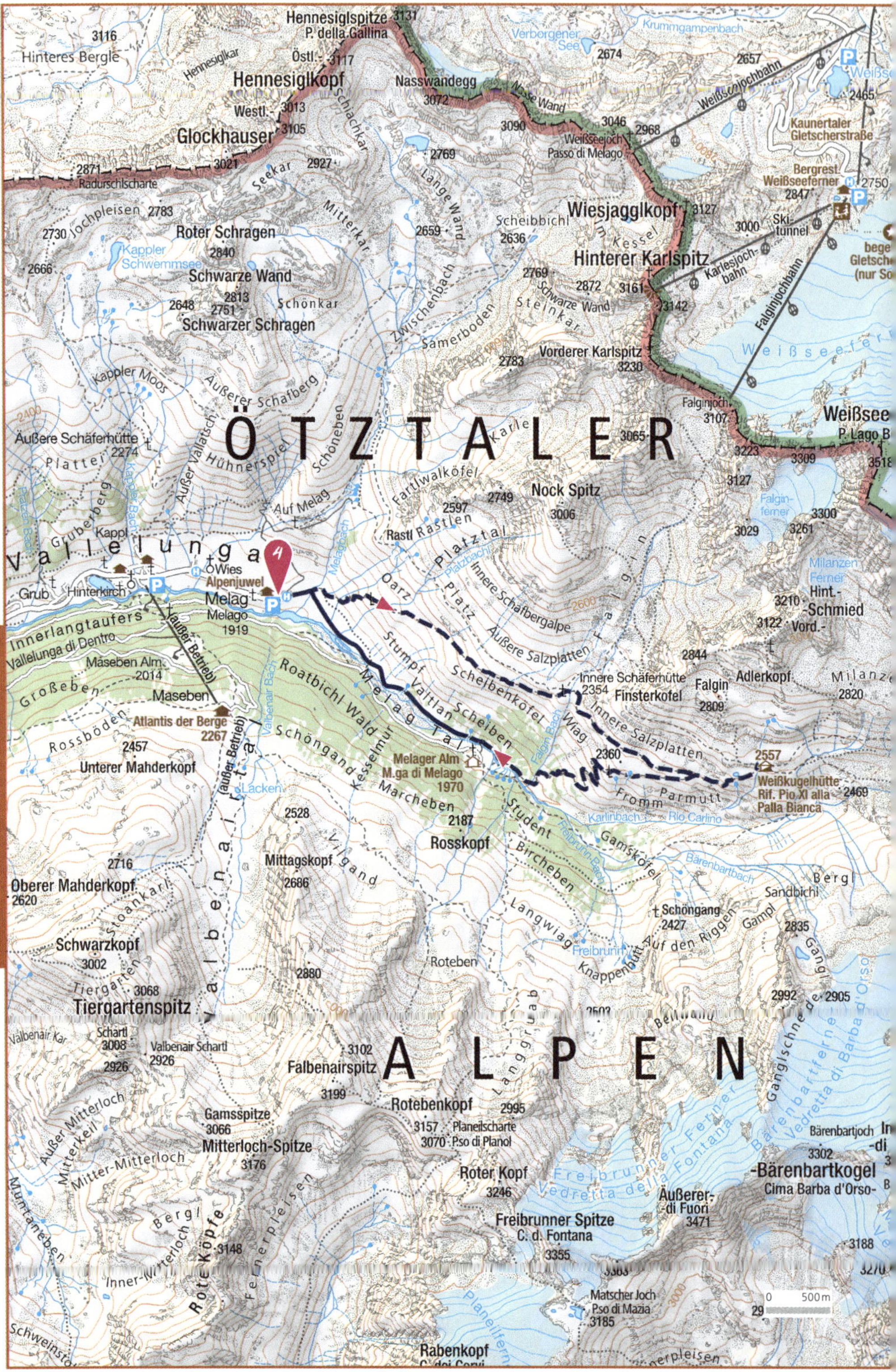

ÖTZTALER ALPEN

Hennesiglspitze 3131
P. della Gallina
3116
Hinteres Bergle
Hennesiglkar
Östl. 3117
Hennesiglkopf
Westl. 3013
Glockhauser 3105
Schlachkar
Nasswandegg 3072
Nasse Wand
Verborgener See
2674
Krummgampenbach
2657
Weißseejochbahn
Weißsee
2465
Kaunertaler Gletscherstraße
3090
3046
2968
Weißseejoch
Passo di Melago
2769
2871
Radurschlscharte
3021
Seekar
2927
Lange Wand
Bergrest. Weißseeferner
2847
2750
Jochpleisen 2783
2730
Roter Schragen
Kappler Schwemmsee
2840
2666
Schwarze Wand
2813
2648
2751
Schönkar
Schwarzer Schragen
Mitterkar
2659
Scheibbichl
2636
Wiesjagglkopf 3127
Kessel
3000
Ski-tunnel
Hinterer Karlspitz
Karlesjochbahn
2769
2872
3161
3142
Schwarze Wand
Steinkar
Falginjochbahn
Zwischenbach
Samerboden
Vorderer Karlspitz 3230
2783
Weißseeferner
Kappler Moos
Äußerer Schafberg
Falginjoch 3107
Weißsee
P. Lago B.
Äußere Schäferhütte 2274
Platten
Außer Vallatsch
Hühnerspiel
Schöneben
Karle
3065
3223
3309
3518
Gruberberg
Kappl
Auf Melag
Fartlwalköfel
2597
2749
Nock Spitz
3006
3127
Falginferner
3300
3261
Vallelunga
Rast/ Rastlen
Platztal
3029
Grub
Hinterkirch
Wies
Alpenjuwel
Melag
Melago 1919
Oarz
Platz
Innere Schafbergalpe
Milanzen Ferner
Hint.-Schmied
3210
3122
Vord.-
Innerlangtaufers
Vallelunga di Dentro
Außer Betrieb
Stumpf
Äußere Salzplatten
2844
Adlerkopf
Milanze
Maseben Alm 2014
Roatbichl Wald
Scheibenköfel
Innere Schäferhütte 2354
Finsterkofel
Falgin 2809
2820
Großeben
Maseben
Melag Tal
Valtlan
Scheiben
Wiag
Innere Salzplatten
Atlantis der Berge 2267
Rossböden
2457
Unterer Mahderkopf
Schöngand
Kesselmur
Melager Alm
M.ga di Melago 1970
2360
2557
Weißkugelhütte
Rif. Pio XI alla Palla Bianca
2469
Lacken
Marcheben
Fromm
Parmutt
Karlinbach
Rio Carlino
2528
2187
Rosskopf
Student
Gamsköfel
Bärenbartbach
2716
Mittagskopf 2686
Vilgand
Bircheben
Sandbichl
Bergl
Oberer Mahderkopf 2620
Stoankarl
Langwiag
Schöngang 2427
Gampl
2835
Schwarzkopf 3002
Freibrunn
Auf den Riggen
Knappenbühl
Roteben
Tiergarten
3068
Tiergartenspitz
2880
2992
2905
Valbenairtal
Valbenair Kar
Schartl 3008
2926
Valbenair Schartl 2926
3102
Falbenairspitz
Langgrub
Gangschne
Bärenbartferner
Vedretta di Barba d'Orso
3199
Rotebenkopf
2995
Außer Mitterloch
Mitterkeil
Gamsspitze 3066
Planeilscharte
3157
3070 P.so di Planol
Bärenbartjoch
3302
Mitter-Mitterloch
Mitterloch-Spitze 3176
Roter Kopf 3246
Freibrunner Ferner
Vedretta della Fontana
Äußerer- di Fuori 3471
-Bärenbartkogel
Cima Barba d'Orso-
Munteneben
Bergl
Rote Köpfe
Ferner Pleisen
3148
Freibrunner Spitze
C. d. Fontana
3355
3188
3270
Inner-Mitterloch
3363
Matscher Joch
P.so di Mazia
3185
0 500 m
Planeilferner
Schweinstal
Rabenkopf
C. dei Corvi
Fernerpleisen

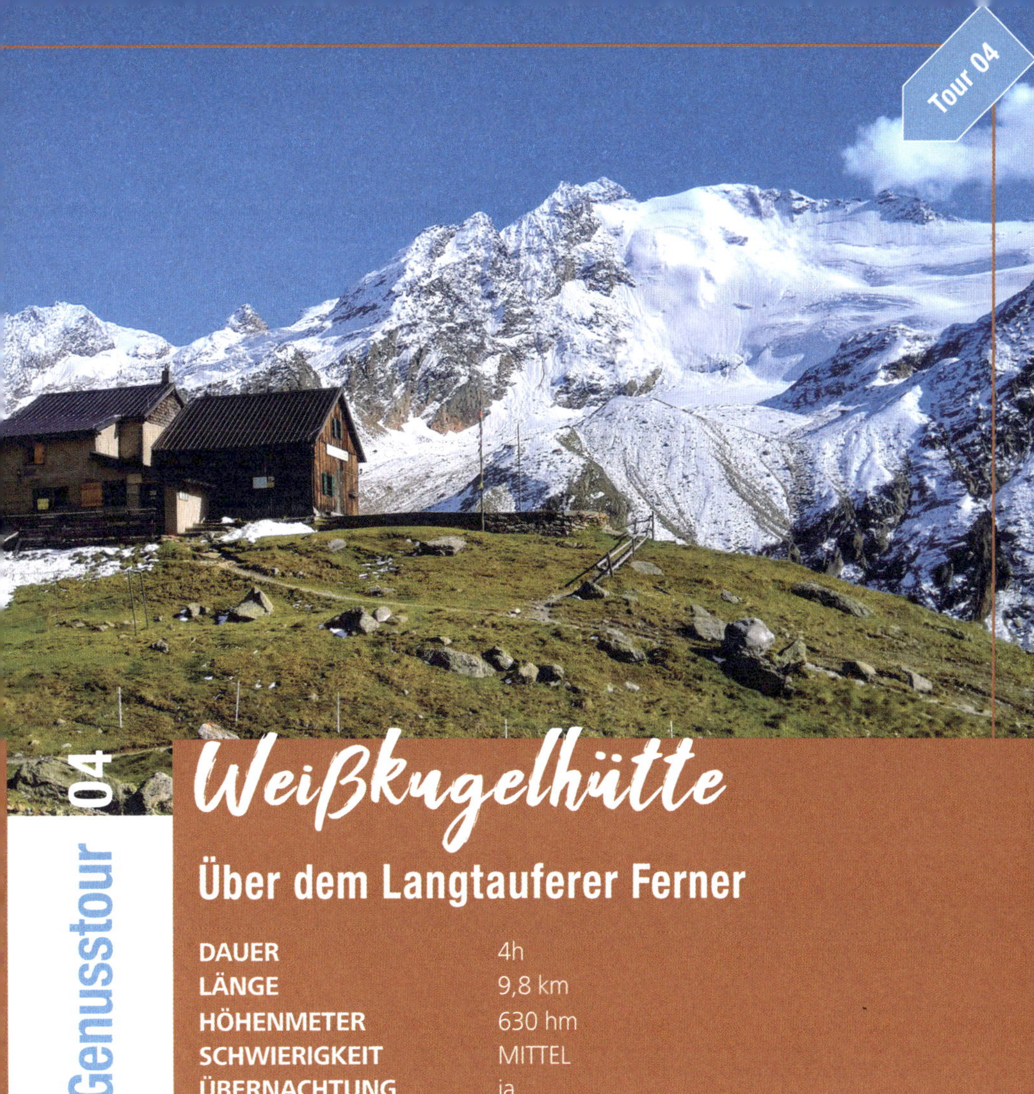

Genusstour 04

Weißkugelhütte

Über dem Langtauferer Ferner

DAUER	4h
LÄNGE	9,8 km
HÖHENMETER	630 hm
SCHWIERIGKEIT	MITTEL
ÜBERNACHTUNG	ja

Das erwartet dich ...

Diese Bergtour führt uns über gute Steige und Almwege. Die Wege sind gut zu gehen, an ein paar Stellen gibt es steilere Passagen. Besonders im Herbst ist die rot-braun melierte, einsame Landschaft ein Genuss und im Tal zeigt sich eine weitgehend unversehrte bergbäuerliche Kulturlandschaft. Als Ziel erwartet uns eine geschichtsträchtige Hütte in nächster Nachbarschaft zu Moränen und Gletschern einer einzigartigen Hochgebirgswelt.

Start & Ziel & Anreise

Start ist der Weiler Melag im hintersten Langtauferer Tal. Von Bozen geht es über die Mebo nach Meran. Durch das Vinschgau über Naturns und Mals Richtung Reschenpass weiter. Von Graun am Reschenpass führt eine Straße in das Langtauferer Tal nach Melag. Parkmöglichkeiten finden sich am Ende der offiziellen Fahrstraße in Melag im Langtauferer Tal.

Tourenbeschreibung

Die südlichen Ötztaler Alpen stellen schon einen gewissen Anspruch an Bergwanderer dar, mit ihren felsigen und eisigen Landschaft sind sie nicht für jedermann geeignet. Es gibt jedoch einige Touren, die auch Nicht-Alpinisten interessante und aufschlussreiche Einblicke in die Welt dieser Dreitausender und Eisriesen gewähren. Ein geeignetes Ziel bietet dabei die Weißkugelhütte am Fuße der Gletscher. Gleichzeitig dient die Hütte als Basislager für ambitionierte, unternehmungslustige Bergsteiger.

Wir starten vom Weiler Melag über den Wanderweg Nr. 2 hinein ins Tal. Zunächst überqueren wir die Brücke über den Melagbach und kurz darauf treffen wir auf eine Gabelung; der linke Steig mit der Nr. 38 bringt uns über den sonnseitigen Hang recht rasch bergwärts. Dabei müssen wir teilweise sehr steile Passagen überwinden, die uns aber schnell an Höhe gewinnen lassen. Dabei durchwandern wir einen kleinen Lärchenwald. Nach einem Wegkreuz verliert unser Weg ein wenig an Steilheit. So wandern wir etwas gemütlicher weiter dem Talschluss entgegen, nun an den Hängen unterhalb der Nockspitze entlang. Wir laufen im Graben des Valginbaches weiter und gelangen so an die Almfläche Schäferhütte. Der Steig zieht sich weiter über die Inneren Salzplatten dem Schutzhaus entgegen. Kurz unter der Hütte treffen wir dann auf den Hauptzustiegsweg, der aus dem Tal heraufführt. Die beiden Wege schließen sich zu einem zusammen und geleiten uns nun auf der Markierung Nr. 2 das letzte Stück zur Weißkugelhütte. Jetzt erkennen wir die einzigartige Lage der Hütte: Fast zum Greifen nah erheben sich die gewaltigen Gipfel der Weißkugel und der Weißseespitze. 1892/93 vom DÖAV erbaut blickt die Hütte auf eine lange Geschichte zurück. Neben der Hütte gibt es eine Kapelle und Rutsche und Schaukel für die Kinder. Traditionell bekommt jeder Wanderer zur Begrüßung auf der Hütte einen Grappa.

Der Abstieg nach Melag führt uns über den Weg Nr. 2 ein Stück auf dem Anstiegsweg zurück zur Gabelung. Zahlreiche Kehren bringen uns hinab zur Melager Alm. Von hier aus wandern wir weiter auf dem Weg Nr. 2 hinunter. Er führt uns abseits der Almstraße in den Weiler Melag zurück.

Der Blick auf die Ötztaler Alpen

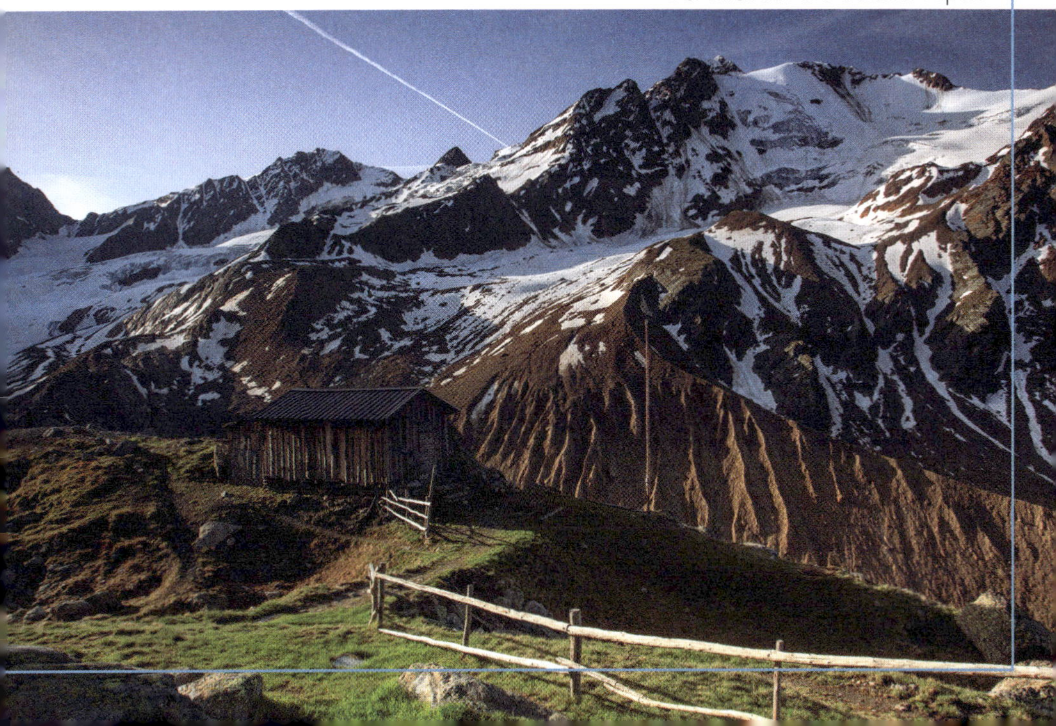

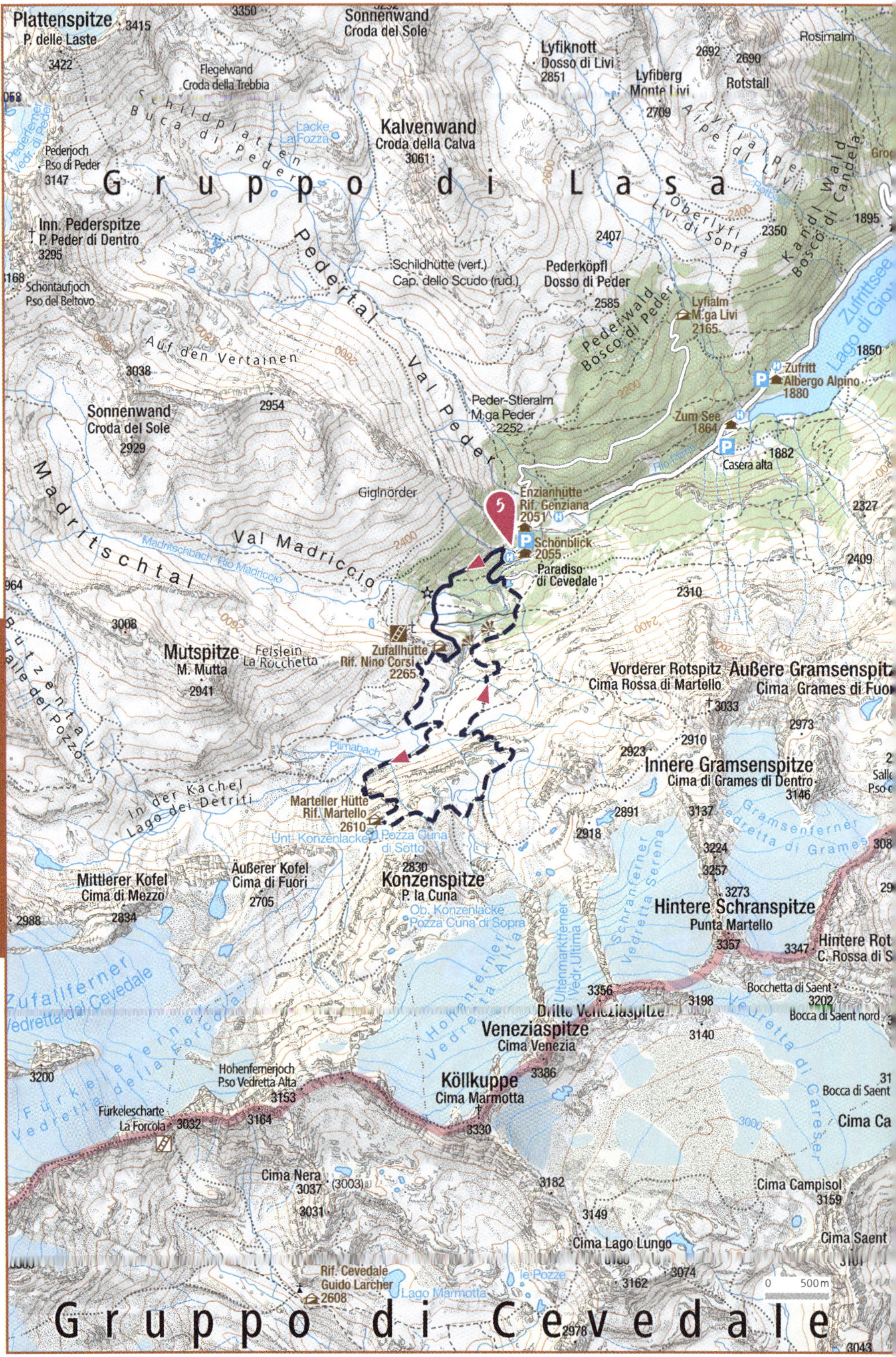

Plattenspitze 3415
P. delle Laste
3350
Sonnenwand
Croda del Sole
Lyfiknott
Dosso di Livi
2851
Rosimalm
2692
2690
3422
Flegelwand
Croda della Trebbia
Lyfiberg
Monte Livi
Rotstall
Schildplatten
Buca di Peder
Lacke
La Fozza
Kalvenwand
Croda della Calva
3061
2709
Lyfialpe
Alpe di Livi
Pederferner
Vedr. di Peder
Pederjoch
Pso di Peder
3147
Gruppo di Lasa
Kandlwald
Bosco di Candela
Oberlyfi
Livi di Sopra
1895
Inn. Pederspitze
P. Peder di Dentro
3295
Pedertal
2407
2350
Schildhütte (verf.)
Cap. dello Scudo (rud.)
Pederköpfl
Dosso di Peder
Zufrittsee
Lago di Gioveretto
Schöntaufjoch
Pso del Beltovo
2585
Pederwald
Bosco di Peder
Lyfialm
M.ga Livi
2165
Auf den Vertainen
1850
Val Peder
Zufritt
Albergo Alpino
1880
3038
2954
Peder-Stieralm
M.ga Peder
2252
Zum See
1864
Sonnenwand
Croda del Sole
2929
Rio Plima
1882
Casera alta
Madritschtal
Giglnörder
Enzianhütte
Rif. Genziana
2051
2327
Val Madriccio
Madritschbach Rio Madriccio
Schönblick
2055
Paradiso di Cevedale
2409
2310
3008
Butzental
Valle del Pozzo
Mutspitze
M. Mutta
2941
Felslein
La Rocchetta
Zufallhütte
Rif. Nino Corsi
2265
Vorderer Rotspitz
Cima Rossa di Martello
3033
Äußere Gramsenspitze
Cima Grames di Fuori
2973
2910
Plimabach
2923
Innere Gramsenspitze
Cima di Grames di Dentro
3146
In der Kachel
Lago dei Detriti
Marteller Hütte
Rif. Martello
2610
2891
3137
Gramsenferner
Vedretta di Grames
2918
Unt. Konzenlacke
Pozza Cuna di Sotto
3224
3257
Äußerer Kofel
Cima di Fuori
2705
2830
Konzenspitze
P. la Cuna
Mittlerer Kofel
Cima di Mezzo
2834
Ob. Konzenlacke
Pozza Cuna di Sopra
3273
Hintere Schranspitze
Punta Martello
Schranferner
Vedretta Serena
2988
Hohenferner
Vedretta Alta
Ultenmarktferner
Vedr. Ultima
3357
3347
Hintere Rotspitze
C. Rossa di S
Zufallferner
Vedretta del Cevedale
3356
Dritte Veneziaspitze
3198
Bocchetta di Saent
3202
Bocca di Saent nord
Veneziaspitze
Cima Venezia
3140
Vedretta di Careser
3200
Fürkeleferner
Vedretta della Forcola
Hohenfernerjoch
Pso Vedretta Alta
3153
Köllkuppe
Cima Marmotta
3386
Bocca di Saent
Fürkeleschartе
La Forcola 3032
3164
3330
Cima Ca
Cima Nera
3037
(3003)
3031
3182
Cima Campisol
3159
3149
Cima Lago Lungo
Cima Saent
Rif. Cevedale
Guido Larcher
2608
Lago Marmotta
le Pozze
3162
3074
0 500 m
Gruppo di Cevedale
2978
3043

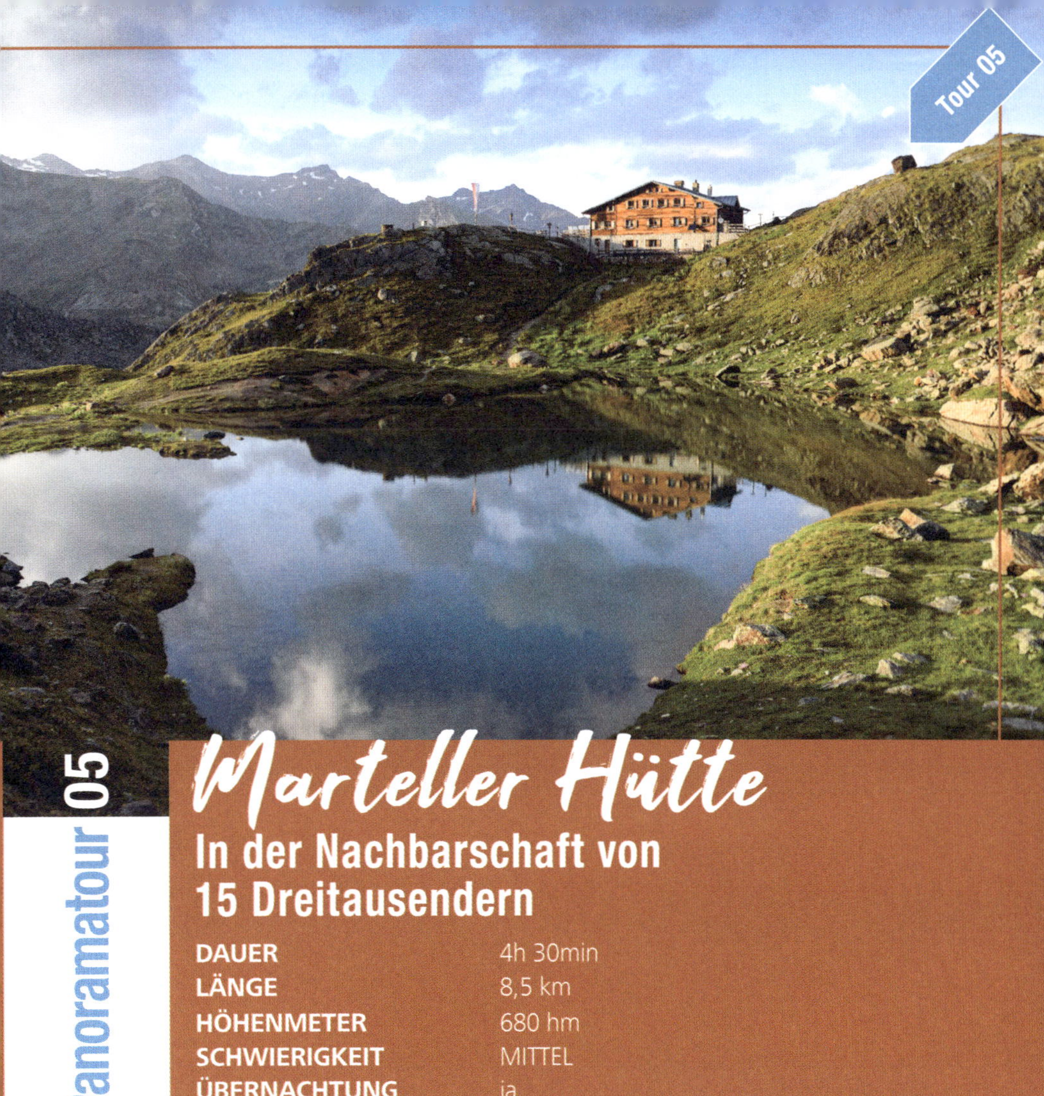

Panoramatour 05

Marteller Hütte

In der Nachbarschaft von 15 Dreitausendern

DAUER	4h 30min
LÄNGE	8,5 km
HÖHENMETER	680 hm
SCHWIERIGKEIT	MITTEL
ÜBERNACHTUNG	ja

Das erwartet dich ...

Die Wanderung zur Marteller Hütte ist landschaftlich sehr beeindruckend und führt uns auf breiten Wegen über Almen und Hütten. Zwischendurch begegnen uns auch mal schmale, zum Teil steinige und felsige Pfade, die ein gewisses Maß an Trittsicherheit erfordern. Die schön gelegene Marteller Hütte erwartet uns dann mit einem grandiosen Blick und einer gemütlichen Einkehr. Nahe der Hütte gibt es einen neuen Klettergarten, in dem Kletterkurse absolviert werden können.

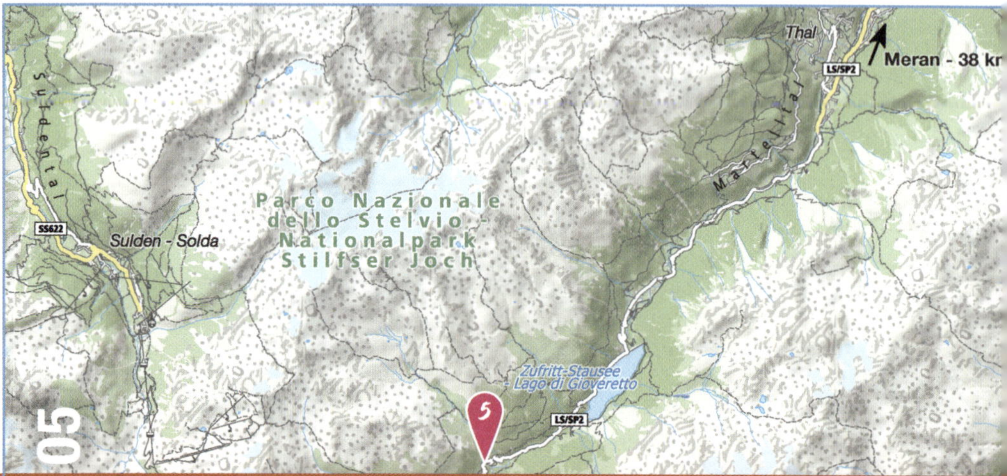

Panoramatour 05

Start & Ziel & Anreise

Von Meran kommend folgen wir der SS 38 bis Goldrain. Dort biegen wir links in das Martelltal ab und folgen der Straße ca. 23 km bis zum Parkplatz am Gasthaus Schönblick bzw. der Enzianhütte. Von Schlanders fährt der Bus 262 über die Sommermonate von Juni bis Oktober zur Enzianhütte.

Tourenbeschreibung

Das Martelltal ist noch recht ursprünglich und weitestgehend frei von technischen Erschließungen. Zwei aufschlussreiche Wege begegnen uns dabei während der Wanderung: Der Gletscherpfad nahe der Hütte und der Erlebnisweg in der Plimaschlucht als Abschluss dieser Rundwanderung. Unterwegs passieren wir auch die Zufallhütte, eine zweite, sehr lohnenswerte Rastmöglichkeit.

In Hintermartell starten wir vom Parkplatz über einen breiten Waldweg, dann über die Almwiesen zur Zufallhütte (2265 m), an der auch eine Herz-Jesu-Kapelle steht. Der Weg Nr. 150 leitet uns weiter ins Tal hinein bis wir eine alte, aus Steinen errichtete Schutzmauer erreichen. Der „Bau", wie sie auch genannt wird, soll vor dem Hochwasser des Plimabachs schützen.

Nach links gewandt passieren wir die Mauerkrone, dann laufen wir über eine Treppe hinab. Wir folgen einem Pfad zu einem großen Gesteinsblock, vor dem wir nach rechts auf den Panoramaweg Nr. 40 abbiegen. Er bringt uns über eine Holzbrücke. Wir überqueren den Talboden und folgen dem Weg Nr. 103 nach links; er steigt in Kehren einen steilen Hang hinauf. Zwei Stunden später haben wir die wunderschön gelegene Marteller Hütte (2610 m) erreicht.

Zurück geht es über den markierten Wanderweg Nr. 37, der uns noch einmal schöne Ausblicke in das Martelltal bietet.

Der Plimabach Wasserfall im Martelltal

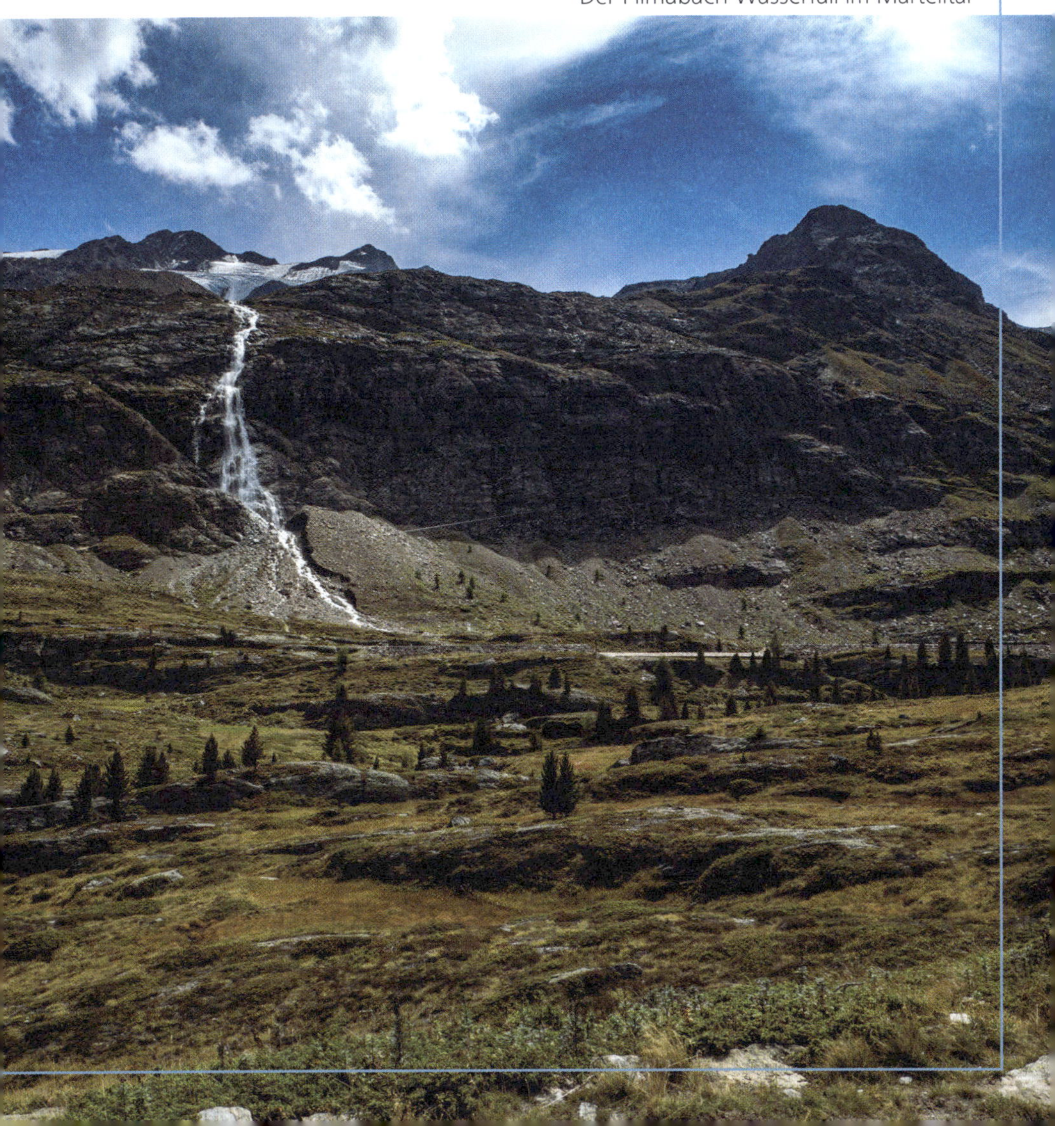

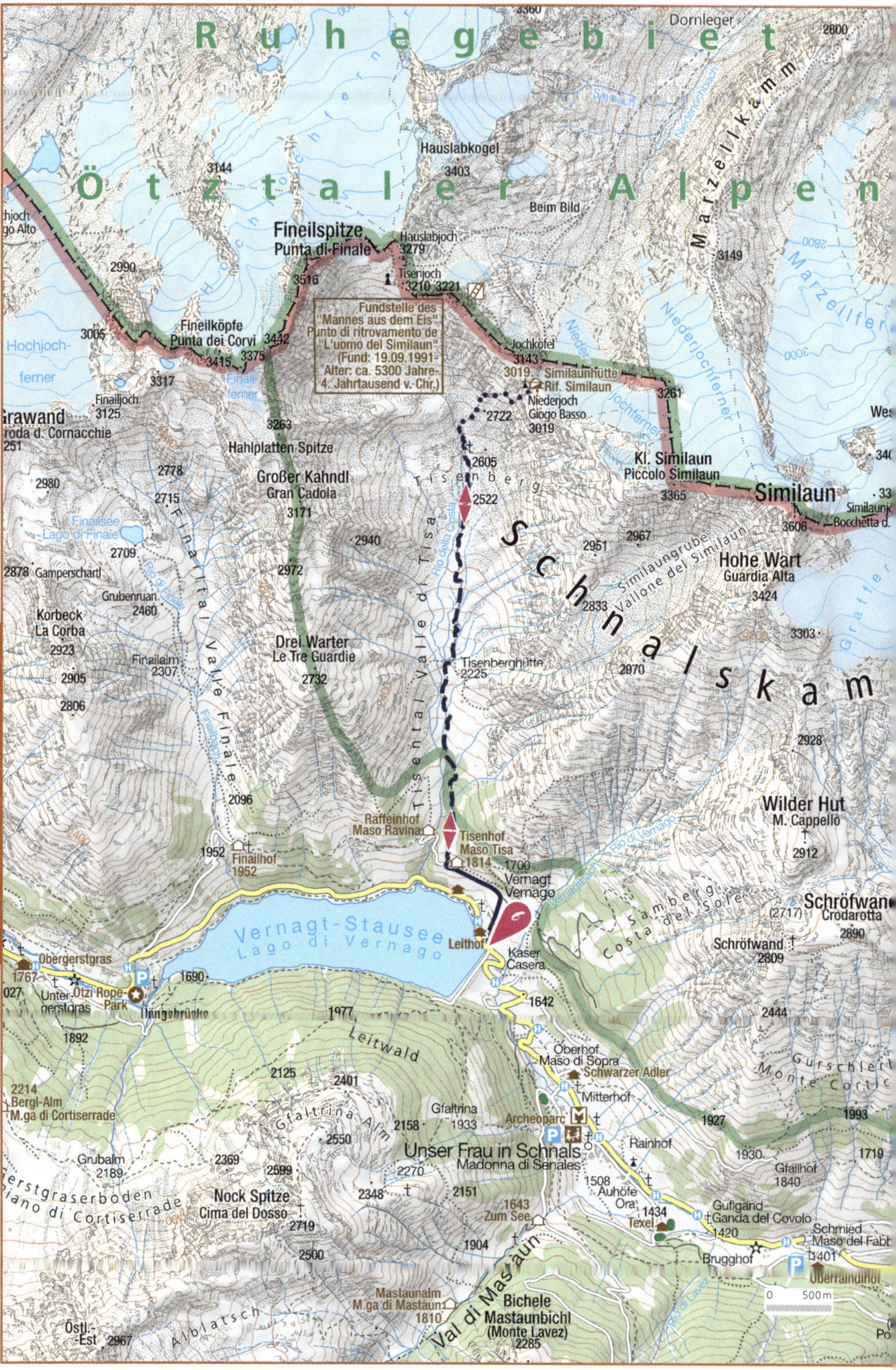

06

Ruhegebiet

Ötztaler Alpen

Dornleger
2800
Hauslabkogel
3403
Beim Bild
Marzellkamm
3149
Marzellferner
Niederjochferner
3144
Hochjochferner
2990
Fineilspitze
Punta di Finale
Hauslabjoch
3279
3516
Tisenjoch
3210 3221

Fundstelle des
"Mannes aus dem Eis"
Punto di ritrovamento de
"L'uomo del Similaun"
(Fund: 19.09.1991
Alter: ca. 5300 Jahre
4. Jahrtausend v. Chr.)

Jochköfel
3143
3019 Similaunhütte
Rif. Similaun
Niederjoch
Giogo Basso
3019
2722
3261
Kl. Similaun
Piccolo Similaun
Similaun
3365
3606
Similaunjoch
Bocchetta d.
3005
Fineilköpfe
Punta dei Corvi
3442
3415
3375
3317
Finailjoch
3125
Finailferner
Grawand
Croda d. Cornacchie
3263
Hahlplatten Spitze
2778
2980
2715
Großer Kahndl
Gran Cadola
3171
2605
Tisenberg
2522
Finailsee
Lago di Finale
2709
2940
2951
2967
Schnalskamm
Hohe Wart
Guardia Alta
3424
Similaungrube
Vallone del Similaun
2833
2878 Gamperschartl
Grubenruan.
2460
2972
Korbeck
La Corba
2923
2905
2806
Finailalm
2307
Finailtal
Valle Finale
Drei Warter
Le Tre Guardie
2732
Tisental
Valle di Tisa
Rio della Costa
Tisenberghütte
2225
2970
3303
2928
Wilder Hut
M. Cappello
2912
2096
Raffeinhof
Maso Ravina
Tisenhof
Maso Tisa
1814
1700
Vernagt
Vernago
1952
Finailhof
1952
Vernagt-Stausee
Lago di Vernago
Leithof
Kaser
Casera
Samberg
Costa del Sole
(2717)
Schröfwand
Crodarotta
2890
Schröfwand
2809
Obergerstgras
1767
Unter-gerstgras
Ötzi Rope-Park
Hängebrücke
1690
1642
1977
2444
1892
Leitwald
Oberhof
Maso di Sopra
Schwarzer Adler
Mitterhof
Gurschler
Monte Corto
2214
Bergl-Alm
M.ga di Cortiserrade
2125
2401
Gfaltrina Alm
Gfaltrina
1933
2158
Archeoparc
1927
1993
2550
Rainhof
1930
1719
Grubalm
2189
2369
2599
Unser Frau in Schnals
Madonna di Senales
2270
Gfallhof
1840
Gerstgraserboden
Piano di Cortiserrade
Nock Spitze
Cima del Dosso
2348
2151
1508
Auhöfe
Ora
1643
Zum See
1434
Texel
Gufigand
Ganda del Covolo
1420
Schmied
Maso del Fabb
2719
1904
Brugghof
1401
Oberraindlhof
2500
Val di Mastaun
Mastaunalm
M.ga di Mastaun
1810
Bichele
Mastaunbichl
(Monte Lavez)
2285
0 500 m
Östl.
-Est 2967
Alblatsch

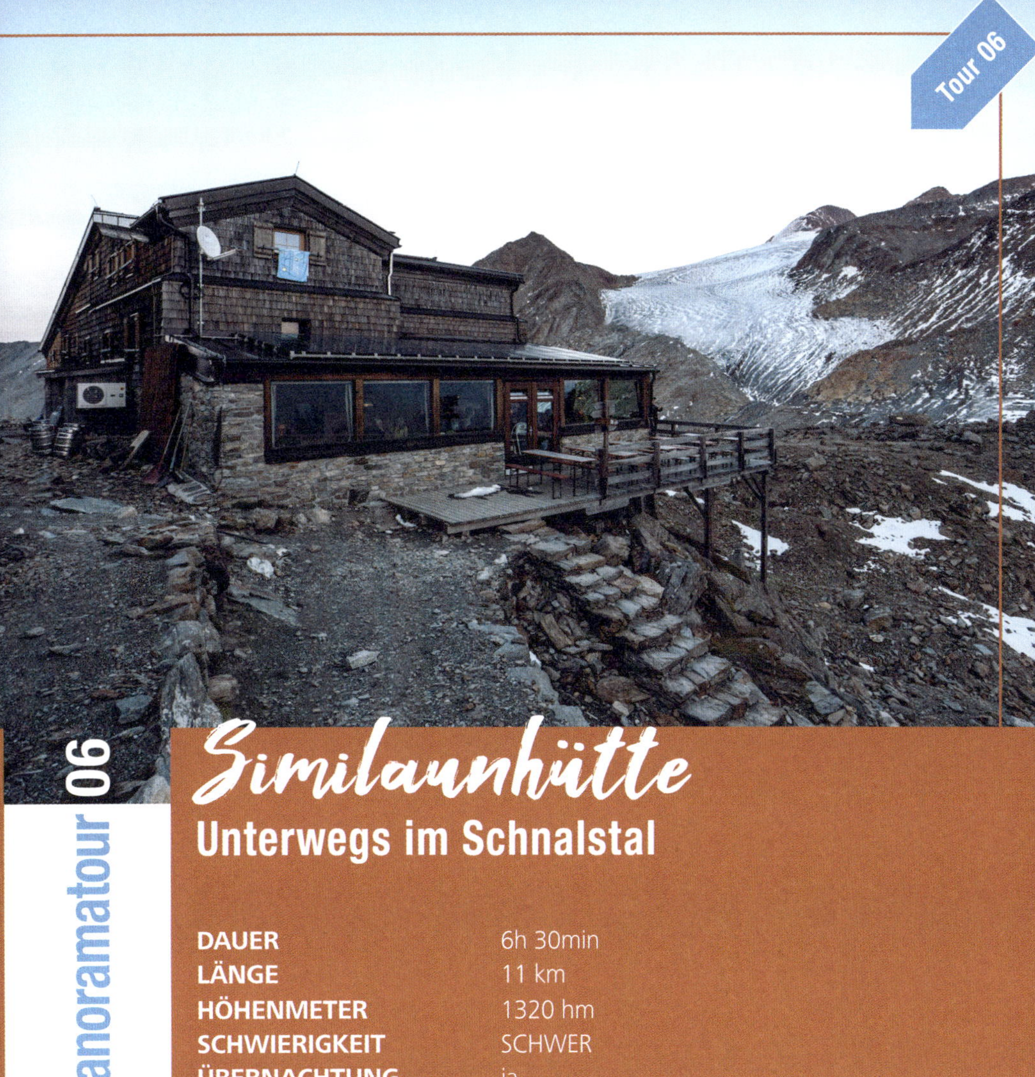

Similaunhütte

Unterwegs im Schnalstal

DAUER	6h 30min
LÄNGE	11 km
HÖHENMETER	1320 hm
SCHWIERIGKEIT	SCHWER
ÜBERNACHTUNG	ja

Das erwartet dich ...

Die Wanderung gestaltet sich bis zum Tisenhof recht einfach über eine Hofzufahrt. Zur Similaunhütte muss dann ein gewaltiger Höhenunterschied bewältigt werden, der eine gute Grundkondition erfordert. Das Schutzhaus erwartet uns dann mit einem gigantischen Panoramablick. Von hier aus kann man auch zur Fundstelle des „Mannes von Similaun" wandern; hierfür empfiehlt sich jedoch entsprechende Ausrüstung. Trittsicherheit, Erfahrung am Berg und Schwindelfreiheit sind außerdem nötig.

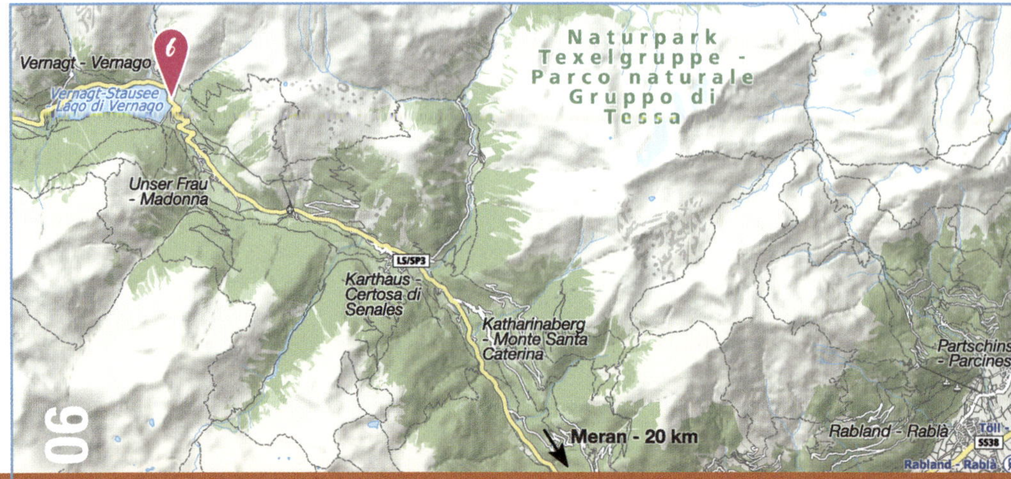

Start & Ziel & Anreise

Vernagt erreichen wir von Meran über die SS 38, die Vinschgauer Staatsstraße. Nach der Ortsumfahrung Naturns zweigen wir ins Schnalstal ab. Der Schnalstaler Straße folgen wir 16 km bis nach Vernagt am Vernagt-Stausee. Parkplätze gibt es am Stausee. Von Naturns fährt der Bus 261 nach Vernagt.

Tourenbeschreibung

Der „Mann von Similaun" – wenn er erzählen könnte, wir würden sicherlich über die phantastischen Geschichten staunen. Im September 1991 wanderte ein Ehepaar aus Deutschland zum Hauslabjoch hoch über dem Schnalstal. Da ragte eine Leiche aus dem auftauenden Eis. Heute trägt er viele Namen: Mumie aus dem Eis, Mann vom Tisenjoch, Mann vom Hauslabjoch, Der Mann aus dem Eis – der bekannteste ist jedoch wohl „Ötzi". Die sogleich informierte Bergrettung erkannte schnell, dass es sich dabei nicht um einen kürzlich Verunglückten handelte, sondern tatsächlich um einen Menschen, der vor mehr als 5300 Jahren lebte, also in der Jungsteinzeit. Der Leichnam wurde geborgen und avancierte zum Sensationsfund, der um die ganze Welt ging. Heute kann man ihn im Südtiroler Archäologiemuseum bestaunen oder aber vom Vernagt-Stausee zu seiner Fundstelle wandern, nicht weit von der Similaunhütte entfernt unter den erhabenen Augen des 3606 m hohen Similaun.

Von Vernagt führt uns der Weg Nr. 2 zum Tisenhof hinauf. Hinter den Höfen bringt uns der Weg weiter aufwärts ins Tisental hinein. Dann leitet uns ein Pfad neben dem Leiterbach ins weitgehend unerschlossene Tal hinein. Lediglich die Materialseilbahn der Schutzhütte und vereinzelte Hüttchen lassen an die Existenz von Menschen in diesen wilden, einsamen Bergen erinnern. Dennoch – wie der Fund von Ötzi beweist – durchstreiften Menschen schon vor Tausenden von Jahren dieses Tal.

Wir passieren die Tisenberghütte und erreichen den Talgrund, abgeschottet von einem rauen, abschüssigen Felskessel. Der Schlussanstieg zur Similaunhütte führt auf 300 Höhenmetern extrem steil bergan, sodass wir unsere letzten Reserven aktivieren müssen. Dann erreichen wir die gut besuchte Hütte auf 3019 Metern Höhe am Niederjoch, dem historischen Grenzübergang von Süd- nach Nordtirol. Sie gilt als wichtiger Stützpunkt für hochalpine Begehungen, z.B.auf den Similaun oder die Fineilspitze. Der Abstieg nach Vernagt erfolgt auf dem Anstiegsweg.

In den Gletschergebieten der Ötztaler Alpen

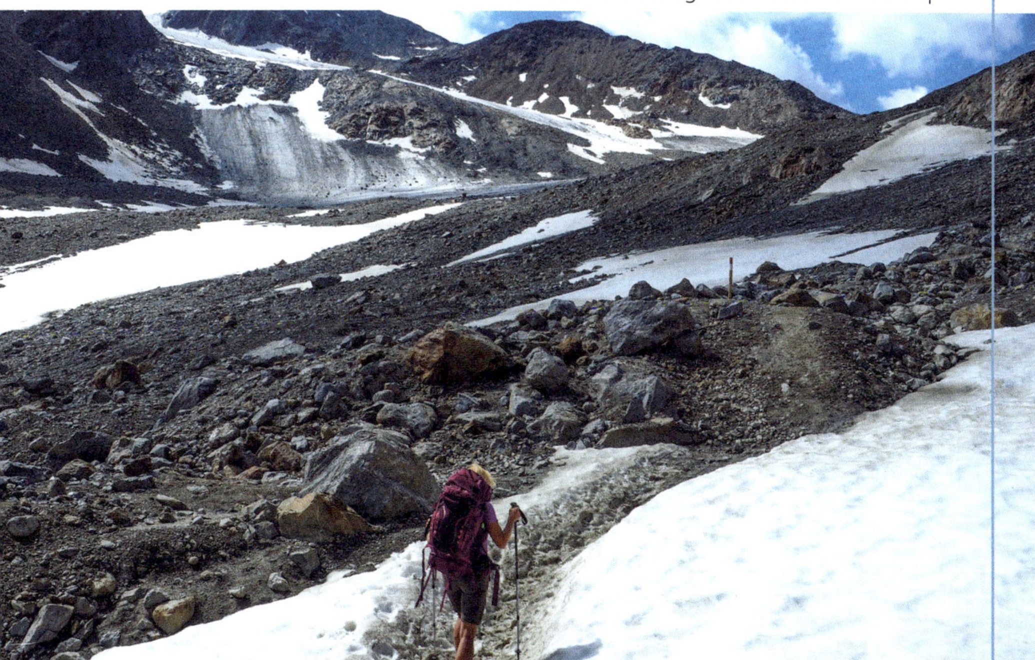

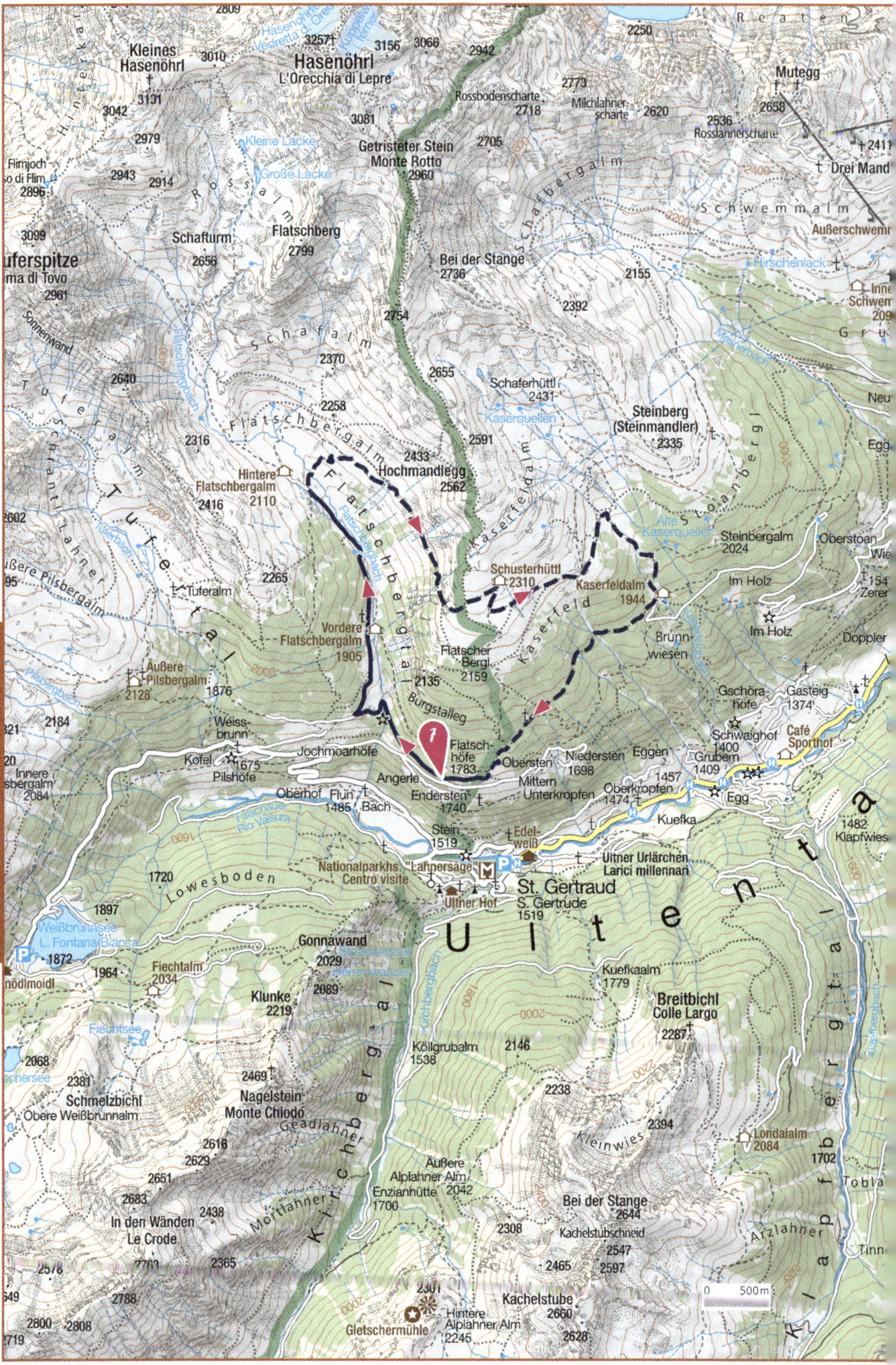

Hasenöhrl
L'Orecchia di Lepre
Kleines Hasenöhrl
3131
3010
3257
3156
3066
2942
2809
3042
2979
2943
2914
Flimjoch
2896
3099
Rossbodenscharte
2718
2773
Milchlahnerscharte
2620
2250
Reaten
Mutegg
2658
2536
Rosslahnerscharte
2411
Drei Mand
3081
Kleine Lacke
Große Lacke
Getristeter Stein
Monte Rotto
2960
2705
Rossalm
Schafturm
2656
Flatschberg
2799
Schafbergalm
Schwemmalm
Außerschwemm
Bei der Stange
2736
2155
Hirschenlack
2392
2754
Schafalm
2370
2640
Flatschbergbach
Sonnenwand
2961
Tuferalm
2655
Schaferhüttl
2431
Kaserquellen
Steinberg (Steinmandler)
2335
2258
2316
Flatschbergalm
2433
Hochmandlegg
2562
2591
Kaserfeldalm
Hintere Flatschbergalm
2110
2416
2602
Stoanbergl
Alte Kaserquellen
Steinbergalm
2024
Oberstoan
Im Holz
Flatschberggal
Flatschbergbach
2265
Tuferalm
Tufertal
Schusterhüttl
2310
Kaserfeldalm
1944
Kaserfeld
Brunnwiesen
Im Holz
Doppler
Pilsbergalm
Vordere Flatschbergalm
1905
Flatscher Bergl
2159
2135
Burgstalleg
Äußere Pilsbergalm
2128
1876
2184
Pilsbergbach
Gschörahöfe
Gasteig
1374
Weissbrunn
Kofel
1675
Pilshöfe
Jochmoarhöfe
1
Flatschhöfe
1783
Obersten
Niedersten
1698
Eggen
Schwaighof
1400
Grubern
1409
Café Sporthof
Innere Pilsbergalm
2084
Angerle
Mittern
Unterkröpfen
Oberkröpfen
1474
1457
Egg
Oberhof
Flun
1485
Bach
Endersten
1740
Falschauer
Rio Valsura
Kuefka
1482
Klapfwies
Stein
1519
Edelweiß
Nationalparkhs. „Lahnersäge"
Centro visite
Ultner Urlärchen
Larici millenari
1720
Lowesboden
St. Gertraud
S. Gertrude
1519
Ultner Hof
1897
Weißbrunnsee
L. Fontana Bianca
1872
Gonnawand
2029
Steinwasser
Herrenwasser
Ultental
1964
Fiechtalm
2034
Klunke
2219
2089
Kuefkaalm
1779
Breitbichl
Colle Largo
2287
Fiechtsee
Kirchbergbach
Kirchbergtal
Klapfbergtal
Klapfbergbach
2068
Köllgrubalm
1538
2146
2381
2469
Schmelzbicht
Obere Weißbrunnalm
Nagelstein
Monte Chiodo
2238
Geadlahner
2394
Kleinwies
Londaialm
2084
1702
2616
2629
Äußere Alplahner Alm
Enzianhütte
1700
2042
2651
2683
Mortlahner
Bei der Stange
2644
In den Wänden
Le Crode
2438
2308
Kachelstubschneid
2547
Arzlahner
2365
2465
2597
2578
2788
2301
Kachelstube
2660
Hintere Alplahner Alm
2245
2800
2808
2719
Gletschermühle
2628
0 500 m

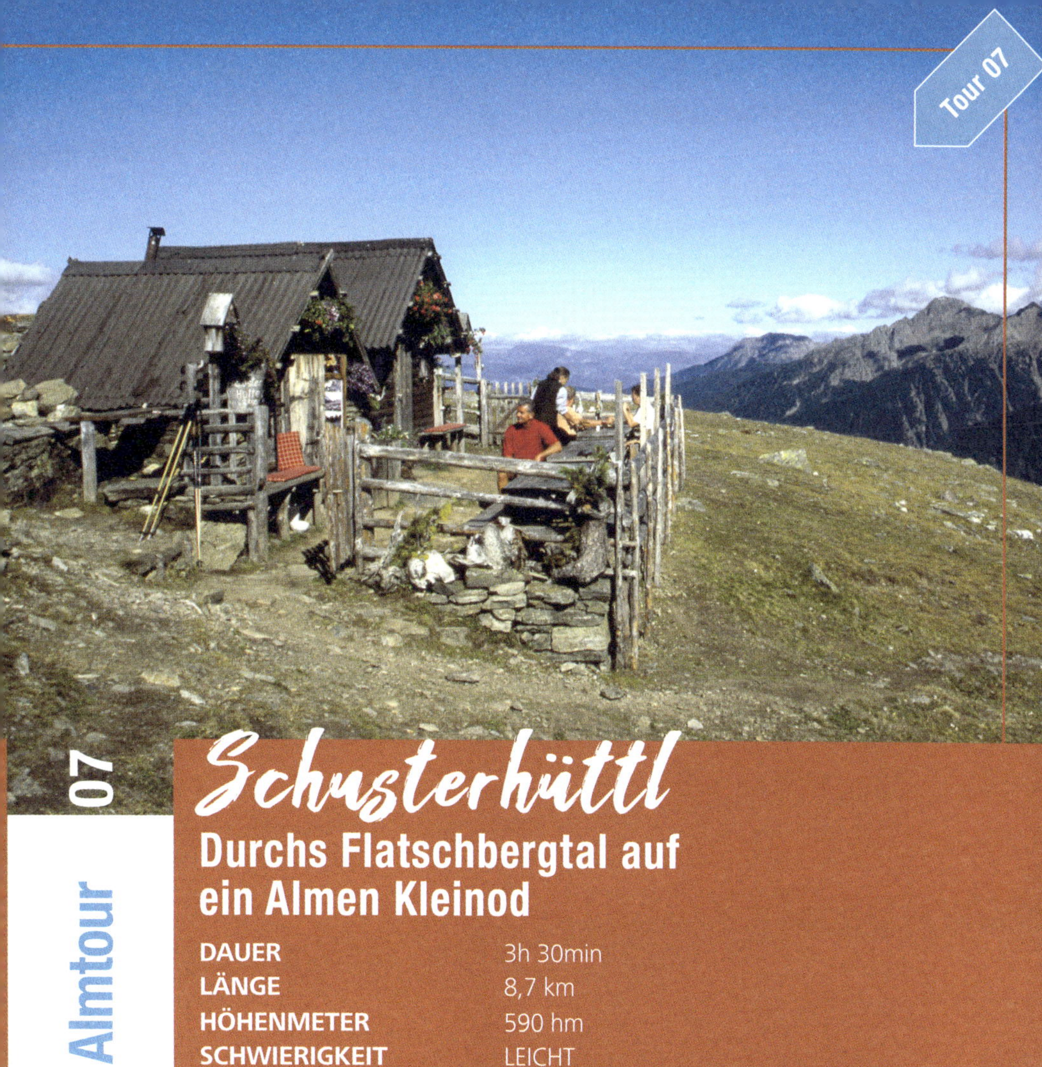

07 Almtour

Schusterhüttl

Durchs Flatschbergtal auf ein Almen Kleinod

DAUER	3h 30min
LÄNGE	8,7 km
HÖHENMETER	590 hm
SCHWIERIGKEIT	LEICHT
ÜBERNACHTUNG	nein

Das erwartet dich ...

Die Rundwanderung zum Schusterhüttl führt uns über breite Almwege und unschwierige Steige durch das Flatschbergtal im inneren Ultental. Hinter den Flatschberghöfen erwartet uns ein sonniger Steig, im oberen Teil von Steinmanndln geführt. Der Abstieg über die Almwiesen ist ein wenig steiler und führt zum Ende hin durch herrlichen Lärchenwald.

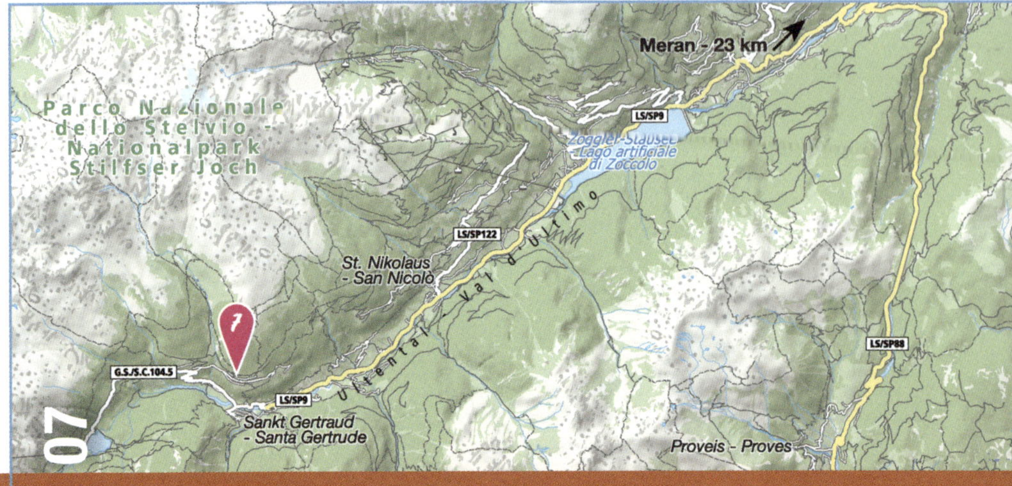

Almtour 07

Start & Ziel & Anreise

Der private Parkplatz der Flatschbergalmen bildet den Ausgangspunkt der Wanderung. Wir fahren bis St. Gertraud im Ultental und weiter Richtung Weißbrunnsee. Knapp 100 Meter nach der vierten Kehre biegen wir scharf rechts auf eine schmale Straße ab. In der zweiten Kehre kurz vor den Flatschgerhöfen zweigt ein Schotterweg zum Parkplatz ab.

Tourenbeschreibung

Das Schusterhüttl ist wahrscheinlich die kleinste Hütte weit und breit. Doch in nichts anderem steht sie größeren Hütten nach: Sie bietet wundervolle Ausblicke, eine urgemütliche kleine Terrasse und die Almwirtin zaubert in ihrer fast schon puppenartigen Küche einfache, aber extrem genussvolle Gerichte. Die Brotzeiten werden mit selbstgemachtem Käse und Speck aus der nächsten Umgebung serviert. Auch die Flatschbergalmen sind lohnenswerte Ziele zum Einkehren. Auf dem Schusterhüttl gibt es keine Übernachtungsmöglichkeit. In der Nähe befindet sich aber die Höchster Hütte; sie kann vom Schusterhüttl bzw. den Flatschbergalmen auf dem 12er Steig in einer guten Stunde erreicht werden.

Vom privaten Parkplatz der Flatschbergalmen führt uns die Markierung 143 auf einem breiten, schottrigen Almenweg ins Flatschbergtal. Wir queren den Flatschbergbach und steigen in der anschließenden Rechtskehre weiter bergan. Schnell haben wir die Vordere Flatschbergalm erreicht. Weiter geht es über den Fahrweg – wer möchte, kann auch bald auf einen Steig rechter Hand ausweichen, der nahe dem Bach entlangführt. Kurz bevor wir die Hintere Flatschbergalm erreicht haben, folgen wir der Markierung Nr. 12 nach rechts über den Bach und die westseitigen Hänge hinauf. Allmählich flacht der Steig ab und geleitet uns durch Wacholder- und Alpenrosenbüsche talauswärts. Ein letzter Anstieg bringt uns schließlich auf einen Sattel. Von hier aus hat man einen herrlichen Ausblick auf den Talschluss des Ultentals mit Weißbrunnsee und Eggenspitzen. Ein Steinmanndl weist hier die letzten Meter zum Schusterhüttl.

Für den Abstieg wenden wir uns nach Süden zu einer Gabelung hinab. Der Steig geradeaus brächte uns über das Kuhhüttl zu den Flatschberghöfen. Wir wandern jedoch links gerichtet über die sonnigen Almböden hinab auf der Markierung Nr. 12. An der nächsten Wegteilung halten wir uns rechts; der Rechtsbogen führt durch lichten Wald zur Kaserfeldalm. Hier führt der obere Weg mit der Markierung Nr. 146 nach St. Gertraud. Unterhalb der obersten Hütte vorbei steigt er nochmals an und verläuft über die bewaldeten Hänge des hintersten Ultentals, bis er zum obersten Flatschberghof abfällt. Das Sträßlein bringt uns zum Parkplatz zurück.

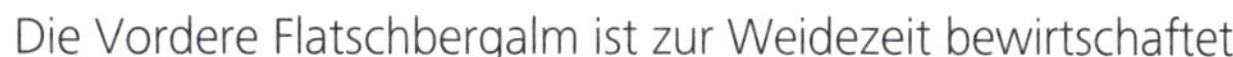

Die Vordere Flatschbergalm ist zur Weidezeit bewirtschaftet

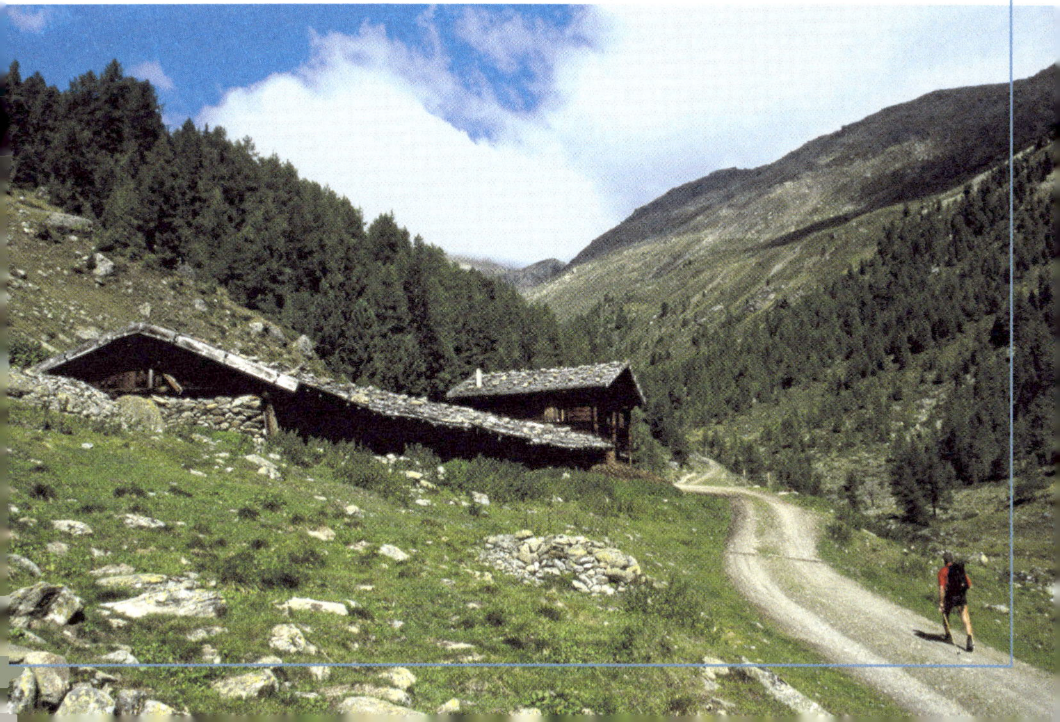

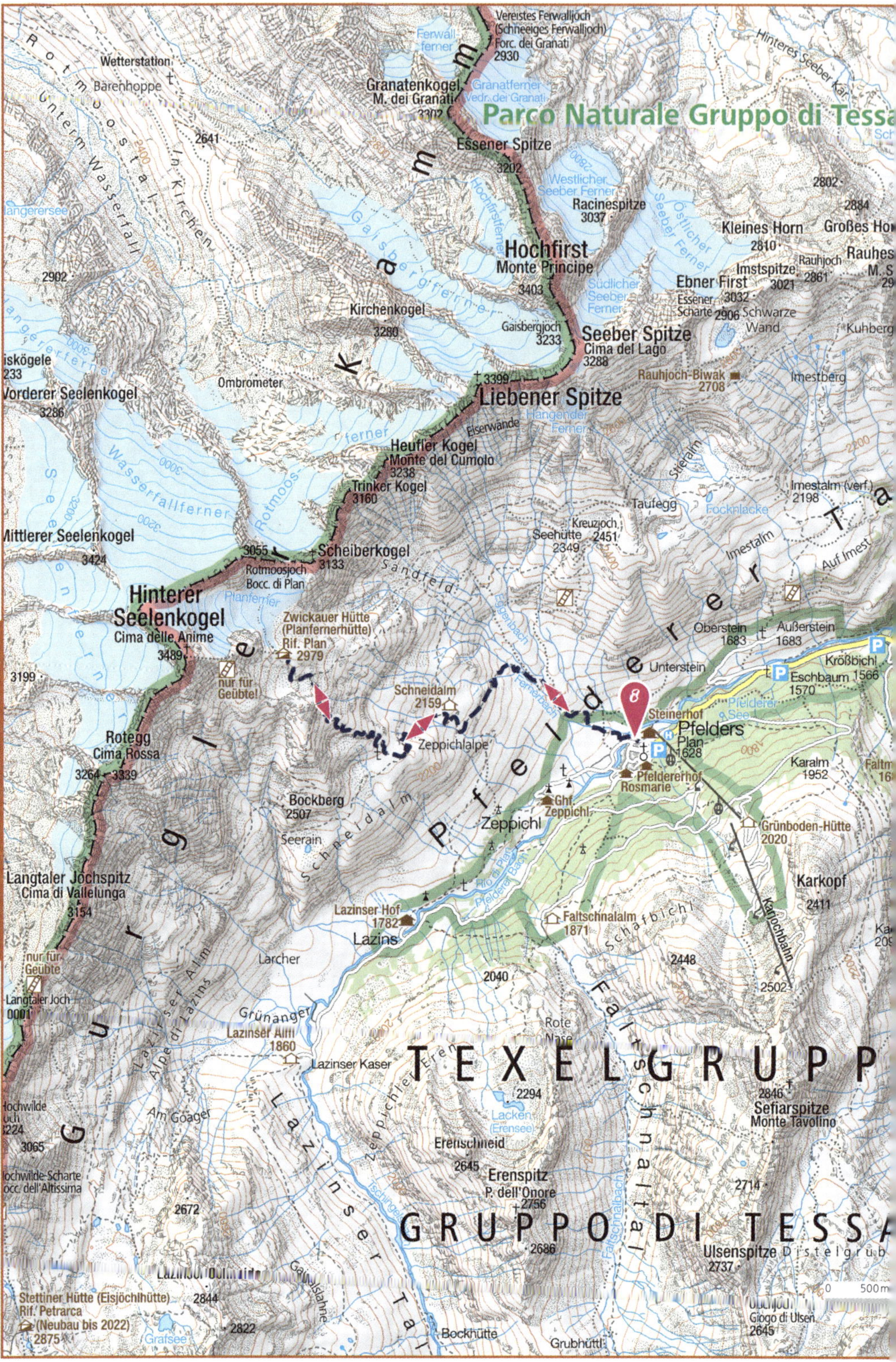

Parco Naturale Gruppo di Tessa

Vereistes Ferwalljoch
(Schneeiges Ferwalljoch)
Forc. dei Granati
2930
Ferwallferner
Wetterstation
Bärenhoppe
Granatenkogel
M. dei Granati
3302
Granatferner
Vedr. dei Granati
Rotmoostal
Unterm Wasserfall
In Kirchen
2641
Essener Spitze
3202
Westlicher Seeber Ferner
Racinespitze
3037
2802
2884
Kleines Horn
2810
Großes Horn
Hochfirst
Monte Principe
3403
Gaisbergferner
Hochfirstferner
Östlicher Seeber Ferner
Imstspitze
3021
Rauhjoch
2861
Ebner First
3032
Essener Scharte
2906
Schwarze Wand
Kuhberg
2902
Kirchenkogel
3280
Südlicher Seeber Ferner
Gaisbergjoch
3233
Seeber Spitze
Cima del Lago
3288
Rauhjoch-Biwak
2708
Imestberg
Eiskögele
3233
Ombrometer
Kamm
3399
Liebener Spitze
Vorderer Seelenkogel
3286
Hangender Ferner
Elserwände
Heufler Kogel
Monte del Cumolo
3238
Trinker Kogel
3160
Stieralm
Imestalm (verf.)
2198
Wasserfallferner
Rotmoosferner
Taufegg
Fockmacke
Kreuzjoch
2451
Seehütte
2349
Imestalm
Auf Imest
Mittlerer Seelenkogel
3424
3055
Scheiberkogel
3133
Rotmoosjoch
Bocc. di Plan
Sandfeld
Seelenferner
Hinterer Seelenkogel
Cima delle Anime
3489
Planferner
Zwickauer Hütte
(Planfernerhütte)
Rif. Plan
2979
nur für Geübte!
Oberstein
1683
Außerstein
1683
Unterstein
Kräßbichl
Eschbaum
1570
1566
3199
Schneidalm
2159
8
Steinerhof
Pfelders
Plan
1628
Pfelderer See
Zeppichlalpe
Pfelderer Tal
Rotegg
Cima Rossa
3264
3339
Pfelderer Hof
Rosmarie
Karalm
1952
Bockberg
2507
Ghf. Zeppichl
Zeppichl
Grünboden-Hütte
2020
Seerain
Schneidalm
Gurgler Kamm
Langtaler Jochspitz
Cima di Vallelunga
3154
Karkopf
2411
Lazinser Hof
1782
Lazins
Faltschnalalm
1871
Schafbichl
Karjochbahn
nur für Geübte
Larcher
2448
2040
2502
Langtaler Joch
3001
Lazinser Alm
Alpe di Lazins
Grünanger
Lazinser Alm
1860
Lazinser Kaser
Rote Nase
Faltschnaltal
TEXELGRUPPE
Zeppichler Eren
2294
2846
Sefiarspitze
Monte Tavolino
Hochwilde Joch
3224
Am Gōager
Lacken (Erensee)
3065
Erenschneid
2645
Erenspitz
P. dell'Onore
2756
Lazinser Tal
Hochwilde-Scharte
Bocc. dell'Altissima
2714
2672
GRUPPO DI TESSA
2686
Ulsenspitze
2737
Distelgrub
Stettiner Hütte (Eisjöchlhütte)
Rif. Petrarca
(Neubau bis 2022)
2875
2844
Gfallsee
2822
Bockhütte
Grubhüttl
Ulsenjoch
Giogo di Ulsen
2645
0 500 m

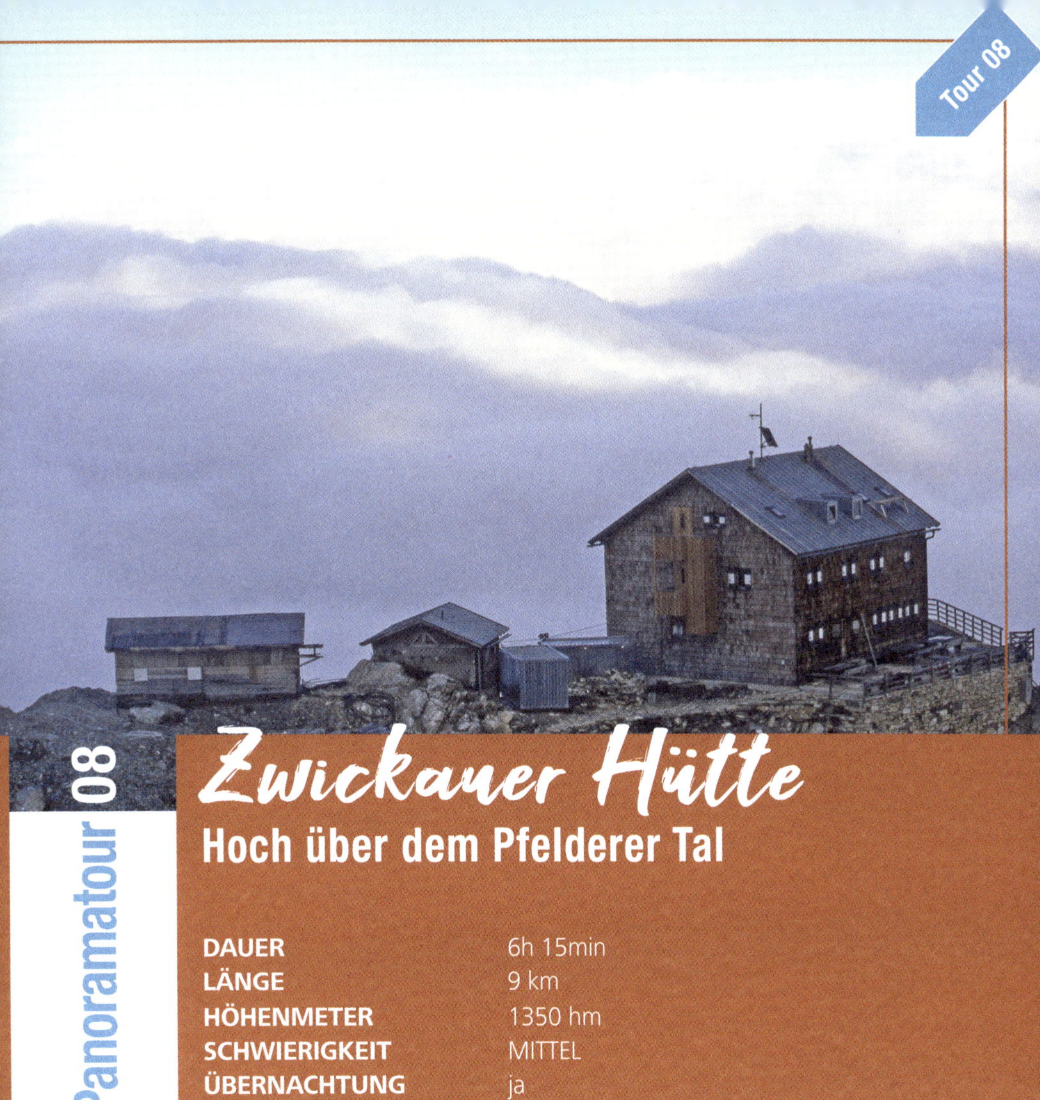

Zwickauer Hütte

Hoch über dem Pfelderer Tal

DAUER	6h 15min
LÄNGE	9 km
HÖHENMETER	1350 hm
SCHWIERIGKEIT	MITTEL
ÜBERNACHTUNG	ja

Das erwartet dich ...

Die Wanderung führt über einen langen und steilen Hüttenanstieg, bei dem eine beachtliche Zahl an Höhenmetern auf uns wartet. Der Steig ist gut zu begehen, aber sehr steil. Dem Ende zu benötigt man über das felsige und geröllige Gelände ein Mindestmaß an Trittsicherheit. Unterhalb der Hütte muss noch ein Schneefeld überwunden werden, was aber in der Regel keine Probleme darstellt. Oben erwartet uns ein herrlicher Ausblick und eine urige Hütte.

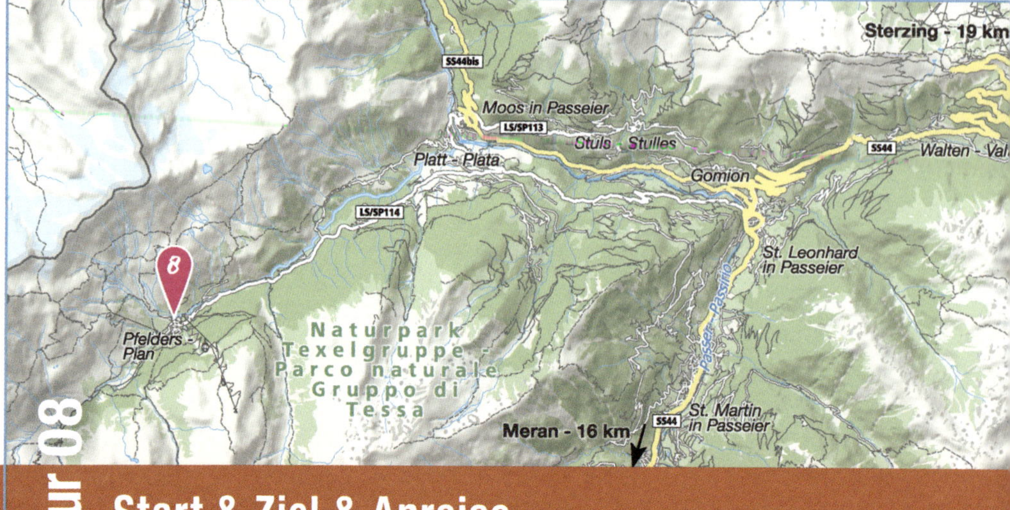

Start & Ziel & Anreise

Die Wanderung beginnt in Pfelders. Von Meran oder Sterzing erreichen wir den Ort über die SS44; in St. Leonhard im Passeier wechseln wir dann auf die SS44bis. Am Ortseingang gibt es einen großen Parkplatz. Von Meran Therme fährt stündlich der Bus 240 nach Pfelders. Die Fahrt dauert allerdings fast eineinhalb Stunden.

Tourenbeschreibung

Die Zwickauer Hütte liegt extrem exponiert auf einer Höhe von fast dreitausend Metern; so thront sie auf einer felsigen Anhöhe hoch über Pfelders und in unmittelbarer Nähe zum Ötztaler Gletscher. Der Anstieg ist hart, zur Belohnung winkt von der schönen Terrasse aus jedoch eine Gipfelschau die ihresgleichen sucht: ein Meer an kantigen, grauen Spitzen bis zum Horizont. Seit 2015 wird die Hütte durch das Land Südtirol verwaltet, in der neben der öffentlichen Hand auch der AVS und der CAI vertreten sind.

Vom Parkplatz am Feuerwehrhaus in Pfelders geht es erst rechts, beim Häuslerhof dann links und bald über den Pfelderer Bach. Kurz nach der Brücke beginnt nur wenige Meter nach rechts der Weg Nr. 6a. Nordwestlich steigen wir durch lichten Lärchenwald bergauf, über eine Brücke und rechts des Baches weiter aufwärts. An einer Abzweigung halten wir uns links wieder auf die andere Bachseite. Steil führt uns der Weg zur Schneidalm, an der wir eine kleine Rast machen können. Eine halbe Stunde später erreichen wir den Oberen Schneid. Hier biegt der Steig nach rechts und bringt uns in Serpentinen über einen steilen Bergrücken hinauf bis zum Pfelderer Höhenweg. Er verbindet die Stettiner mit der Zwickauer Hütte und quert dabei mit herrlichem Ausblick die steilen Hänge und und Gräben über dem Pfelderer Tal. Ihm folgen wir nach rechts. In steinigem Gelände geht es nun stets bergan, bis wir an der folgenden Gabelung links abbiegen. Dann passieren wir eine Mulde samt Schneefeld und erklimmen den steilen, felsigen Aufbau des Weißen Knott. Damit haben wir auch die Zwickauer Hütte erreicht.

Der Abstieg erfolgt auf dem Anstiegsweg. Alternativ kann man von der Hütte über das Kreuzjoch absteigen: Dafür halten wir uns unterhalb der Hütte auf dem Weg Nr. 44. Der Hintere Seelenkogel (3489 m) ist der Hausberg der Zwickauer Hütte. An ihn sollten sich jedoch nur erfahrene Bergsteiger heranwagen; ein Wegweiser führt nach Westen zum Gipfelaufbau. Steigspuren bringen uns dann über steiles und brüchiges Gelände über den Ostgrat auf den Gipfel. Dabei müssen ausgesetzte und gesicherte Passagen überwunden werden.

Die Hohe Weiße von der Zwickauer Hütte

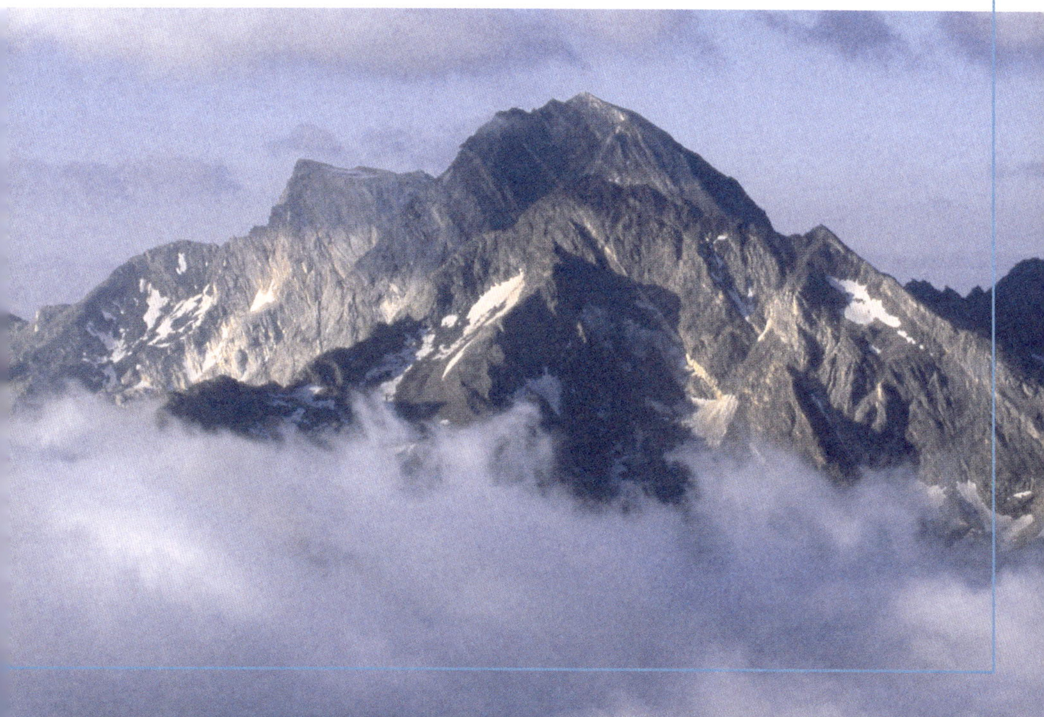

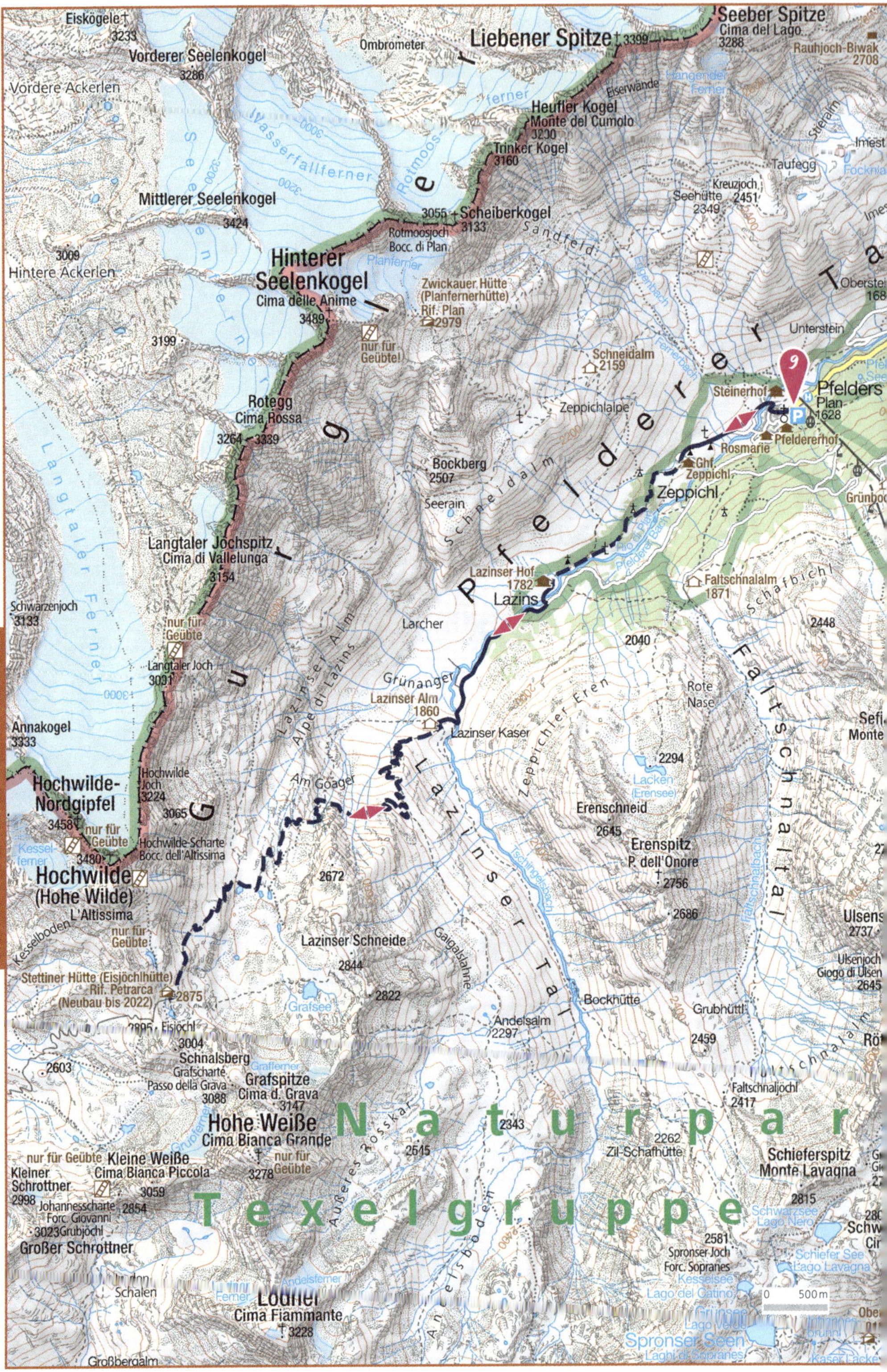

Eiskögele
3233
Vorderer Seelenkogel
3286
Vordere Ackerlen
Ombrometer
Liebener Spitze
3399
Seeber Spitze
Cima del Lago
3288
Rauhjoch-Biwak
2708
Eiserwände
Hangender Ferner
Heufler Kogel
Monte del Cumolo
3230
Trinker Kogel
3160
Stieralm
Imest
Taufegg
Kreuzjoch
2451
Seehütte
2349
Wasserfallferner
Rotmoos
Seelenferner
Mittlerer Seelenkogel
3424
3055
Scheiberkogel
3133
Rotmoosjoch
Bocc. di Plan
Planferner
Sandfeld
3009
Hintere Ackerlen
Hinterer
Seelenkogel
Cima delle Anime
3489
Zwickauer Hütte
(Planfernerhütte)
Rif. Plan
2979
nur für
Geübte
Obersteir
168
Unterstein
3199
Schneidalm
2159
Steinerhof
Pfelders
Plan
1628
Pfeldererhof
Rosmarie
Ghf.
Zeppichl
Zeppichl
Zeppichlalpe
Rotegg
Cima Rossa
3264
3339
Gurgler
Pfelderer Tal
Bockberg
2507
Seerain
Schneidalm
Langtaler Ferner
Langtaler Jochspitz
Cima di Vallelunga
3154
Pfelderer Bach
Grünboden
Lazinser Hof
1782
Lazins
Faltschnalalm
1871
Schafbichl
Schwarzenjoch
3133
nur für
Geübte
Larcher
2448
2040
Langtaler Joch
3091
Lazinser Alm
Alpe di Lazins
Grünanger
Lazinser Alm
1860
Zeppichler Eren
Rote
Nase
Faltschnaltal
Sefi
Monte
Annakogel
3333
Lazinser Kaser
Hochwilde
Joch
3224
2294
Hochwilde-
Nordgipfel
3458
Am Goager
Lacken
(Erensee)
3065
Lazinser Tal
Erenschneid
2645
nur für
Geübte
Kesselferner
3480
Hochwilde-Scharte
Bocc. dell'Altissima
Erenspitz
P. dell'Onore
2756
Hochwilde
(Hohe Wilde)
L'Altissima
2672
Tschingelsbach
Faltschnalbach
Kesselboden
nur für
Geübte
2686
Ulsens
2737
Lazinser Schneide
Stettiner Hütte (Eisjöchlhütte)
Rif. Petrarca
(Neubau bis 2022)
2875
2844
Gaigalahne
Ulsenjoch
Giogo di Ulsen
2645
2822
Grafsee
Bockhütte
Grubhüttl
2895
Eisjöchl
Andelsalm
2297
2459
3004
Schnalsberg
Graffener
Grafscharte
Passo della Grava
3088
Grafspitze
Cima d. Grava
3147
Faltschnaljöchl
2417
Hohe Weiße
Cima Bianca Grande
Naturpark
2343
2262
2603
Zil-Schafhütte
Schieferspitz
Monte Lavagna
Äußeres Rosskar
2545
nur für Geübte
Kleine Weiße
Cima Bianca Piccola
nur für
Geübte
Kleiner
Schrottner
2998
3059
3278
Texelgruppe
2815
Johannesscharte
Forc. Giovanni
2854
Schwarzsee
Lago Nero
3023
Grubjöchl
Andelsboden
2581
Großer Schrottner
Spronser Joch
Forc. Sopranes
Schiefer See
Lago Lavagna
Schalen
Andelsferner
Ferner
Lodner
Cima Fiammante
3228
Kesselsee
Lago del Catino
0
500 m
Grünsee
Lago Verde
Spronser Seen
Laghi di Sopranes
Kaser Lacke
Großbergalm

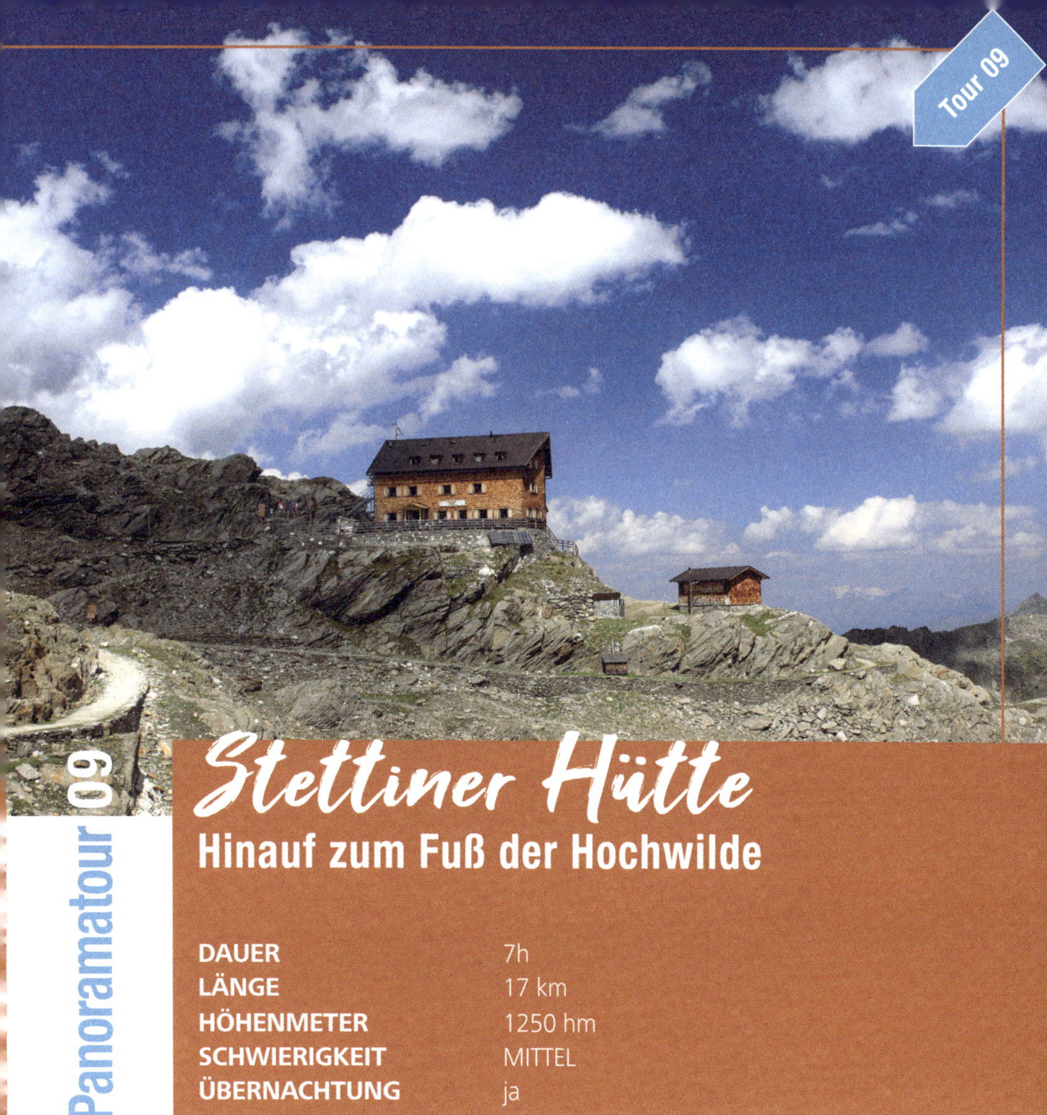

Panoramatour 09

Stettiner Hütte

Hinauf zum Fuß der Hochwilde

DAUER	7h
LÄNGE	17 km
HÖHENMETER	1250 hm
SCHWIERIGKEIT	MITTEL
ÜBERNACHTUNG	ja

Das erwartet dich ...

Der Weg zur Stettiner Hütte verlangt gute Kondition, schließlich müssen 1250 Höhenmeter überwunden werden. Dafür führt er aber auf gut ausgebauten Wegen und Steigen. Die stattliche Stettiner Hütte fiel 2014 einer Lawine zum Opfer. Ein provisorischer Holzbau macht dennoch eine Einkehr möglich. Vom Hüttenplateau aus bietet sich ein herrlicher Panoramablick.

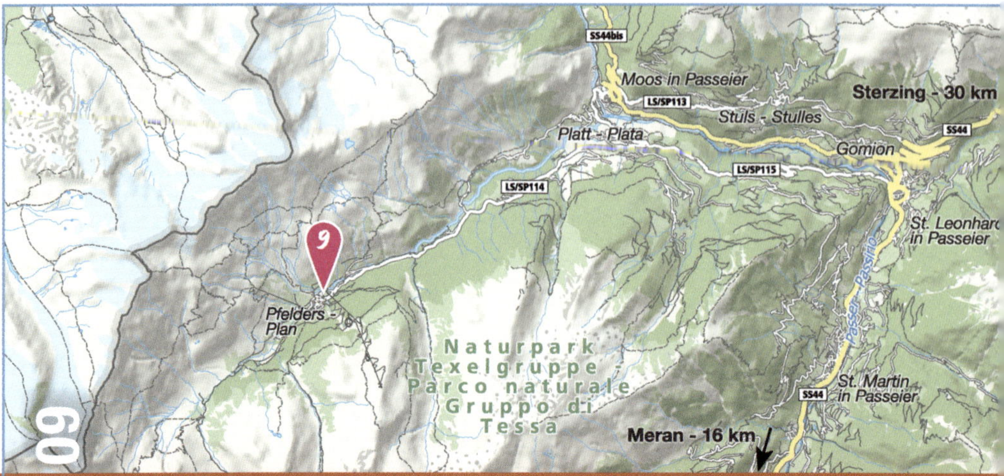

Start & Ziel & Anreise

Die Wanderung beginnt in Pfelders. Von Meran oder Sterzing erreichen wir den Ort über die SS 44; in St. Leohard im Passeier wechseln wir dann auf die SS 44bis. Am Ortseingang gibt es einen großen Parkplatz. Von Meran Therme fährt stündlich der Bus 240 nach Pfelders. Die Fahrt dauert allerdings fast eineinhalb Stunden.

Tourenbeschreibung

2014 wurde die Stettiner Hütte von einer Lawine getroffen. Die Hütte wurde dermaßen beschädigt, dass aus Sicherheitsgründen ein totaler Abbruch notwendig wurde. Ein provisorischer, größerer Holzbau sichert die Tagesversorgung der Gäste, sechs kleine Holzhütten stellen die Notunterkünfte dar. 2022 ist die Wiedereröffnung der neu errichteten Stettiner Hütte geplant. Die Kehren auf der alten Militärstraße hinauf zur Hütte verlangen Ausdauer, die jedoch mit wundervollen Blicken auf Texelgruppe und Ötztaler Alpen entschädigt wird.

Am Parkplatz beim Feuerwehrhaus in Pfelders halten wir uns rechts, um gleich darauf wieder links am Häuslerhof und Gasthaus Edelweiß vorbei über den Bach zu wechseln. Wir folgen der Straße nach Zeppichl; hier bringt uns die Markierung Nr. 24 über eine Schotterstraße Richtung Lazins taleinwärts. Gleich darauf wandern wir an der Gabelung rechts durch Lärchenwald und über Wiesen zum

Lazinser Hof. Hinter dem Gasthof halten wir uns auf dem Fahrweg, der links den Pfelderer Bach quert und folgen ihm weiter ins Tal hinein zur Lazinser Alm.

Linker Hand der Alm wechseln wir auf die alte Militärstraße, die in zahlreichen Kehren den Hang am Ende des Pfelderer Tals auf der Markierung Nr. 8 und 24 hinaufzieht. Dabei begleiten uns tolle Blicke ins Tal, zur Texelgruppe und zum Gurgler Kamm. An der Gabelung beim Steimanndl bleiben wir rechts und queren die westlichen Felsabbrüche. Wir wandern weiter auf dem breiten Weg Richtung Süden in flacheres, felsiges Gelände. An einer verfallenen Hütte vorbei überqueren wir eine Geländemulde mit einem kleinen See. An der darauffolgenden Gabelung halten wir uns links – rechts würde der Weg zur Zwickauer Hütte führen. Weite Kehren bringen uns schließlich unterhalb der Ostflanke der Hochwilde zur Stettiner Hütte hinauf. Auf dem Anstiegsweg steigen wir auch wieder hinab.

Von der Hütte aus lohnt sich ein Abstecher zum Eisjöchl, das süd-westlich der Hütte liegt. In guten zehn Minuten steigen wir auf das Joch hinauf, von dem aus man einen schönen Blick auf das Pfossental mit der Hohen Weißen und ihren hellen Wänden aus Marmor hat. Und natürlich der Blick von oben auf die hoffentlich schon fertiggestellte Stettiner Hütte.

Das Pfelderer Tal beim Aufstieg zur Stettiner Hütte

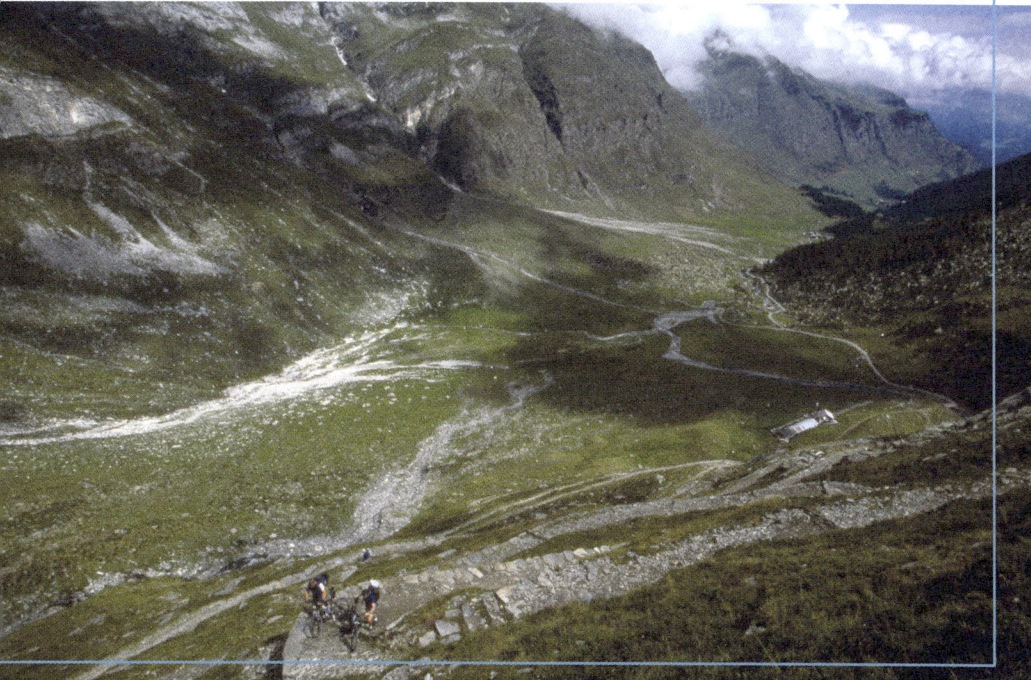

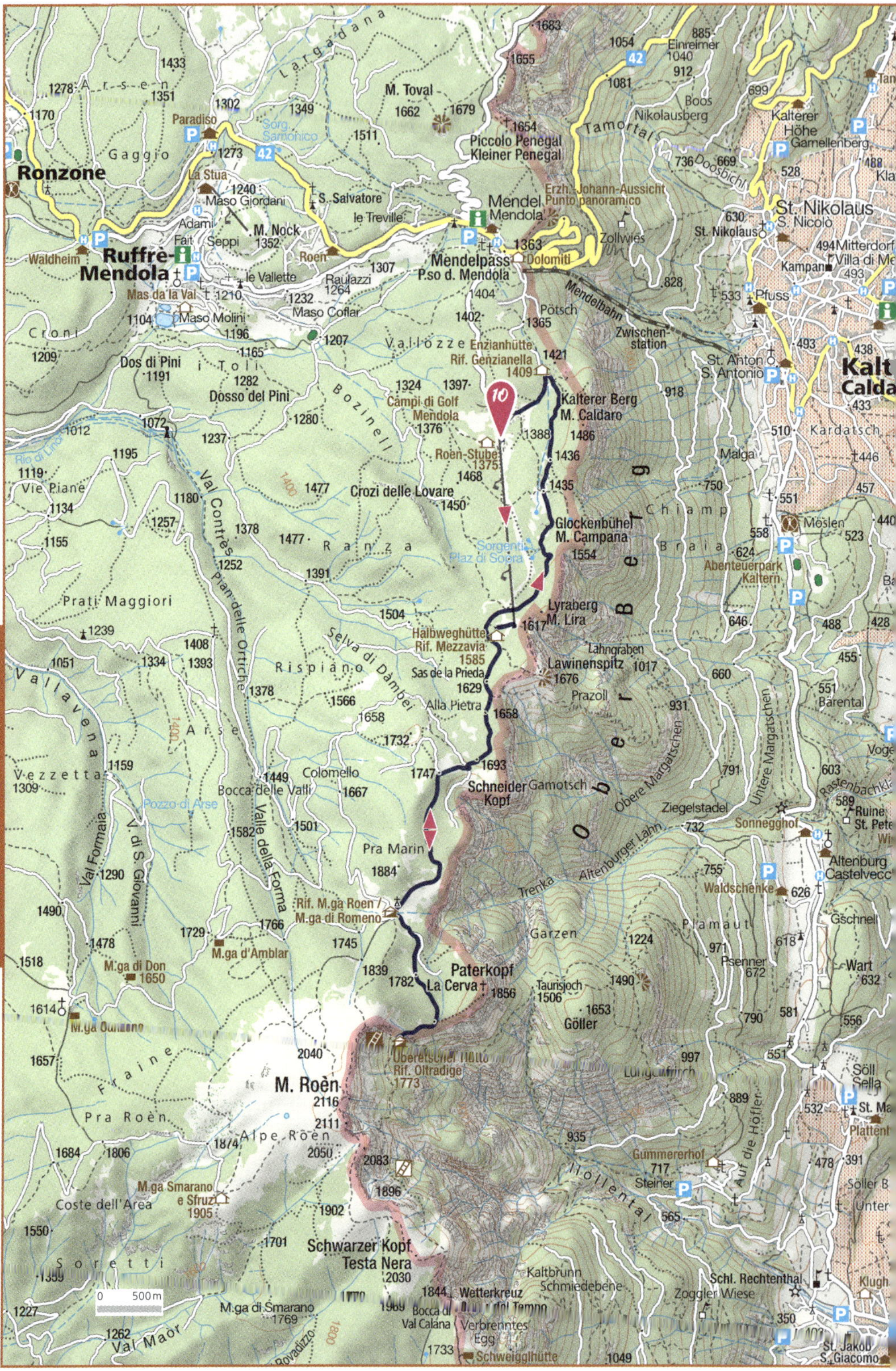

10

Ronzone
Ruffrè-Mendola
Mendel
Mendola
Mendelpass
P.so d. Mendola
Kalterer Höhe
Gamellenberg
St. Nikolaus
S. Nicolò
Kalt
Calda
Mitterdorf
Villa di Me
Kampan
Pfuss
St. Anton
S. Antonio
Kardatsch
Altenburg
Castelvecc
Paradiso
La Stua
Maso Giordani
S. Salvatore
M. Nock
Adami
Seppi
Fait
Roen
le Treville
le Vallette
Raulazzi
Maso Coflar
Mas da la Val
Maso Molini
Waldheim
Gaggio
Arsen
Largadana
M. Toval
Piccolo Penegal
Kleiner Penegal
Erzh.-Johann-Aussicht
Punto panoramico
Dolomiti
Mendelbahn
Pötsch
Zwischenstation
Enzianhütte
Rif. Genzianella
Vallozze
Campi di Golf Mendola
Roen-Stube
Kalterer Berg
M. Caldaro
Crozi delle Lovare
Ranza
Sorgenti Plaz di Sopra
Glockenbühel
M. Campana
Lyraberg
M. Lira
Halbweghütte
Rif. Mezzavia
Sas de la Prieda
Alla Pietra
Lawinenspitz
Lahngraben
Prazoll
Oberer Berg
Chiamp
Braia
Abenteuerpark Kaltern
Mosien
Malga
Schneider Kopf
Gamotsch
Obere Margatschen
Untere Margatschen
Ziegelstadel
Sonnegghof
Ruine
St. Peter
Rastenbachkl.
Barental
Waldschenke
Pra Marin
Rif. M.ga Roen /
M.ga di Romeno
Garzen
Trenka
Altenburger Lahn
Paterkopf
La Cerva
Taurisjoch
Göller
Plamaut
Psenner
Gschnell
Wart
Überetscher Hütte
Rif. Oltradige
M. Roèn
Alpe Roèn
Pra Roèn
Fraine
Gummererhof
Steiner
Höllental
Söll
Sella
St. Ma
Plattenh
Auf die Höfen
Soller B
Unter
Klugh
Schl. Rechtenthal
Zoggler Wiese
St. Jakob
S. Giacomo
Kaltbrunn
Schmiedebene
Wetterkreuz
Bocca di Val Calana
Verbrenntes Egg
Schweigglhütte
Schwarzer Kopf
Testa Nera
M.ga di Smarano
M.ga Smarano e Sfruz
Coste dell'Area
Soretti
Val Maor
M.ga di Don
M.ga d'Amblar
Valle della Forna
V. di S. Giovanni
Val Formaia
Pozzo di Arse
Bocca delle Valli
Colomello
Vezzetta
Vallavena
Arse
Rispiano
Selva di Dambel
Prati Maggiori
Val Contrès
Pian delle Ortiche
Vie Piane
Rio di Linor
Croni
Dos di Pini
Dosso del Pini
Toli
Bozinell
Tamortal
Nikolausberg
Boos
Eimreimer
Doosbichl
Zollwies
Gamell

0 500 m

Tour 10

Genusstour 10

Überetscher Hütte

Höhenspaziergang für jedermann

DAUER	3h
LÄNGE	11,2 km
HÖHENMETER	200 hm
SCHWIERIGKEIT	LEICHT
ÜBERNACHTUNG	ja

Das erwartet dich ...

Die Wanderung zur Überetscher Hütte ist sehr einfach. Hier müssen nur wenige Höhenmeter überwunden werden; der Weg führt auf breiten, viel begangenen Bergwegen. Die Hütte liegt am Mendelkamm direkt unter dem Monte Roèn und erwartet uns mit einer gemütlichen Einkehr und schönen Talblicken.

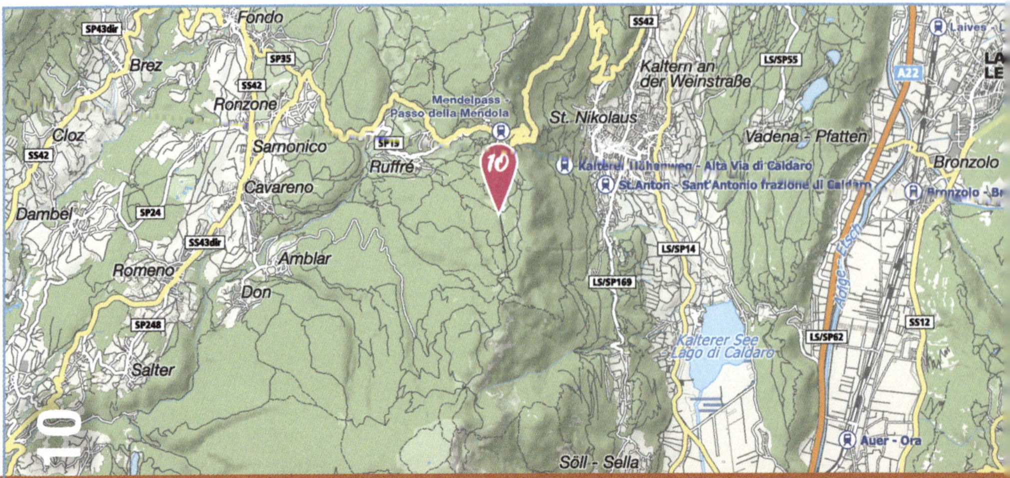

Genusstour 10

Start & Ziel & Anreise

Die Wanderung beginnt am Parkplatz des Roèn Sesselliftes. Von der A22 wechselt man kurz auf die Mebo bei Bozen. Die SS42 Richtung Mendelpass bringt uns vom Mendelpass auf einer Stichstraße zur Station des Sesselliftes.

Tourenbeschreibung

Die Überetscher Hütte ist alt, aber noch sehr gut in Schuss. Sie blickt auf eine über hundertjährige Geschichte zurück. Ihre Einweihung fand am 27. Juli 1913 statt. Mit ihrer Errichtung wollte die Sektion Überetsch des Deutschen und Österreichischen Alpenvereins die Überquerung des Mendelkamms attraktiver machen. Nach dem Ersten Weltkrieg wurde die Hütte vom italienischen Staat enteignet und 1924 der Sektion Bozen des CAI zugeteilt. Die Hütte liegt an einem der meistbegangenen Wege des Mendelkamms. Der Weg selbst ist eine gemäßigte Höhenpromenade im Wechsel von schattigen Wäldern und lieblichen Lichtungen. Wer es besonders bequem mag, der kann sich sogar noch eines Sesselliftes als Aufstiegshilfe bedienen.

Der Roèn Sessellift bringt uns angenehm gut 200 Höhenmeter nahe an die Halbweghütte heran. Auf unserem Weg passieren wir dieselbe und fädeln in den Weg Nr. 500, den Hauptweg, ein. Er führt uns in südliche Richtung am Abzweig des Parzöllsteigs vorbei. In angenehmer Steigung wandern wir über ein paar Lichtungen und umrunden in einem stetigen Auf und Nieder die Kuppe der Pra Marin, bis wir die Malga di Romeno – auch Malga Roèn – erreichen. Ein breiter Wirtschaftsweg führt uns zum Schluss am dicht bewaldeten Paterkopf vorbei zur Überetscher Hütte. Die freundliche Hütte erwartet uns mit sehr gutem Essen und einem schönen Panoramablick über die Etschtaler Berge.

Der Rückweg führt uns an der gleichen Strecke entlang, die wir auch heraufgestiegen sind. Mit mehr Zeit im Gepäck verzichten wir auf die Hilfe des Liftes und wandern nordwärts bis zur Enzianhütte. Auch diese urige Hütte versorgt uns mit zünftigen Speisen und frisch gezapftem Bier vom Fass. Hier ist immer was los: Mehrmals im Jahr gibt es Livemusik mit verschiedenen regionalen Bands und Kapellen. Von Pop und Rock, über Dixi-Jazz bis hin zur Blasmusik ist alles dabei. An der Hütte wenden wir uns scharf links und erreichen so in wenigen Minuten den Parkplatz.

Autoren Tipp

Von der Hütte aus kann man ohne größere Schwierigkeiten den Gipfel des Monte Roèn, den höchsten Gipfel der Mendelkette, besteigen: Auf den 2116 m hohen Gipfel gelangt man von der Hütte aus über einen gesicherten Steig, der direkt nach der Hütte nach einem kurzen, aber steilen Weg beginnt. Am Ende des Klettersteigs führen Schilder durch Kiefernwälder auf den Gipfel mit atemberaubender Aussicht.

St. Leonhard in Passeier
S. Leonardo in Passiria
St. Martin in Passeier
S. Martino in Passiria
Hiaserer Kaser 1833
Raffein
Hochlarch 1528
In der Goste
Kofler Porscht 1735
Hochasp 1485
Schild
Stuls
Stulles
Hotel 1315
Alpenland
Außerstuls
Stulles di Fuori
Gufl
Ober-
silberhütte
Kronhof
Stüllerhof
Untergrandl
Wieser
Melcher
Falkwand-Höfe
Gasser 1244
Kortl
Widler 1253
Oberhof
Glaiten
Le Coste
St. Hippolyt
Freisegg 1371
Pfitscher
Hochegg
Oberstein
Niederstein
Höfen
Mur
Zoll
Langwies 774
Silbernagl
Anwalt
Gomion 763
44bis
Stern
Tramutz
Egghof
Zögg
Dandler
Unter Zögg
Alpenrose
Zögghof
713
Wiesgut
784
Schaten
Brugger
Breiteben
Pianlargo 1035
Breiteben
Sprenger
Unterleiter
Oberleiter
Gorges
Grasl
Weger
Kammer Wald
Gögele 1295
Glauben 1281
Pircher
Unterort
Oberort
Brückenwirt
Stein
Auer
Schnitzer
Christlhof 1132
Christl
Cresta
Wiesenhof
Aigen
Gassergrün
Schildhof
Happerg
Sinefeld
Rennwies
Gander
Andreas-Hofer-Kapelle
Museum Passeier
Waaler Hütte 1550
Abfalterer
Moarhof
Jaufenblick
Grober
Schlechten
Sandwirt
Brantleit 695
Windegg
Langes Mahd
Kitzbichl 1780
Birche
Pfitzenbichl
Hausfeld 1096
1825
629
Flon
Vallone
Scheiber
Kehlmure
737
Inner Aich
Lutz
Prinst
Kammerveit
Pölten
Thal
619
Hahnl 1999
Eder 630
Handwerkerzone
Reutl
Egger 1022
Ebenwies
Schaiter 686
Schildhof
44
Matatz
Montaccio
1055 Krusterhof
Eishöfe
Haselstaude
Valtelehof
Pfeiftal 751
595
Birkenau
Weiher 1052
Gander 992
Matatzer Wiesen
Kalmtal
Valle Clava
Schildhof
Passerblick
Hofbauer
595
Unter-
Brunn
Ober
Gruebe
Pfandleralm 1350
1406
Pfandlerhof
Prantach
Prantago 950
704
Egger
Keller
Almberg
Kälbl
Gruber
565
Golfclub
Passeier-Meran
Oberpseirer
Haseneben
Kellerlahn
Stein 1039
Bach
Glamitz
Schupfer 964
Kalmbauer
Bucher
Clubhaus
Schönwiesl
Grafeistal
Magdfeld 1150
Eggenstein
Waldhäusl
625
Spath
Mörre
Mora
Tschaggen 801
Mahd
Naserhof 1350
Hofschenke Alpenland
Kennen
Kälbl
Mörrerhof
Sail
Pfandler
Bannwald
Ebion
Kofel 1034
Strauben
Hochwies
Oberabl
Wolfer 615
Sixen
Stauden
Ober-
Wieden
Unter-
Unterabl
Holzlechen
Hofer
Verdorf
Ochern
1509
Passeiertal
Passer
Passirio
Pfistradtal
Fartleistal
Hasental
Waltental
Waltner
Fleck
Waltener M
Vermohler Kaser 1649
Glaitner Mahder
Vermohltal
Bulfe
1800
1683
Grasl
Unterwalde
Mehlegg
Hofschenke 1194
Blaiche
Oberübelstein
Larcher 1245
Schlossberg
Talbauer
Molt
Winebach
Tschauphütt
Jaufenburg
Schmötzl
Jaufenburg
Fischer
Harflechen
Spitaler
Museum Passeier
688
Nördler Wald
Schindlaregg
Karlegg
Seebler
Weadl
Schafleger
Korber Egg 2148
Plattenspitze
P. delle Laste
2345
Harlinger Jochspi
2407
Ratschhütte 1688
Unter-
Fartleis 1119
Ober- 1188
Asche-Höfl 1321
1398
Prantache
(Fartleisal)
1485
Riffelspitze
M. Sega
2060
Prantacher Mahder
2085
Prantachkogel
2326
1175
Strohmair Sagen
2424
2303
2383
Kreuzjoch
Monte Croce
Schießgrubalm 1722
Mahdalm 1998
Hintereggalm
Steak Alm
1990
0 500 m

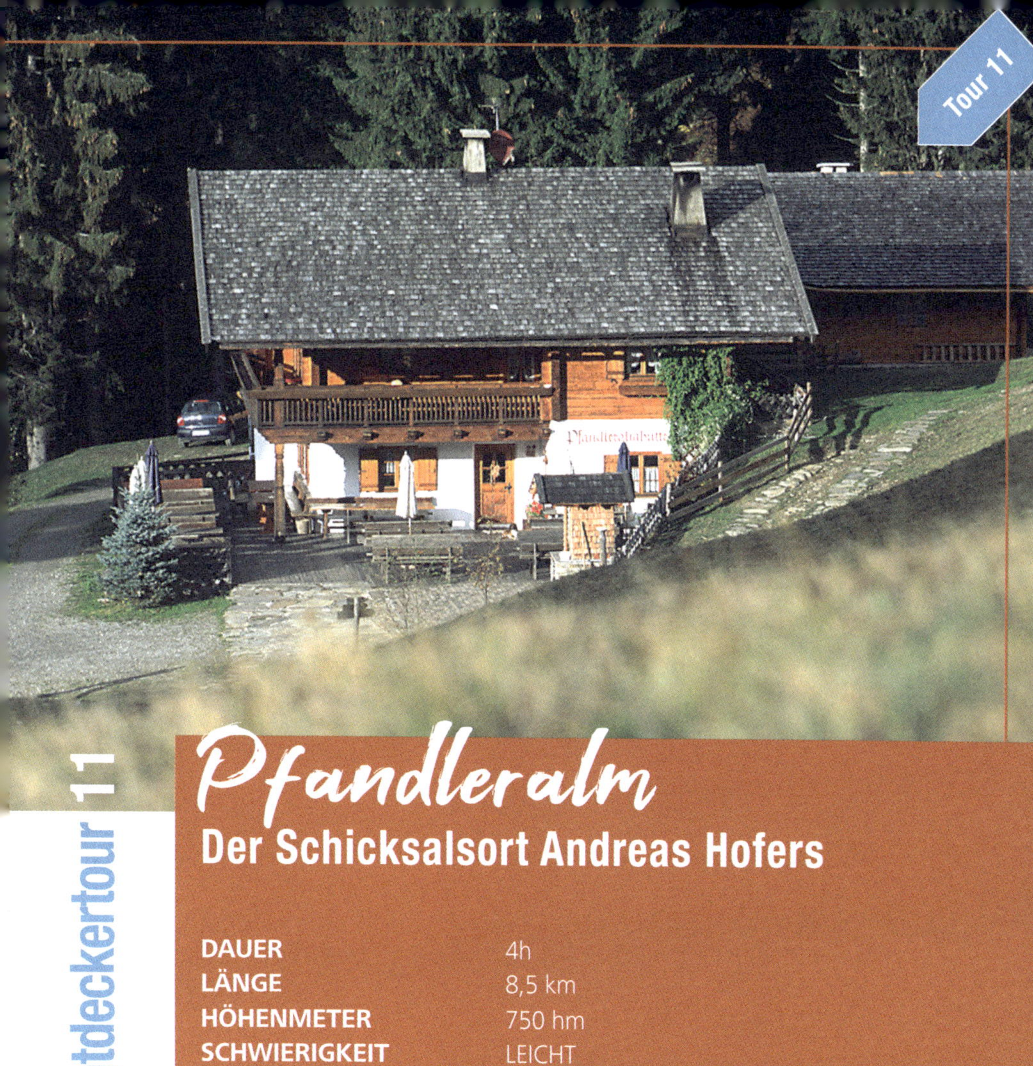

Entdeckertour 11

Pfandleralm

Der Schicksalsort Andreas Hofers

DAUER	4h
LÄNGE	8,5 km
HÖHENMETER	750 hm
SCHWIERIGKEIT	LEICHT
ÜBERNACHTUNG	ja

Das erwartet dich ...

Die Wanderung ist zwar nicht besonders lang, weist für ihre Kürze jedoch einige Höhenmeter auf. Dementsprechend steil ist der Auf- und Abstieg vom Pfandlerhof zur Pfandleralm. Die restliche Tour verläuft auf einfachen Wegen über kleine Straßen und gut zu gehende Bergwege. Mit der Pfandleralm erwartet uns ein geschichtsträchtiger Ort, denn hier wurde der berühmte Freiheitskämpfer Andreas Hofer gefangen genommen.

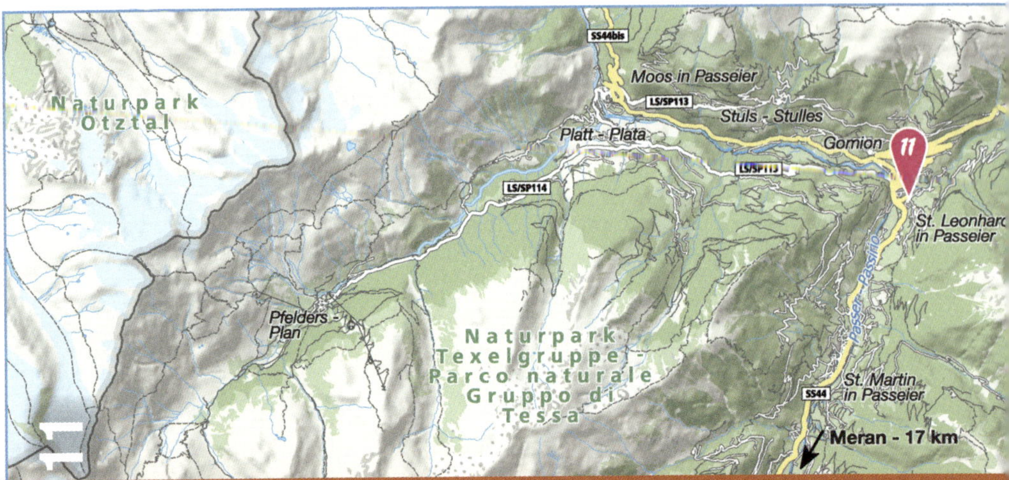

Start & Ziel & Anreise

Ausgangspunkt ist St. Leonhard im Passeier. Von Meran führt die Staatsstraße 44 direkt ins Tal. Bei der Tourismusinformation gibt es ein kostenfreies Parkhaus. Von Meran Therme fährt halbstündlich der Bus 240 ins Tal hinein.

Tourenbeschreibung

Andreas Hofer, November 1767 am Sandhof geboren, war der Anführer der Tiroler Aufstandsbewegung von 1809 und gilt als berühmtester Freiheitskämpfer gegen die bayerische und französische Besetzung seiner Heimat. Auf der Pfandleralm, inmitten der bewaldeten Hänge des Passeiertals, suchte er Zuflucht vor seinen Verfolgern. In Erinnerung an sein Schicksal und die Geschichte wurde die Holzhütte, in der er sich versteckt haben soll, rekonstruiert und ein Gedenkstein aufgestellt. Die Pfandleralm selbst ist heute ein beliebtes Ausflugsziel. Der Europäische Fernwanderweg E5 folgt ein Stück der heutigen Wanderung von St. Leonhard zu diesem geschichtsträchtigen Ort.

Wir beginnen die Tour im Zentrum von St. Leonhard am Hotel Strobel an der Hauptstraße des Örtchens. Von der rechten Seite des Hotels folgen wir dem Kirchweg bergauf. Dann weist uns ein Schild Richtung „Pfandleralm, E5" zum oberen Ortsrand von St. Leonhard und weiter nach Süden. An einer Gabelung wandern wir geradeaus auf dem unteren Sträßchen, am Schildhof vorbei und am Ganderhof nach rechts. Die Wanderung führt uns in sanftem Auf und Nieder über die Hänge an der Westseite des Passeiertals hinaus aus dem Tal. Dabei laufen wir über die Wiesen des Sandhofes und einiger anderer alter Gebäude, die zum Passeier-Museum gehören. Schließlich nimmt uns der Wald in Empfang. Ein paar Höfe später überqueren wir den Fartleisbach und erreichen die Hofschenke Pfeiftal, eine erste Einkehrmöglichkeit. Dann geht es hinauf über die waldigen Hänge bis zur Prantacher Straße. An der Kapelle kürzen wir die Straße über den Steig mit der Nr. 1 Richtung Pfandleralm ab. So gelangen wir zum Pfandlerhof (Montag Ruhetag). Ein Wanderweg führt rechts vom Gasthaus zum Waldrand und bringt uns steil hinauf zur Lichtung der Pflandleralm (Freitag Ruhetag). Es handelt sich hierbei nicht um eine Alm im eigentlichen Sinne, sondern um ein stattliches Wirtshaus mit toller Sonnenterrasse. Wer einen bequemeren Anstieg sucht, der kann alternativ auch die Fahrstraße nehmen. Dieser Weg ist etwas länger, dafür aber auch entspannter.

Nach einer ehrwürdigen Rast kehren wir auf dem Anstiegsweg zunächst zur Kapelle zurück. Hier halten wir uns links auf der Straße. Wenig später folgen wir dem Steig nach St. Martin nach rechts auf der Markierung 1 und 2. Er verkürzt die Kehren der Straße. Beim zweiten Zusammentreffen mit dem Asphaltsträßchen folgen wir ihm nach links. Es führt uns durch eine große Rechtskehre zur Passerbrücke und nach St. Martin. Hier können wir den Bus zurück nach St. Leonhard nehmen.

Autoren Tipp

1805 wurde Tirol Bayern, einem Verbündeten Frankreichs, zugesprochen. Der damalige Passeirer Wirt Andreas Hofer übernahm daraufhin die Führung im Tiroler Freiheitskampf. Zunächst siegreich gegen die Armeen, wurden seine Mannen jedoch 1809 am Bergisel bei Innsbruck geschlagen. Hofer versteckte sich einige Wochen im Pfandlerhof. Gegen Kopfgeld von Franz Raffl verraten, floh er weiter zur Pfandleralm, wo er im Januar 1810 von den Franzosen festgenommen wurde. Am 20. Februar wurde er in Mantua hingerichtet.

12

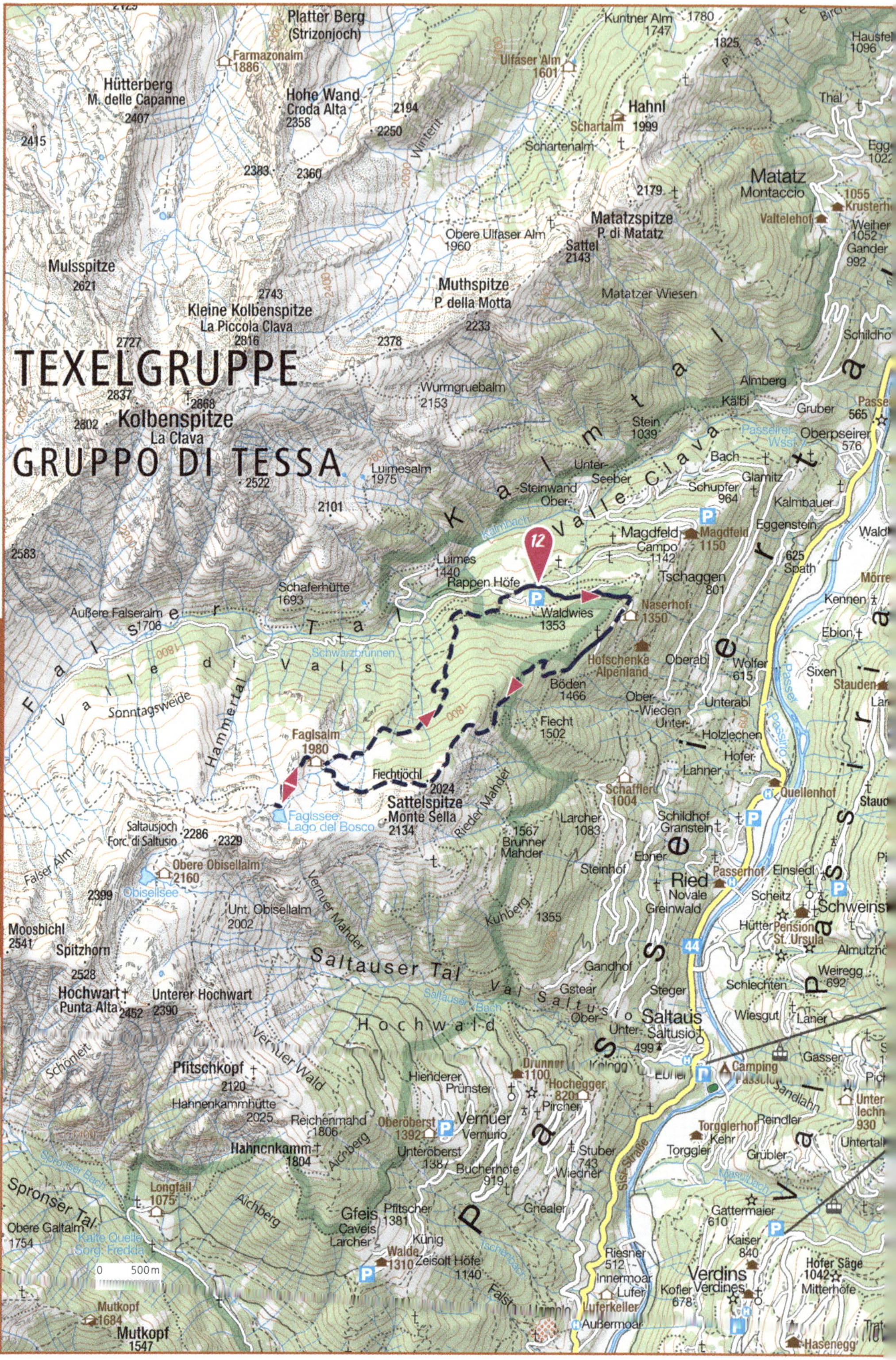

TEXELGRUPPE

GRUPPO DI TESSA

Platter Berg
(Strizonjoch)
Farmazonalm
1886
Hütterberg
M. delle Capanne
2407
2415
Hohe Wand
Croda Alta
2358
2194
2250
Winterit
2383
2360
Kuntner Alm 1780
1747
Ulfaser Alm
1601
1825
Hahnl
Schartalm 1999
Schartenalm
Hausfel
1096
Thal
Matatz
Montaccio
Valtelehof
1055
Krusterh
Weiher
1052
Gander
992
2179
Matatzspitze
P. di Matatz
Sattel
2143
Obere Ulfaser Alm
1960
Mulsspitze
2621
2743
Kleine Kolbenspitze
La Piccola Clava
2816
2727
Muthspitze
P. della Motta
2233
Matatzer Wiesen
2378
Schildho
2837
2868
2802
Kolbenspitze
La Clava
Wurmgruebalm
2153
Almberg
Kälbl
Gruber
Passe
565
Stein
1039
Passeiler
Wsst
Oberpseirer
576
Luimesalm
1975
2522
2101
Unter-
Seeber
Bach
Glamitz
Steinwand
Ober-
Schupfer
964
Kalmbauer
Kalmtal
Valle Clava
2583
Kalmbach
12
Magdfeld
Campo
1142
Magdfeld
1150
Eggenstein
Wald
625
Spath
Luimes
1440
Rappen Höfe
Tschaggen
801
Mörre
Schaferhütte
1693
Waldwies
1353
Naserhof
1350
Kennen
Äußere Falseralm
1706
Falser Tal
Valle di Vals
Ebion
Schwarzbrunnen
Hofschenke
Alpenland
Oberabl
Wolfer
615
Sixen
Stauden
1800
Böden
1466
Lar
Sonntagsweide
Hammertal
Ober-
Wieden
Unter-
Unterabl
Fiecht
1502
Holzlechen
Faglsalm
1980
Hofer
Lahner
Fiechtjöchl
2024
Schaffler
1004
Quellenhof
Staud
Faglssee
Lago del Bosco
Sattelspitze
Monte Sella
2134
Rieder Mahder
1567
Brunner
Mahder
Larcher
1083
Schildhof
Granstein
Saltausjoch
Forc. di Saltusio
2286
2329
Ebner
Passerhof
Einsiedl
Falser Alm
Obere Obisellalm
2160
Steinhof
Ried
Novale
Greinwald
Scheitz
Schweins
2399
Obisellsee
Kunberg
1355
Hütter
Pension
St. Ursula
Unt. Obisellalm
2002
Vernuer Mahder
44
Almutzh
Moosbichl
2541
Spitzhorn
Saltauser Tal
Gandhof
Schlechten
Weiregg
692
2528
Hochwart
Punta Alta
2452
Unterer Hochwart
2390
Gstear
Val Saltusio
Steger
Saltaus
Saltusio
Ober-
Unter-
499
Wiesgut
Laner
Saltauser Bach
Hochwald
Gasser
Schönleit
Vernuer Wald
Pfitschkopf
2120
Hienderer
Prünster
Drunner
1100
Hochegger
820
Pircher
Camping
Passeier
Sandlahn
Pic
Unter
lechn
930
Hahnenkammhütte
2025
Reichenmahd
1806
Oberöberst
1392
Vernuer
Vernurio
Torgglerhof
Kehr
Reindler
Hahnenkamm
1804
Aichberg
Unteröberst
1387
Stuber
743
Wiedner
Torggler
Grubler
Untertal
Spronser Bach
Bucherhöfe
919
Sisi Straße
Longfall
1075
Passeiertal
Val Passiria
Spronser Tal
Aichberg
Gfeis
Caveis
Pfitscher
1381
Gnealer
Maisbach
Gattermaier
610
Obere Galtalm
1754
Kalte Quelle
Sorg. Fredda
Larcher
Künig
Kaiser
840
Walde
1310
Zeisolt Höfe
1140
Tschenbach
Riesner
512
Hofer Säge
1042
0 500 m
Innermoar
Lufer
Kofler
678
Verdins
Verdins
Mitterhöfe
Mutkopf
1684
Luferkeller
Faist
Aubermoar
Mutkopf
1547
Hasenegg

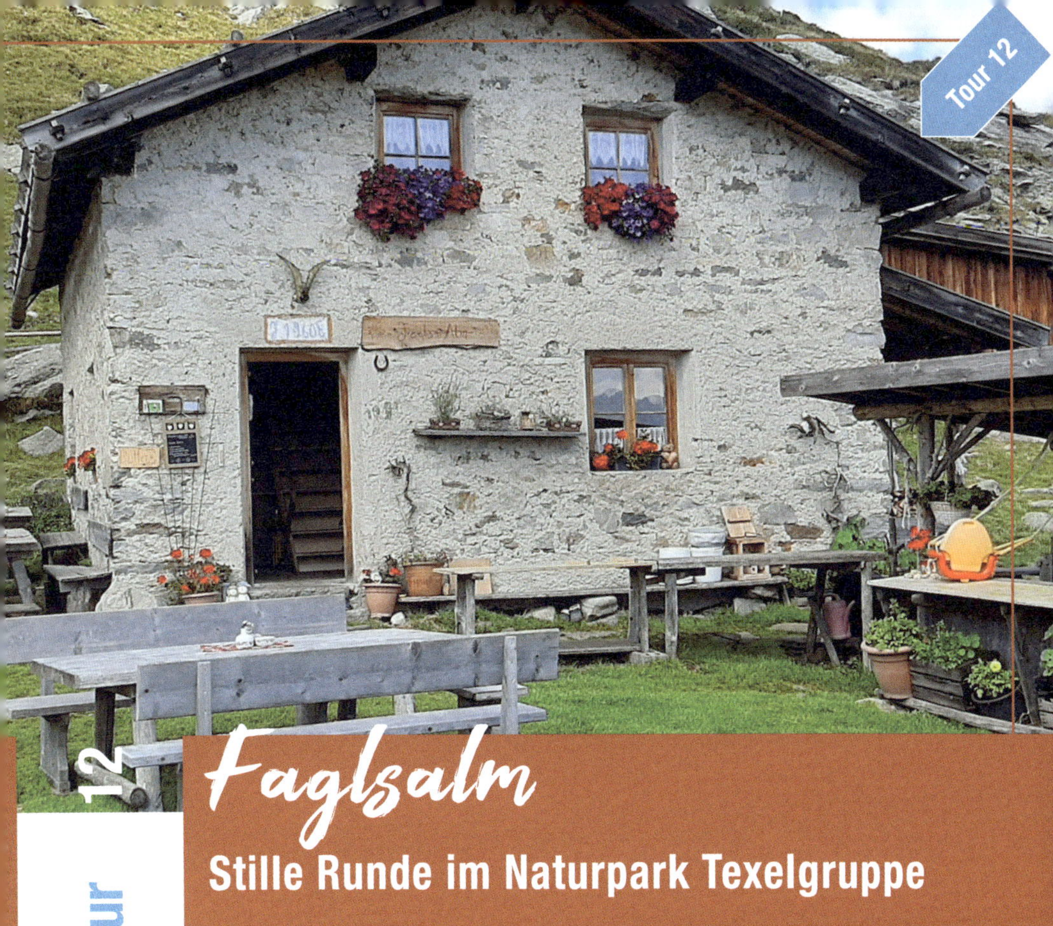

Tour 12

12 Seetour

Faglsalm

Stille Runde im Naturpark Texelgruppe

DAUER	4h 10min
LÄNGE	8,8 km
HÖHENMETER	820 hm
SCHWIERIGKEIT	MITTEL
ÜBERNACHTUNG	nein

Das erwartet dich ...

Die Rundwanderung zur Faglsalm führt uns über einfache Waldwege und Steige, die zum Teil aber etwas holprig werden können. Daher braucht man ein gewisses Maß an Trittsicherheit, auch für die steilen Abschnitte im An- und Abstieg. Vorsicht ist beim steilen Wiesenaufstieg zum Wetterkreuz geboten. Unser Ziel ist eine urige, mit viel Liebe zum Detail eingerichtete Alm auf einer sonnigen Anhöhe.

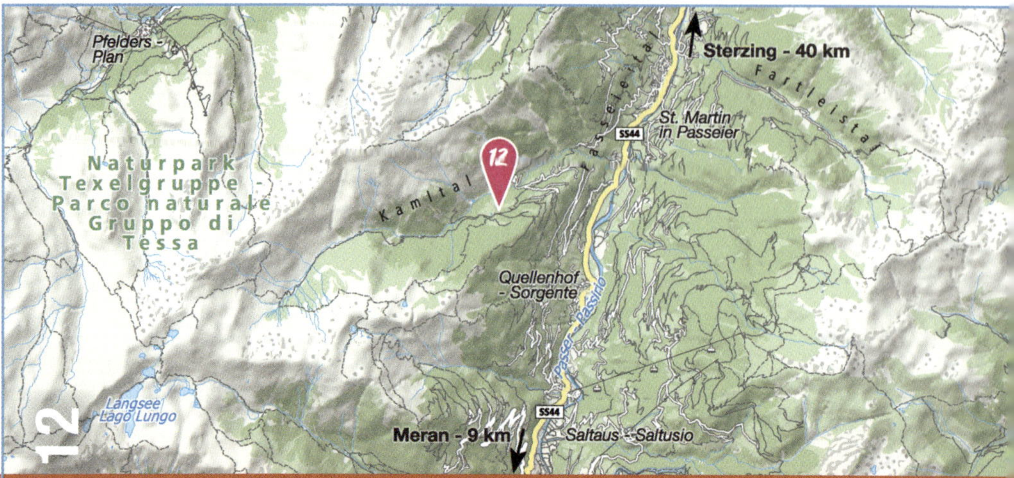

Start & Ziel & Anreise

Ausgangspunkt ist ein kleiner Parkplatz bei den Rappenhöfen im Kalmtal. Südlich von St. Martin fahren wir Richtung Magdfeld. Am gleichnamigen Berggasthaus folgen wir der Straße Richtung Naserhof. An der ersten Linkskehre der breiten Forststraße kurz vor den Rappenhöfen gibt es Parkmöglichkeiten.

Tourenbeschreibung

Rund um die Faglsalm und den Faglsee geht es recht beschaulich zu. Das Kalmtal bei St. Martin gehört zu den ruhigeren Ecken des Passeiertales. Auf der Alm kann man einfach mal die Seele baumeln lassen und am Ufer des kleinen Sees laden weiche, dicke Wiesen zum Rasten ein. Flauschiges Wollgras rund um den See und Kuhglockengebimmel im Hintergrund vollenden das idyllische Bild. Bei Einheimischen wurde der Bergsee jedoch immer mit ängstlichem Respekt begegnet: Bei einer herannahenden Schlechtwetterfront soll ein brüllendes Geräusch aus der Tiefe des Sees zu vernehmen sein. Diesen Schauergeschichten steht die schindelbedeckte Faglsalm mit ihrem freundlichen Blumenschmuck gegenüber. Sie verwöhnt die Wanderer mit toller, einheimischer Küche. Von der Terrasse aus bietet sich ein wunderbarer Blick zum Jaufenkamm und zu den Sarntaler Alpen sowie auf das Vorderpasseier.

Wir starten an den Rappenhöfen und wandern auf der Forststraße durch die Linkskehre Richtung Naserhof hinauf. Bevor wir den Naserhof erreichen, folgen wir der Markierung Nr. 6a nach rechts auf einen Wanderweg. Kurz darauf folgen wir dem Forstweg nach links mäßig ansteigend zur Lichtung Böden hinauf. Wir laufen schräg nach links über die Wiese bergan, am Heustadel vorbei bis zum breiten, steinigen Waldweg. Der Wegweiser Richtung Faglsalm bringt uns über einen steilen Steig durch den Wald hinauf. Er führt uns immer weiter bergan bis kurz vor eine Lichtung. Nach rechts gewandt geht es zwischen den bemoosten Felsblöcken eines Felssturzes hindurch. Wir folgen einem schmalen Wiesenpfad hinauf bis zur grasigen Schulter mit einem Wetterkreuz. Hier gönnen wir uns eine kurze Verschnaufpause und genießen den Blick über das Passeiertal bis nach Schenna und auf markante Gipfel der Sarntaler Alpen wie den Hirzer oder den Großen Ifinger.

Über den Nordostrücken der Sattelspitze steigen wir weiter bis zu einem kleinen Sattel an. Geradeaus passieren wir die Nordhänge der Sattelspitze und gelangen an den Kessel mit der Faglsalm, die wir in gut zwanzig Minuten erreicht haben. Von hier aus ist ein Abstecher zum Faglsee schnell gemacht: Das Wegschild „Vals, Obisell" weist uns den Weg zwischen Almhütte und Stall durch den Zaun. Wir halten uns rechts, durchqueren den Weidezaun und steigen dann links hinauf. Über felsdurchsetzte Wiesen erreichen wir die Ufer des kleinen Faglsees. Wenn es die Kräfte noch erlauben, gibt es die Möglichkeit über den Weg Nr. 4 weiter aufzusteigen. So gelangt man in einer knappen Stunde an das Saltauser Joch (2286 m) und zur Oberen Obisellalm. Zusätzlich könnte man auch noch zur Falseralm weiterwandern. Sie ist in gut eineinhalb Stunden erreicht und bringt uns über Almfahrwege durch das Falsertal zurück zum Parkplatz bei den Rappenhöfen.

Unser Weg führt nun aber zurück zur Faglsalm, über die eingezäunte Weide und dann auf dem Weg Nr. 4 Richtung St. Martin im Passeier. Da man auf der Alm nicht übernachten kann, bietet sich eine Übernachtung im Berggasthof Magdfeld an. Über das Weidegelände, das von kleinen Bächen durchzogen wird, wandern wir hinab. Wir queren oberhalb der bewaldeten Stufe und laufen bald ein längeres Stück durch den Wald hinunter. Etwa eine Stunde später kreuzen wir einen Forstweg. An der Schotterstraße bei den Rappenhöfen biegen wir rechts ein und laufen in wenigen Minuten zum Parkplatz zurück.

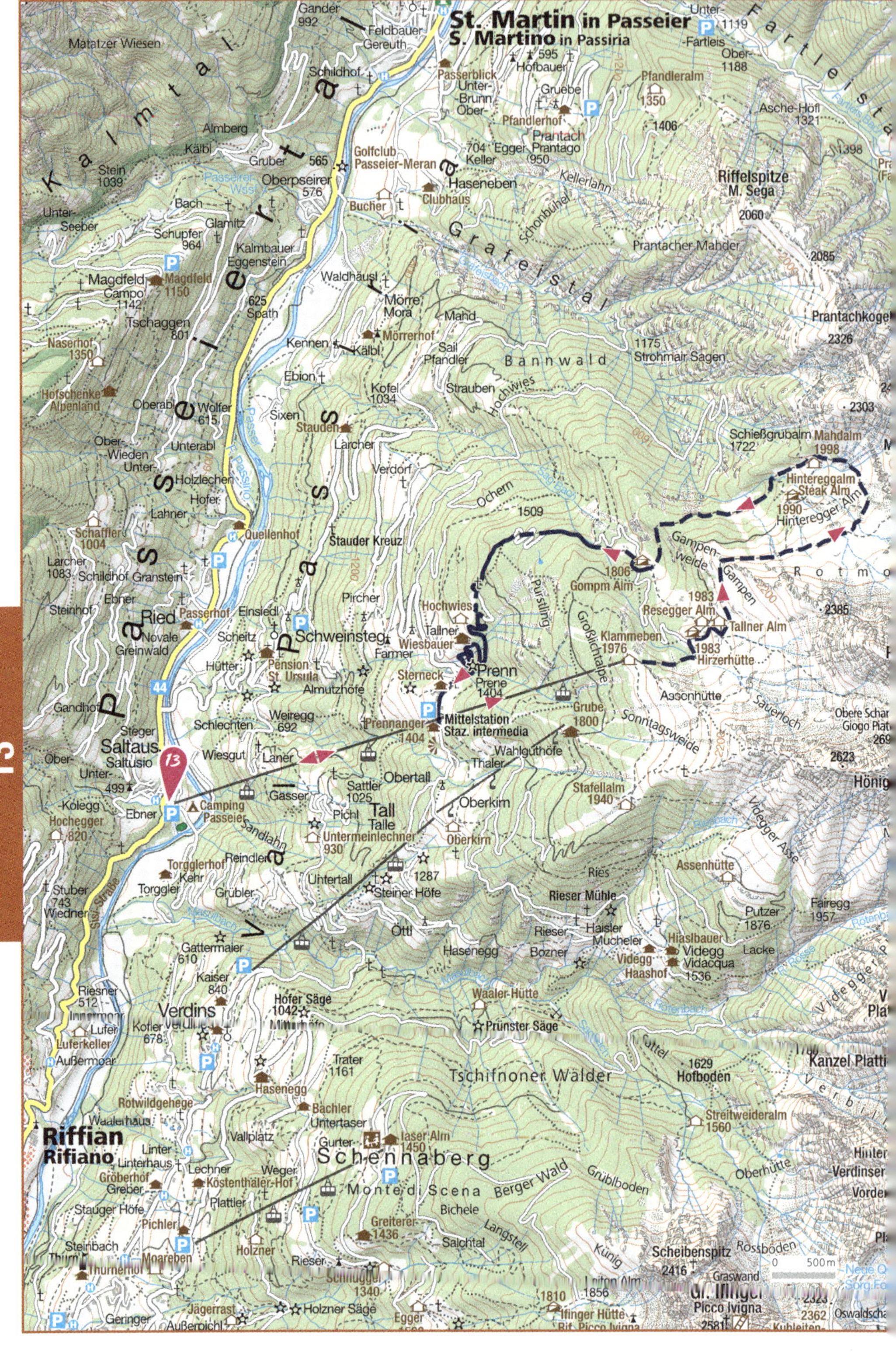
St. Martin in Passeier
S. Martino in Passiria
Kalmtal
Passeiertal
Val Passiria
Grafeistal
Fartleistal
Matatzer Wiesen
Gander 992
Feldbauer
Gereuth
Schildhof
Passerblick
Unter-Brunn
Ober-
Hofbauer
Pfandleralm 1350
Pfandlerhof
Gruebe
Prantach
Prantago 950
Egger
Keller
704
1406
Unter-Fartleis 1119
Ober- 1188
Asche-Höfl 1321
1398
Riffelspitze
M. Sega
2060
2085
Almberg
Kälbl
Stein 1039
Gruber
565
Golfclub Passeier-Meran
Haseneben
Clubhaus
Kellerlahn
Schönbühel
Oberpseirer 576
Bucher
Bach
Unter-Seeber
Glamitz
Schupfer 964
Kalmbauer
Eggenstein
Magdfeld
Campo 1142
Magdfeld 1150
Tschaggen 801
625
Spath
Waldhäusl
Mörre
Mora
Mand
Mörrerhof
Prantacher Mahder
Prantachkogel
2326
Naserhof 1350
Kennen
Kälbl
Sail
Pfandler
Bannwald
1175
Strohmair Sagen
Hofschenke Alpenland
Ebion
Kofel 1034
Straubern
Hochwies
Oberabl
Wolfer 615
Sixen
Stauden
Ober-Wieden
Unter-
Unterabl
Holzlechen
Hofer
Larcher
Verdorf
Schießgrubalm 1722
Mahdalm 1998
2303
Hintereggalm
Steak Alm
1990
Hinteregger Alm
Ochern
1509
Lahner
Quellenhof
Schaffler 1004
Larcher 1083
Schildhof
Granstein
Stauder Kreuz
1806
Gompm Alm
Gampenweide
Gampen
Rotmoos
Steinhof
Ebner
Ried
Novale
Passerhof
Einsiedl
Pircher
Hochwies
Pürstling
1983
Resegger Alm
Tallner Alm
2385
Greinwald
Scheitz
Schweinsteg
Tallner
Wiesbauer
Farmer
Großlichtalpe
Klammeben 1976
1983
Hirzerhütte
Hütter
Pension St. Ursula
Almutzhöfe
Sterneck
Prenn
Prene 1404
Gandhof
Asschnütte
Sauerloch
Obere Scharte
Giogo Piatto
Steger
Schlechten
Weiregg 692
Prennanger 1404
Mittelstation
Staz. intermedia
Grube 1800
Sonntagsweide
Saltaus
Saltusio
Wiesgut
Laner
Wahlguthöfe
Thaler
2623
Ober-
Unter- 499
Gasser
Sattler 1025
Obertall
Tall
Talle
Oberkirn
Stafellalm 1940
Kolegg
Hochegger 820
Ebner
Camping Passeier
Sandlahn
Pichl
Untermeinlechner 930
Oberkirn
Videgger Asse
Torgglerhof
Kehr
Reindler
Torggler
Grübler
Untertall
1287
Steiner Höfe
Ries
Assenhütte
Stuber 743
Wiedner
Rieser Mühle
Putzer 1876
Fairegg 1957
Öttl
Rieser
Haisler
Mucheler
Hasenegg
Bozner
Hiaslbauer
Videgg
Vidacqua
1536
Lacke
Gattermaier 610
Kaiser 840
Verdins
Riesner 512
Lufer
Luferkeller
Außermoar
Kofler 678
Hofer Säge 1042
Waaler-Hütte
Prünster Säge
1629
Hofboden
Kanzel Platt
Trater 1161
Tschifnoner Wälder
Hasenegg
Rotwildgehege
Bachler
Untertaser
Streitweideralm 1560
Waalerhaus
Riffian
Rifiano
Vallplatz
Gurter
Iaser Alm 1450
Schennaberg
Monte di Scena
Linter
Linterhaus
Lechner
Weger
Gröberhof
Greber
Köstenthaler-Hof
Plattler
Berger Wald
Grüblboden
Oberhütte
Verdinser
Stauger Höfe
Bichele
Langstell
Pichler
Greiterer 1436
Salchtal
Steinbach
Thurm
Moareben
Thurnerhof
Rieser
Künig
Scheibenspitz 2416
Rossboden
Graswand
0 500 m
1810
1856
Ifinger Hütte
Gr. Ifinger
Picco Ivigna
2581
2362
Jägerrast
Holzner Säge
Egger
Geringer
Außerpichl
Holzner
Oswaldscharte

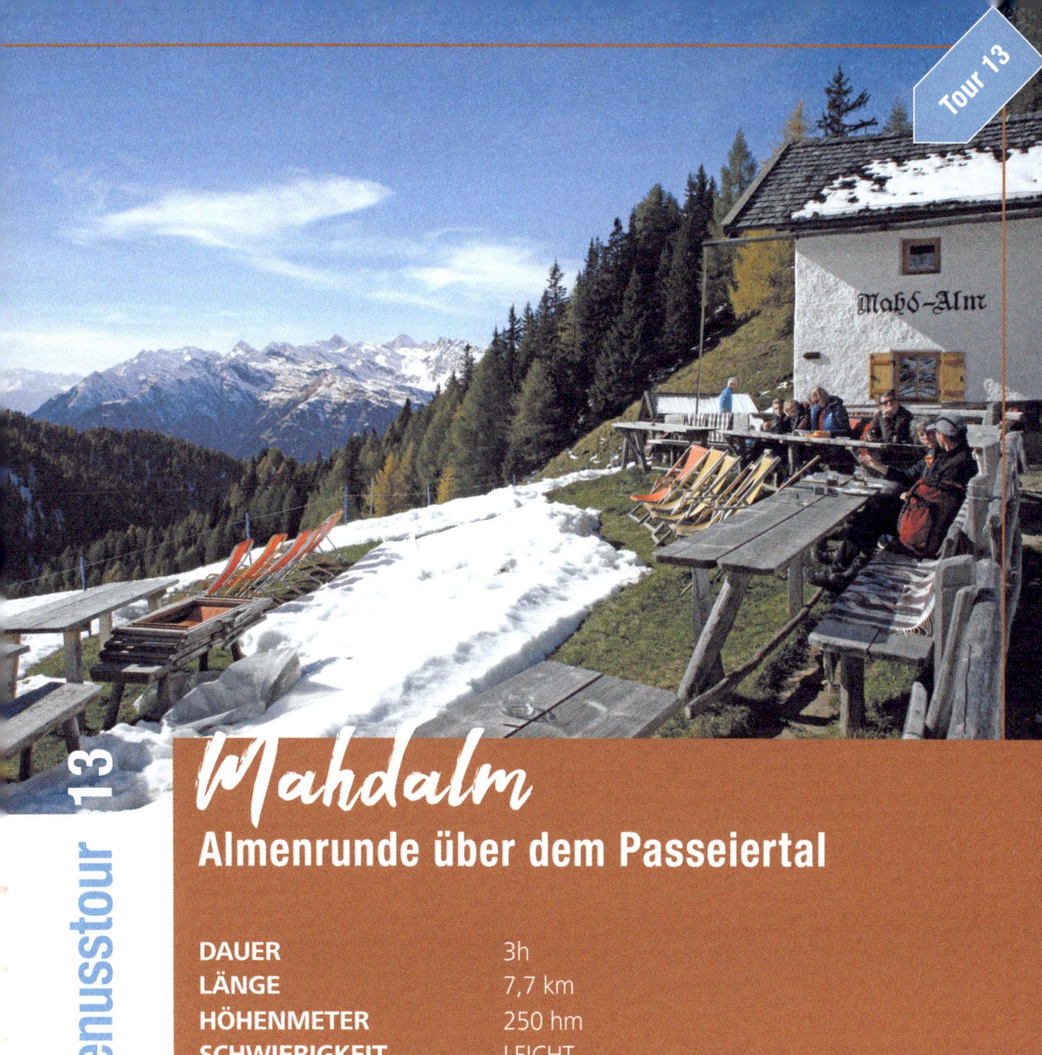

Mahdalm

Almenrunde über dem Passeiertal

DAUER	3h
LÄNGE	7,7 km
HÖHENMETER	250 hm
SCHWIERIGKEIT	LEICHT
ÜBERNACHTUNG	ja

Das erwartet dich ...

Diese aussichtsreiche und leichte Wanderung führt in übersichtlicher Streckenlänge und ohne größere Anstiege über bequeme Almsteige. Nach der Gampenalm läuft die Tour auf einem Fahrweg. Mit der Hirzer Seilbahn überwinden wir bequem die ersten Höhenmeter. An der Mahdalm erwartet uns ein idyllisches Fleckchen mit Sonnenplatz.

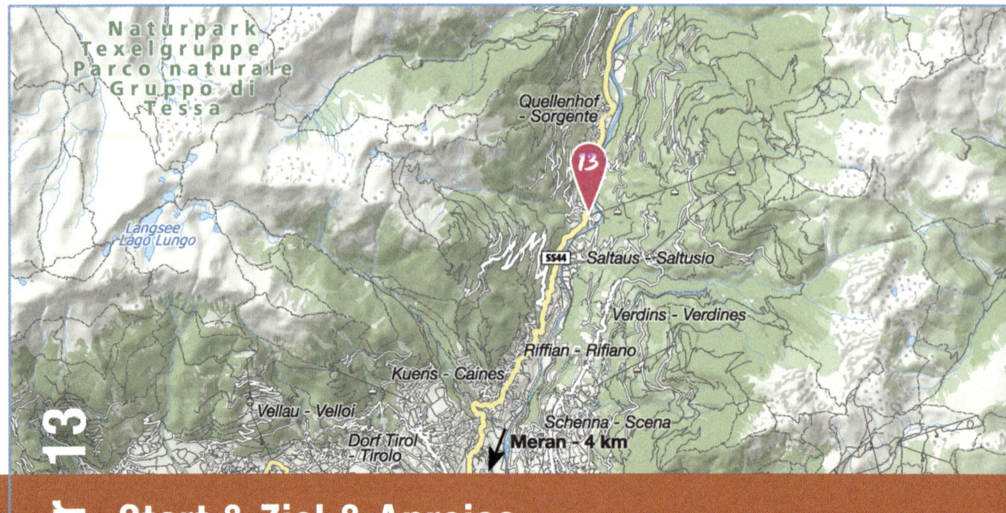

Genusstour 13

Start & Ziel & Anreise

Die Wanderung beginnt an der Bergstation der Hirzer Seilbahn. Den Talort Saltaus erreichen wir von Meran über die Staatsstraße 44 bis Saltaus. An der Talstation befinden sich ausreichend Parkplätze.

Tourenbeschreibung

Mühelos und angenehm bringt uns die Gondel der Hirzer Seilbahn auf fast 2000 Meter hinauf. Im Laufe der Fahrt weitet sich mehr und mehr der Blick – oben angekommen bietet sich dann die Gipfelschau in ihrer vollen Pracht: Wir lassen den Blick vom Etschtal im Süden bis zum Jaufenpass im Norden schweifen und kommen dabei mit dem Zählen der Gipfel gar nicht mehr hinterher. Da bietet es sich an, erstmal eine gemütliche Runde über die Almwiesen unterhalb der steilen Wände des Hirzers zu unternehmen, während derer man das Panorama in aller Ruhe genießen kann. Die Blütezeit der Alpenrosen im Juni und Juli ist dafür eine besonders geeignete Zeit.

Kurz oberhalb der Bergstation und des Gasthauses Klammeben folgen wir dem Wegweiser Richtung Hirzer Hütte. Der breite Weg führt nach links und geht einen Bachgraben aus. In einem weiten Kessel unterhalb des Hirzers erwarten uns bereits mehrere Hütten mit traditioneller Küche und tollen Blicken auf die Texelgruppe. Almwiesen führen von der Hirzer Hütte und an der Reseggerhütte vorbei hinauf zum Tallner Alm Kaser, der ganz oben liegt. Hier beginnt der Rotmoos Almenweg. Die Markierung Nummer 2b führt hinauf nach Norden, um einen Rücken in den nächsten Bergkessel. Mit geringem Höhenunterschied läuft man durch lichten Lärchenwald. An einer Abzweigung gibt es die Möglichkeit, schnell zur Hintereggalm abzusteigen und die Wanderung zur Mahd- oder Gampenalm fortzusetzen. Wir wandern jedoch zur Mulde des Rotmooses hinauf, über uns die Nordwand des Hirzers. Wir passieren die Abzweigung zur Pfandlspitz und laufen in einem großen Bogen zur Mahdalm hinab. Liegestühle laden uns hier auf eine längere Pause ein, ebenso wie traditionelle Gerichte wie der Schwarzpolenten Riebl (Buchweizen Riebl) oder Besonderheiten wie die Heusuppe.

Dann folgen wir dem Steig Richtung Gampenalm über die Wiese hinunter. Über einen Bach läuft man dann flach das Tal hinaus. Den folgenden Bergrücken umgehen wir mit einem kurzen Anstieg, dann erreichen wir die Wiesen der Gampenalm. Nach einer weiteren Rast folgen wir dem Fahrweg nach rechts und wenden uns nach 150 Meter nach links auf einen Steig, der die ersten Kehren abkürzt. Zehn Minuten später verlassen wir den Weg Nr. 5 nach St. Martin und laufen mit der Nr. 4 die Straße über die Waldhänge des Sagbachtals in westliche Richtung hinab. Dann verkürzen wir nochmals die Serpentinen über einen Waldpfad. Der Fahrweg wendet sich südwärts, vorbei am Gasthaus Hochwies. Dann schlängelt er sich zur Straße nach Prenn hinab. In einem kurzen Anstieg erreichen wir die Mittelstation der Hirzer Seilbahn.

Autoren Tipp

In der Ruhe liegt die Kraft – das ist das Motto der Mahdalm. Hier kann man ausruhen und die Energien auftanken. Um das noch mehr zu verinnerlichen, gibt es im Sommer an den Wochenenden Yoga-Kurse auf der Mahdalm. An diesen Schweigewochenenden findet man nicht nur innere, sondern auch äußere Ruhe.

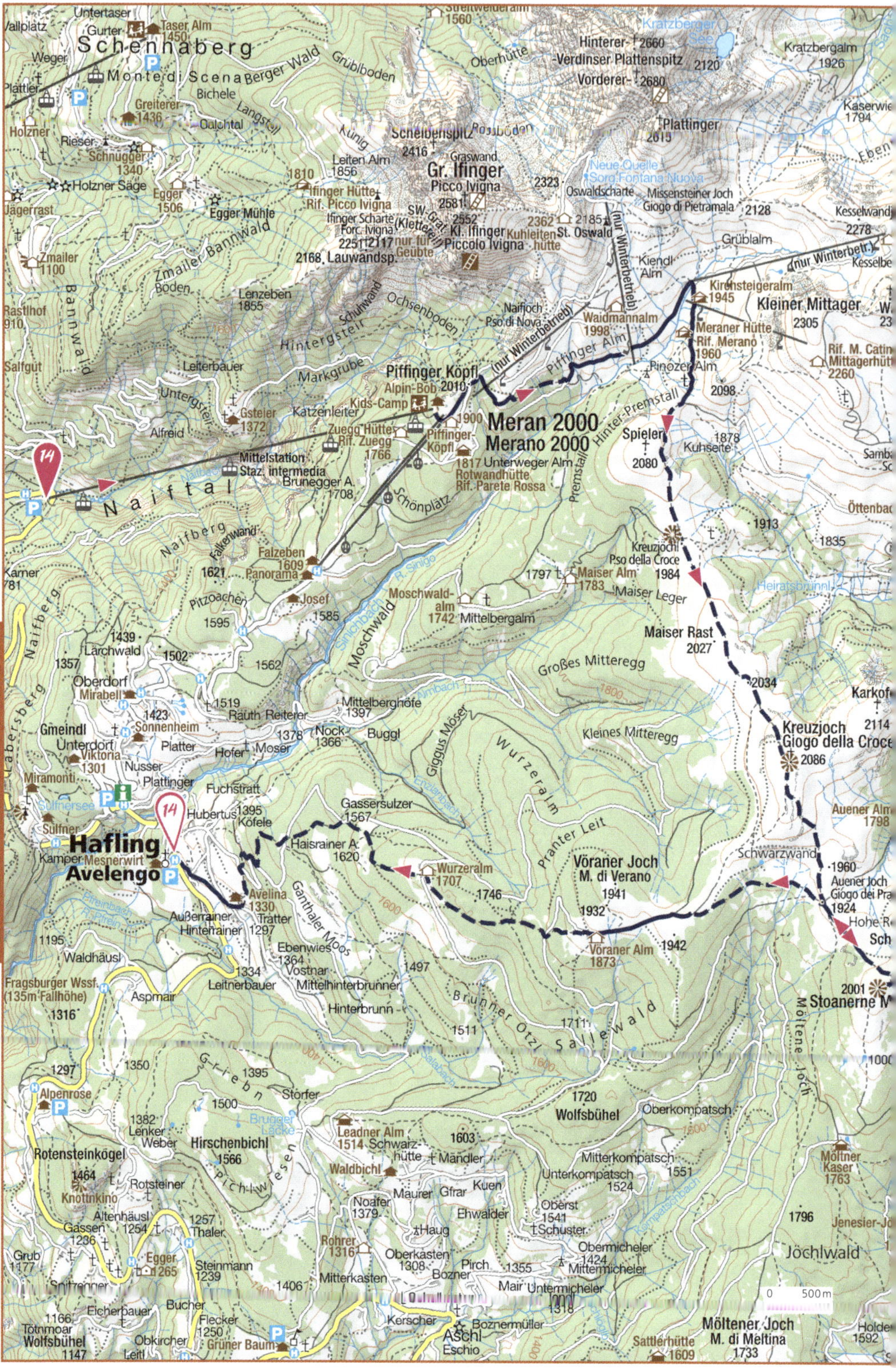

14

Untertaser
Vallplatz
Gurter
Taser Alm 1450
Schennaberg
Weger
Monte di Scena
Berger Wald
Grüblboden
Stieralmhütte? Streitwelderalm 1560
Oberhütte
Kratzberger See
Hinterer- 2660
-Verdinser Plattenspitz 2120
Vorderer- 2680
Kratzbergalm 1926
Kaserwiese 1794
Plattner
Bichele
Greiterer 1436
Gotchtal
Langsteig
Holzner
Rieser
Schnugger 1340
König
Scheibenspitz 2416
Rossboden
Leiten Alm 1856
Graswand
Gr. Ifinger
Picco Ivigna
2581
Plattinger 2615
Neue Quelle
Sorg. Fontana Nuova
Ebenwand
Holzner Säge
Egger 1506
Egger Mühle
Jägerrast
1810
Ifinger Hütte
Rif. Picco Ivigna
Ifinger Scharte
Forc. Ivigna
2251 2117
SW-Grat (Klettersteig) nur für Geübte
2552
Kl. Ifinger
Piccolo Ivigna
2323
Oswaldscharte
2362 2185
Kuhleiten hütte
St. Oswald
Missensteiner Joch
Giogo di Pietramala 2128
Kesselwandjoch 2278
Grüblalm
Kesselberg
Zmailer 1100
Zmailer Bannwald
Böden
2168 Lauwandsp.
(nur Winterbetrieb)
Kiendl-Alm
(nur Winterbetr.)
Kirchsteigeralm 1945
Kleiner Mittager 2305
Rastlhof 910
Bannwald
Lenzeben 1855
Schuhwand
Ochsenboden
Hintergsteir
Naifjoch
Pso di Nova
Waidmannalm 1998
Meraner Hütte
Rif. Merano 1960
Rif. M. Catino
Mittagerhütte 2260
Salfgut
Leiterbauer
Markgrube
Piffinger Köpfl 2010
Alpin-Bob
Piffinger Alm
Pinozer Alm
2098
Untergsteir
Gsteier 1372
Katzenleiter
Kids-Camp
1900
Meran 2000
Merano 2000
Hinter-Premstall
Spieler 2080
1878
Kuhseite
Sambock
Alfreid
Zuegg Hütte
Rif. Zuegg 1766
Piffinger-Köpfl
Mittelstation
Staz. intermedia
Brunegger A. 1708
1817 Unterweger Alm
Rotwandhütte
Rif. Parete Rossa
Premstall
Naiftal
Schönplatz
Öttenbach
1913
1835
Naifberg
Falkenwand
Falzeben 1609
Panorama
1621
Kreuzjöchl
Pso della Croce
1984
1797
Maiser Alm 1783
Maiser Leger
Heiratsbrunnl
Karner 781
Pitzoachen
Josef
1585
Moschwald-alm 1742
Mittelbergalm
R. Sinigo
Sinichbach
Moschwald
1595
Maiser Rast 2027
Naifberg
1439
Lärchwald
1502
1562
Großes Mitteregg
1357
Oberdorf
Mirabell
2034
Karkofel
1423
1519
Mittelberghöfe 1397
1800
Rauth
Reiterer
Gmeindl
Sonnenheim
Unterdorf
Viktoria 1301
Platter
Hofer
Moser
1378
Nock 1366
Buggl
Giggus Möser
Kleines Mitteregg
Kreuzjoch
Giogo della Croce 2114
2086
Nusser
Miramonti
Plattinger
Fuchstratt
Wurzeralm
Sulfner See
Sulfner
Hubertus
1395
Köfele
Gassersulzer 1567
Enzianbach
Pranter Leit
Auener Alm 1798
Hafling
Avelengo
Kamper
Mesnerwirt
Haisrainer A. 1620
Wurzeralm 1707
Schwarzwand
Vöraner Joch
M. di Verano 1941
1960
Auener Joch
Giogo dei Pra 1924
Hohe Reisch
Avelina 1330
1746
1932
Pfreinbach
Rio Pirein
Außerrainer
Hinterrainer 1297
Tratter
Ganthaler Moos
1600
Vöraner Alm 1873
1942
2001
Stoanerne Mandln
1195
Waldhäusl
Ebenwieser 1364
Vostnar
1334
Leitnerbauer
Mittelhinterbrunner
1497
Fragsburger Wssf. (135m Fallhöhe)
Aspmair
1316
Hinterbrunn
Brunner Ötzl
Sallewald
Möltener Joch
1711
1511
1297
1350
Grieben
1395
Störfer
1600
1000
Alpenrose
1500
Brugger Lacke
1720
Wolfsbühel
Oberkompatsch
1382
Lenker
Weber
Hirschenbichl 1566
Leadner Alm 1514
Schwarz-hütte
1603
Mandler
Mitterkompatsch
Rotensteinkögel 1464
Rotsteiner
Waldbichl
Unterkompatsch 1524
1551
Möltner Kaser 1763
Knottnkino
Pichlwiesen
Maurer
Gfrar
Kuen
Altenhäusl
Gassen 1254
1257 Thaler
Noafer 1379
Ehwalder
Oberst 1541
1796
Jenesier-Jöchl
1236
Schuster
Haug
Kompatschbach
Grub 1177
Egger 1265
Steinmann 1239
Rohrer 1316
Oberkasten 1308
Obermicheler 1424
Mittermicheler
Jöchlwald
Spitzegger
1406
Mitterkasten
Bozner
Pirch
1355
Mair
Untermicheler
1318
0 500m
1166
Eicherbauer
Bucher
Flecker 1250
Kerscher
Boznermüller
Tötnmoar
Wolfsbühel 1147
Obkircher
Leitl
Grüner Baum
Aschl
Eschio
Sattlerhütte 1609
Möltener Joch
M. di Meltina 1733
Holder 1592

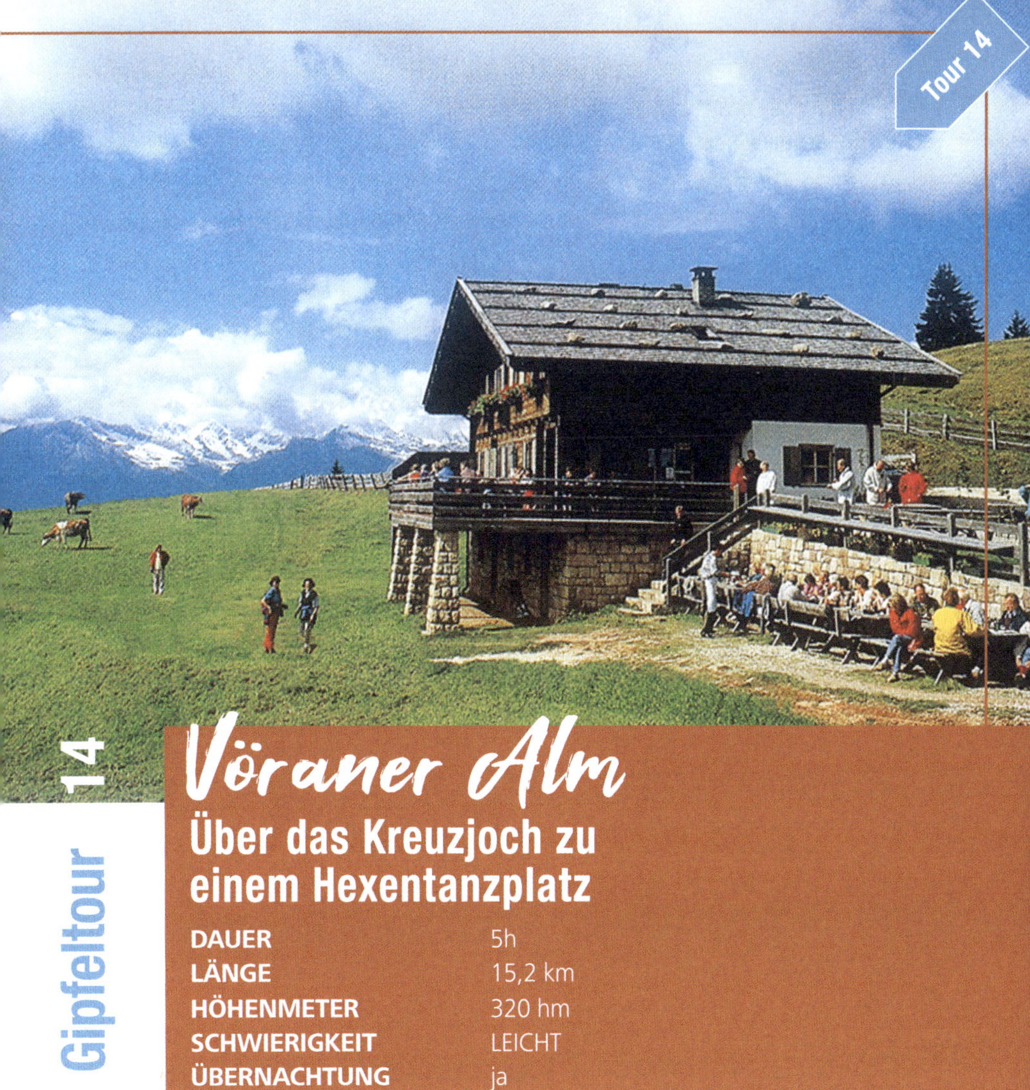

Vöraner Alm

Über das Kreuzjoch zu einem Hexentanzplatz

DAUER	5h
LÄNGE	15,2 km
HÖHENMETER	320 hm
SCHWIERIGKEIT	LEICHT
ÜBERNACHTUNG	ja

Das erwartet dich ...

Die Wanderung führt uns über gute Wanderwege und Almstraßen. Sie ist recht aussichtsreich und hält nicht viele Höhenmeter bereit, doch braucht man auf Grund ihrer Länge ein gewisses Maß an Kondition. Die Auffahrt mit der Seilbahn zur Bergstation Meran 2000 verringert den Anstiegsweg erheblich.

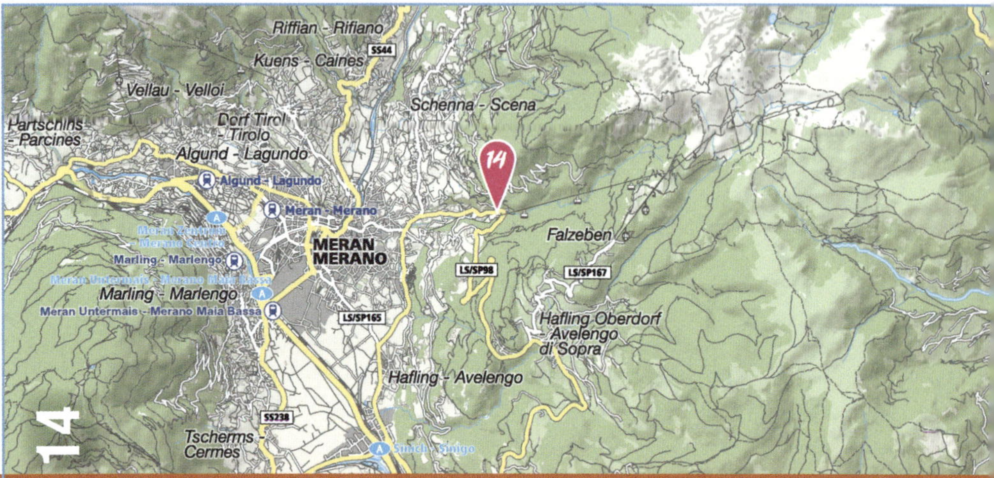

Start & Ziel & Anreise

Ausgangspunkt der Wanderung ist die Bergstation Meran 2000. Parkplätze befinden sich an der Talstation. Das Auto sollte am Endpunkt Hafling abgestellt werden. Ein Bus fährt zur Talstation. Bushaltestelle und Parkplatz befinden sich nach dem sechsten Tunnel aus Richtung Meran unterhalb von Hafling-Dorf.

Tourenbeschreibung

Das Plateau des Schöneck – auch Hohe Reisch genannt – ist übersäht mit großen und kleinen Steinmännchen. Von hier oben bietet sich ein ganz außergewöhnlicher Blick auf die Sarntaler Alpen und die Dolomiten, vielleicht ranken sich auch deshalb mystische Legenden um diesen geheimnisvollen Platz. Eine angenehme Panoramawanderung führt über den grasigen Rücken, der auf die bewaldeten Hügel des Tschögglbergs hinabblickt und nach Osten hin ins Sarntal abfällt. Der Abstiegsweg wird durch die Einkehr in zwei gastliche Almen recht kurzweilig.

Wir beginnen an der Bergstation Meran 2000, von der ein Fahrweg nach Nordosten in das Wandergebiet von Meran 2000 führt. In der Rechtskehre, schon einige Minuten später, folgen wir einem Steig nach Falzleben. Er mündet in einen anderen Fahrweg. Gleich darauf wandern wir auf dem Steig Nr. 17 nach rechts, direkt auf die Zufahrt zur Meraner Hütte, nun auf der Nr. 14. Eine Schleife führt uns über den Sinichbach und zur Kirchsteigeralm und kurz darauf zur Meraner Hütte. Wir bewegen uns nun auf dem vielbegangenen Fernwanderweg E5, noch einige Meter auf dem Schotterweg, bis schließlich zehn Minuten später nach rechts der Wanderweg mit der Markierung Nr. 4 abzweigt. Wir steigen entlang der grasigen Erhebung des Spielers hinauf zum weiten Sattel des Kreuzjöchls, auf dem ein großes Kruzifix steht. Der breite Wiesenrücken trägt uns weiter nach Süden; zwanzig Minuten später bietet sich rechter Hand ein Möglichkeit, den Weg zur Vöraner Alm abzukürzen. Ansonsten laufen wir weiter über die Maiser Rast zum Kreuzjoch und dann zum Auener Joch hinunter. Erst geradeaus, dann folgen wir nach links der Markierung Nr. 23 hinab zu einer Gabelung; der Weg nach rechts führt uns über den baumlosen Bergrücken des Schöneck mit den Stoanernen Mandln. Dann kehren wir zum Auener Joch zurück und folgen der Markierung Nr. 2 nach links über eine Anhöhe zur Vöraner Alm. Die bewirtschaftete Alm mit Gastbetrieb bietet dem Wanderer eine herrliche Fernsicht in die Bergwelt Südtirols.

Kurz hinter der Alm folgen wir einem Steig nach links. Er führt uns über Wiesen in den Wald hinab bis zu einer Lichtung, an der wir auf die Wurzer Alm treffen. Steig Nr. 2 führt uns nach links und kreuzt dann mehrmals die Forststraße. Gegenüber einer größeren Lichtung mit Haus wendet er sich als breiter Waldweg nach links hinab. Wir queren eine Kreuzung und gelangen an eine Straße. Nach rechts treffen wir in der folgenden Kehre auf eine Schotterstraße. Kurz darauf nehmen wir den Steig nach links hinab. Wir erreichen die Wiesen bei Hafling und linker Hand das Hotel Avelina. Auf dem Sträßchen wandern wir rechts gewandt hinab zum Parkplatz bei Hafling.

Autoren Tipp

Das Knottkino in Vöran ist ein Freiluftkino am Hochplateau von Hafling, Vöran und Meran 2000. Der Knottn (Fels) entstand vor Millionen Jahren als weinrote, runde Kuppe. Das Kino wurde vom Künstler Franz Messner aus Ritten geschaffen. Von hier aus überblickt man das gesamte Etschtal und mit dem überwältigenden Ausblick auf die Texelgruppe bis zum Gantkofel, sowie zur Aussichtsplattform Penegal und weiter zum Weißhorn.

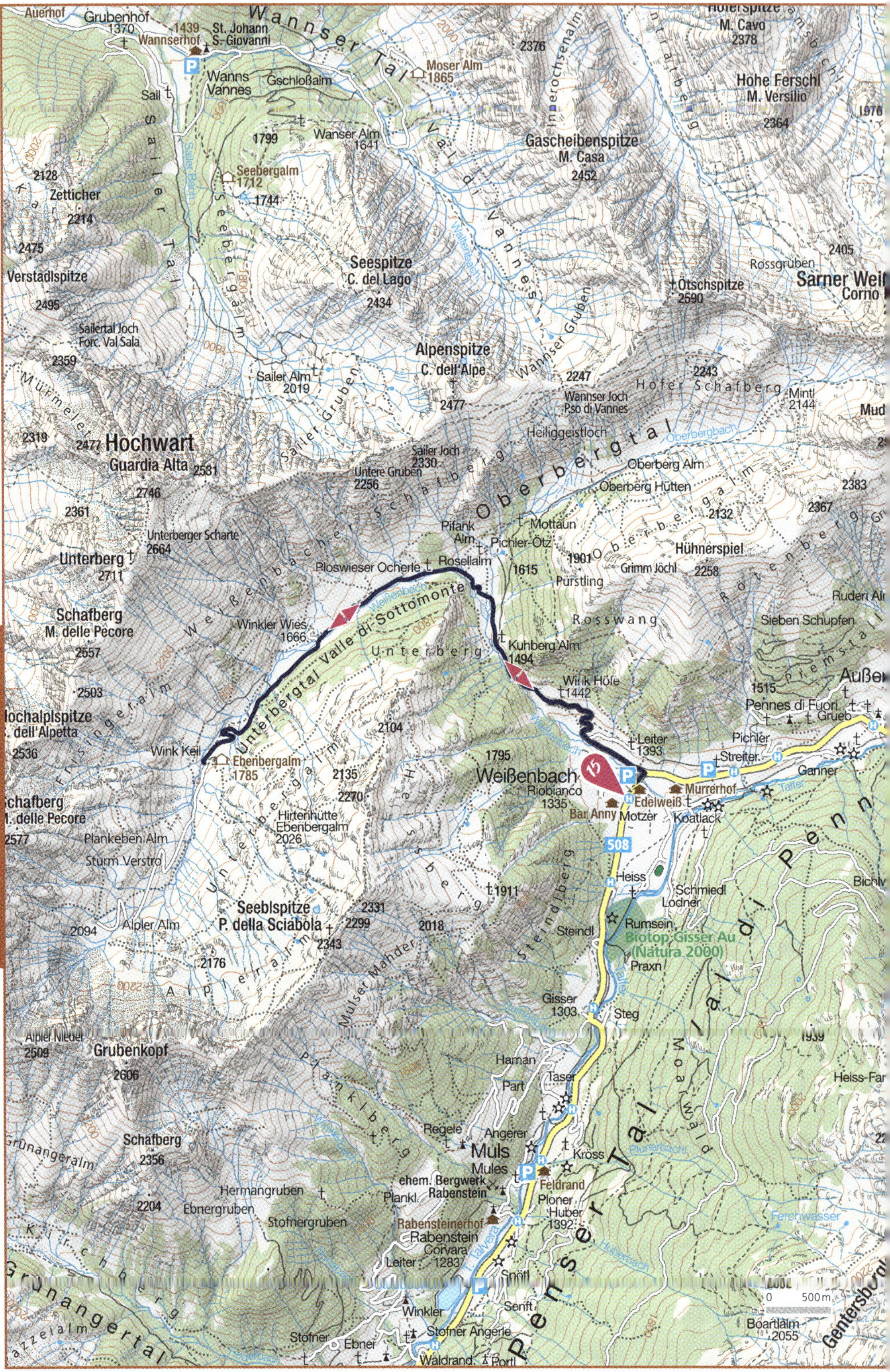

15

Auerhof
Grubenhof 1370
1439 Wannserhof
St. Johann S. Giovanni
Wannser Tal Val di Vannes
Wanns Vannes
Gschloßalm
Moser Alm 1865
2376
Innerochsenalm
Hofer Spitze M. Cavo 2378
Hohe Ferschl M. Versilio 2364
1978
Sail
Sailer Tal
Sailer Bach
1799
Wanser Alm 1641
Gascheibenspitze M. Casa 2452
2128
Zetticher 2214
Seebergalm 1712
1744
Seebergalm
2475
Verstadlspitze 2495
Seespitze C. del Lago 2434
Wannser Gruben
2405
Rossgruben
Ötschspitze 2590
Sarner Weiß Corno
Sailertal Joch Forc. Val Sala
2359
Mürmele
Sailer Alm 2019
Sailer Gruben
Alpenspitze C. dell'Alpe 2477
2247
Wannser Joch Pso di Vannes
2243
Hofer Schafberg
Minti 2144
Mud
2319
2477 Hochwart Guardia Alta 2581
Heiliggeistloch
Oberbergtal
Oberbergbach
Sailer Joch 2330
Untere Gruben 2256
Schafberg
Oberberg Alm
Oberberg Hütten
2383
2746
2361
Unterberger Scharte 2664
Unterberg 2711
Weißenbach
Pifank Alm
Mottaun
Pichler-Ötz
Rosellalm
1615
1901
Oberbergalm
Grimm Jöchl
Hühnerspiel 2258
2132
2367
Ploswieser Ocherle
Pürstling
Rotenberg
Ruden Alm
Schafberg M. delle Pecore 2557
Winkler Wies 1666
Unterbergtal Valle di Sottomonte
Unterberg
Rosswang
Sieben Schupfen
Kuhberg Alm 1494
Wink Höfe 1442
Außer
Premstall
2503
Hochalplspitze C. dell'Alpetta 2536
Frisingeralm
Wink Keil
Ebenbergalm 1785
2104
1515
Pennes di Fuori
Grueb
Leiter 1393
Pichler
Streiter
1795
Weißenbach Riobianco 1335
Ganner
Edelweiß
Murrerhof
Bar Anny
Motzer
Koatlack
Schafberg M. delle Pecore 2577
Plankeben Alm
Sturm Verstro
2135
2270
Hirtenhütte Ebenbergalm 2026
Ebenbergalm
Heissberg
508
Heiss
1911
Schmiedl
Lodner
Bichl
Penn
2094
Alpler Alm
Seeblspitze P. della Sciabola 2343
2331
2299
2018
Steindlberg
Steindl
Rumsein
Biotop Gisser Au (Natura 2000)
Praxn
2176
Alpleralm
Mulser Mahder
Gisser 1303
Steg
Val di Pennes
Alpler Nieder 2509
Grubenkopf 2606
1939
Moarwald
Heiss-Far
Haman
Part
Taser
Plankberg
Regele
Angerer
Muls Mules
Kross
Plunerbachl
Schafberg 2356
Grünangeralm
ehem. Bergwerk Rabenstein
Feldrand
Hermangruben
Plankl
Ploner
Huber 1392
2204
Ebnergruben
Stofnergruben
Rabensteinerhof
Rabenstein Corvara 1283
Talvera
Ferchwasser
Hüterbach
Penser Tal
Kirchberg
Leiter
Snöll
Grünangertal
Winkler
Senft
0 500 m
Boartlalm 2055
Gentersberg
Stofner
Ebner
Stofner Angerle
Waldrand
Portl

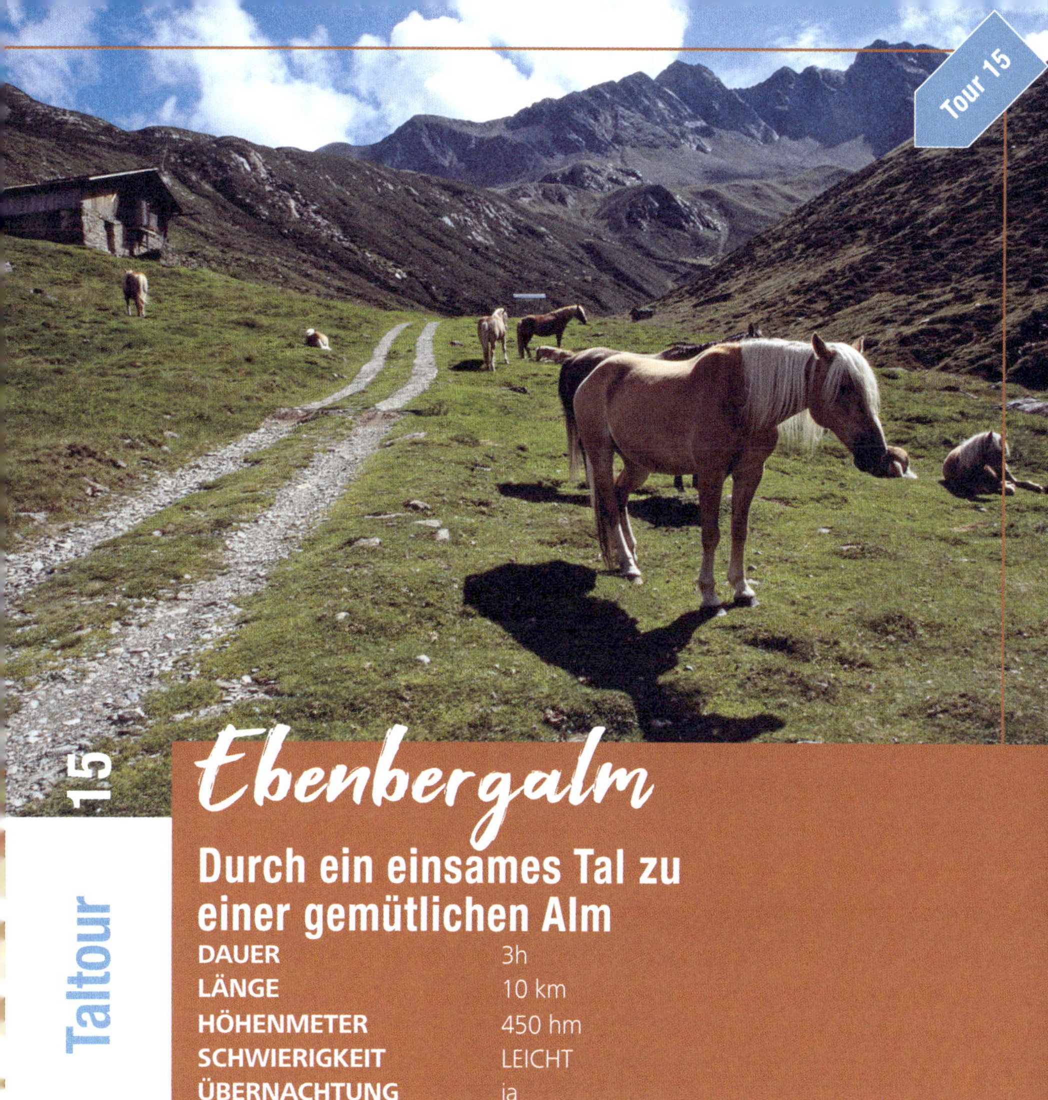

Tour 15

15 Taltour

Ebenbergalm

Durch ein einsames Tal zu einer gemütlichen Alm

DAUER	3h
LÄNGE	10 km
HÖHENMETER	450 hm
SCHWIERIGKEIT	LEICHT
ÜBERNACHTUNG	ja

Das erwartet dich ...

Die Wanderung ist sehr einfach und führt uns auf bequemen Almfahrwegen ins Unterbergtal. Länge und zu bewältigende Höhenmeter erfordern eine durchschnittliche Kondition. Die Ebenbergalm ist ein gemütlicher, aber auch der einzige Stützpunkt im Tal.

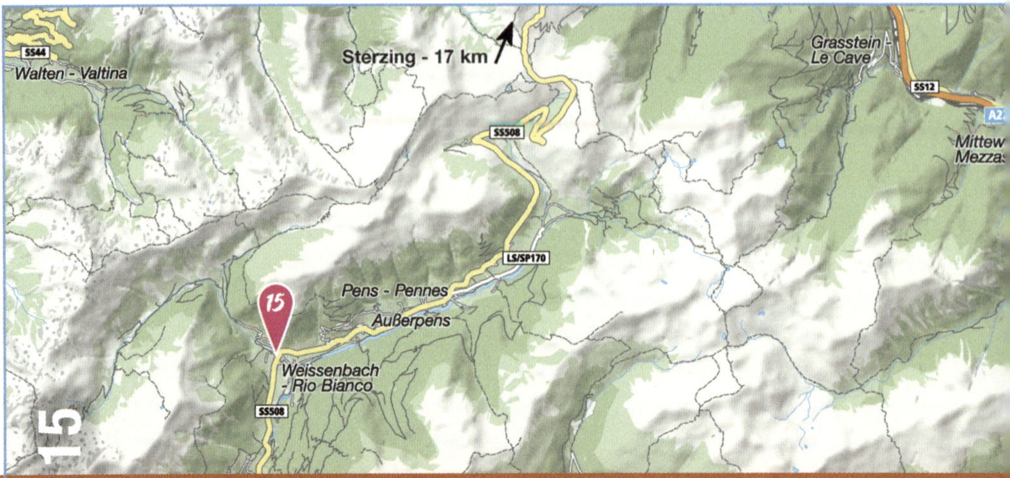

Taltour 15

Start & Ziel & Anreise

Ausgangspunkt der Wanderung ist Weißenbach im Penser Tal. Von der A22 nehmen wir die Ausfahrt Brixen/Pustertal und folgen erst der E66, dann der Staatsstraße 621 Richtung Weißenbach. Parkmöglichkeiten gibt es südlich der Weißenbachbrücke.

Tourenbeschreibung

Die Wanderung führt uns ins Unterbergtal, westlich von Weißbach, wo es um einiges ruhiger zugeht als in anderen Teilen der Region. Nur wenige Wanderrouten sind hier markiert, die Pfade noch nicht ausgetreten. Mitten in dieser urwüchsigen Bergregion mit ihren weiten Almböden, dunklen, schroffen Felsgipfeln und schäumenden Bergbächen führt unser Weg auf die Ebenbergalm. Hier werden regionale Produkte auf schmackhafte Weise zubereitet. Auch Übernachtungsmöglichkeiten gibt es. Im Sommer herrscht Almbetrieb mit Kühen, Schafen und Ziegen. Die Alm bietet sich auch als Ausgangspunkt einer Besteigung der Seeblspitze an.

Von Weißenbach im Penser Tal starten wir nördlich der Weißenbachbrücke. Ein asphaltierter Fahrweg biegt hier von der Straße zum Penser Joch ab, hinein ins Weißenbachtal und auf der Markierung Nr. 9/27 hinauf zu den Winkhöfen.

Eine Schotterstraße führt uns ins Tal hinein. Wir wandern geradeaus, an einer Abzweigung ins Oberbergtal und zum Weißhorn vorbei und folgen der Wegnr. 27 in Richtung Ebenberger Alm.

An der nächsten Gabelung bleiben wir links und laufen leicht bergan durch einen Einschnitt des Baches ins Tal hinein. Das Tal wird vor uns weiter. Wir folgen dem Bach, der durch ein breites Schotterbett fließt, nun stetig bergauf, erst etwas steiler, dann sanfter. Auf der linken Talseite wandern wir dann schließlich flach am Weißenbach entlang und dann in zwei Kehren über eine Steilstufe. Hier sucht sich der Bach seinen Weg durch eine enge Klamm. Gleich darauf erreichen wir die Ebenbergalm. Der Rückweg erfolgt auf dem Anstiegsweg.

Autoren Tipp

Für trittsichere Wanderer bietet sich die Besteigung der Seeblspitze an. Der Fahrweg bringt uns von der Ebenbergalm ein kurzes Stück weiter zur Almhütte Taser Klapf. Her wechseln wir nach links auf einen markierten Steig, die Hänge hinauf, an herrlich blühenden Alpenrosen vorbei. Wir wenden uns nach links und queren zwei Bachläufe. An einer Hirtenhütte vorbei halten wir uns wieder links, passieren eine felsige Erhebung und erreichen daraufhin einen kleinen See. Wir überwinden bergan schrofiges Gelände bis zu einer Einsattelung im Grat. Hier halten wir uns rechts und erreichen den grasigen Gipfel der Seeblspitze (2343 m).

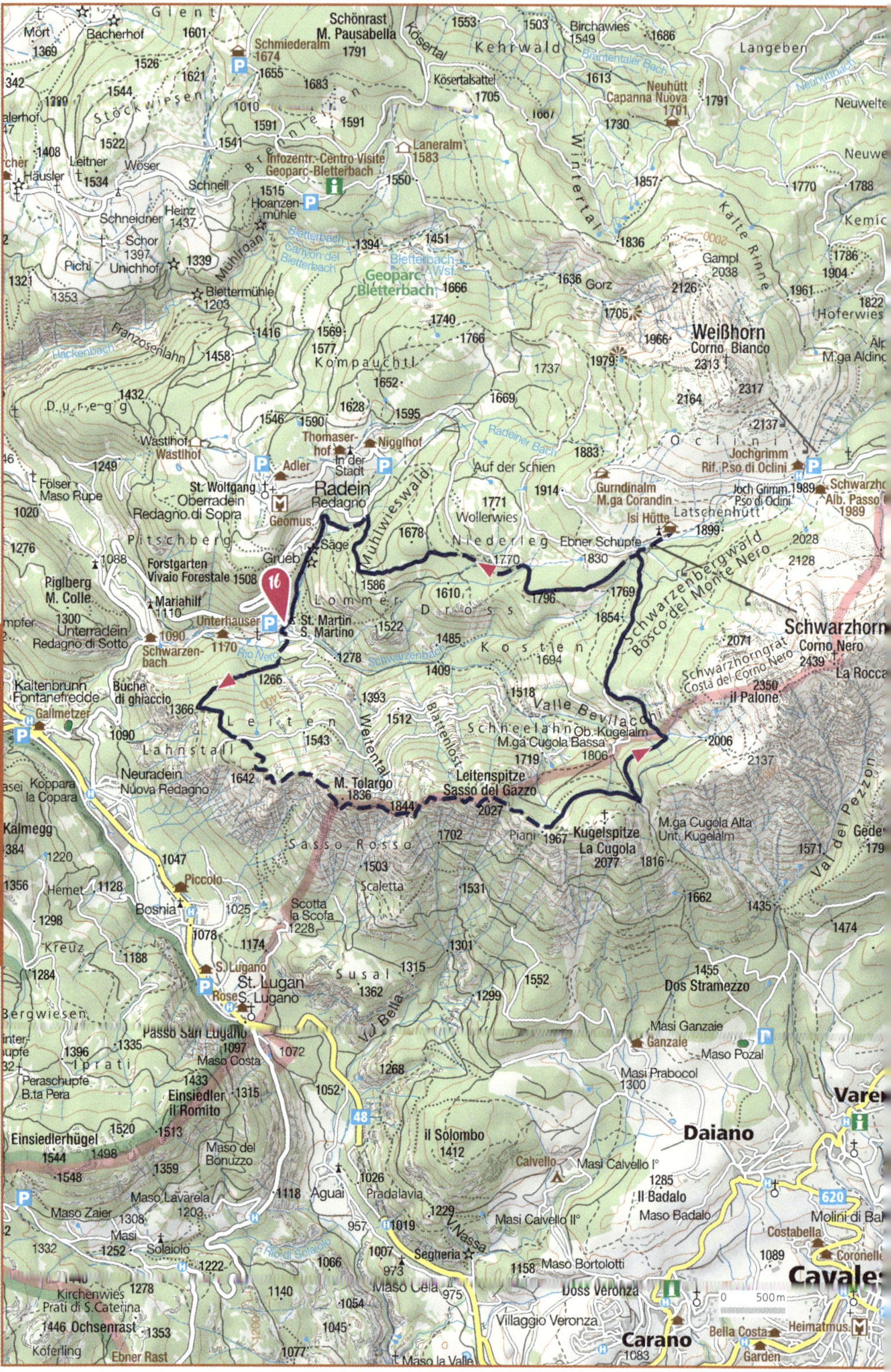

Schönrast
M. Pausabella
Kehrwald
Langeben
Schmiederalm
Kösertalsattel
Neuhütt
Capanna Nuova
Stöckwiesen
Infozentr.-Centro Visite
Geoparc-Bletterbach
Laneralm
Wintertal
Kalte Rinne
Hoanzenmühle
Mühlroan
Bletterbach
Canyon del Bletterbach
Geoparc Bletterbach
Gampl
Weißhorn
Corno Bianco
Blettermühle
Franzosenlahn
Kompauchtl
Duregg
Wastlhof
Thomaserhof
Nigglhof
In der Stadt
Radeiner Bach
Oclini
Jochgrimm
Rif. P.so di Oclini
Adler
St. Wolfgang
Oberradein
Redagno di Sopra
Radein
Redagno
Geomus.
Mühlwieswald
Auf der Schien
Gurndinalm
M.ga Corandin
Isi Hütte
Latschenhütt
Joch Grimm
P.so di Oclini
Schwarzhorn
Alb. Passo
Pitschberg
Wollerwies
Niederleg
Ebner Schupfe
Forstgarten
Vivaio Forestale
Grueb
Säge
Piglberg
M. Colle
Mariahilf
Lommer
Dross
Schwarzenbergwald
Bosco del Monte Nero
Unterradein
Redagno di Sotto
Unterhauser
St. Martin
S. Martino
Schwarzenbach
Rio Nero
Kosten
Schwarzhorngrat
Costa del Corno Nero
Schwarzhorn
Corno Nero
La Rocca
Kaltenbrunn
Fontanefredde
Gallmetzer
Buche di ghiaccio
Valle Bevilacchi
il Palone
Leiten
Weitental
Blettenlost
Schneelahn
Ob. Kugelalm
M.ga Cugola Bassa
Lahnstall
Neuradein
Nuova Redagno
M. Tolargo
Leitenspitze
Sasso del Gazzo
Koppara
la Copara
Kalmegg
Sasso Rosso
Piani
Kugelspitze
La Cugola
M.ga Cugola Alta
Unt. Kugelalm
Val del Pezzon
Scaletta
Piccolo
Hemet
Bosnia
Scotta
la Scofa
Kreuz
Susal
S. Lugano
St. Lugan
S. Lugano
Rose
Dos Stramezzo
Bergwiesen
Passo San Lugano
Val Bella
Masi Ganzaie
Ganzaie
Maso Pozal
Ipratl
Maso Costa
Masi Prabocol
Peraschupfe
B.ta Pera
Einsiedler
il Romito
Daiano
Einsiedlerhügel
il Solombo
Maso del Bonuzzo
Calvello
Masi Calvello I°
Il Badalo
Maso Badalo
Maso Lavarela
Aguai
Pradalavia
Maso Zaier
Masi
Solaiolo
Masi Calvello II°
Molini di Bal
Costabella
Coronelle
V. Nassa
Segneria
Maso Bortolotti
Kirchenwies
Prati di S. Caterina
Ochsenrast
Maso Cela
Doss Veronza
Villaggio Veronza
Cavalese
Carano
Bella Costa
Heimatmus.
Garden
Koferling
Ebner Rast
Maso la Valle
0 500 m

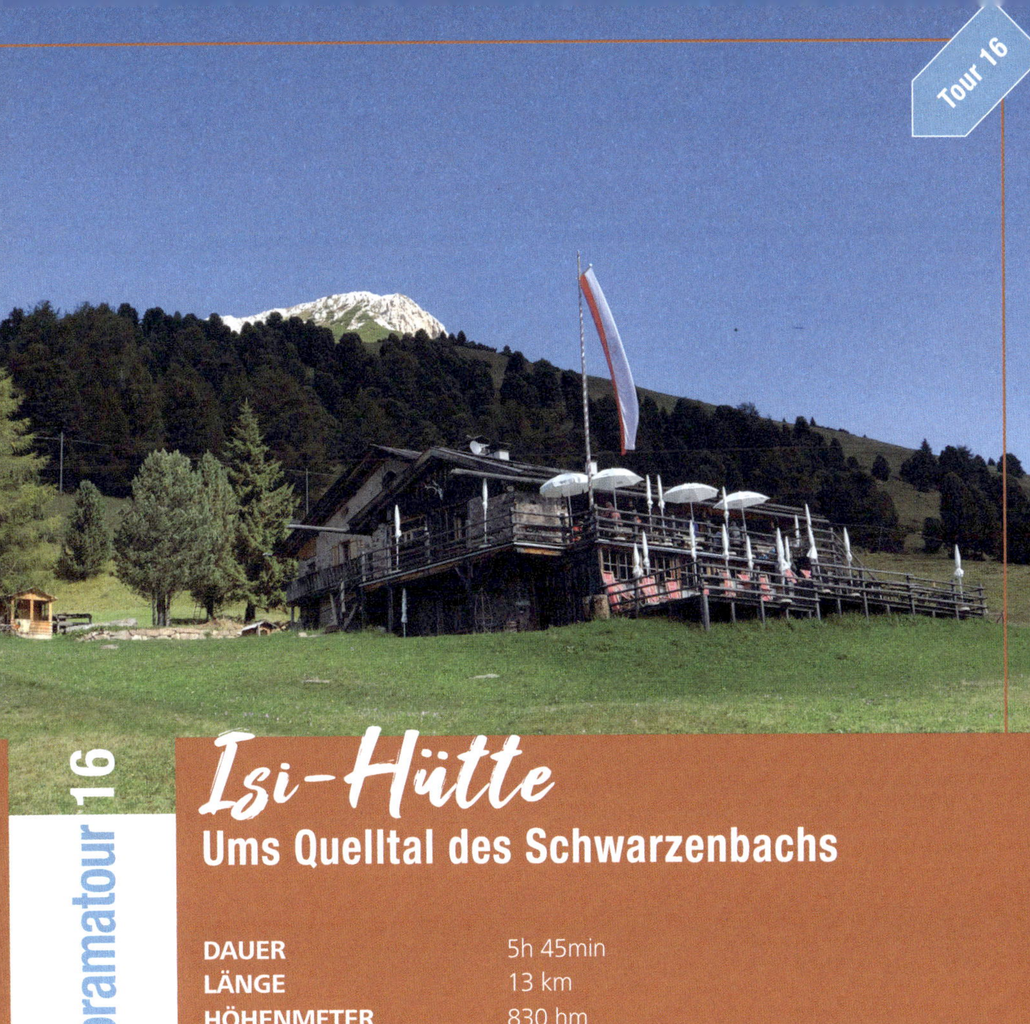

Tour 16

Panoramatour 16

Isi-Hütte

Ums Quelltal des Schwarzenbachs

DAUER	5h 45min
LÄNGE	13 km
HÖHENMETER	830 hm
SCHWIERIGKEIT	MITTEL
ÜBERNACHTUNG	nein

Das erwartet dich ...

Die lange Rundwanderung beginnt beim Aufstieg über kleine Waldsteige; diese sind teilweise steil und besonders am Monte Tolargo verwachsen. Danach verläuft die Route aber über angenehme Wanderwege und zum Ende hin auch über Forstwege. Insgesamt benötigt man für diese ausfüllende Tagestour Trittsicherheit und Ausdauer. Im letzten Teil der Wanderung wartet mit der authentischen Isi-Hütte die Möglichkeit einer gemütlichen Einkehr auf uns.

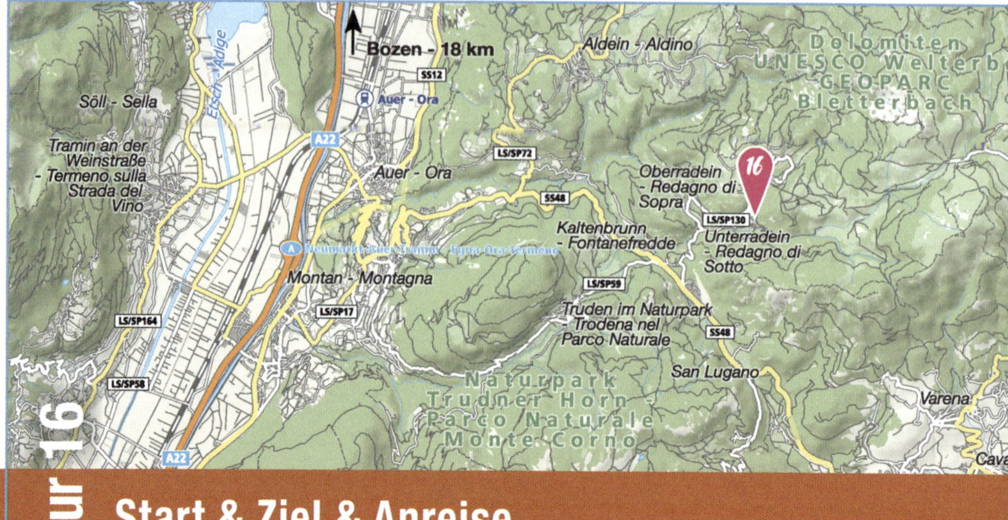

Start & Ziel & Anreise

Nach St. Martin gelangen wir über die SS48 Richtung Radein. Etwas unterhalb des Ortes führt rechts ein unscheinbarer Weg zum Weiler.

Tourenbeschreibung

Auf dieser Wanderung bewegen wir uns auf eher stillen, wenig begangenen Wegen an der Schwelle zwischen Regglberg und Fleimstal. Der schwach frequentierte Leitensteig lässt uns eine einsame, urige Tour erleben. Über Monte Tolargo und Leitenspitze kommen wir dem Einzugsgebiet des Weißhorns immer näher. Die gut ausgebaute Isl-Hütte liegt am Rande des Unesco-Weltnaturerbes Bletterbach zwischen Radein und Jochgrimm im Südtiroler Unterland. Hier wird Wert auf das Echte und Traditionelle gelegt und versucht, es mit der modernen Welt in Einklang zu bringen. Da man auf der Hütte nicht übernachten kann, bietet sich eine Übernachtung auf der nahen Gundrin-Alm an.

Wir beginnen die Wanderung im unteren Bereich des Höfeweilers St. Martin. Alternativ böte sich an, über die Leiten-Forststraße zu einem Abstellplatz rechts nach der Bachbrücke zu fahren; bei dieser Möglichkeit sollte man aber unbedingt nach der zweiten Kehre rechts auf den Forstweg abbiegen, an dem die Markierung von unten einmündet. Der dicht bewaldete Hang führt dann schräg hinauf bis zum Punkt 1366 und einem Knick. Wir folgen aber jetzt dem Steig Nr. 13 über diverse Forststraßen-Kreuzungen stetig bergan. Bei P.1642 berühren wir eine Kammschulter und erreichen daraufhin den Monte Tolargo. Zwischen P.1836 und P.1844 bietet sich uns ein stark bewachsenes Gipfelplateau. Der Pfad ist durch das hoch wuchernde Gras nur schwer auszumachen. Wir begeben uns in einen Sattel hinab, dann wieder hinauf in einer guten halben Stunde auf die Leitenspitze.

Für den Abstieg wandern wir die bewaldete Südostseite hinunter in einen Wiesensattel. Wer mag, kann über einen undeutlichen Abzweig noch die Kugelspitze überschreiten. Andernfalls folgen wir dem Weg „K" an ihrer Nordflanke hinüber zum Kugeljoch. Links gewandt umgehen wir oberhalb die Kugelalm und treffen dann im Schwarzenbergwald auf einen Forstweg. Nach einer Viertelstunde zweigt das „K" nach links ab. Wir wandern aber geradeaus weiter in fünf Minuten zur Isi-Hütte. Nach einer Rast laufen wir westwärts hinab bis wir den Wegweiser „Pfitschlhof" treffen, der uns zur Radeiner Straße schickt. Kurz darauf weichen wir auf einen Karrenweg aus und wandern zurück nach St. Martin.

Aussicht von der Leitenspitzel

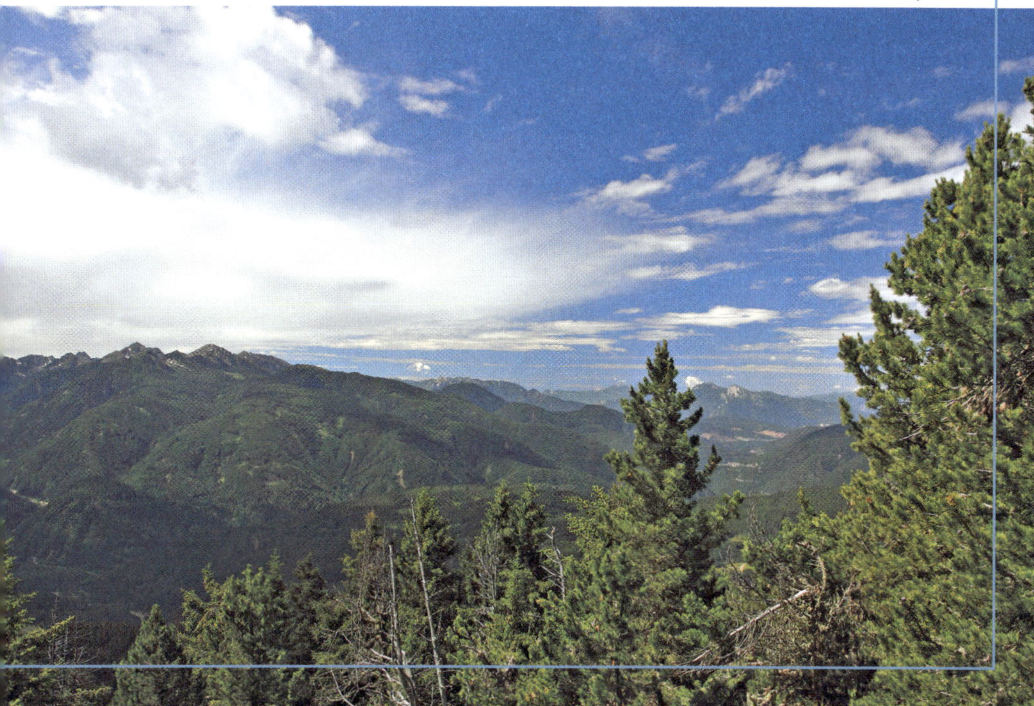

17

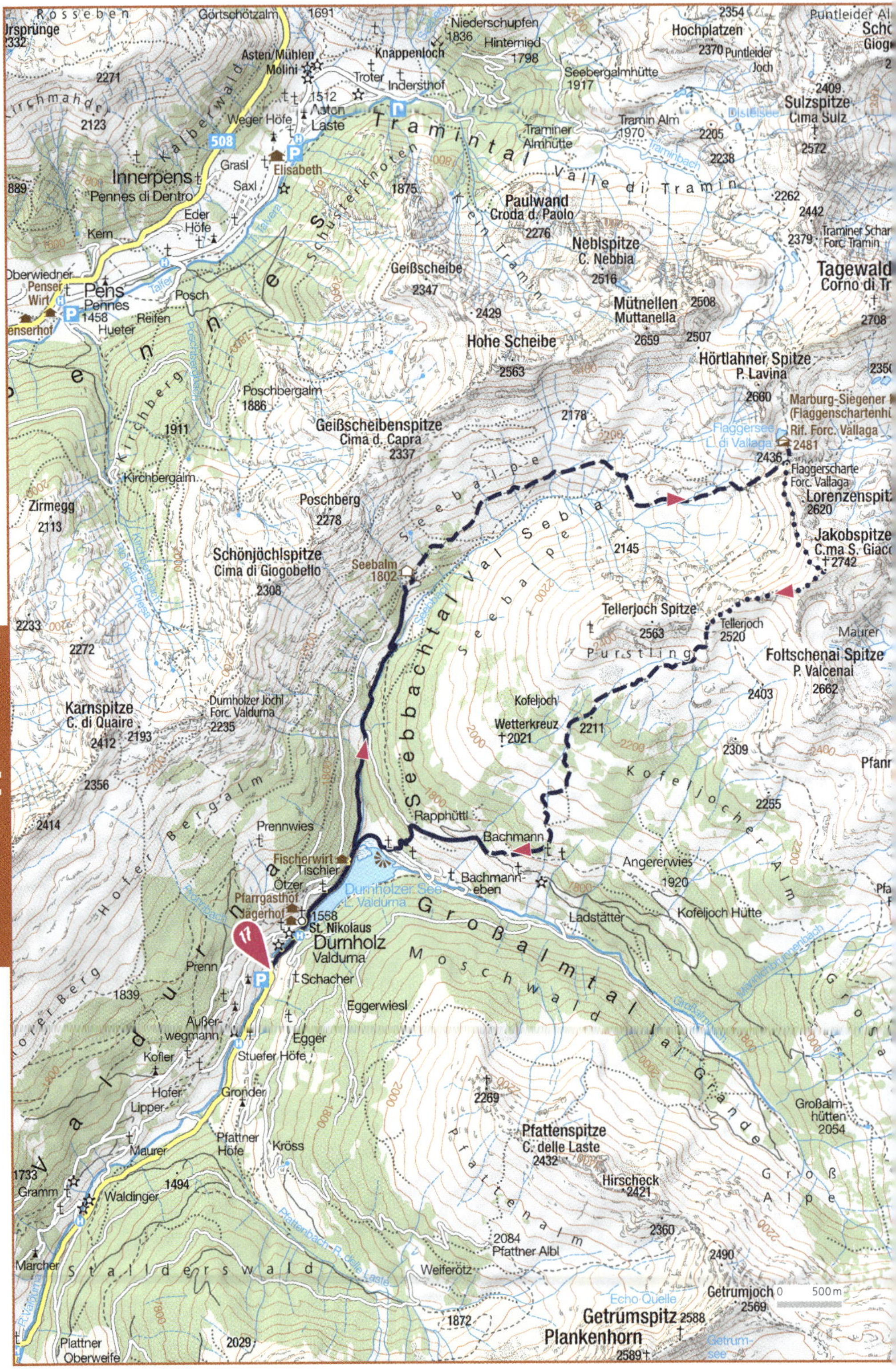

Rosseben
Görtschötzalm
1691
Ursprünge
2332
Niederschupfen
1836
Hinterried
1798
Knappenloch
Asten/Mühlen
Molini
Troter
Indersthof
2271
1512
Aston
Laste
Kirchmahder
2123
Weger Höfe
508
Traminatal
Valle di Tramin
Elisabeth
Grasl
Saxl
Innerpens
Pennes di Dentro
Eder
Höfe
Kern
Oberwiedner
Penser Wirt
Pens
Pennes
1458
Penserhof
Hueter
Reifen
Posch
Schusterknoten
1875
Klein Tramin
Geißscheibe
2347
2429
Hohe Scheibe
2563
Poschbergalm
1886
Kirchberg
1911
Kirchbergalm
Zirmegg
2113
Geißscheibenspitze
Cima d. Capra
2337
Poschberg
2278
Schönjöchlspitze
Cima di Giogobello
2308
Seebalm
1802
2233
2272
Karnspitze
C. di Quaire
2412
2193
Dumholzer Jöchl
Forc. Valdurna
2235
2356
2414
Seebachtal
Val Sebla
Seebalpe
Seebalpe
2178
Hochplatzen
2354
2370
Puntleider Joch
Puntleider Al
Seebergalmhütte
1917
Traminer Almhütte
Tramin Alm
1970
2205
2238
Sulzspitze
Cima Sulz
2409
2572
Paulwand
Croda d. Paolo
2276
Neblspitze
C. Nebbia
2516
Mütnellen
Muttanella
2508
2659
2507
2262
2442
2379
Traminer Schar
Forc. Tramin
Tagewald
Corno di Tr
2708
Hörtlahner Spitze
P. Lavina
2660
Marburg-Siegener
(Flaggenschartenhü
Rif. Forc. Vallaga
2481
Flaggersee
L. di Vallaga
2436
Flaggerscharte
Forc. Vallaga
Lorenzenspitz
2620
Jakobspitze
C.ma S. Giaco
2742
2145
Tellerjoch Spitze
2563
Tellerjoch
2520
Purstling
Maurer
Foltschenai Spitze
P. Valcenai
2662
2403
Kofeljoch
Wetterkreuz
2021
2211
2309
Kofeljocher Alm
2255
Rapphüttl
Bachmann
Bachmann-eben
Angererwies
1920
Prennwies
Hofer Bergalm
Fischerwirt
Tischler
Ötzer
Pfarrgasthof
Jägerhof
1558
St. Nikolaus
Durnholzer See
L. Valdurna
Durnholz
Valdurna
Großalmtal
Moschwald
Val Grande
Ladstätter
Kofeljoch Hütte
Prenn
Schacher
1839
Eggerwiesl
Außer-wegmann
Egger
Kofler
Stuefer Höfe
Hofer
Lipper
Gronder
2269
Großalm-hütten
2054
Pfattenspitze
C. delle Laste
2432
Hirscheck
2421
Groß Alpe
Maurer
Pfattner Höfe
Kröss
1733
Gramm
Waldinger
1494
Pfattenalm
2360
2084
Pfattner Albl
2490
Marcher
Stallderswald
Weiferötz
Echo Quelle
Getrumjoch
2569
0 500 m
1872
Getrumspitz 2588
Plankenhorn
2589
2029
Plattner
Oberweife
Getrumsee

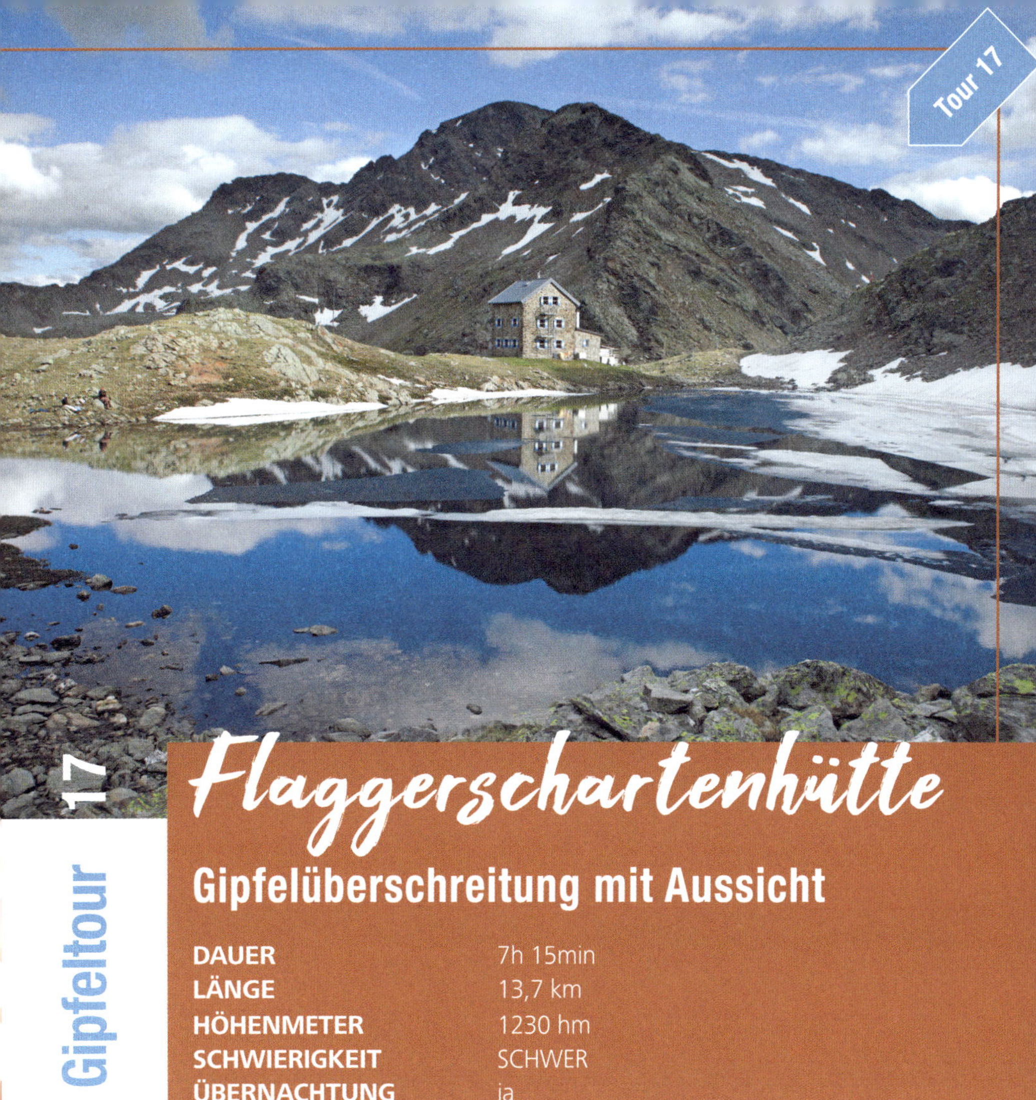

Tour 17

17 Gipfeltour

Flaggerschartenhütte

Gipfelüberschreitung mit Aussicht

DAUER	7h 15min
LÄNGE	13,7 km
HÖHENMETER	1230 hm
SCHWIERIGKEIT	SCHWER
ÜBERNACHTUNG	ja

Das erwartet dich ...

Diese Bergtour ist nicht nur von der Länge der Strecke her anspruchsvoll, für die enorme Anzahl an Höhenmetern benötigt man ebenfalls ein hohes Maß an Kondition. Bei der Überschreitung der Jakobspitze ist im felsigen und schotterigen Gelände Trittsicherheit, aber auch Schwindelfreiheit absolute Voraussetzung. Sowohl Anstieg zur Flaggerschartenhütte wie auch die Variante über den Hufeisenweg sind für trittsichere, erfahrene Wanderer jedoch unproblematisch.

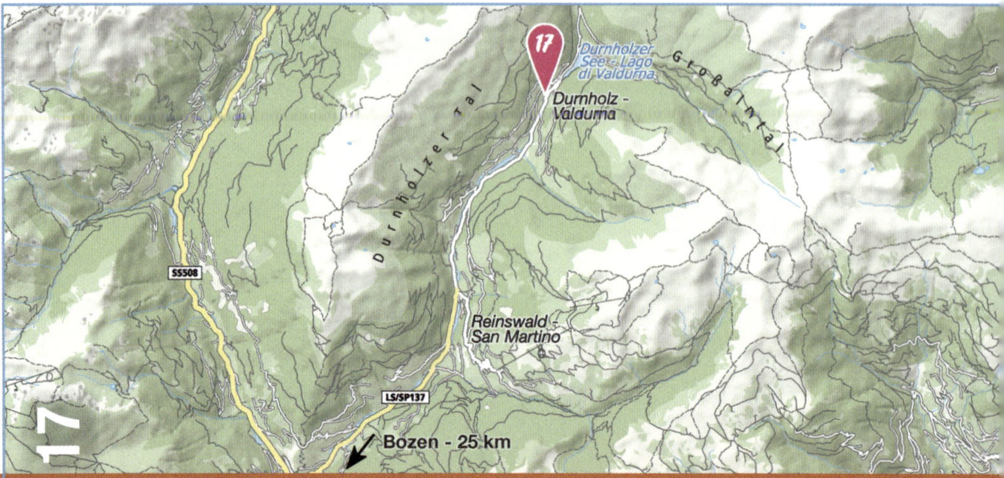

Gipfeltour 17

Start & Ziel & Anreise

Ausgangspunkt der Wanderung ist Durnholz. Von Bozen aus fahren wir über die Sarntaler Straße oder die SS 508. In Astfeld verlassen wir die Staatsstraße und folgen der Beschilderung weiter nach Durnholz.

Tourenbeschreibung

Der Beginn der Rundwanderung hält schon eine Augenweide bereit: Vom malerischen Durnholzer See starten wir zu unserer Überschreitung der Jakobspitze, die eine der abwechslungsreichsten Touren im ganzen Sarntal ist. Über einen alpinen Steig erreichen wir schließlich die Jakobspitze, einen tollen Panoramagipfel. Sollte man sich nicht an die Überschreitung heranwagen, so kann man über den Hufeisenweg auf der Markierung Nr. 13 ausweichen.

Die Fahrstraße bringt uns zunächst vom Parkplatz Durnholz am Ufer des Durnholzer Sees entlang bis zum Fischerwirt. Noch vor der Brücke schlagen wir den Weg nach links Richtung Flaggerschartenhütte auf der Markierung Nr. 16 ein, die uns ins Seebachtal führt. Wir halten uns in der Rechtskehre weiter geradeaus und folgen dem Bachlauf taleinwärts. Dann zweigen wir links zur Seebalm ab. Auf einem Steig wandern wir oberhalb der Alm mäßig steil weiter ins Tal hinein. Nach einer Geländestufe, einem flachen Kessel und einem Geröllhang treffen wir auf die Sarntaler Hufeisentour. Über dicke Gesteinsblöcke bringt sie uns schließlich zur Flaggerscharte hinauf und wenige Minuten später zur Flaggerscharten- oder Marburger Hütte. Sie wurde zwischen 1910 und 1914 von der Sektionen Marburg und Siegerland des DÖAV erbaut. In den Sechziger Jahren wurde sie nach den Wirren der beiden Weltkriege von der Sektion Franzensfeste mit viel Einsatz wiederaufgebaut. An der gemütlichen Schutzhütte erwartet uns ein kleiner Bergsee.

Nach einer Rast begeben wir uns wieder zur Flaggerscharte und steuern nach links gewandt den Steig zur Jakobspitze an; steil geht es über Geröll und Felsstufen bergan, die Lorenzspitze umgehen wir nach rechts und gelangen so zu einer Verflachung im Grat und den Gipfelaufbau. Konditionsraubend steigen wir über Schutt und Felsblöcke hinauf. Dabei achten wir genau auf die Markierungen, die nicht immer gleich zu sehen sind. Die Jakobspitze erklommen, laufen wir über die markierte Route dem Südwestrücken entlang. Einen nach Süden verlaufenden Grat lassen wir links liegen. Der Kamm begleitet uns über teils felsiges Gelände hinab zum Tellerjoch. Hier bleiben wir links; gut 150 Meter südlich des Jochs folgen wir der Markierung Nr. 5a auf einem Steig über einen Geländerücken hinab. Über Wiesen und Latschenfelder schlängelt er sich Richtung Südwesten hinab ins Durnholzer Tal. Noch vor dem Öbersthof mündet der Weg in die Markierung Nr. 5, der wir nun weiter hinab zum Höhensträßchen folgen. Hier biegen wir rechts ab, passieren den Bachmann- und den Angererhof und zweigen schließlich links ab. Der Hang führt uns hinab zum Durnholzer See, an dessen Ufer entlang wir wieder zum Fischerwirt gelangen und auf dem Fahrweg zurück nach Durnholz und zum Parkplatz.

Autoren Tipp

Nicht verpassen sollte man eine Besichtigung der spätromanischen Kirche St. Nikolaus mit ihrem spätgotischen Turm, der von einem Spitzhelm gekrönt wird. Die Kirche wurde vor über 600 Jahren erbaut. Im Inneren wurden aufwendige Fresken freigelegt, die wohl aus dem Jahr 1430 stammen. Kunsthistoriker sind sich einig, dass sie zu den wohl schönsten Fresken in ganz Südtirol zählen. Die Kirche umgibt ein kleiner Friedhof mit schmiedeeisernen Kreuzen.

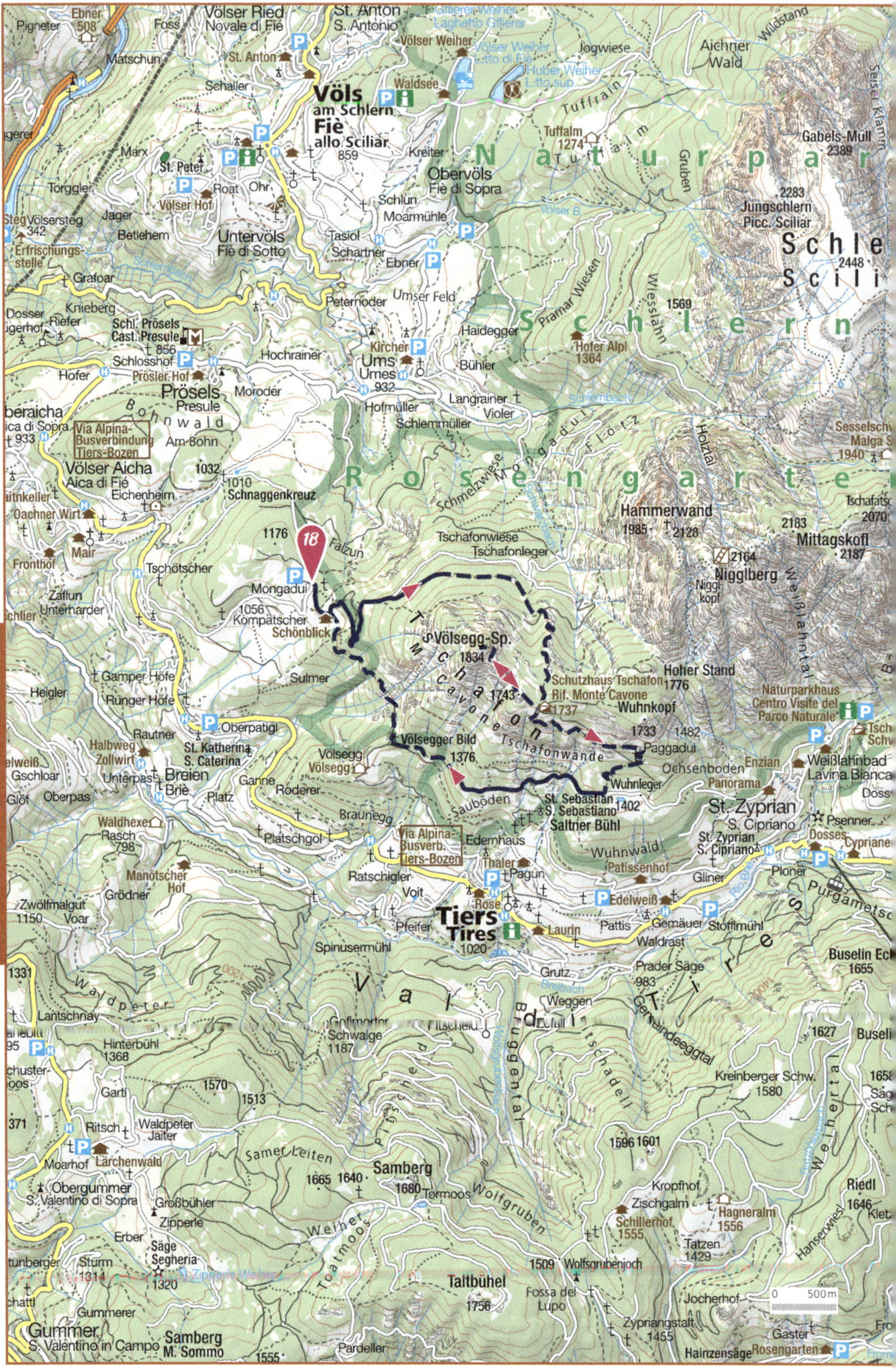

18

Ebner 508
Pigneter
Foss
Völser Ried
Novale di Fiè
St. Anton
S. Antonio
Gflierer Weiher
Laghetto Gflierer
Völser Weiher
Völser Weiher
L.tto di Fiè
Jogwiese
Aichner Wald
Wildstand
Matschun
St. Anton
Schaller
Völs am Schlern
Fiè allo Sciliar
859
Waldsee
Huber Weiher
L.tto sup.
Tuffrain
Tuffalm 1274
Seiser Klamm
Gabels-Mull 2389
Marx
St. Peter
Kreiter
Naturpark
Obervöls
Fiè di Sopra
Gruben
Torggler
Roat
Ohr
Völser Hof
2283
Jungschlern
Picc. Sciliar
Völsersteg 342
Jager
Betlehem
Untervöls
Fiè di Sotto
Schlun
Moarmühle
Tasiol
Schartner
Ebner
Völser B.
Schlern
Sciliar
2448
Erfrischungsstelle
Grafoar
Peternoder
Umser Feld
Wiesslahn
1569
Pramar Wiesen
Dosser
Knieberg
Riefer
Schl. Pröesels
Cast. Presule
856
Kircher
Haidegger
Hofer Alpl 1364
Schlosshof
Prösler Hof
Hochrainer
Ums
Umes
932
Bühler
Hofer
Prösels
Presule
Moroder
Langrainer
Hofmüller
Violer
Schlernbach
Bohnwald
Schlemmüller
Mongadui
Flötz
Holztal
Sesselschw.
Malga S.
1940
beraicha
Aica di Sopra
933
Via Alpina-Busverbindung Tiers-Bozen
Am Bohn
Völser Aicha
Aica di Fiè
1032
1010
Eichenheim
Schnaggenkreuz
Rosengarten
Schmelzwiese
Schmelzbach
Hammerwand
1985
2128
2183
Mittagskofl
2187
Tschafatsch
2070
Oachner Wirt
Mair
1176
18
Talzun
Tschafonwiese
Tschafonleger
2164
Nigglberg
Niggl kopf
Fronthof
Tschötscher
Mongadui
Weißlahntal
Zaflun
Unterharder
1056
Kompatscher
Schönblick
Völsegg-Sp.
1834
Tschaffon
Monte Cavone
1743
Schutzhaus Tschafon
Rif. Monte Cavone
1737
Hoher Stand
1776
Wuhnkopf
Naturparkhaus
Centro Visite del Parco Naturale
Gamper Höfe
Sulmer
Heigler
Rünger Höfe
Oberpatigl
1733
1482
Paggadui
Rautner
Halbweg
Zollwirt
St. Katharina
S. Caterina
Völsegg
Völsegg
Völsegger Bild
1376
Tschafonwände
Ochsenboden
Enzian
Panorama
Weißlahnbad
Lavina Bianca
Gschlar
Unterpast
Breien
Brie
Ganne
Roderer
Wuhnleger
Glöf
Oberpas
Platz
Sauböden
St. Sebastian
S. Sebastiano
1402
Saltner Bühl
St. Zyprian
S. Cipriano
Psenner
Waldhexe
Rasch
798
Brauneg
Platschgol
Via Alpina-Busverb. Tiers-Bozen
Edernhaus
Wuhnwald
St. Zyprian
S. Cipriano
Dosses
Cypriane
Manötscher Hof
Thaler
Pagun
Patissenhof
Ploner
Ratschigler
Gliner
Purgametsch
Grödner
Voit
Rose
Edelweiß
Zwölfmalgut 1150
Voar
Tiers
Tires
Laurin
Pattis
Gemäuer
Stofflmühl
Pfeifer
1020
Waldrast
Spinusermühl
Buselin Eck 1655
1331
Prader Säge
983
Grutz
Breibach
Weggen
Tierser Tal
Waldpeter
Val di Tires
Lantschnay
Gflimorder Schwaige
1187
Flitscheid
Bad Ratzes
Gemeindeeggtal
1627
Buseli
Hinterbühl 1368
Bruggental
Tschadell
Kreinberger Schw. 1580
Gartl
1570
1513
Ritsch
Waldpeter Jaiter
Pirschenbachtal
1596
1601
Weihertal
Moarhof
Lärchenwald
Samer Leiten
Samberg
1680
Tormoos
Wolfgruben
Kropfhof
Obergummer
S. Valentino di Sopra
1665
1640
Zischgalm
Hagneralm 1556
Riedl
1646
Großbühler
Zipperle
Weiher
Toatmoos
Schillerhof 1555
Hanserwies
Erber
Säge
Segheria
Zipperle Weiher
Tatzen 1429
Sturm 1314
1320
1509
Wolfsgrubenjoch
Taltbühel
1756
Fossa del Lupo
Jocherhof
0 500 m
Gummerer
Zypriangstalt 1455
Gummer
S. Valentino in Campo
Samberg
M. Sommo
1555
Pardeller
Gaster
Hainzensäge
Rosengarten

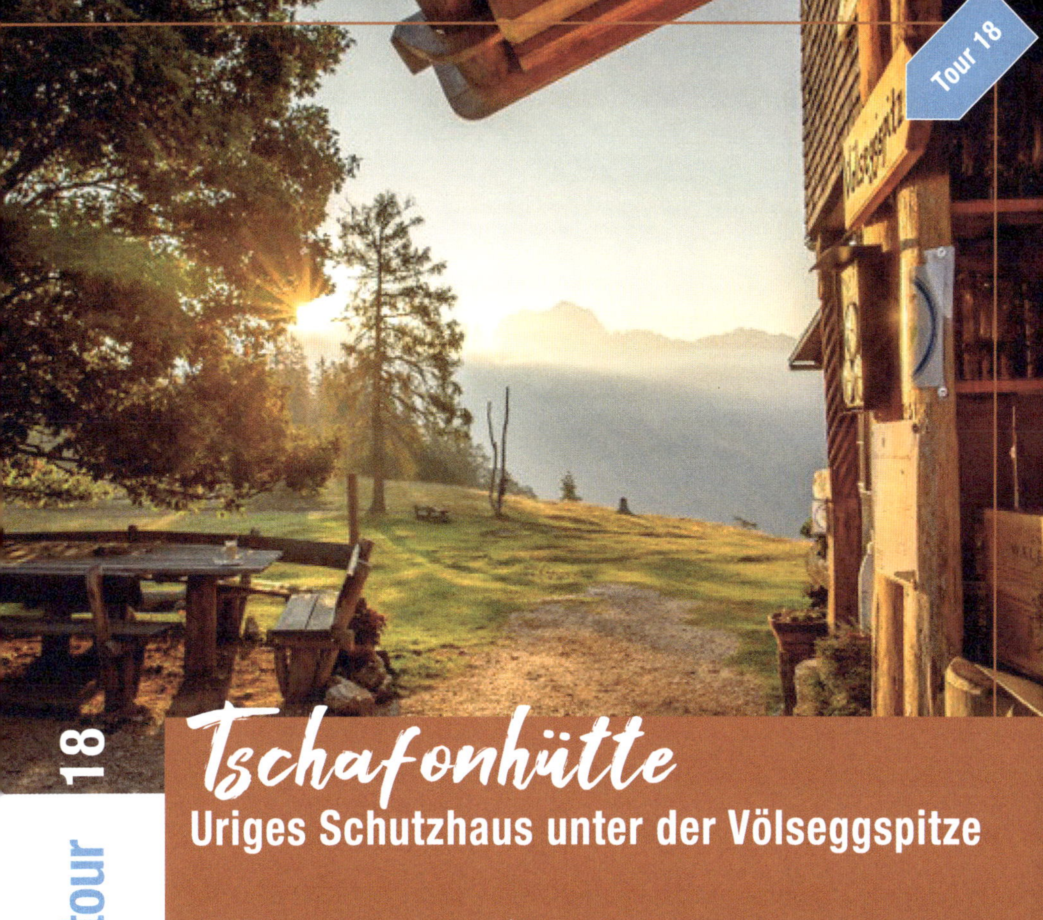

Tschafonhütte

Uriges Schutzhaus unter der Völseggspitze

DAUER	4h
LÄNGE	9,2 km
HÖHENMETER	700 hm
SCHWIERIGKEIT	MITTEL
ÜBERNACHTUNG	ja

Das erwartet dich ...

Die abwechslungsreiche Runde ist nicht allzu lang und bewegt sich auf einfachen und gut begehbaren Bergwegen. Zur Tschafonhütte muss man einen steilen Anstieg durch den Wald bewältigen, auf die Völseggspitze führen dann aber unschwierige Steige. Die Tschafonhütte ist sehr romantisch und in der familiären Atmosphäre fühlt man sich sofort wohl.

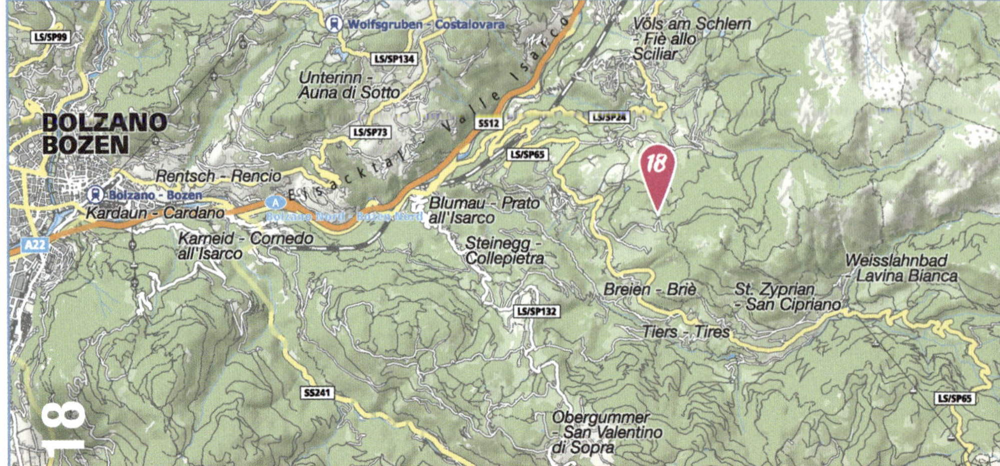

Start & Ziel & Anreise

Wir starten am Parkplatz beim Gasthaus Schönblick über dem Tierser Tal. Von Bozen fahren wir über die Tierser Straße und zweigen zwischen Völser Aicha und St. Katherina hinter einem Tunnel links ab. Ein Wegschild weist hier Richtung Schönblick. Stets links haltend erreichen wir den Parkplatz in der Kehre unterhalb des Gasthofes.

Tourenbeschreibung

Die Tschafonhütte ist eher ein kleines Berghaus und liegt geschützt im Tschafonsattel. Der atemberaubende Panoramablick auf die umliegenden Berggipfel des Rosengartens, der Vajolet Türme, des Schlerns und des Latemars lassen Bergsteigerherzen höher schlagen. Die Familie Lunger bewirtschaftet seit mehr als 60 Jahren das 1912 erbaute Schutzhaus. Das Haus wird bereits von der dritten Generation fortgeführt, die sich um Umbau und die Vereinbarung von zeitgenössischem Leben unter Einhaltung der hier oben geltenden Prinzipien kümmert. Vieles, was auf den Tisch kommt, stammt aus dem heimischen Garten. Kerzen und Waschschüsseln stehen auf den Zimmern bereit.

Beim Gasthaus Schönblick halten wir uns links auf eine Forststraße, die uns mit der Markierung Nr. 7 in Kehren hinauf bringt. Gut zwanzig Minuten später biegen wir rechts ab und laufen langsam ansteigend bergan. Allmählich wird es steiler, die Markierung wechselt auf die Nummer 4. Wir schneiden einen querenden Weg und wandern an der folgenden Kreuzung geradeaus weiter bis zur Lichtung der Tschafonhütte, bei der der Anstieg zur Völseggspitze beginnt.

Zunächst führt er eben durch den Wald, dann zieht er sich steil über den Gipfelaufbau hinauf zur Völseggspitze. Hier erwarten uns atemberaubende Tiefblicke auf die Völser Hochfläche und das Eisacktal. Aber auch der Blick hinüber zur Silhouette von Rosengarten und Latemar beeindrucken sehr. Zurück an der Tschafonhütte gönnen wir uns vor dem Abstieg nochmal eine kleine Pause. Vor der Hütte wenden wir uns auf den Weg mit der Nr. 4. Er quert abwärts laufend die föhrenbestandenen Hänge oberhalb des Tierser Tals. Zweimal queren wir die Hüttenzufahrt, dann erreichen wir die Almwiesen des Wuhnlegers. In seinem kleinen Weiher spiegelt sich schön das Profil des Rosengartens. Wir folgen einem Fahrweg nach rechts und laufen dann stets geradeaus, oberhalb des St. Sebastian-Kirchleins und an Tiers vorbei. Am Völsegger Bildstock halten wir uns rechts und wandern entlang der Waldhänge der Völseggspitze auf dem Weg mit der Markierung Nr.6. Zu guter Letzt erreichen wir wieder das Gasthaus Schönblick mit seinem Parkplatz.

Am Wuhnleger spiegelt sich der Rosengarten

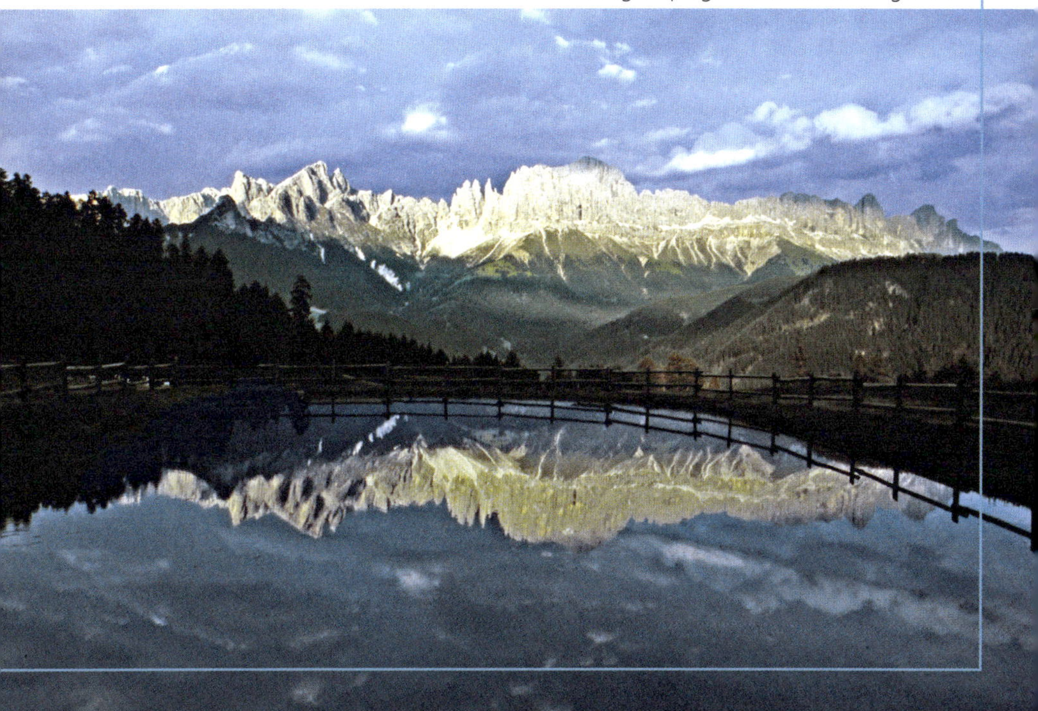

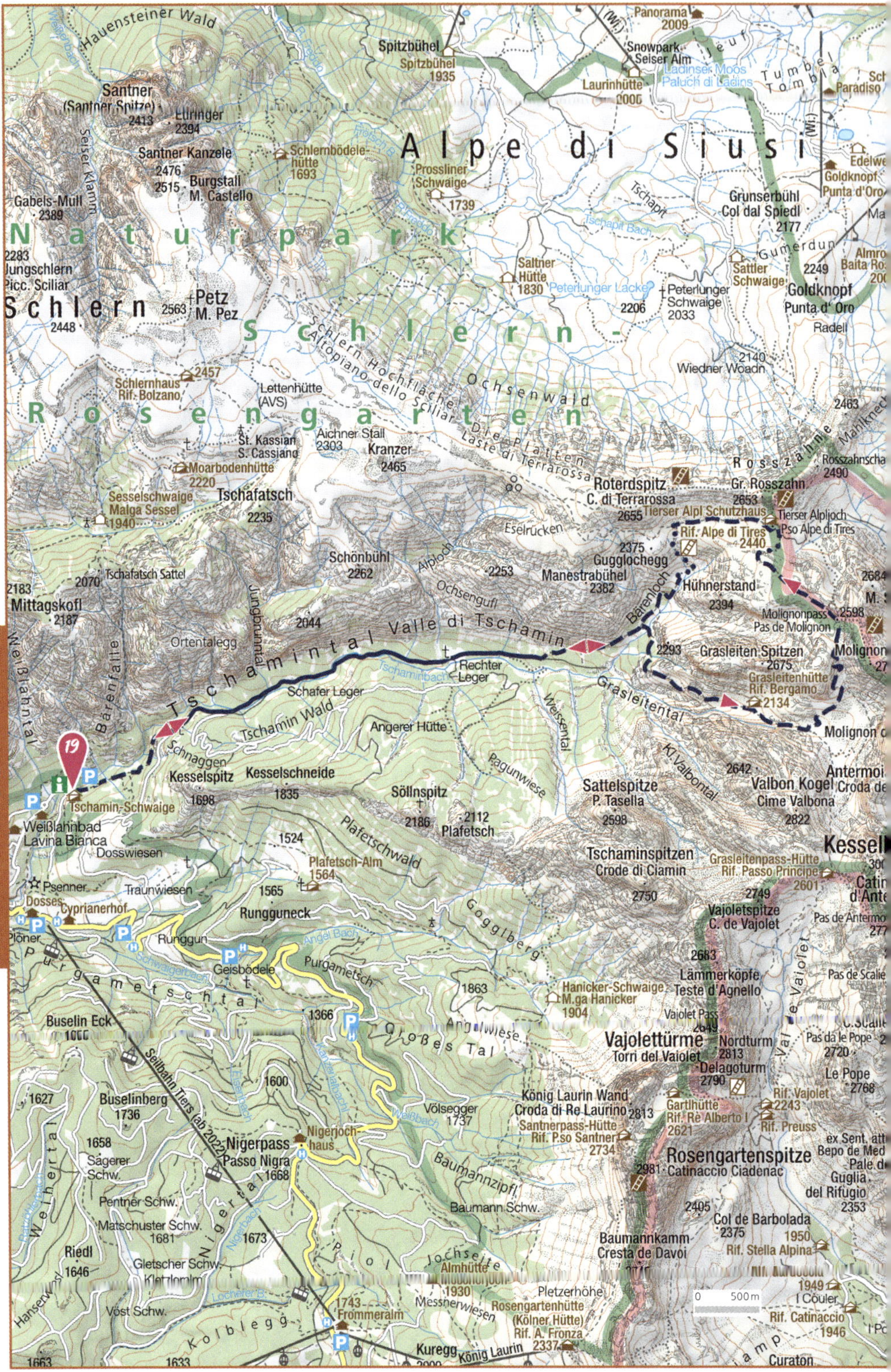

Alpe di Siusi
Naturpark Schlern-Rosengarten
Hauensteiner Wald
Santner (Santner Spitze) 2413
Euringer 2394
Santner Kanzele 2476
2515 Burgstall M. Castello
Gabels-Mull 2389
Seiser Klamm
Schlernbödele-hütte 1693
Spitzbühel
Spitzbühel 1935
Panorama 2009
Snowpark Seiser Alm
Laurinhütte 2006
Ladinser Moos Paluch di Ladins
Tumbel Tombla
Paradiso
Prossliner Schwaige 1739
Tschapit
Tschapit Bach
Grunserbühl Col dal Spiedl 2177
Edelweiss
Goldknopf Punta d'Oro
Gumerdun
Almrose Baita Rose
2283 Jungschlern Picc. Sciliar
Schlern 2448
2563 Petz M. Pez
Saltner Hütte 1830
Peterlunger Lacke
Peterlunger Schwaige 2033
2206
Sattler Schwaige
2249 Goldknopf Punta d' Oro
Radell
Schlern Hochfläche Altopiano dello Sciliar
Ochsenwald
2140 Wiedner Woadn
Schlernhaus Rif. Bolzano 2457
Lettenhütte (AVS)
St. Kassian S. Cassiano
Aichner Stall 2303
Kranzer 2465
Die Platten Laste di Terrarossa
Rosszähne
Manikneck
2463
Rosszahnscharte 2490
Moarbodenhütte 2220
Sesselschwaige Malga Sessel 1940
Tschafatsch 2235
Roterdspitz C. di Terrarossa 2655
Gr. Rosszahn 2653
Tierser Alpl Schutzhaus
Tierser Alpljoch Pso Alpe di Tires
Rif. Alpe di Tires 2440
Eselrücken
2375 Gugglochegg
Schönbühl 2262
Alpioch
2253
Manestrabühel 2382
Ochsengufl
Hühnerstand 2394
Bärenloch
2684
Molignonpass Pas de Molignon
2598
Molignon
Tschafatsch Sattel
2070
2183 Mittagskofl 2187
Jungbrunntal
2044
Ortentalegg
Bärenfalle
Weißlahntal
Tschamintal Valle di Tschamin
Rechter Leger
Tschaminbach
2293 Grasleiten Spitzen 2675
Grasleitenhütte Rif. Bergamo 2134
Grasleitental
Weissental
Molignon
Schafer Leger
Tschamin Wald
Angerer Hütte
Schnaggen
Kesselspitz 1698
Kesselschneide 1835
Tschamin-Schwaige
Weißlahnbad Lavina Bianca
Pagunwiese
Kl. Valbontal
2642
Valbon Kogel Cime Valbona 2822
Antermoia Croda de
Söllnspitz 2186
2112 Plafetsch
Plafetschwald
Sattelspitze P. Tasella 2598
Kessel
Dosswiesen
1524
Plafetsch-Alm 1564
Tschaminspitzen Crode de Ciamin 2750
Grasleitenpass-Hütte Rif. Passo Principe 2601
2749
Psenner
Traunwiesen
1565
Dosses
Cyprianerhof
Rungguneck
Gogglberg
Vajoletspitze C. de Vajolet
Pas de Antermoia
Plöner
Runggun
Purgametschtal
Schwaigerbach
Geisbödele
Angel Bach
Purgametsch
2683
Lämmerköpfe Teste d'Agnello
Pas de Scalie
Buselin Eck 1000
1863
Hanicker-Schwaige M.ga Hanicker 1904
Vajolet Pass 2549
Großes Tal
Angelwiese
1366
Vajolettürme Torri del Vaiolet
Nordturm 2813
Delagoturm 2790
Val de Vajolet
Pas da le Pope 2720
Le Pope 2768
Seilbahn Tiers (ab 2022)
1627
Buselinberg 1736
1600
König Laurin Wand Croda di Re Laurino 2813
Gartlhütte Rif. Re Alberto 2621
Rif. Vajolet 2243
Rif. Preuss
Völsegger 1737
Santnerpass-Hütte Rif. P.so Santner 2734
Nigerpass Passo Nigra 1668
Nigerjochhaus
Weißbach
1658
Sägerer Schw.
Baumannzipfl
2981
Rosengartenspitze Catinaccio Ciadenac
ex Sent. attr. Bepo de Medil
Pale d
Guglia del Rifugio 2353
Weihertal
Pentner Schw.
Matschuster Schw. 1681
Baumann Schw.
2405
Col de Barbolada 2375
1673
Riedl 1646
Gletscher Schw.
Niger
Niger bach
Piol
Baumannkamm Cresta de Davoi
Rif. Stella Alpina 1950
Jochseite
Almhütte
1930
Pletzerhöhe
Messnerwiesen
1949
I Couler
Hanserwald
Vöst Schw.
Locherer B.
1743 Frommeralm
Rosengartenhütte (Kölner Hütte) Rif. A. Fronza 2337
Rif. Catinaccio 1946
Kolblegg
Kuregg
König Laurin
Curaton
1663
1633
0 500 m

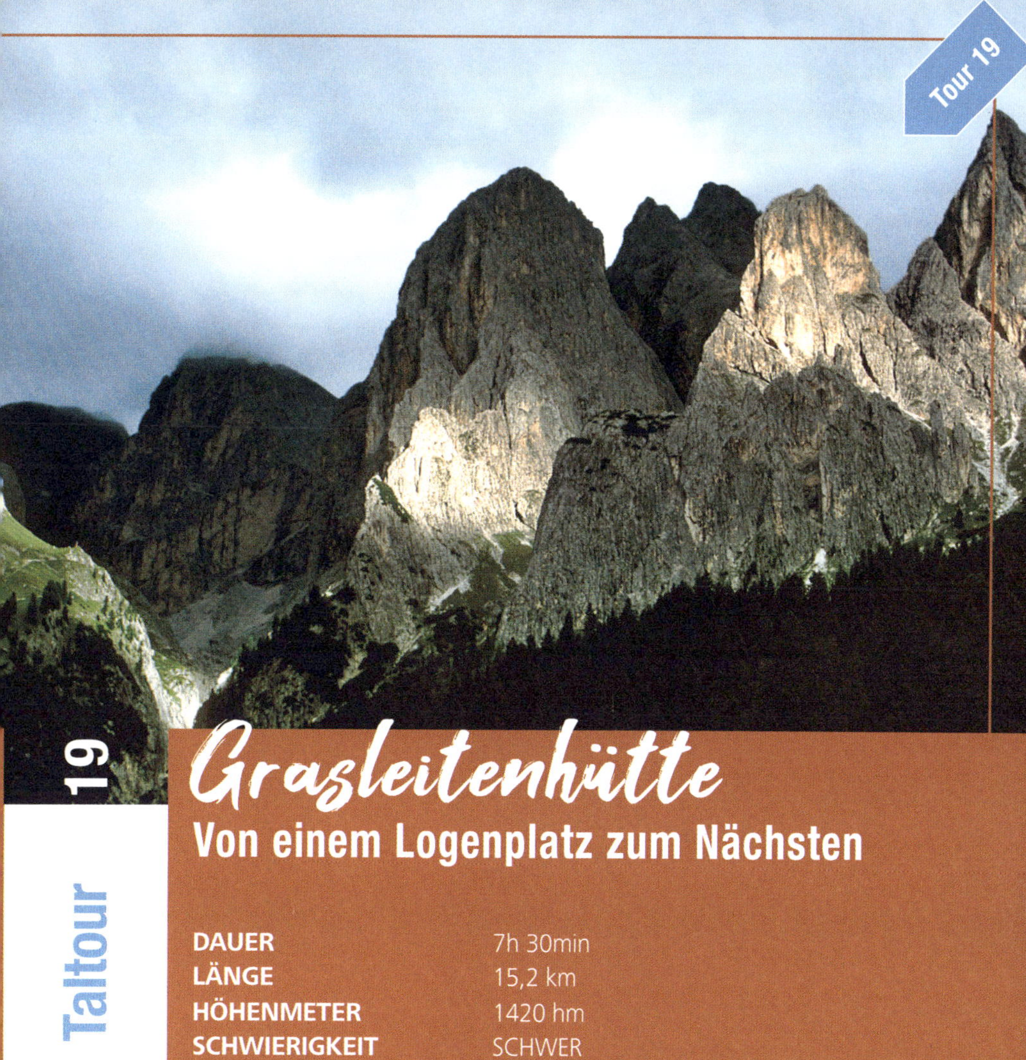

19

Taltour

Grasleitenhütte

Von einem Logenplatz zum Nächsten

DAUER	7h 30min
LÄNGE	15,2 km
HÖHENMETER	1420 hm
SCHWIERIGKEIT	SCHWER
ÜBERNACHTUNG	ja

Das erwartet dich ...

Die Wanderung erfordert nicht nur durch ihre Länge, sondern auch wegen der steilen Anstiege ein gewisses Maß an Ausdauer. Der Beginn durch das Tschamintal erfolgt auf relativ bequemen Wegen. Das folgende, felsige Gelände erfordert Trittsicherheit und auch ein wenig Übung. Beim Abstieg durch das Bärenloch müssen wir ein steiles, drahtseilgesichertes Wegstück überwinden. Eine Übernachtung auf einer der beiden Hütten ist zu empfehlen.

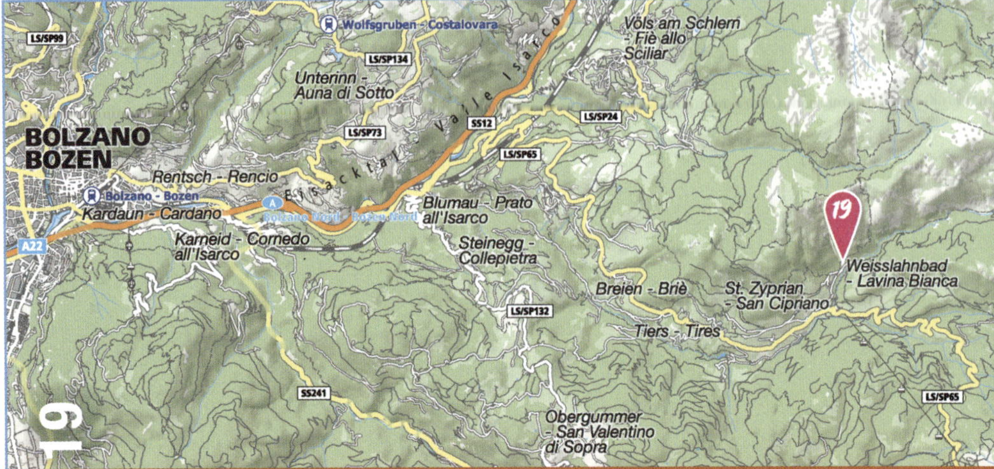

19 Taltour

Start & Ziel & Anreise

Die Runde beginnt an der Tschaminschwaige oberhalb von Weißlahnbad. Die Zufahrt erfolgt über St. Zyprian im Tierser Tal. Am Ende der Straße halten wir uns am Kreisverkehr rechts. An der Auffahrt zur Tschaminschwaige gibt es Parkplätze. Von Seis, Völs und Tiers fährt jeweils auch ein Bus nach Weißlahnbad.

Tourenbeschreibung

Auf dieser Wanderung gibt es viel schöne Plätze, an denen sich ein Verweilen lohnt. Schon der Beginn durch das romantische Tschamintal wartet mit einem Höhepunkt auf: Von der Lichtung der Alm Rechter Leger erspähen wir die beeindruckenden Felszähne des Rosengartens. Die Grasleitenhütte wird rundherum von schroffen Wänden umringt und ist eine der ältesten Hütten im Rosengarten. So mutet sie an wie ein Spielzeughaus. Der Grasleitenkessel erwartet uns mit seiner steinigen Mondlandschaft, die wir zum Tierser-Alpl bezwingen müssen. Ein weiterer Höhepunkt bildet der Schlussabstieg durch das wilde, steile und steinige Bärenloch.

An der Tschaminschwaige befindet sich das Informationszentrum des Naturparks Schlern-Rosengarten. Hier beginnt unser gut ausgeschilderter Wanderweg ins Tschamintal auf der Markierung Nr. 3. Wir wandern im Wald hinauf bis an eine Gabelung: linksgerichtet steigen wir oberhalb der Klamm weiter hinauf. Der darauffolgenden Forststraße folgen wir ins Tal hinein bis zur nächsten Gabelung. Wir halten uns links entlang des Ufers des Tschaminbaches. Mehrmals wird nun die Bachseite gewechselt. Dabei passiert man die Lichtung des Schaferlegers und steigt gemütlich zum Rechten Leger hinauf, wo uns eine Almhütte und ein Holzkreuz erwarten. Ein schier unglaublicher Anblick breitet sich vor uns aus. Über dem Grasleitental heben sich Spitzen und Felstürme des Rosengartenmassivs empor – ein großartiges Spektakel.

Wir folgen der linken Talseite über einen Wirtschaftsweg, bis wir links auf einen Steig zum Bärenloch abzweigen. Am Bachbett folgen wir an der Gabelung der Markierung Nr. 3a; sie weist uns den Weg nach rechts Richtung Grasleitenhütte. Über Kehren steigen wir nun über eine Steilstufe des Talschlusses des Tschamintales auf. Dann führt er uns nach links oberhalb der Schlucht über grasige, steile Flanken mit einigen abschüssigen Passagen hinauf. Ein kurzer Abstieg bringt uns schließlich zur Grasleitenhütte. Die Grasleitenhütte wurde 1887 von der Sektion Leipzig des DAV und ÖAV erbaut. Nach dem Ersten Weltkrieg wurde sie vom italienischen Staat enteignet und der Sektion Bergamo des CAI übergeben. Ihre urige Stube ist noch original aus dem Jahre 1887.

Ein Steig führt weiter an der Schlucht entlang in einen eindrucksvollen Felskessel. Hier halten wir uns links uns steigen unter den Felsen der Grasleitenspitzen hinauf Richtung Tierseralplhütte. In Kehren geht es über ein steiles Kar hinauf zum Sattel des Südlichen Molignonpasses. Über eine Geröllmulde erreichen wir den Nördlichen Molignonpass. Am Abzweig zum Laurenzisteig halten wir uns leicht links über ein schottriges Plateau. Teilweise drahtversichert steigen wir im Anschluss zum Tierser-AlplJoch hinab und erreichen wenig später die Tierseralplhütte.

Ein zum Schlern ausgeschilderter Weg führt uns unterhalb des Roterdkamms gen Westen bis zur Abzweigung in die Schlucht des Bärenloches. Wir halten uns links und nehmen den steilen Steig mit der Markierung Nr. 3 über drahtseilgesicherte Felspassagen hinab. Die Wegführung wechselt auf die linke Seite der Schlucht. Schließlich kehren wir auf der Anstiegsroute durch das Tschamintal zum Rechten Leger und zur Tschaminschwaige zurück.

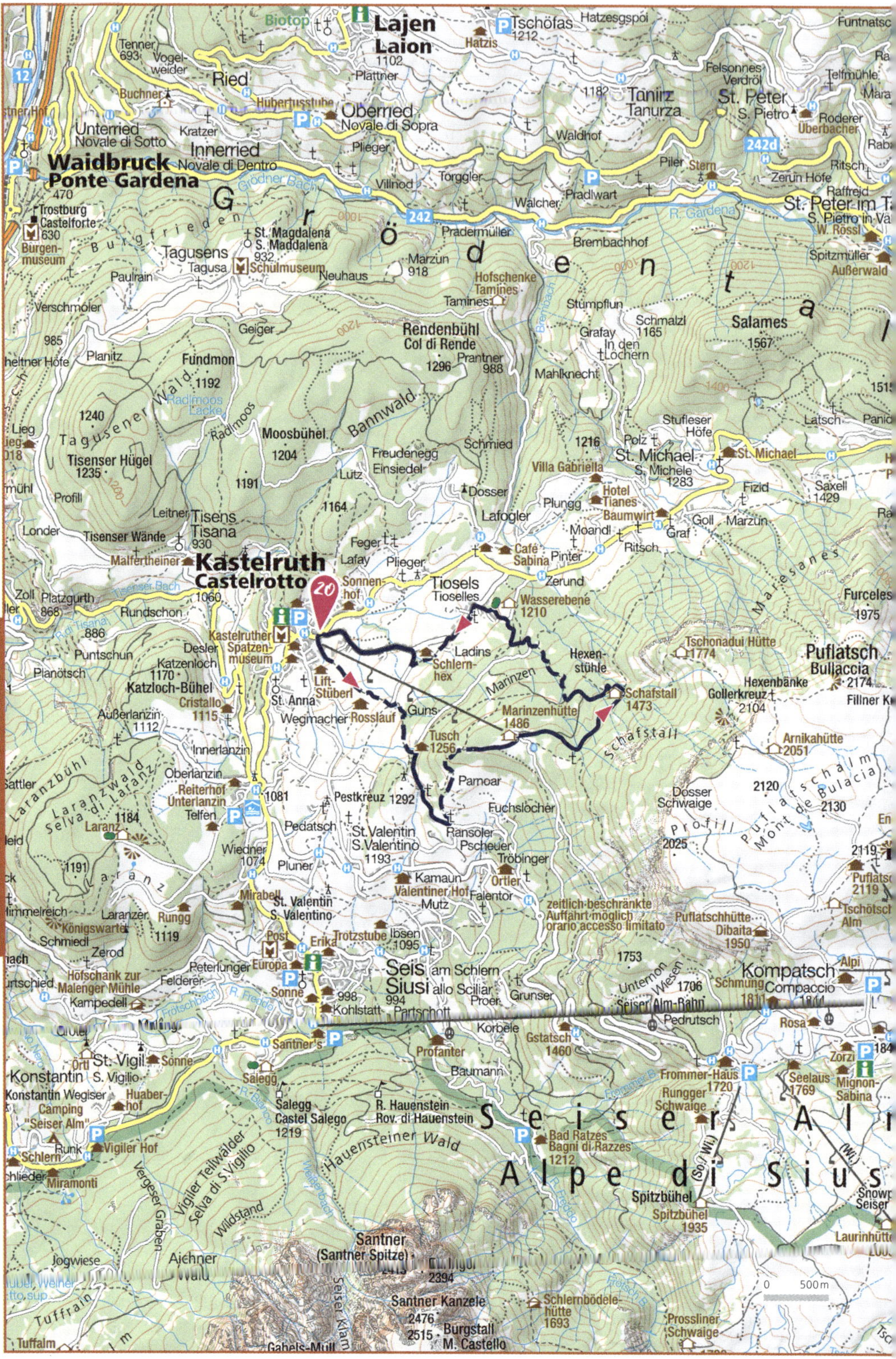

20

Lajen
Laion
1102
Biotop
Tschöfas
1212
Hatzesgspoi
Hatzis
Funtnatsc
Tenner
693
Vogelweider
Ried
Plattner
Buchner
Hubertusstube
Oberried
Novale di Sopra
1182
Tanirz
Tanurza
Felsonnes
Verdröl
St. Peter
S. Pietro
Telfmühle
Roderer
Überbacher
Unterried
Novale di Sotto
Kratzer
Innerried
Novale di Dentro
Plieger
Waldhof
Piler
Stern
Ritsch
Zerun Höfe
Waidbruck
Ponte Gardena
Grödner Bach
Villnod
Torggler
Pradlwart
Raffreid
St. Peter im T
S. Pietro in Va
W. Rössl
470
Trostburg
Castelforte
630
Burgenmuseum
Burgfrieden
St. Magdalena
S. Maddalena
932
Walcher
Pradermüller
R. Gardena
Tagusens
Tagusa
Schulmuseum
Neuhaus
Marzun
918
Brembachhof
Gröden tal
Spitzmüller
Außerwald
Paulrain
Hofschenke
Tamines
Tamines
Stümpflun
Verschmoler
Geiger
Rendenbühl
Col di Rende
1296
Prantner
988
Schmalzl
1165
Grafay
In den Löchern
Salames
1567
985
Planitz
Fundmon
1192
Mahlknecht
Radlmoos Lacke
Radlmoos
1240
Tagusener Wald
Tisenser Hügel
1235
Moosbühel
1204
Bannwald
Freudenegg
Einsiedel
Schmied
1216
Polz
St. Michael
S. Michele
1283
Stufleser Höfe
Latsch
Panid
St. Michael
Villa Gabriella
Fizid
Saxell
1429
Profill
1191
Lutz
1164
Dosser
Hotel Tianes
Plungg
Baumwirt
Goll
Marzun
Leitner
Tisens
Tisana
930
Lafogler
Moandl
Graf
Londer
Tisenser Wände
Feger
Lafay
Café Sabina
Pinter
Ritsch
Malfertheiner
Kastelruth
Castelrotto
1060
Plieger
Maresanes
Zoll
Platzgurth
868
Tisenser Bach
20
Sonnenhof
Tiosels
Tioseles
Zerund
Wasserebene
1210
Furceles
1975
Rundschon
886
Kastelruther Spatzenmuseum
Ladins
Tschonadui Hütte
1774
Puflatsch
Bullaccia
2174
Puntschun
Desler
Katzenloch
1170
Lift-Stüberl
Schlernhex
Marinzen
Hexenstühle
Schafstall
1473
Hexenbänke
Gollerkreuz
2104
Fillner K
Planötsch
Katzloch-Bühel
Cristallo
1115
St. Anna
Guns
Marinzenhütte
1486
Wegmacher
Rosslauf
Außerlanzin
1112
Tusch
1256
Schafstall
Arnikahütte
2051
Innerlanzin
Oberlanzin
Laranzbühl
Laranzwald
Selva di Laranz
Reiterhof
Unterlanzin
Telfen
1081
Parnoar
Pestkreuz
1292
Dosser Schwaige
2120
Puflatschalm
Mont de Bulacia
2130
1184
Laranz
Pedatsch
Fuchslocher
St. Valentin
S. Valentino
1193
Ransoler
Pscheuer
Tröbinger
Profill
2025
2119
Wiedner
1074
Pluner
1191
Laranz
Mirabell
St. Valentin
S. Valentino
Kamaun
Valentiner Hof
Ortler
Falentor
Mutz
zeitlich beschränkte Auffahrt möglich
orario accesso limitato
Puflatschhütte
Dibaita
1950
Puflatsch
2119
Tschötsch Alm
Laranzer
Rungg
1119
Königswarte
Schmiedl
Zerod
Post
Erika
Trotzstube
Ibsen
1095
1753
Kompatsch
Compaccio
Hofschank zur Malenger Mühle
Peterlunger
Felderer
Europa
Seis am Schlern
Siusi allo Sciliar
994
Proer
Grunser
Unternon
Wiesen
1706
Schmung
1810
1844
Alpi
Kampedell
Frötschbach
Sonne
998
Kohlstatt
Partschott
Seiser Alm-Bahn
Pedrutsch
Rosa
Santner's
Korbele
Gstatsch
1460
Profanter
St. Vigil
Sonne
Salegg
Baumann
Frommer-Haus
1720
Zorzi
Konstantin
S. Vigilio
Huaberhof
Rungger Schwaige
Seelaus
1769
Mignon-Sabina
Konstantin Wegiser
Camping "Seiser Alm"
Salegg
Castel Salegg
1219
R. Hauenstein
Rov. di Hauenstein
Seiser Alm
Runk
Vigiler Hof
Schlern
Miramonti
Hauensteiner Wald
Bad Ratzes
Bagni di Razzes
1212
Alpe di Siusi
Vigiler Teilwälder
Selva di S. Vigilio
Vergeser Graben
Wildstand
Spitzbühel
Spitzbühel
1935
Snowp
Seiser
Laurinhütte
Jogwiese
Aichner
Santner
(Santner Spitze)
2394
0 500 m
Santner Kanzele
2476
2515
Burgstall
M. Castello
Schlernbödelehütte
1693
Prossliner Schwaige
Tuffrain
Tuffalm
Gabels-Mull
Seiser Klamm

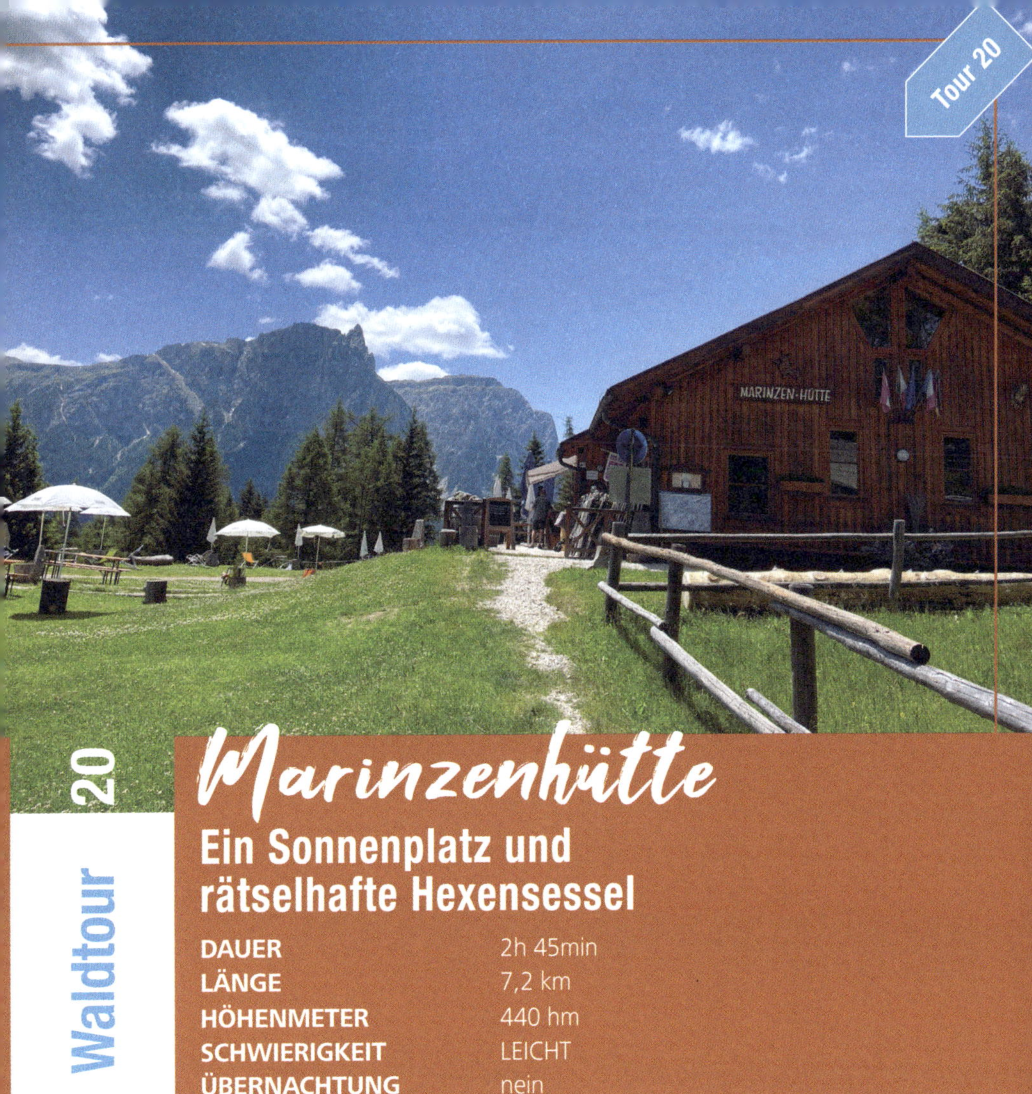

20 Waldtour

Marinzenhütte

Ein Sonnenplatz und rätselhafte Hexensessel

DAUER	2h 45min
LÄNGE	7,2 km
HÖHENMETER	440 hm
SCHWIERIGKEIT	LEICHT
ÜBERNACHTUNG	nein

Das erwartet dich ...

Die kleine Runde ist gut geeignet für Familien mit Kindern. Anspruchslose Wander- und Fahrwege führen uns über aussichtsreiche Wiesen und schattige Fahrwege. Nach dem Baumgartner-Hof gibt es einen kurzen, steilen Anstieg. Trittsicherheit brauchen wir auf dem Waldweg zu den Hexenstühlen, hier geht es etwas holprig zu.

Waldtour 20

Start & Ziel & Anreise

Ausgangspunkt ist die Talstation des Sesselliftes Marinzen. Die SS 12 bringt uns entlang der A 22 von Bozen aus Richtung Norden bis Blumau. Hier wechseln wir auf die Landesstraße 24, die uns nach Kastelruth bringt. An der Talstation stehen ausreichend Parkplätze zur Verfügung.

Tourenbeschreibung

Das Ziel unserer heutigen Wanderung ist die Marinzenhütte: hoch über Kastelruth gelegen ist sie ein beliebtes Ausflugsziel für Jung und Alt. Gerade für kleinere Kinder ist die Hütte ein Eldorado: Ein Abenteuerspielplatz, Fischteiche und ein Streichelzoo bieten Spannung und Spaß. Für die Erwachsenen stehen Liegestühle mit Schlernblick bereit. Dazu wird der Gaumen von Südtiroler Köstlichkeiten verwöhnt. Zu aller Freude erreicht man die bewaldete Anhöhe unterhalb des Puflatsch auch noch ganz bequem mit dem Sessellift. Wir wandern jedoch zu Fuß über die großen Wiesen und schönen Wälder, zumal es an der Schafhütte und den Hexenstühlen beim Abstieg noch Einiges zu entdecken gibt.

Wir beginnen an der Talstation des Sesselliftes Marinzen in Kastelruth und wandern zunächst die Zufahrtsstraße hinauf. Schnell folgen wir den Schildern Richtung Marinzen und Seiser Alm auf dem Steig mit der Nummer 4. Rechts vom

Sessellift steigt er über Wiesen hinauf; dabei begleiten uns schöne Blicke auf den Schlern, die Santner Spitze und weit am Horizont auf die Ortleralpen. An einem Hof queren wir einen Fahrweg. Dann bringt uns ein Treppenweg ein bewaldetes Stück kurz steiler bergan. Danach schlendern wir über Wiesen zu einer Rastbank mit breitem Weg. Nach links Richtung „Marinzen" würde man durch den Wald aufsteigen. Wir aber wählen den Weg Richtung „Gschtatsch, Seiser Alm", der uns viel aussichtsreicher erst einmal geradeaus führt. Wir gelangen an eine Straße, die wir nach rechts einbiegen hin zum Parnoar-Hof und dann zum Baumgartner-Hof, auf dem es auch Übernachtungsmöglichkeiten gibt. Danach steigen wir auf einem breiten Schotterweg und der Markierung 11a nach links rechts steil auf der Südseite des Marinzen hinan. Nahe einem Sendemast flacht das Gelände ab. Kurz darauf gelangen wir an einen Kinderspielplatz und an eine Forststraße, die uns nach links zur Marinzenhütte führt.

Nach einer ausgiebigen Pause an diesem schönen Ort machen wir uns auf den Rückweg. Dafür kehren wir von der Hütte 100 Meter auf dem Hinweg zurück und folgen der Markierung Nr. 9 nach links zur Schafstallhütte. An den bewaldeten Hängen entlang erreichen wir eine Lichtung mit einer urigen Almhütte. Hier wechseln wir auf eine Schotterstraße zwei Kehren hinab und halten uns nach zehn Minuten rechts auf einen Waldweg. Begleitet von der Markierung Nr. 8 Richtung „Hexenstühle, Kastelruth" steigen wir hinunter. Achtung, fünf Minuten später führt ein leicht zu übersehender Weg nach rechts zu den Hexenstühlen, zwei Felssesseln mitten im Wald unterhalb einer Bank.

Ein steiniger Weg führt uns weiter bergab, dann biegen wir rechts ein. Immer weiter führt der Weg durch den Wald hinunter bis wir schließlich an eine Straße gelangen. Ihre Kehren können wir nochmals mittels eines Pfades abkürzen. Nach einer dreimaligen Kreuzung hält man sich rechts in Richtung eines Sportplatzes und dem Restaurant Wasserebene. Auf einer Straße laufen wir zum Weiler Tiosels hinunter, den wir auch gleich durchqueren. In der Rechtskurve bleiben wir geradeaus und weichen damit über den Schotterweg dem Asphalt aus. Wieder rechts gewandt an der Straße angekommen wandern wir an einigen Höfen vorbei hinab nach Kastelruth. Die Hauptstraße bringt uns nach links in wenigen Minuten zur Talstation des Sesselliftes Marinzen zurück.

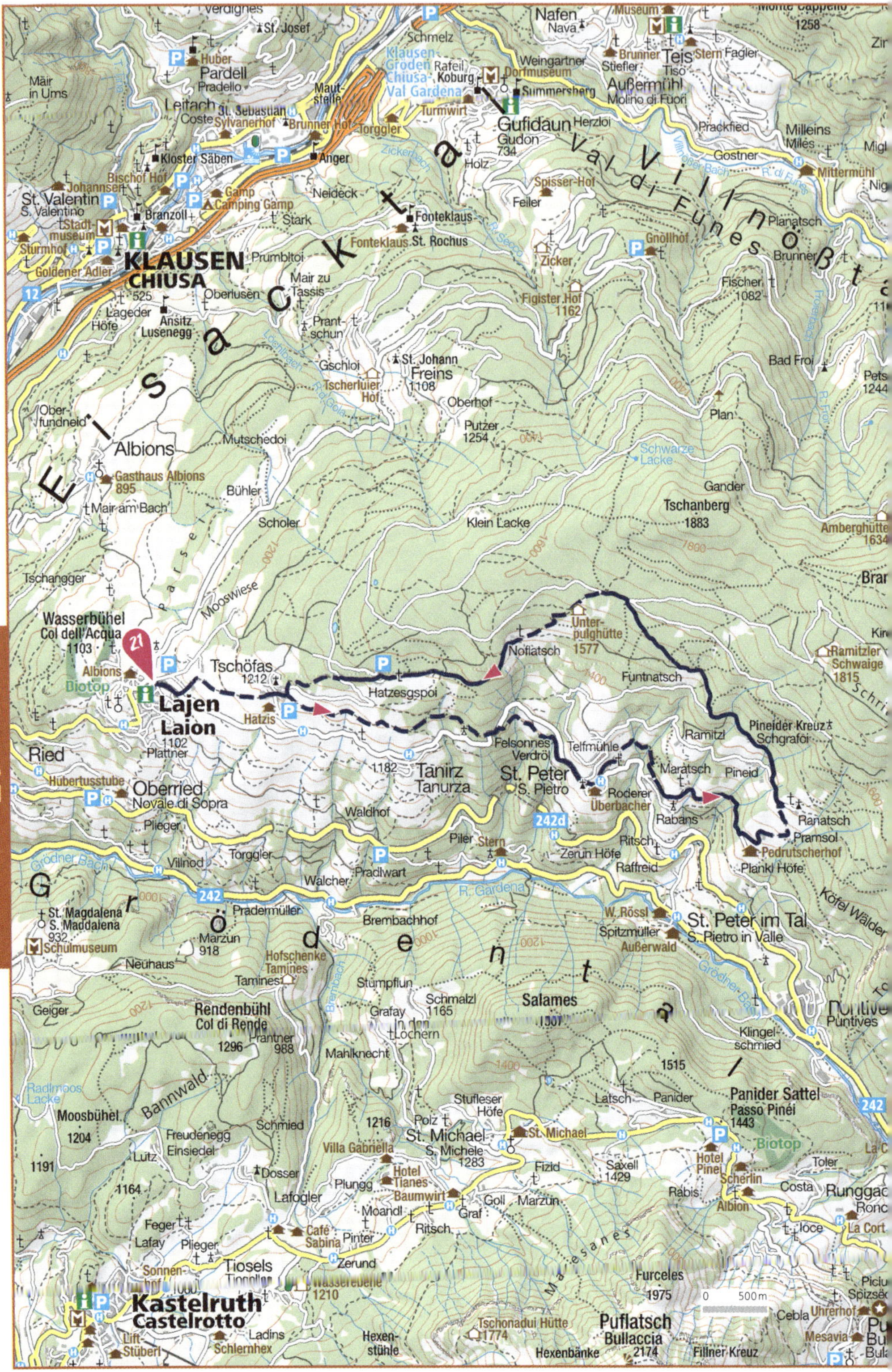

Verdignes
St. Josef
Nafen
Nava
Museum
Monte Cappello
1258
Schmelz
Huber
Pardell
Pradello
Mair in Ums
Klausen-Gröden
Chiusa-Val Gardena
Rafeil
Koburg
Dorfmuseum
Weingartner
Stiefler
Brunner
Teis
Tiso
Stern
Fagler
Außermühl
Molino di Fuori
Summersberg
Turmwirt
Maut-stelle
Leitach
St. Sebastian
Coste
Sylvanerhof
Brunner Hof
Torggler
Gufidaun
Gudon
734
Herzloi
Prackfied
Milleins
Miles
Kloster Säben
Anger
Zickerbach
Holz
Gostner
Mittermühl
Bischof Hof
Johannser
St. Valentin
S. Valentino
Gamp
Camping Gamp
Neideck
Spisser-Hof
Feiler
Val di Funes
Villnößtal
Branzoll
Stark
Fonteklaus
Stadtmuseum
Sturmhof
Goldener Adler
KLAUSEN
CHIUSA
525
Prumbloi
Fonteklaus
St. Rochus
Zicker
Gnollhof
Planatsch
Brunner
Mair zu Tassis
Oberlusen
Lageder Höfe
Ansitz Lusenegg
Figister Hof
1162
Fischer
1082
Eisacktal
Prant-schun
Gschloi
St. Johann
Freins
1108
Tscherluier Hof
Bad Froi
Pets
1244
Oberhof
Putzer
1254
Plan
Ober-fundneid
Albions
Mutschedoi
Gasthaus Albions
895
Schwarze Lacke
Gander
Tschanberg
1883
Bühler
Mair am Bach
Scholer
Klein Lacke
Amberghütte
1634
Tschangger
Mooswiese
Wasserbühel
Col dell'Acqua
1103
Albions
Biotop
Tschöfas
1212
Unter-pulghütte
1577
Noflatsch
Funtnatsch
Ramitzler Schwaige
1815
Lajen
Laion
1102
Hatzis
Hatzesgspoi
Ried
Plattner
Hubertusstube
Oberried
Novale di Sopra
1182
Tanirz
Tanurza
Felsonnes
Verdröl
Telfmühle
St. Peter
S. Pietro
Roderer
Überbacher
Ramitzl
Maratsch
Pineid
Pineider Kreuz
Schgrafoi
Rabans
Ranatsch
Pramsol
Pedrutscherhof
Plankl Höfe
Plieger
Waldhof
Piler
Stern
242d
Zerun Höfe
Ritsch
Raffreid
Villnod
Torggler
Walcher
Pradlwart
Grödner Bach
242
Prademüller
Brembachhof
R. Gardena
W. Rössl
Spitzmüller
Außerwald
St. Peter im Tal
S. Pietro in Valle
Köfel Wälder
St. Magdalena
S. Maddalena
932
Schulmuseum
Marzun
918
Neuhaus
Hofschenke Tamines
Tamines
Stumpflun
Grödental
Schmalzl
1165
Salames
Grafay
In den Löchern
Geiger
Rendenbühl
Col di Rende
1296
Prantner
988
Mahlknecht
1515
Klingelschmied
Puntives
Radlmoos Lacke
Moosbühel
1204
Bannwald
Stufleser Höfe
Latsch
Panider
Panider Sattel
Passo Pinéi
1443
Freudenegg
Einsiedel
Schmied
1216
Polz
St. Michael
S. Michele
1283
St. Michael
Biotop
1191
Lutz
Villa Gabriella
Fizid
Saxell
1429
Hotel Pinei
Scherlin
Toler
1164
Dosser
Lafogler
Plungg
Hotel Tiánes
Baumwirt
Rabis
Albion
Costa
Runggaditsch
Ronc
Feger
Lafay
Plieger
Moandl
Café Sabina
Pinter
Ritsch
Graf
Goll
Marzun
Mesanes
Ioce
La Cort
Tiosels
Sonnenhof
Zerund
Wasserebene
1210
Furceles
1975
0
500 m
Kastelruth
Castelrotto
Ladins
Schlernhex
Lift-Stüberl
Hexenstühle
Tschonadui Hütte
1774
Puflatsch
Bullaccia
2174
Hexenbänke
Filiner Kreuz
Cebla
Uhrerhof
Mesavia
Spizsec
Picluc

21

Waldtour

Unterpulghütte

Poststeig über dem Grödental

DAUER	4h 40min
LÄNGE	14 km
HÖHENMETER	650 hm
SCHWIERIGKEIT	LEICHT
ÜBERNACHTUNG	ja

Das erwartet dich ...

Auf dieser Runde wandern wir über den Poststeig auf gut zu gehenden Wald- und Wiesenpfaden und auf Feldwegen. Zur Unterpulghütte führen Forststraßen, die mitunter sehr steil ansteigen. Der Abstieg erfordert auf einem steilen und steinigen Waldweg ein wenig Aufmerksamkeit und Trittsicherheit. Mit Blick auf die imposanten Wände des Schlerns, Langkofels und Sellastocks begleiten uns auf dem Weg großartige Eindrücke.

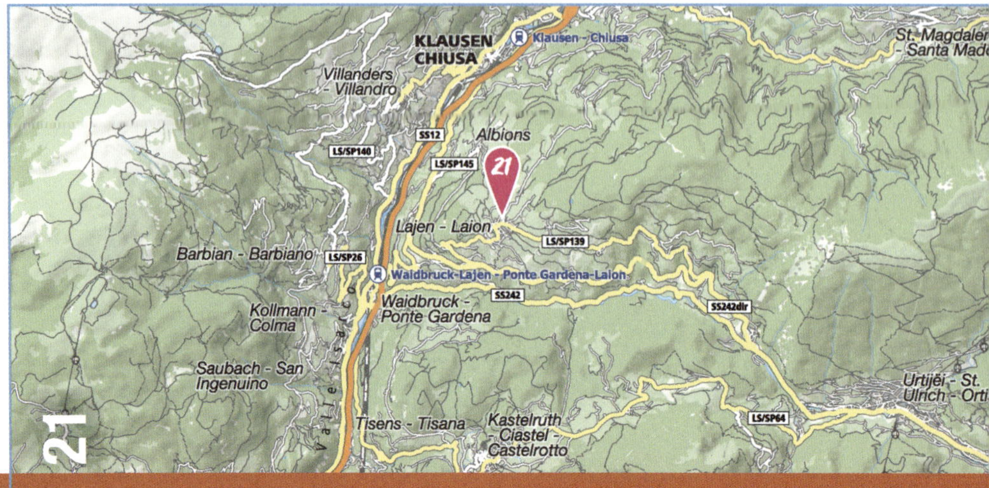

21 Waldtour

Start & Ziel & Anreise

Ausganspunkt ist Lajen im Eisacktal. An der Straße nach Gröden befindet sich eine beschilderte Abzweigung. Am Sportplatz gibt es Parkmöglichkeiten. Von Brixen aus erreicht man Lajen mit dem Bus 350. In Unterspiss dann Umstieg in den Bus 153.

Tourenbeschreibung

In längst vergangenen Zeiten vom Postillion genutzt, der die Post von Klausen über Laien nach St. Ulrich brachte, ist der Poststeig heute den Wanderern vorbehalten. Zeit sollte man für den Höhenweg über dem Grödental mitbringen, denn Vieles gibt es hier zu entdecken und zu sehen: Abgesehen von den tollen Panoramablicken erregt auch mal ein geschmückter Bildstock unsere Aufmerksamkeit. Im schönen Wirtsgarten des Pedrutscher Hofes lässt es sich gut einkehren, an der sympathischen und schön gelegenen Unterpulghütte rasten wir dann ein zweites Mal.

In Laien starten wir am Rathaus mit der Touristeninformation. Die Straße nach St. Peter und Gröden führt uns aus dem Ort heraus. Am Ortsende wechseln wir nach links auf den Tschöfaser Weg, der uns über die Wiesen ins Örtchen Tschöfas bringt. Bereits hier tun sich wunderbare Blicke auf das Eisacktal und das Schlernmassiv auf. In Tschöfas biegen wir an der Wandertafel nach rechts hinauf ab und laufen geradewegs aus dem Dorf hinaus. Nun sind wir auf einem landschaftlich besonders reizvollen Abschnitt des Poststeiges unterwegs. Er steigt sanft über sonnige Wiesen und von Laubwald gesäumt an. Dabei rücken der massige Sellastock und das zackige Massiv des Langkofels immer mehr ins Blickfeld. Eine Viertelstunde später führt uns der Poststeig rechts auf einem Wiesenpfad hinab. An einer Gabelung halten wir uns links hinauf durch den Wald, dann ignorieren wir eine Abzweigung zur Unterpulghütte und steigen noch steiler zur Straße nach St. Peter hinab. 50 Meter nach links versetzt wandern wir auf unserer Route weiter bis an ein Sträßchen, das an ein paar Höfen vorbei nach St. Peter führt.

Hier passieren wir Kirche und Hauptplatz und wenden uns am Supermarkt links. Am Ortsende halten wir uns nochmals links auf einen Pfad, der uns hinauf zum Waldrand bringt. Wir queren zwei Bachgräben mit einer Kneippanlage, in der wir sogleich unsere müden Füße erfrischen. Dann bringen uns zwei Kehren hinab zu einer Straße, die wiederum nach links in zwanzig Minuten zum Gasthof Pedrutscherhof führt (Donnerstag Ruhetag). Nach einer Stärkung laufen wir zur Straße zurück und wenden uns rechter Hand einem unbeschilderten Weg zu, der steil zu Höfen hinaufführt. Beim obersten Hof wandern wir weiter steil auf einem Wirtschaftsweg hinauf. An der Gabelung halten wir uns rechts und erreichen erneut eine Straße. Ein Wegschild schickt uns hier nach links zur Unterpulghütte. Kurz geht es hinab, dann folgen wir der Markierung 8a auf einem Forstweg nach rechts durch den Wald hinauf. An der Schotterstraße biegen wir rechts ein und wandern zehn Minuten bis zur nächsten Gabelung. Markierung 36 lässt uns rechts zur Unterpulghütte abbiegen. An der darauffolgenden Kreuzung halten wir uns links. Gleich darauf bringt uns ein weiterer Linksdreh zur gemütlichen Unterpulghütte. Die schöne Sonnenterrasse lädt zum Verweilen ein, die Tiere auf der Hütte – Hasen, Pferde und Kühe – sind besonders für die Kinder interessant.

Westlich von der Hütte wandern wir auf dem linken Weg weiter, den Schildern Richtung Tschafös und Lajen folgend. Auf der Markierung Nr. 34 steigen wir durch den Wald hinab. An der Gabelung halten wir uns nochmals links, bald über die Wiesenhänge. Auf einem Wiesenweg laufen wir am Waldrand entlang hinunter, ignorieren dabei eine Abzweigung nach St. Peter und folgen schließlich dem Forstweg bis zum Gspoi-Hof hinab. An der dortigen Straße laufen wir bis zur ersten Kehre und halten uns dann geradeaus auf einen Waldweg, der uns sehr steil nach Tschöfas hinabbringt. Dann empfängt uns wieder der Poststeig, über den wir auf dem Anfangsweg zurück nach Lajen laufen.

Um die Runde ein wenig abzukürzen können wir auch von Lajen kommend vor der Kirche St. Peter links auf eine Straße abbiegen und auf Markierung und 36 in einer weiten Linkskehre den Hang hinaufsteigen. Hinter dem Jos-Hof biegen wir links ein und laufen über Weiden hinauf bis zum Weg Nr. 34. Dann kehrt man, wie bereits beschrieben, nach Tschöfas und Lajen zurück.

22

Kastelruth
Castelrotto
Kastelruther Spatzen-museum
Desler
Katzenloch 1170
Lift-Stüberl
Rosslauf
Schlern-hex
Ladins
Hexen-stühle
Tschonadui Hütte 1774
Puflatsch Bullaccia
Pufels Bulla Bula
St. Anna
Wegmacher
Cristallo 1115
Marinzen
Marinzonhütte 1486
Schafstall 1473
Hexenbänke
Gollerkreuz 2104
2174
Fillner Kreuz
Tusch 1256
Schafstall
Arnikahütte 2051
Innerlanzin
Oberlanzin
Reiterhof
Unterlanzin
Telfen
1081
Pestkreuz 1292
Pamoar
Fuchslocher
Dosser Schwaige
2120
Puflatschalm
Mont de Bulacia
2130
Pedatsch
St. Valentin S. Valentino 1193
Ransoler
Pscheuer
Tröbinger
Profill 2025
2119
Engelrast
Wiedner 1074
Pluner
Kamaun
Valentiner Hof
Ortler
Falentor
Puflatsch 2119
Mirabell
St. Valentin S. Valentino
Mutz
zeitlich beschränkte Auffahrt möglich
orario accesso limitato
Tschötsch Alm
Bocia de M. Bocia
Rungg 1119
Post
Trotzstube
Ibsen 1095
Pufflatschhütte Dibaita 1950
1794
Heisspöck Schw.
Europa
Erika
1753
Peterlunger
Felderer
Seis am Schlern
Siusi allo Sciliar
994
998
Sonne
Kohlstatt
Partschott
Proer
Grunser
Unternon Wiesen
1706
Seiser Alm-Bahn
Schmung 1811
Kompatsch Compaccio 1844
Alpi
Fröstschbach
R. Freddo
Korbele
Pedrutsch
Rosa
1844
Steger De. 1900
Santner's
Sonne
Gstatsch 1460
Profanter
Zorzi
Baumann
Frommer-Haus 1720
Seelaus 1769
Mignon-Sabina
Gostner Schwaig
Salegg
R. Bianco
Salegg Castel Salego 1219
R. Hauenstein Rov. di Hauenstein
22
Rungger Schwaige
Seiser Alm
Hauensteiner Wald
Bad Ratzes Bagni di Razzes 1212
(Sol. Wi.)
(Wi.)
Panorama 2009
Vigiler Tellwalder Selva di S. Vigilio
Spitzbühel
Spitzbühel 1935
Snowpark Seiser Alm
Laurinhütte 2005
Ladinser Moos Palùch di Ladins
Wildstand
Santner (Santner Spitze) 2413
Euringer 2394
Aichner Wald
Seiser Klamm
Santner Kanzele 2476
Schlernbödele-hütte 1693
Frötsch B.
Alpe di Sius
Burgstall M. Castello 2515
Prossliner Schwaige 1739
Gabels-Mull 2389
Tschapit
Tschapit Bach
Grunser Col dal Sp.
Naturpark
2283
Jungschlern Picc. Sciliar
Saltner Hütte 1830
Sattler Schwaig
Petz M. Pez 2563
Peterlunger Lacke
Peterlunger Schwaige 2033
2206
Schlern Sciliar 2448
Schlern-Hochfläche
Altopiano dello Sciliar
2140
Wiedner Woadn
Schlernhaus Rif. Bolzano 2457
Ochsenwald
Lettenhütte (AVS)
Schlern-Rosengarten
Aichner Stall 2303
St. Kassian S. Cassiano
Kranzer 2465
Die Platten Laste di Terrarossa
Moarbodenhütte
Roterdspitz C. di Terrarossa 2655
Rossz.
Gr. Rossz. 2653
Sesselschwaige Malga Sessel 1940
Tschafatsch 2235
Eselrücken
Tierser Alpl Schutzhaus Rif. Alpe di Tires 2440
Rosengarten
2375
Gugglochegg
Schönbühl 2262
Alploch
2253
Manestrabühel 2382
Hühnerstand 2394
2183
2070
Tschafatsch Sattel
Ochsengufl
Bärenloch
Mittagskofl 2187
Jungbrunntal
2044
2164
Nigglberg
Ortentalegg
Valle di Tschamin
2293
Grasleiten Spitz
Grasleitenhütte Rif. Bergamo
Tschamintal
Rechter Leger
Weißlahnta
Bärenfalle
Schafer Leger
Tschaminbach
Tschamin Wald
Grasleiten
Weißental
Kl. Valbontal
0 500 m
Naturparkhaus Centro Visite del Parco Naturale
Schnaggen
Kesselspitz 1698
Kesselschneide 1835
Plafetsch
Pagunwiese
Söllnspitz
Sattelspitze P. Tasella
2642
Valbon Kog. Cime Valbon
Tschamin-Schwaige

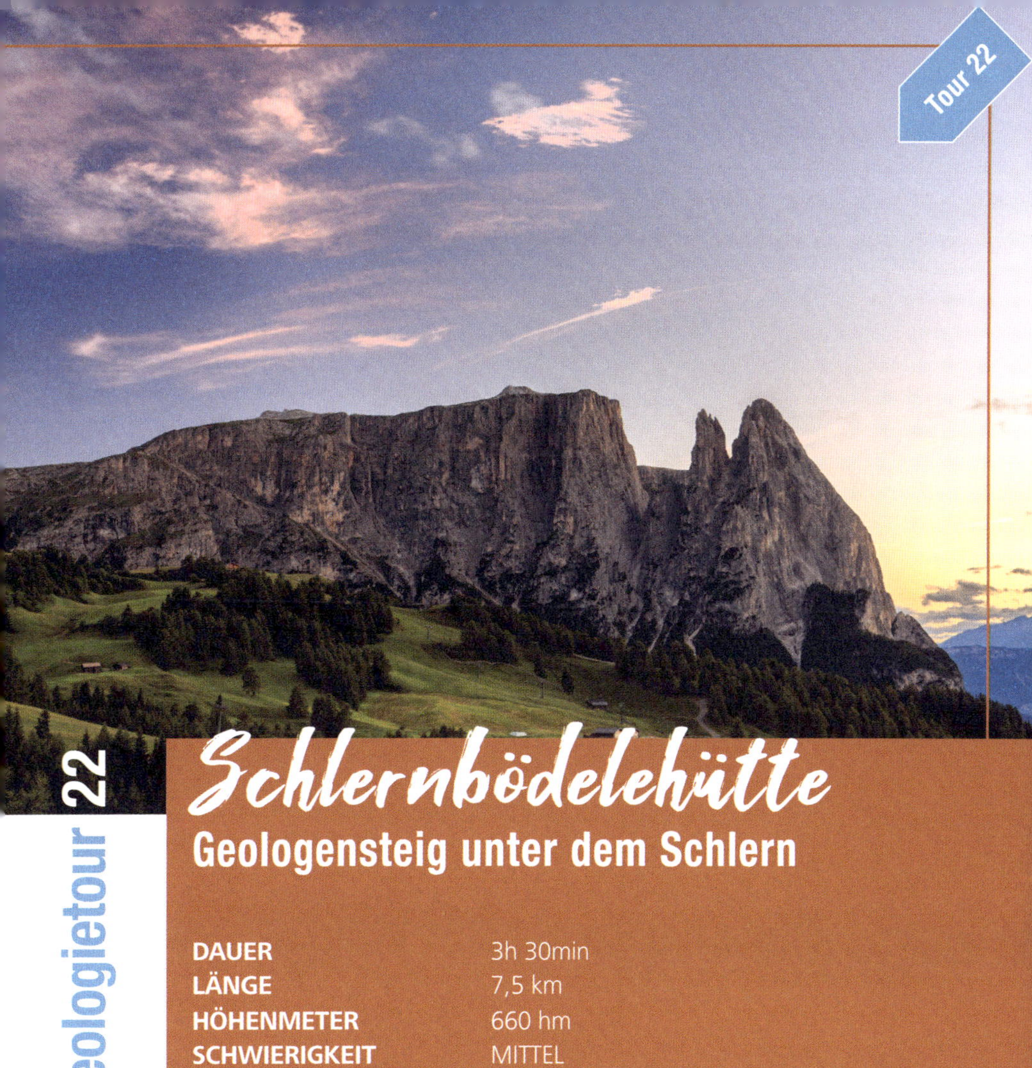

Geologietour 22

Schlernbödelehütte

Geologensteig unter dem Schlern

DAUER	3h 30min
LÄNGE	7,5 km
HÖHENMETER	660 hm
SCHWIERIGKEIT	MITTEL
ÜBERNACHTUNG	ja

Das erwartet dich ...

Die schöne Rundwanderung führt uns zur Proßlinger Schwaige hinauf, zu deren Anstieg man trittsicher sein sollte. Dabei wandern wir auf dem Geologensteig, der eine erdgeschichtliche Zeitreise für uns bereithält. Nässe macht den Weg extrem rutschig. Geländer zum Einhalten sind zwar vorhanden, dennoch sollte man aufmerksam sein. Der Rest der Wanderung verläuft über Bergwege ohne besondere Schwierigkeiten.

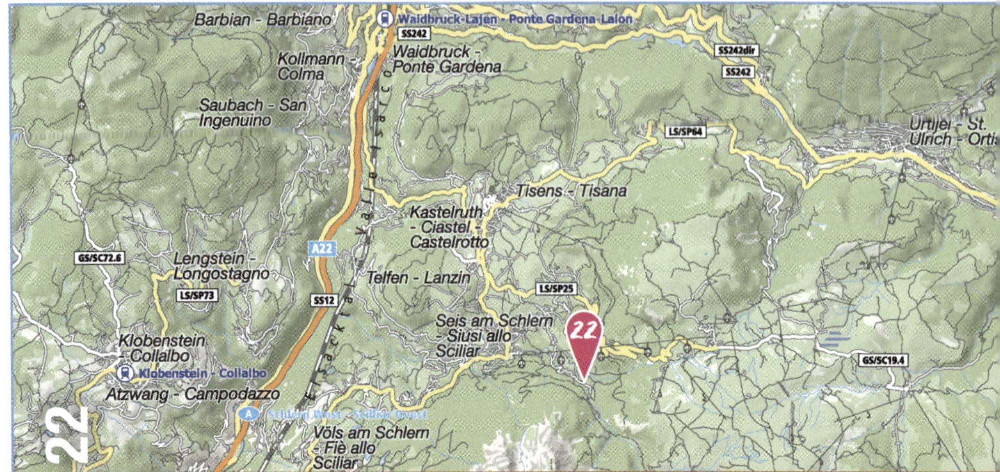

Geologietour 22

Start & Ziel & Anreise

Ausgangspunkt der Wanderung ist der Parkplatz beim Hotel Bad Ratzes. Von Kastelruth aus kommend nehmen wir im Kreisverkehr die zweite Ausfahrt und biegen anschließend nach dem Busbahnhof links in die Henrik-Ibsen-Straße. Anschließend folgen wir der Beschilderung nach „Bad Ratzes". Von Seis aus verkehrt die Buslinie 5 bzw. 15 nach Bad Ratzes.

Tourenbeschreibung

Der sogenannte Geologensteig ist aus geologischer Sicht einer der interessantesten Wanderwege im Schlerngebiet. Er wurde vom Südtiroler Amt für Naturparke mit 10 Informationstafeln über die Gesteinsschichten ausgestattet; man kann sie in dieser Schlucht besonders eindrucksvoll bestaunen. Der Bach hat unter dem Schlern eine tiefe Furche gegraben, die den Schichtenaufbau der Dolomiten freigibt. Auf diese Weise kann die Entstehung der „Bleichen Berge" – wie die Dolomiten oft aufgrund ihres hellen Erscheinungsbildes bezeichnet werden – anschaulich nachvollzogen werden. Der Geologensteig führt ins Frötschbachtal hinein. Mit der Proßlinger Hütte und der Schlernbödelehütte gibt es zwei schöne Einkehrmöglichkeiten.

Zunächst überqueren wir, vorbei am Hotel Bad Ratzes, den Frötschbach. Gleich hinter der Brücke treffen wir auf den Geologensteig, der uns über die Markierung Nr. 1 in das Bachtal hineinführt. Ein Waldweg quert die Hänge über dem Frötschbach. Etwa eine halbe Stunde später ignorieren wir an einer Gabelung die Abzweigung nach rechts zur Schlernbödelehütte (das ist unser Rückweg) und wechseln nun zusammen mit der Markierung Nr. 1a die Talseite. Wir steigen nun steiler durch den Wald hinauf und wandern dann oberhalb der Schlucht entlang. Der Geländerversicherte Steig bricht immer wieder zum Bach ab. Am Wegesrand sehen wir säulenartige Gebilde; diese Basaltgesteine wurden vor langer Zeit von Vulkanen geformt. Kurz darauf passieren wir einen schönen Wasserfall. Kehren führen uns schließlich hinan zur Almhütte Proßlinger Schwaige. Sie befindet sich am westlichen Rand der Seiser Alm und bietet herrliche Blicke auf den Schlern.

Nach einer Rast wandern wir zwischen den Almen hindurch und schlendern über die Wiesen hinunter zu einem schnell erreichten Zufluss des Frötschbachs. Auf der Markierung Nr. 10 überqueren wir ihn und laufen fast eben weiter taleinwärts. Nachdem wir den Frötschbach passiert haben, wandern wir die linke Talseite hinauf. Die Abzweigung zur Saltner Hütte ignorieren wir dabei. Schließlich erreichen wir den Abstiegsweg zum Schlern, geradeaus über die von Bächlein durchzogenen Hänge mit der Markierung Nr. 1 hinab. Um einen Geländerücken herum erreichen wir eine Lichtung mit einer Kapelle und gleich darauf die Schlernbödelehütte. Die kleine, familiäre Hütte bietet ein herzliches Ambiente. Sie bietet Nachtlager für bis zu zwanzig Personen. Kulinarische Besonderheiten gibt's auch: Von Montag bis Samstag kann man einen Brunch auf der Hütte anfragen, am Sonntag wird gebruztelt und gebraten: Schweinshaxen, Spareribs oder Hähnchen vom Grill. Für die Sonnenhungrigen stehen Liegestühle bereit. Hier steigen wir den steilen Waldhang hinab bis wir auf die Anstiegsroute treffen, der wir nach Bad Ratzes zurückfolgen.

Autoren Tipp

Bad Ratzes ist ein traditionsreiches Heilbad, das auf eine lange Geschichte zurückblicken kann. Am Fuß des Schlerns gelegen, wurden die Schwefel-und Eisenquellen bereits 1724 zu Heilzwecken genutzt. Das „Mineral-Wildbad im Tal Purtschnigl" erlebte dann im 19. Jahrhundert einen Höhepunkt mit über 50 Zimmern und 12 Baderäumen. Bis zu 600 Gäste besuchten jährlich das ehemalige Bauernbad, auch Künstler und Literaten. Heute ist Bad Ratzes ein Viersternehotel.

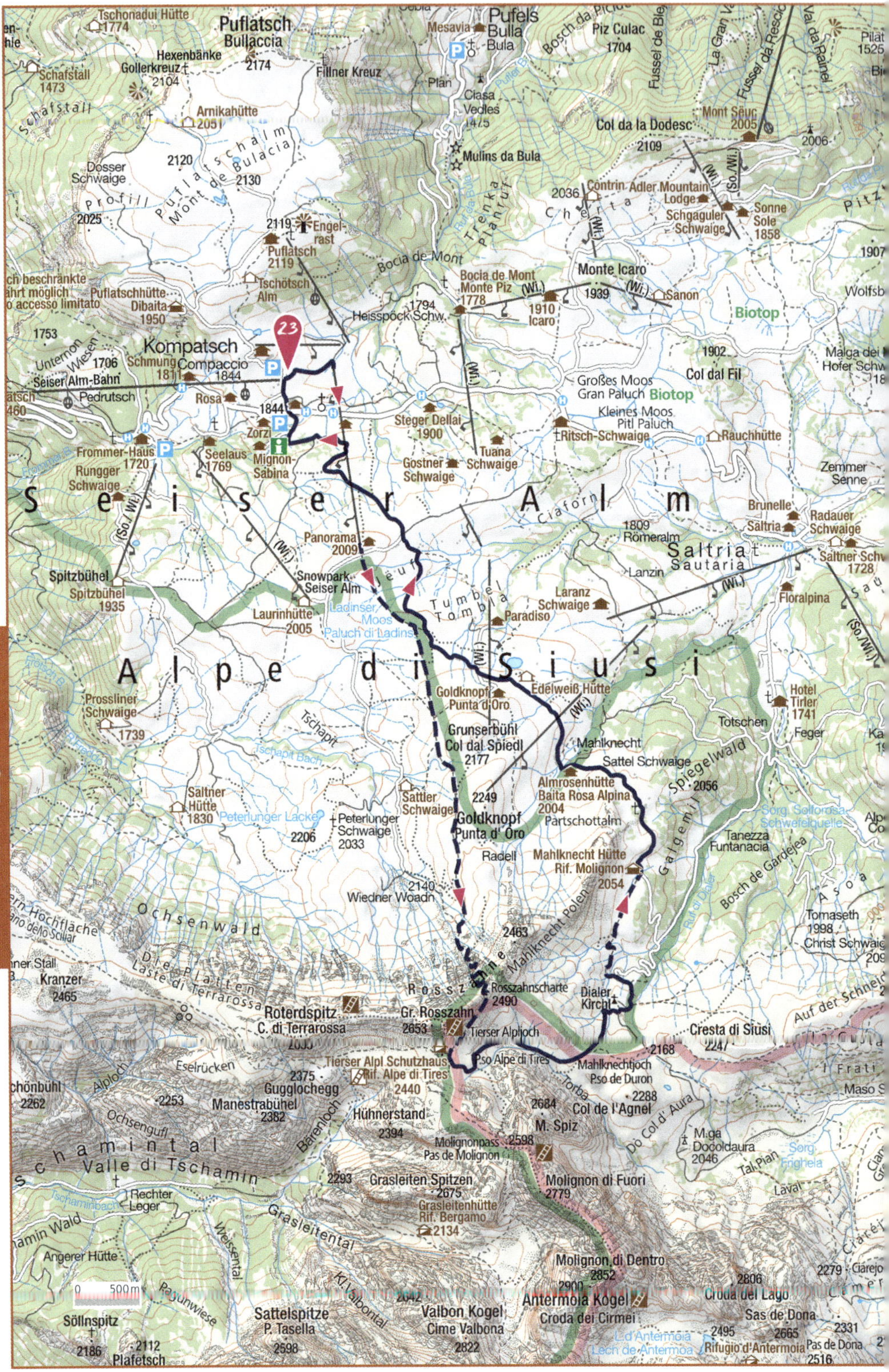

23

Tschonadui Hütte 1774
Puflatsch
Bullaccia
Pufels
Bulla
Mesavia
Piz Culac 1704
Schafstall 1473
Hexenbänke 2174
Gollerkreuz 2104
Fillner Kreuz
Plan
Ciasa Vedles 1475
Arnikahütte 2051
Col da la Dodesc 2109
Mont Sëuc 2005
Dosser Schwaige
2120
2130
Puflatschalm
Mont de Bulacia
Mulins da Bula
Profill 2025
Contrin Adler Mountain Lodge
Schgaguler Schwaige
Sonne Sole 1858
2036
Cherta
2119 Engelrast
Puflatsch 2119
Tschötsch Alm
Bocia de Mont
Bocia de Mont Monte Piz 1778
1910 Icaro
Monte Icaro 1939
Sanon
Puflatschhütte Dibaita 1950
Heisspöck Schw. 1794
Biotop
1753
Kompatsch
Compaccio 1844
Schmung 1811
Unternon Wiesen 1706
Seiser Alm-Bahn
Pedrutsch
Rosa
1844
1902
Col dal Fil
Großes Moos Gran Paluch Biotop
Kleines Moos Pitl Paluch
Steger Dellai 1900
Ritsch-Schwaige
Rauchhütte
Zorzi
Mignon-Sabina
Frommer-Haus 1720
Seelaus 1769
Gostner Schwaige
Tuana Schwaige
Rungger Schwaige
Seiser Alm
Ciaforn
1809 Römeralm
Brunelle
Saltria
Radauer Schwaige
Zemmer Senne
Panorama 2009
Saltria Sautaria
Saltner Schw. 1728
Lanzin
Spitzbühel 1935
Snowpark Seiser Alm
Tumbl Tombla
Laranz Schwaige
Paradiso
Floralpina
Laurinhütte 2005
Ladinser Moos Paluch di Ladins
Alpe di Siusi
Edelweiß Hütte
Goldknopf Punta d'Oro
Prossliner Schwaige 1739
Hotel Tirler 1741
Totschen
Feger
Tschapit
Grunserbühl Col dal Spiedl 2177
Mahlknecht
Sattel Schwaige
Spiegelwald 2056
Almrosenhütte Baita Rosa Alpina 2004
Partschottalm
Saltner Hütte 1830
Peterlunger Lacke
Peterlunger Schwaige 2033
2206
Sattler Schwaige
2249
Goldknopf Punta d'Oro
Tanezza Funtanacia
Radell
Mahlknecht Hütte Rif. Molignon 2054
Galgemijl
Wiedner Woadn
2140
Tomaseth 1998
Christ Schwaige
Ochsenwald
2463
Mahlknecht Polen
Die Platten Laste di Terrarossa
Kranzer 2465
Rosszähne
Rosszahnscharte 2490
Dialer Kirchl
Roterdspitz C. di Terrarossa
Gr. Rosszahn 2653
Tierser Alpl Joch
Cresta di Siusi 2247
2168
Eselrücken
Tierser Alpl Schutzhaus Rif. Alpe di Tires 2440
Pso Alpe di Tires
Mahlknechtjoch Pso de Duron
2288
Schönbühl 2262
2253
2375 Gugglochegg
Manestrabühel 2382
Hühnerstand 2394
2684 M. Spiz
Col de l'Agnel
Molignonpass Pas de Molignon 2598
M.ga Docoldaura 2046
Schamintal Valle di Tschamin
2293
Grasleiten Spitzen 2675
Grasleitenhütte Rif. Bergamo 2134
Molignon di Fuori 2779
Rechter Leger
Grasleitental
Angerer Hütte
Molignon di Dentro 2852
2900
2806
2279
Antermoia Kogel
Croda dei Cirmei
Crode del Lago
Sas de Dona 2665
Söllnspitz 2186
2112 Plafetsch
Sattelspitze P. Tasella 2598
Valbon Kogel Cime Valbona 2822
L. d'Antermoia Lech de Antermoia
Rifugio d'Antermoia
Pas de Dona 2516
2495
2331
0 500m

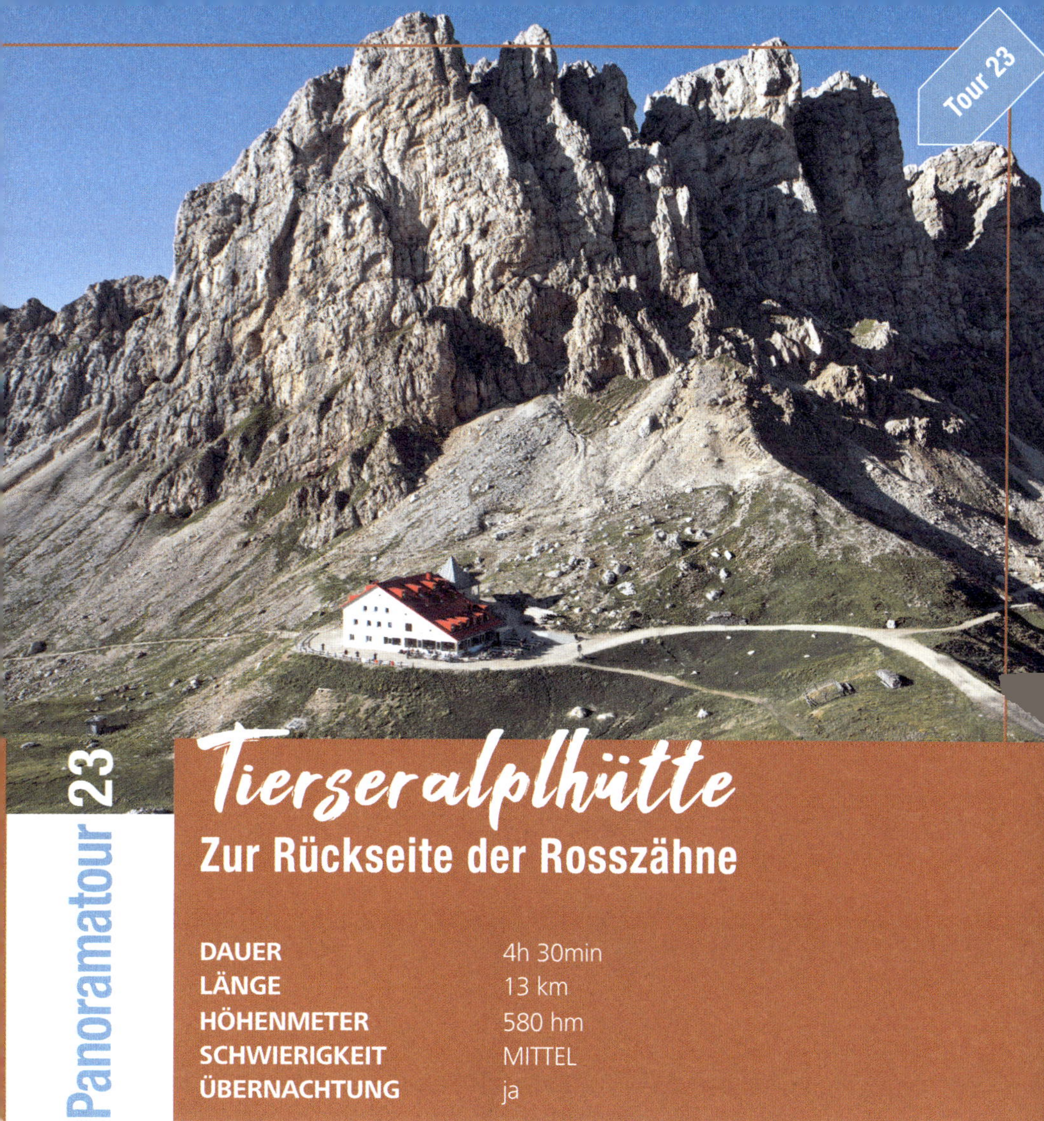

Panoramatour 23

Tierseralplhütte

Zur Rückseite der Rosszähne

DAUER	4h 30min
LÄNGE	13 km
HÖHENMETER	580 hm
SCHWIERIGKEIT	MITTEL
ÜBERNACHTUNG	ja

Das erwartet dich ...

Die Tierseralplhütte erwartet uns mit einem nicht allzu langen Aufstieg. Abwechslungsreich steigen wir von sanft ansteigenden Almböden über die steilen Geröllhalden der Rosszähne. Allerdings müssen auf der Runde doch einige Kilometer zurückgelegt werden, die die Wanderung recht anstrengend machen können. Zur Rosszahnscharte muss man steil über das Geröll ansteigen; Trittsicherheit ist hier vorausgesetzt. Dafür gestaltet sich der Abstieg von der Hütte über die Fahrwege recht bequem.

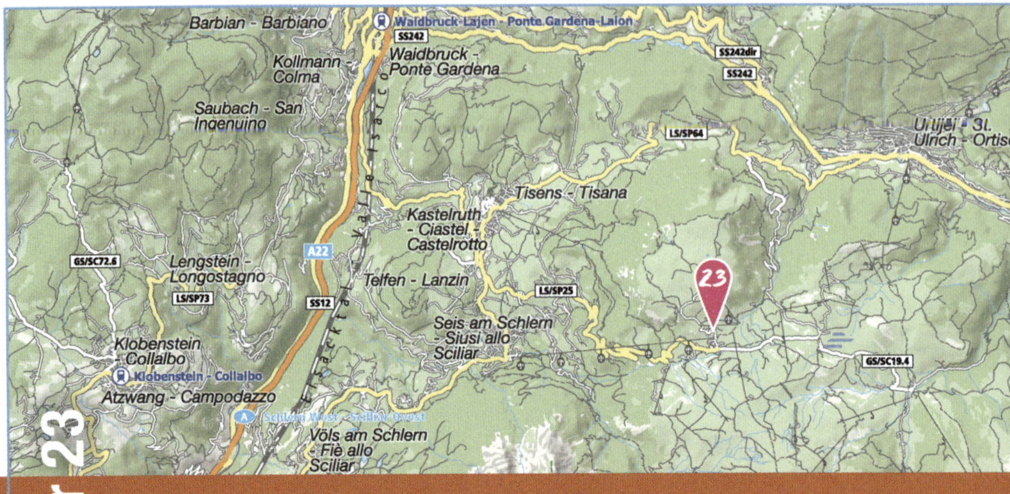

Start & Ziel & Anreise

Wir erreichen die Hütte über die SS 12 und anschließend nehmen wir die LS 24 bis Seis. In Seis biegen wir rechts ab Richtung Kompatsch, dort parken wir an der Talstation der Seiser Alm. Von Seis aus können wir den Bus 179 nehmen, die Bushaltestelle liegt direkt an der Hauptstraße.

Tourenbeschreibung

Die Tierseralplhütte zwischen Schlern und Rosengarten, direkt unter den felsigen, imposanten Rosszähnen wurde auf die Idee des Tierser Bergführers Max Aichner gebaut. Diese verrückte Idee setzte er ganz alleine in die Tat um. 1963 konnte das Schutzhaus eingeweiht werden. Heute ist die Hütte ein beliebtes Ziel und als Stützpunkt am Schnittpunkt mehrerer Wege nicht mehr wegzudenken.

Die ersten Höhenmeter überwinden wir mit der Seiser Alm Bahn auf die Bergstation in Kompatsch. Ein ausgeschilderter Fußweg führt uns geradeaus über die Wiesen zur Talstation des Panoramaliftes. Mit ihm fahren wir bequem zur Bergstation beim Alpenhotel Panorama. Geradeaus erreichen wir einen Fahrweg. Gleich darauf geht es rechter Hand zu einem Steig, der uns auf der Markierung Nr. 2 über die Almwiesen nach Süden bringt. Bretterstege bringen uns über das Ladinser Moos, ohne dass die Füße nass werden. An der Gabelung halten wir uns rechts und wandern dann stets geradeaus entlang der Anhöhen von Grunserbühl und Goldknopf. Die drohenden, immer größer werdenden Zacken der Roßzähne im Blick gelangen wir schließlich an ihre steilen Schutthänge. Hier führt uns ein Pfad in anstrengenden Kehren zur Rosszahnscharte hinauf.

Damit haben wir mit der Felskulisse des Tierser Alpls die nördlichsten Gipfel des Rosengartens vor uns. Wir passieren die Scharte und folgen einem Steig nach rechts, unter den Felsabbrüchen der Rosszähne hindurch zur Tierseralplhütte und dem gleichnamigen Joch. Die schöne Hütte lädt zu einer ausgiebigen Rast ein. Die Blicke auf die umliegenden Gipfel versüßen uns den Aufenthalt. Wir machen uns an den Abstieg, für den wir dem Fahrweg auf der Ostseite des Jochs folgen, vorbei an einem Windrad. Auf der linken Seite folgen wir der Markierung Nr. 4 aus dem Tal hinaus. Wir passieren einen Weidezaun und folgen den Wiesen hinab, vorbei am ehemaligen Standpunkt des Dialer Hauses. Noch vor einer Rechtskehre folgen wir einem Steig nach links auf der Markierung Nr.7 über mehrere Bachgräben bis zur Mahlknechthütte. Hier folgen wir dem Fahrweg um den Bergrücken zur Almrosenhütte.

Nach einer weiteren kurzen Rast überqueren wir einen Bach und bewältigen nochmals einen kurzen Gegenanstieg. Schließlich wandern wir eben an einem Speichersee und an der Abzweigung zum Hotel Goldknopf vorbei. Leichtes Auf und Nieder bringt uns an eine Kreuzung nahe des Alpen Hotels Panorama. Ab hier wandern wir geradewegs auf einem asphaltierten Weg hinab nach Kompatsch. Über die Seiser-Alm-Straße hinüber geht es zurück zur Bergstation der Seiser-Alm-Bahn.

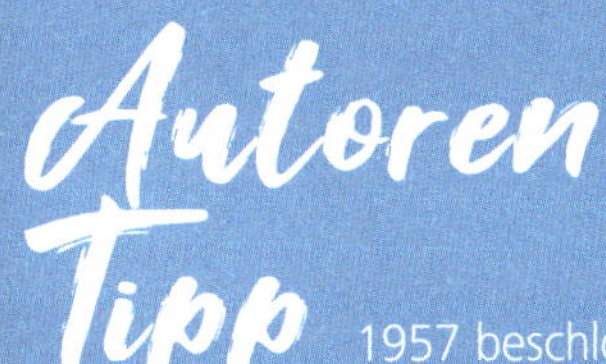

1957 beschloss Max Aichner aus Tiers den Bau einer Hütte unter den Rosszähnen. Als Rettungsanker gegen fehlende Alternativen nach dem 2. Weltkrieg zog er mit Schubkarre, Schaufel und Pickel, durchs Tal hinauf, um auf dem 200 m² großen Fleckchen seine Idee umzusetzen. Allein begann er daraufhin in 2440 m Höhe sein einsames Werk, Wind und Wetter völlig schutzlos ausgeliefert. Nach der Einweihung 1963 folgte im Jahre 1969 der Maximilian-Klettersteig und im Jahre 1986 der Laurenzi-Klettersteig, seiner Frau Laura gewidmet.

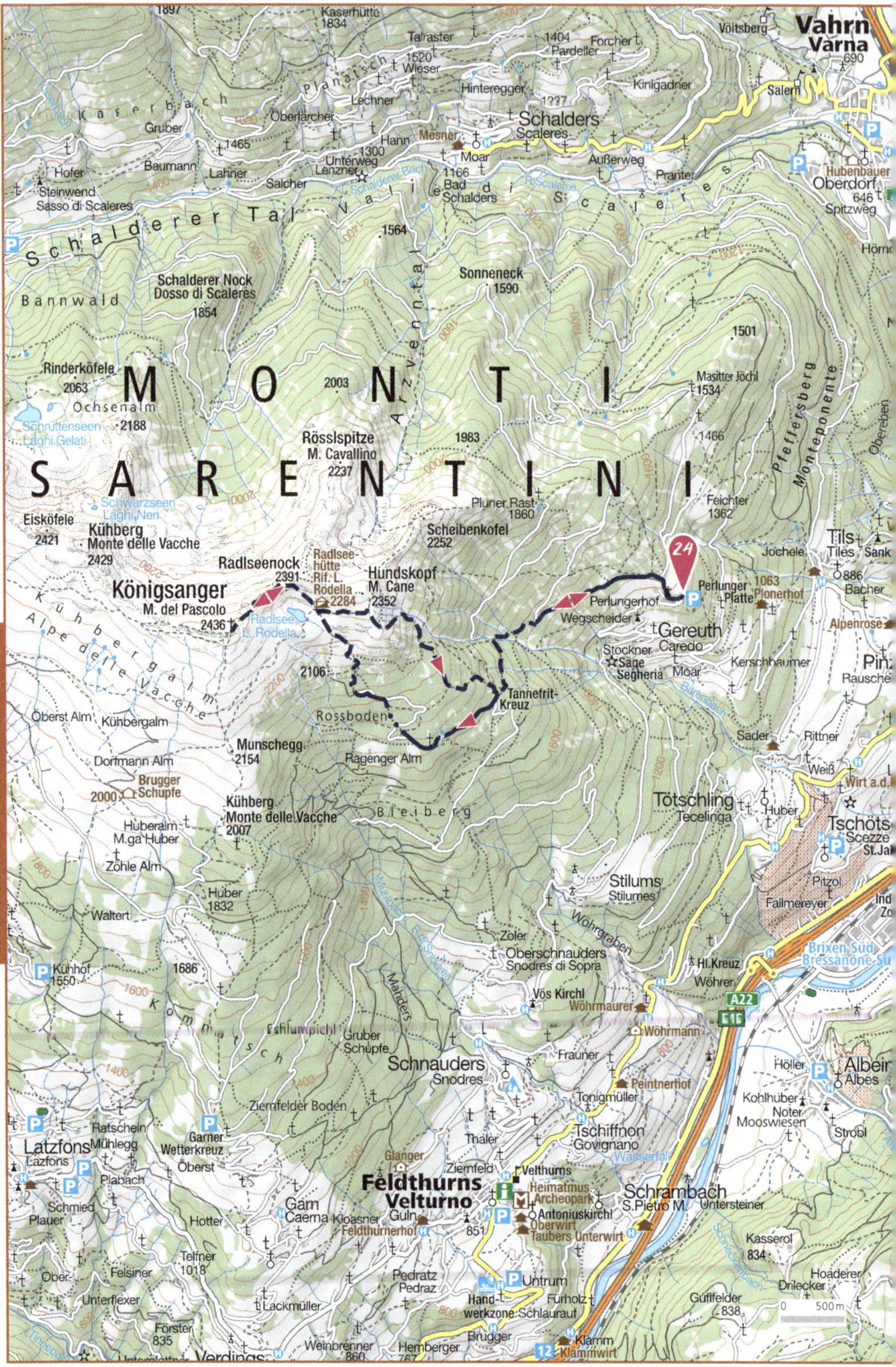

24

Vahrn
Varna
690
Voitsberg
Kaserhütte
1834
Tatraster
1520
Wieser
1404
Pardeller
Forcher
Kinigadner
Salern
Lechner
Hinteregger
Schalders
Scaleres
Oberlärcher
Gruber
Hann
Mesner
Moar
Außerweg
Pranter
Hubenbauer
Oberdorf
646
Spitzweg
1465
Hofer
Baumann
Lahner
1300
Unterweg
Lenzner
Salcher
1166
Bad Schalders
Steinwend
Sasso di Scaleres
Schalderer Tal
Valle di Scaleres
1564
Sonneneck
1590
Schalderer Nock
Dosso di Scaleres
1854
Bannwald
1501
Masitter Jöchl
1534
Rinderköfele
2063
Ochsenalm
2188
Schrüttenseen
Laghi Gelati
2003
1983
Rösslspitze
M. Cavallino
2237
1466
Pfeffersberg
Monteponente

MONTI SARENTINI

Schwarzseen
Laghi Neri
Pluner Rast
1860
Feichter
1362
Eisköfele
2421
Kühberg
Monte delle Vacche
2429
Scheibenkofel
2252
Tils
Tiles
Jochele
886
Radlseenock
2391
Radlseehütte
Rif. L. Rodella
2284
Hundskopf
M. Cane
2352
Perlungerhof
Perlunger Platte
1063
Plonerhof
Bacher
Königsanger
M. del Pascolo
2436
Radlsee
L. Rodella
Wegscheider
Gereuth
Caredo
Alpenrose
Stockner
Säge
Segheria
Moar
Kerschbaumer
Rauscher
Kühbergalm
Alpe delle Vacche
2106
Tannefrit-Kreuz
Oberst Alm
Kühbergalm
Rossboden
Sader
Rittner
Munschegg
2154
Ragenger Alm
Weiß
Wirt a.d.
Dorfmann Alm
Brugger Schupfe
2000
Kühberg
Monte delle Vacche
2007
Bleiberg
Tötschling
Tecelinga
Huber
Tschötsch
Scezze
Huberalm
M.ga Huber
Zöhle Alm
Stilums
Stilumes
Huber
1832
Pitzol
Fallmereyer
Waltert
Zoler
Oberschnauders
Snodres di Sopra
Wöhrgraben
Brixen Süd
Bressanone Sud
Kühhof
1550
1686
Hl. Kreuz
Wöhrer
Vös Kirchl
Wöhrmaurer
A22
Wöhrmann
Komtsch
Schlumpichl
Gruber Schupfe
Mahders
Frauner
Schnauders
Snodres
Höller
Albeins
Albes
Peintnerhof
Tonigmüller
Kohlhuber
Noter
Mooswiesen
Ziernfelder Boden
Strobl
Ratschein
Mühlegg
Latzfons
Lazfons
Garner
Wetterkreuz
Thaler
Tschiffnon
Govignano
Wasserfall
Oberst
Glanger
Ziemfeld
Velthurns
Plabach
Feldthurns
Velturno
Heimatmus.
Archeopark
Schrambach
S.Pietro M.
Untersteiner
Schmied
Plauer
Gam
Caerna
Kloasner
Guln
Antoniuskirchl
Feldthurnerhof
851
Oberwirt
Taubers Unterwirt
Hotter
Kasserol
834
Telfner
1018
Ober
Felsiner
Pedratz
Pedraz
Untrum
Hoaderer
Drilecker
Unterflexer
Lackmüller
Hand-werkzone
Fürholz
Schlaurauf
Gufflelder
838
0 500m
Förster
835
Brugger
Klamm
Klammwirt
Weinbrenner
860
Hemberger
767
Verdings
12

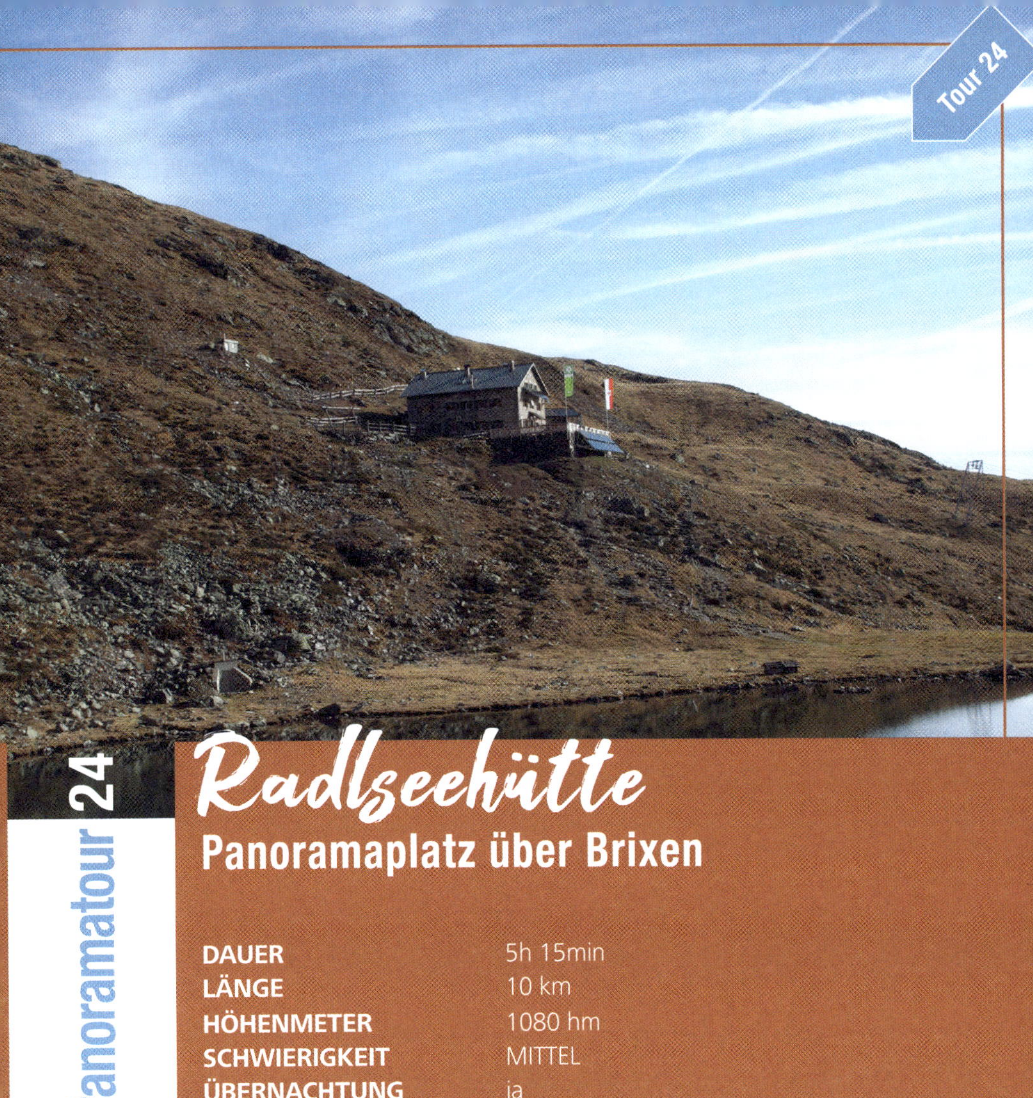

Panoramatour 24

Radlseehütte

Panoramaplatz über Brixen

DAUER	5h 15min
LÄNGE	10 km
HÖHENMETER	1080 hm
SCHWIERIGKEIT	MITTEL
ÜBERNACHTUNG	ja

Das erwartet dich ...

Der lange, mäßig steile Aufstieg zur Radlseehütte führt uns im ersten Abschnitt vornehmlich durch bewaldetes Gebiet. Nach Waldaustritt erwartet uns aber ein großartiges Panorama, das uns dann bis zur Hütte begleitet. Meist wandern wir über steinige, aber einfache Bergwege, selten auch Forststraßen. Der Abstieg ist sehr steil und verlangt Trittsicherheit auf dem schottrigen Steig. Alternativ kann man auf der Anstiegsroute absteigen.

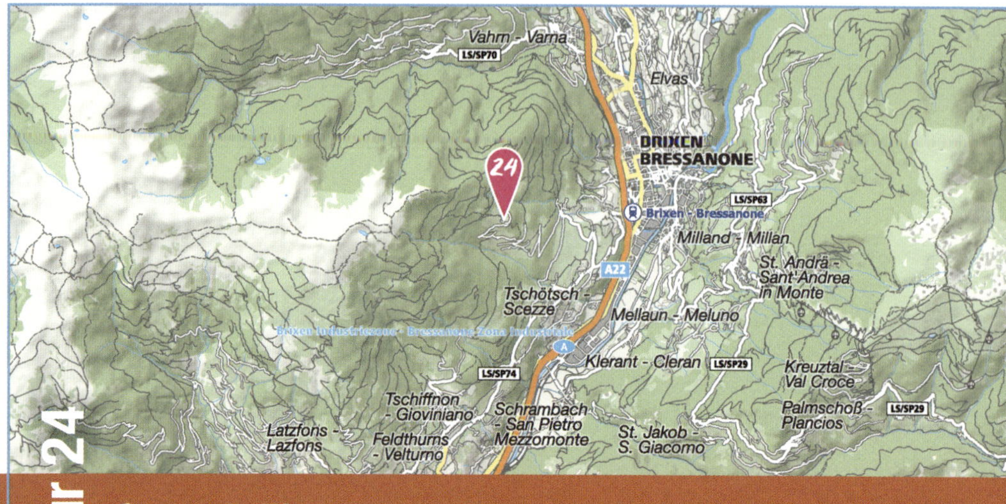

Panoramatour 24

Start & Ziel & Anreise

Die Runde beginnt am Perlungerhof in Gereuth oberhalb von Brixen. Von Brixen folgen wir zunächst der SP74 nach Tils. Dann bringt uns eine schmale Bergstraße 4 km nach Gereuth zum Parkplatz unterhalb des Perlungerhofes.

Tourenbeschreibung

Auf einem herrlichen Flecken liegt die urige und gastfreundliche Radlseehütte. Neben ihrem fantastischen Panorama hat sie den erfrischenden Radlsee direkt vor der Haustüre zu bieten. Die sonnige Terrasse lädt zum Verweilen ein und macht den Aufenthalt durch traditionelle Gerichte und einen grandiosen Dolomitenblick recht kurzweilig. Da überlegt man es sich zweimal, nicht einfach hier zu bleiben, aber die Königsangerspitze ruft. Das Panorama von dort oben toppt nochmal die Gipfelschau von der Radlseehütte: Viele bekannte Dolomitengipfel präsentieren sich hier, an klaren Tagen reicht der Blick auch zu Ortler, Hochfeiler und Großvenediger.

Gegenüber des Perlungerhofes gibt es einen Parkplatz, von dem aus wir auf dem markierten Wanderweg in den Wald laufen. Rechter Hand am Hof vorbei und auf der Forststraße ansteigend wandern wir bis zu einer Rechtskehre, begleitet vom Blick auf die Geislerspitzen. Hier bleiben wir geradeaus und folgen der nächsten Forststraße hinauf. An der nächsten Rechtskehre wandern wir wiederum geradeaus, nun auf einem steinigen Waldweg bis zu einer Gabelung, an der wir uns rechts halten. Wir folgen dem steilen Steig entlang des Bachtales über bewaldete Hänge stetig bergauf. Dann erreichen wir das Tannefrit-Kreuz.

Der rechte Steig führt stetig bergan und wird allmählich aussichtsreicher, aber auch steiler. Er ist uns aber für den Rückweg vorbehalten. Wir wählen den gemütlicheren Anstieg, der nach links zu einer Forststraße führt. Mit ihr queren wir die Waldhänge, bis wir auf der rechten Seite zwei Forstwegkehren über die Markierung 8 abkürzen können. Dann erreichen wir links die Talstation der Materialseilbahn und biegen dort neuerlich auf einen Steig ab, schnell über freie Hänge hinauf. Jetzt können wir während des weiteren Aufstieges das wunderbare Panorama genießen – vom Peitlerkofel über das Langkofelmassiv bis zu den Rosengartenspitzen. Hinter dem Geländerücken erspähen wir schon das Schutzhaus, das wir zehn Minuten später erreicht haben. Jeden Donnerstag ist auf der Radlseehütte Knödltag – dann gibt es ein Dutzend verschiedener Knödel.

Nach einer kurzen Verschnaufpause auf der Radlseehütte folgen wir einem Steig, der sich von ihrer linken Seite über den felsdurchsetzten Hang hinaufzieht. Über einen Kamm und den welligen Bergrücken erreichen wir das Gipfelkreuz des Königsanger. Westlich des Gipfels befindet sich eine Panoramatafel, die anschaulich die Gipfel rundherum mit Namen benennt. Dann kehren wir wieder zur Radlseehütte zurück. Für den Abstieg wählen wir die Markierung Nr. 8b Richtung „Perlunger". Sie führt unter der Materialseilbahn hindurch und quert dann wieder leicht steigend die Hänge des Hundskopfes. Noch bevor wir die felsige Kuppe erklimmen, folgen wir 8b nach rechts. Über einen schottrigen Weg steigen wir über einen Rücken steil an und wandern daraufhin den Alpenrosenhang hinab. Begleitet von Tiefblicken auf Brixen und die Gletscher der Zillertaler Alpen tauchen wir wieder in den Wald ein. An einer kleinen Almhütte halten wir uns links und erreichen nach einer halben Stunde Abstieg durch den Wald das Tannefrit-Kreuz. Von hier aus führt die Anstiegsroute zurück zum Perlungerhof.

25

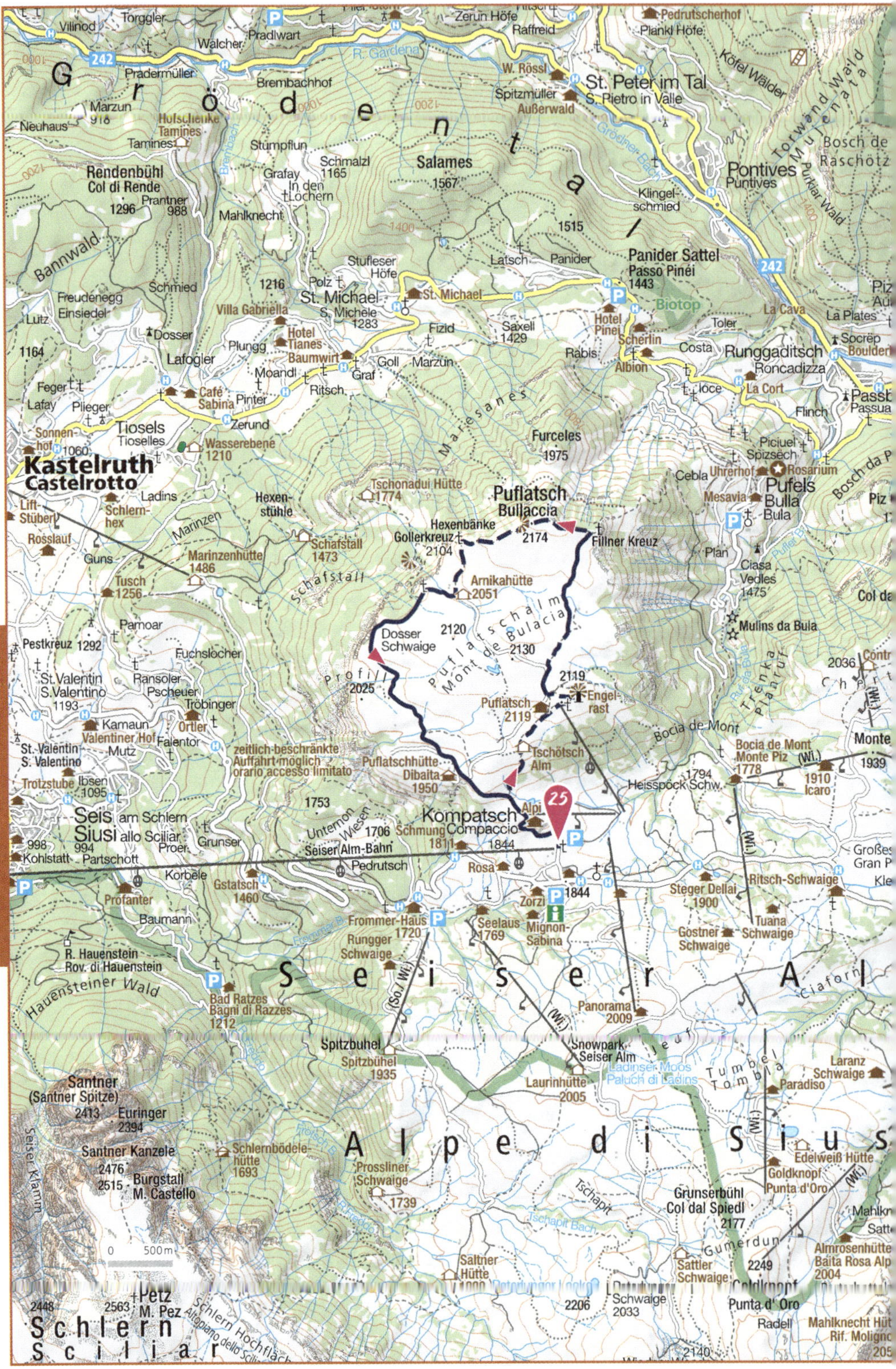

Grödental

Seiser Alm

Alpe di Siusi

Schlern
Sciliar

St. Peter im Tal
S. Pietro in Valle

Pontives
Puntives

St. Michael
S. Michele
1283

Kastelruth
Castelrotto

Tiosels
Tioselles

Seis am Schlern
Siusi allo Sciliar

Pufels
Bulla

Panider Sattel
Passo Pinei
1443

Runggaditsch
Roncadizza

Puflatsch
Bullaccia
2174

Hexenbänke

Fillner Kreuz

Gollerkreuz
2104

Arnikahütte
2051

Dosser Schwaige

Puflatschalm
Mont de Bulacia

2120

2130

2119

Engelrast

Puflatsch
2119

Tschötsch Alm

Puflatschhütte
Dibaita
1950

Profil
2025

Kompatsch
Compaccio
1844

Alpi

Seiser Alm-Bahn

Schmung
1811

Rosa

Zorzi
1844

Mignon-Sabina

Seelaus
1769

Frommer-Haus
1720

Rungger Schwaige

Spitzbühel
Spitzbühel
1935

Panorama
2009

Snowpark Seiser Alm

Laurinhütte
2005

Ladinser Moos
Paluch di Ladins

Steger Dellai
1900

Gostner Schwaige

Tuana Schwaige

Ritsch-Schwaige

Bocia de Mont
Monte Piz
1778

Icaro
1910

Heisspock Schw.
1794

Salames
1567

Furceles
1975

Tschonadui Hütte
1774

Marinzenhütte
1486

Schafstall
1473

Tusch
1256

Gstatsch
1460

Bad Ratzes
Bagni di Razzes
1212

Santner
(Santner Spitze)
2413

Euringer
2394

Santner Kanzele
2476

Burgstall
M. Castello
2515

Schlernbödele-hütte
1693

Prossliner Schwaige
1739

Saltner Hütte

Grunserbühl
Col dal Spiedl
2177

Goldknopf
Punta d'Oro

Edelweiß Hütte

Laranz Schwaige

Paradiso

Almrosenhütte
Baita Rosa Alp
2004

Sattler Schwaige

Petz
M. Pez
2563

zeitlich beschränkte Auffahrt möglich
orario accesso limitato

0 500 m

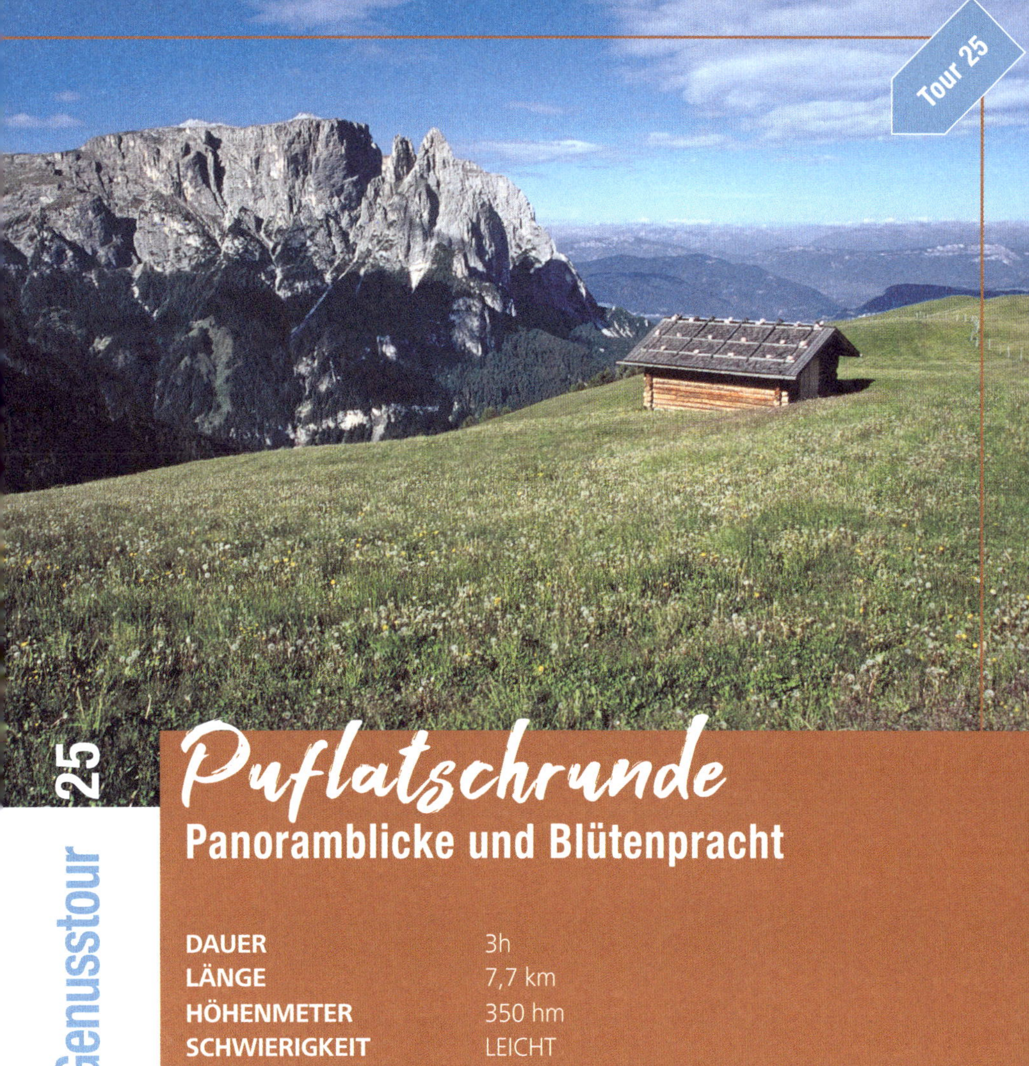

Puflatschrunde

Panoramblicke und Blütenpracht

DAUER	3h
LÄNGE	7,7 km
HÖHENMETER	350 hm
SCHWIERIGKEIT	LEICHT
ÜBERNACHTUNG	ja

Das erwartet dich ...

Die gemütliche Wanderung erwartet die ganze Familie mit gemäßigten An- und Abstiegen auf Berg- und Almwegen. Die Rundwanderung über die Hochfläche des Puflatsch ist eine Genusstour der besonderen Art: geprägt von weiten Almböden und gespickt mit großartigen Dolomitenpanoramablicken. Vor allem im Frühsommer ist es besonders schön, wenn sich die Almwiesen in einen bunten Blütenteppich verwandeln.

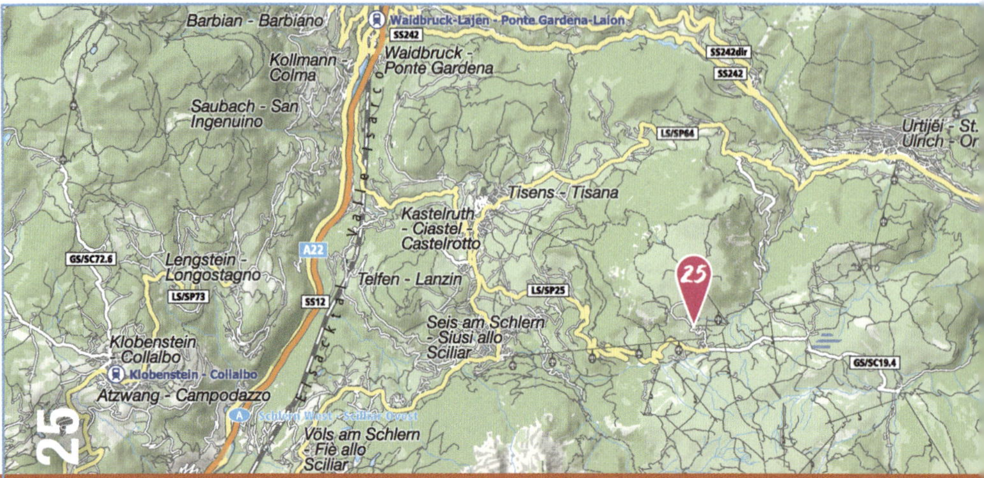

Genusstour 25

Start & Ziel & Anreise

Der Ausgangspunkt liegt in Kompatsch, an der Bergstation der Seiser-Alm-Bahn auf 1855 Meter. Parkmöglichkeiten befinden sich an der Talstation. Die Straße zur Seiser Alm ist tagsüber von 9-17 Uhr für den Privatverkehr gesperrt. Seis erreichen wir über die A22 über die Ausfahrt Chiusa-Val Gardena-Klausen-Gröden, dann weiter auf der Landesstraße 24.

Tourenbeschreibung

Bei der Bergstation der Seiser-Alm-Bahn in Kompatsch halten wir uns zunächst links; ein Sträßchen führt uns am Fünf-Sterne-Hotel Alpina Dolomites vorbei bergauf. Dann zweigt nach einem kurzen, flachen Abschnitt ein Steig rechts ab. Er bringt uns über die Wiesen hinauf zur urigen Tschötschalm; hier können wir erstmalig einkehren, dabei bieten sich tolle Blicke über die Seiser Alm zum Schlern. Weiter geht es zum Restaurant Puflatsch und der Bergstation der Puflatsch-Kabinenbahn. An der kreisförmigen Tafel können wir die Gipfelnamen studieren. Generell bietet die östlich gelegene Aussichtsplattform Engelrast ein großartiges Gipfelpanorama.

Zwei Fußwege führen zum Aussichtspunkt: Wir folgen dem rechten, nördlichen. Er bringt uns zu einer Almstraße, der wir ein kurzes Stück nach Norden folgen. Wenige Minuten später verlassen wir sie geradeaus auf einem breiten Wander-

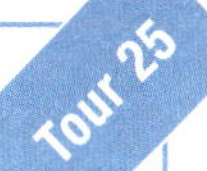

weg Richtung Puflatsch-Umrundung. Er führt relativ flach über die Hochfläche. Unsere Blicke schweifen dabei über den Lang-und den Plattkofel, die steinerne Bastion der Sella und die schroffen Gipfel der Geisler-und Puezgruppe. Schließlich gelangen wir ans Fillner Kreuz: Nach der herrlichen Aussicht ins Grödental macht der Rundweg einen Linksschwenk und führt uns am Nordrand des steil abbrechenden Plateaus entlang zum höchsten Punkt des Puflatsch.

Ein kurzer Abstieg bringt uns zu den rechts, knapp unter dem Gipfel liegenden Hexenbänken. Das sind eigenartig geformte Felsstufen. Hier sollen es sich einst die Hexen bequem gemacht haben. Dann folgen wir einem steinigen Weg sanft hinab zum Aussichtspunkt Gollerkreuz. Hier bieten sich herrliche Tiefblicke auf Kastelruth und das Eisacktal. Wir wandern südwärts weiter hinab zur Arnikahütte. Nach einer Stärkung folgen wir dem Schild „Kompatsch, Marinzen" und steigen dafür rechts etwas bergan.

Wir passieren den Abstiegsweg nach Kastelruth und gelangen schließlich an einen breiten Schotterweg. Dann wandern wir über Wiesen mit Almhütten hinab, stets begleitet von schönen Blicken auf den wuchtigen Felsklotz des Schlerns und den Talkessel von Bozen. Oberhalb der Pufltaschütte Dibaita treffen wir auf den Fahrweg nach Kompatsch. Noch bevor wir absteigen, statten wir dem schön gelegenen Berggasthaus einen Besuch ab. An der familienfreundlichen Puflatschhütte gibt es einen großen Spielplatz mit Schaukel, Rutschbahn, Sandkasten und Klettermöglichkeiten. Sogar ein Trampolin ist da. Dann bringt uns die Zufahrtsstraße hinab zur Bergstation der Seiser-Alm-Bahn in Kompatsch.

Autoren Tipp

Wer die Anstiegshöhenmeter nochmals verringern möchte, der kann auch die Puflatsch-Kabinenbahn nutzen: Ihre Talstation erreicht man, wenn man von der Bergstation der Seiser-Alm-Bahn geradeaus einem ausgeschilderten Fußweg einige Meter bergab folgt.

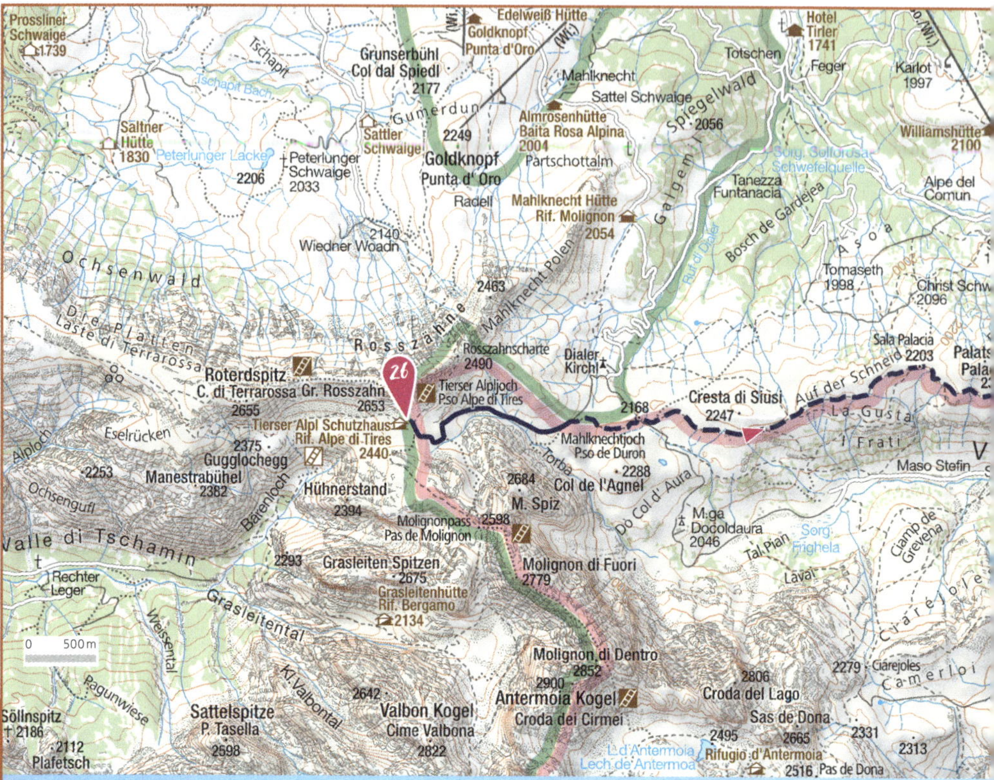
Prossliner Schwaige 1739
Tschapit
Tschapit Bach
Grunserbühl
Col dal Spiedl
2177
Edelweiß Hütte
Goldknopf
Punta d'Oro
Mahlknecht
Sattel Schwaige
Totschen
Hotel Tirler 1741
Feger
Karlot 1997
Saltner Hütte 1830
Peterlunger Lacke
Peterlunger Schwaige 2033
2206
Gumerdun
Sattler Schwaige
2249
Goldknopf
Punta d' Oro
Almrosenhütte
Baita Rosa Alpina
2004
Partschottalm
Spiegelwald
2056
Williamshütte 2100
Radell
Mahlknecht Hütte
Rif. Molignon
2054
Galgem
Tanezza
Funtanacia
Bosch de Gardejea
Alpe del Comun
Wiedner Woadn
2140
Ochsenwald
Mahlknecht-Polen
2463
Asoa
Tomaseth 1998
Christ Schw
2096
Die Platten
Laste di Terrarossa
Rosszähne
Rosszahnscharte 2490
Dialer Kirchl
Sala Palacia 2203
Auf der Schneid
Roterdspitz
C. di Terrarossa
2655
Gr. Rosszahn
2653
Tierser Alpljoch
Pso Alpe di Tires
26
Cresta di Siusi
2247
2168
La Gusta
Tierser Alpl Schutzhaus
Rif. Alpe di Tires
2440
Eselrücken
Alpioch
2375
Gugglochegg
2253
Manestrabühel
2382
Mahlknechtjoch
P.so de Duron
Torba
2288
Frati
Maso Stefin
Ochsengufl
Bärenloch
Hühnerstand
2394
2684
M. Spiz
Col de l'Agnel
Col d' Aura
Molignonpass
Pas de Molignon
2598
M.ga Docoldaura
2046
Tal Pian
Sorg. Frighela
Ciamp de Grevena
Valle di Tschamin
2293
Grasleiten Spitzen
2675
Molignon di Fuori
2779
Laval
Rechter Leger
Grasleitenhütte
Rif. Bergamo
2134
Grasleitental
Weissental
0 500 m
Molignon di Dentro
2852
2806
2279
Ciarejoles
Camerloi
Pagunwiese
Kl. Valbontal
2642
2900
Antermoia Kogel
Croda dei Cirmei
Croda del Lago
Söllnspitz 2186
2112
Plafetsch
Sattelspitze
P. Tasella
2598
Valbon Kogel
Cime Valbona
2822
Sas de Dona
2495
2665
2331
2313
L. d'Antermoia
Lech de Antermoa
Rifugio d'Antermoia
2516
Pas de Dona

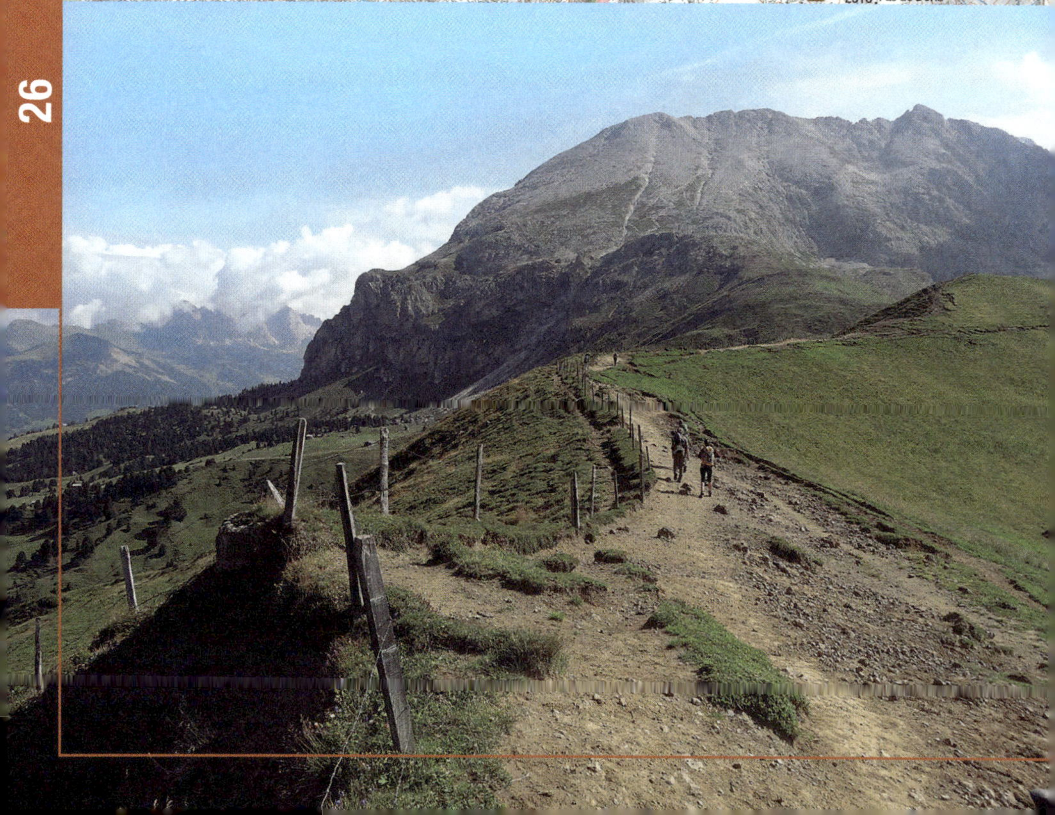

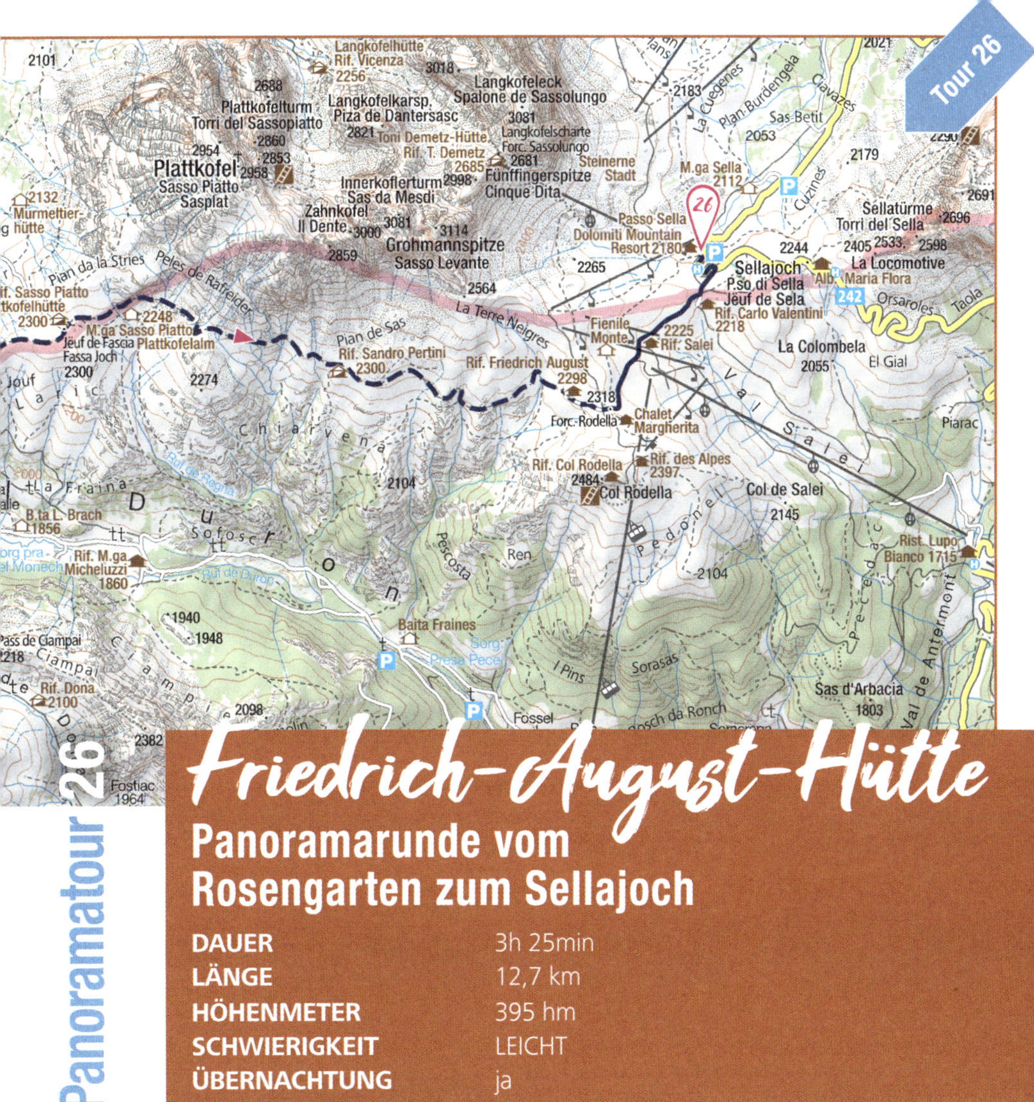

Friedrich-August-Hütte

Panoramarunde vom Rosengarten zum Sellajoch

Panoramatour 26

DAUER	3h 25min
LÄNGE	12,7 km
HÖHENMETER	395 hm
SCHWIERIGKEIT	LEICHT
ÜBERNACHTUNG	ja

Das erwartet dich ...

Der schöne, technisch leichte Panoramaweg führt uns über einen Ost- und einen Westteil. Dabei erwartet uns der westliche Teil (auf der Schneid) mit ein grasbewachsenen Höhenrücken und geringen Steigungen; die Blicke auf das Fassatal und die Seiser Alm sind grandios. Der östliche Teil bringt uns höhenparallel entlang des Plattkofels, Zahnkofels und der Grohmannspitze. Auch hier gibt es Panoramen ohnegleichen: Rosengartenmassiv, Fassatal und Marmolada veranlassen immer wieder zum Stehen bleiben und Staunen.

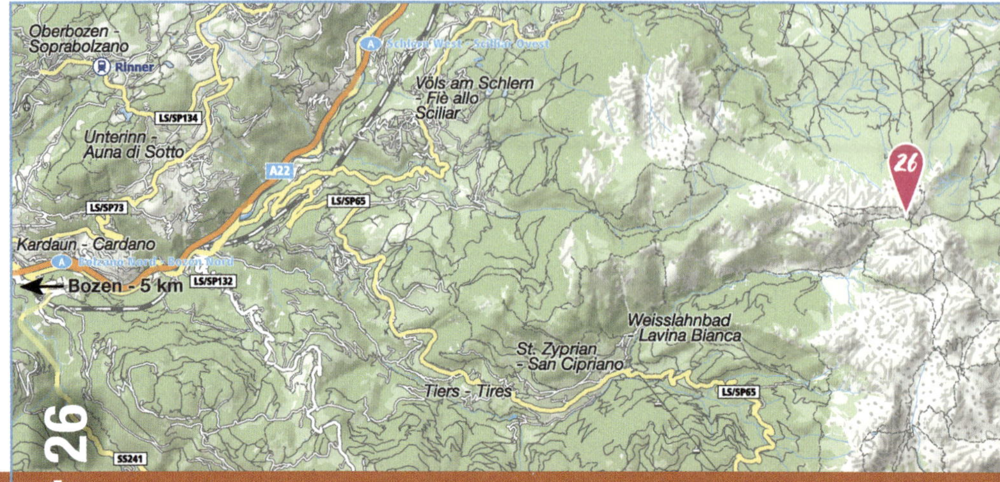

Start & Ziel & Anreise

Die Wanderung beginnt an der Tierseralplhütte. Wir erreichen sie von der Seiser Alm/Saltria (1700 m) auf dem Weg Nr. 8 zum Almgasthof Tirler, weiter über die Forststraße zum Dialer Kirchlein. Alternativ können wir auch von Kompatsch (1850 m) auf dem Weg Nr. 2 über Panorama, Goldknopf und die Rosszahnscharte aufsteigen.

Tourenbeschreibung

Der Weg führt uns von der Tierseralplhütte erst einmal über den westlichen Teil des Weges auf der Fahrstraße am Windrad vorbei. Wir folgen dem Weg Nr. 4 auf der linken Seite ins Tal hinein. Aufgrund vorangegangener, häufiger Erosionen hat man die Fahrstraße nach Campitello di Fassa mit zwei Betonspuren gesichert. Der Fahrweg führt an einer Art Holztor vorbei; hier bleibt man diesseits des Weidezauns und folgt noch immer der Markierung Nr. 4 um einen Hügel herum zum Passo de Duron, dem Mahlknechtjoch. Hier kreuzen wir den Weg Nr. 532 ins Val Duron und nach Campitello. Der Pass bereitet uns noch schöne Blicke zurück auf die Rosszähne und zum Windrad auf dem Tierser Alpl.

Ein angenehmes Auf und Nieder führt uns jetzt über kuppige Bergwiesen; zu unserer Rechten bemerken wir schnell die glatt polierten Hänge, aus denen einzelne Rippen herauspräpariert sind. Ihr Untergrund besteht aus Tuffe, ist also vulkanischen Ursprungs. Mal am Hang entlang, dann wieder dem Weidezaun folgend rücken wir allmählich an den Plattkofel heran. Dabei erhaschen wir immer wieder herrliche Blicke auf den nordöstlichen Teil des Rosengartens und auf die Marmolada. Bevor wir den Schlussanstieg auf das Fassajoch bewältigen, umgehen wir noch den Hügel des Palcia (2351 m) in weitem Bogen. Dann erreichen wir die Plattkofelhütte.

Nun wandern wir auf dem östlichen Teil unserer Tour weiter: Auch hier faszinieren uns die Weitblicke auf Fassatal, Marmolada und zum Funkturm am Col Rodella. Doch hier sollte man auch die kleinen Sehenswürdigkeiten am Wegrand nicht außer Acht lassen. Ebenso imposant wie die Weitblicke sind die Tiefblicke ins Val Duron. So folgen wir hinter dem Gatter an der Plattkofelhütte der Beschilderung zum Sellajoch – der rechte Fahrweg würde uns zur Plattkofelalm führen. Wir wandern am steilen Wiesenhang entlang, bald die malerische Plattkofelalm unter uns im Blick. Hinter ihr türmen sich riesige Felsbrocken hinauf; sie sind einst aus den Plattkofelwänden herausgebrochen. Etwas später weist eine Tafel den Weg zur Hütte. Wir queren eine felsige, mit Bohlen gesicherte Rinne und bewältigen zwei Gegenanstiege. Ein nächster, toller Ausblick bietet sich von der Rifugio Sandro Pertini, die wir nur zwanzig Minuten später erreichen. Nordwärts überragen die Wände des Zahnkofels die Hütte. Wir wandern weiter auf der Höhe entlang der Wiesenhänge Richtung Osten. Dabei erspähen wir die Bergstation der Seilbahn Col Rodella und nur wenig später die Friedrich-August-Hütte unterhalb der Forcella Rodella.

Ein Holzsteg führt uns über eine tief eingekerbte Rinne. Der Weg ist hier so ausgewaschen und glattpoliert, dass ein Seil zur Unterstützung angebracht wurde. Doch danach erreichen wir schnell die renovierte Friedrich-August-Hütte und den Sattel der Forcella Rodella. Um die urige und gemütliche Berghütte herum betreiben die Eigentümer ökologische Viehzucht. Ein überlebensgroßes Rindvieh aus Holz erwartet uns an der Hütte, um die herum zahlreiche echte Rinder grasen. Unter ihnen befinden sich auch Schottische Hochlandrinder, daneben werden Ziegen der Vallesi-Rasse, einer einheimischen Art, zur Erzeugung von hervorragendem Käse und Wurstwaren, gezüchtet. Am Sattel halten wir uns links auf dem Fahrweg talwärts. Nachdem wir zwei Berggasthäuser passiert haben, gelangen wir ans Sellajoch. Ein Bus bringt und von hier aus zurück in die Talorte Grödens.

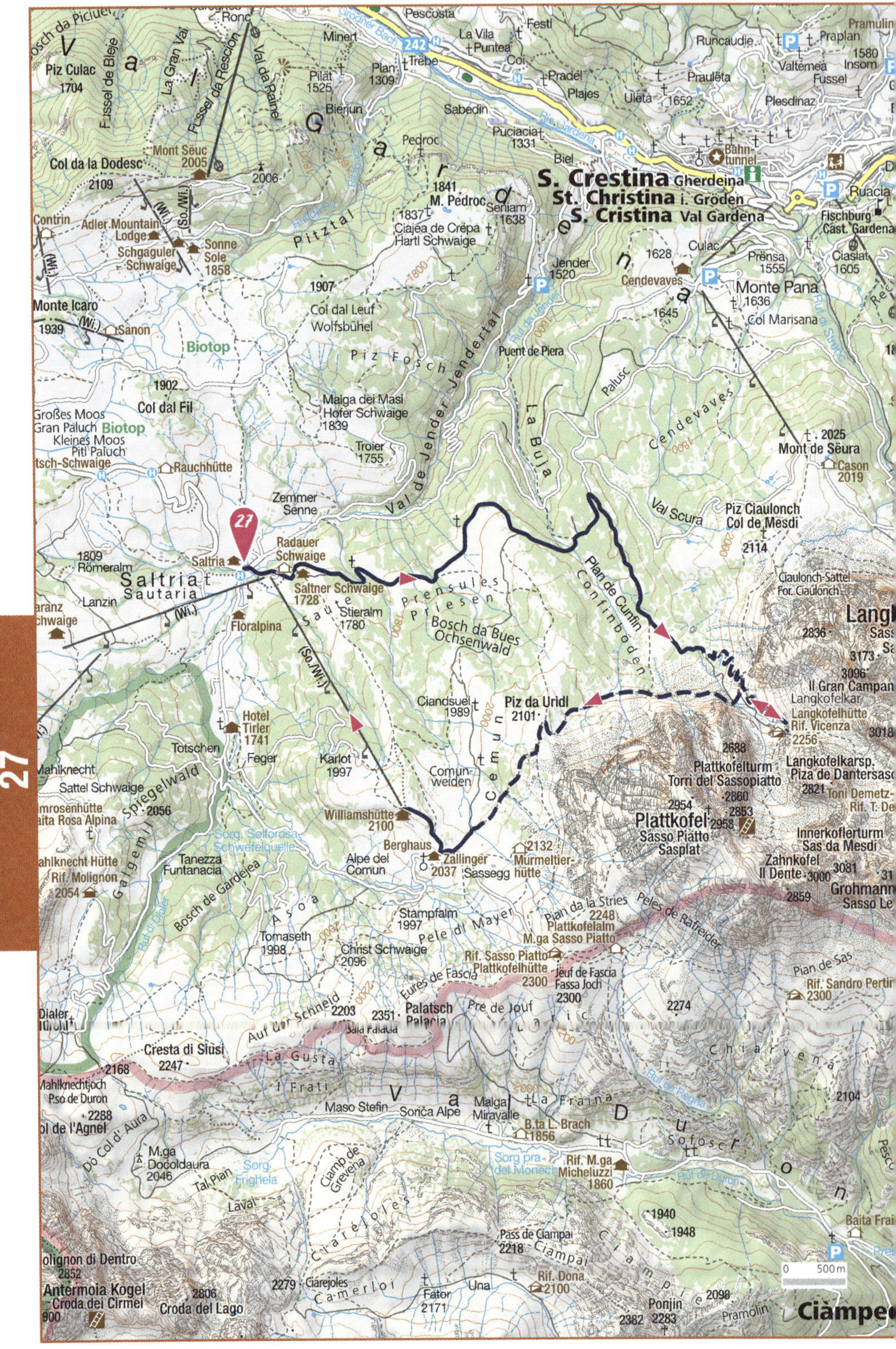

27
Pescosta
Minert
Ronc
La Vila
Puntea
Festl
Pramulin
Runcaudie
Praplan
Piz Culac
1704
Fussel de Bleje
La Gran Val
Fussel da Resciesa
Val da Ranel
Pilat
1525
Plan
1309
Trebe
Col
Pradel
Plajes
Uletà
1652
Praulëta
Valtemea
Insom
Fussel
1580
Plesdinaz
Bierjun
Sabedin
Rio Gardena
Puciacia
1331
Pedroc
Mont Sëuc
2005
Col da la Dodesc
2109
2006
Bahn-tunnel
Biel
1841
M. Pedroc
S. Crestina Gherdeina
St. Christina i. Gröden
S. Cristina Val Gardena
Ruacia
Fischburg
Cast. Gardena
Seniam
1638
1837
Ciajea de Crëpa
Hartl Schwaige
Contrin
Adler Mountain Lodge
Schgaguler Schwaige
Sonne Sole
1858
Pitztal
Jender
1520
1628
Cendevaves
Culac
Prënsa
1555
Ciaslat
1605
Monte Pana
1636
1645
Col Marisana
Monte Icaro
1939
Sanon
1907
Col dal Leuf
Wolfsbühel
Biotop
Piz Fosch
Jendertal
Val de Jender
Puent de Piera
Palusc
1902
Col dal Fil
Großes Moos
Gran Paluch
Biotop
Kleines Moos
Pitl Paluch
Malga dei Masi
Hofer Schwaige
1839
Troier
1755
La Buja
Cendevaves
2025
Mont de Sëura
Cason
2019
Rauchhütte
Zemmer
Senne
Val Scura
Piz Ciaulonch
Col de Mesdì
2114
1809
Römeralm
Saltria
Saltria
Sautaria
Radauer Schwaige
Saltner Schwaige
1728
Prensules
Priesen
Plan de Cunfin
Confinboden
Ciaulonch-Sattel
For. Ciaulonch
Lanzin
Floralpina
Saùte
Stieralm
1780
Bosch da Bues
Ochsenwald
2836
3173
3096
Il Gran Campanile
Langkofelkar
Langkofelhütte
Rif. Vicenza
2256
3018
Hotel Tirler
1741
Ciandsuel
1989
Piz da Uridl
2101
Cemun
Totschen
Feger
Karlot
1997
Comun
weiden
2688
Plattkofelturm
Torri del Sassopiatto
2860
2853
2954
2958
Plattkofel
Sasso Piatto
Sasplat
Langkofelkarsp.
Piza de Dantersasc
2821
Toni Demetz-
Rif. T. De
Mahlknecht
Sattel Schwaige
Spiegelwald
2056
Williamshütte
2100
Innerkoflerturm
Sas da Mesdì
Zahnkofel
Il Dente
3000
3081
2859
Grohmann
Sasso Le
Sorg. Solforosa
Schwefelquelle
Berghaus
Zallinger
2037
2132
Murmeltier-hütte
Alpe del Comun
Sassegg
Mahlknecht Hütte
Rif. Molignon
2054
Galgemul
Tanezza
Funtanacia
Bosch de Gardeiea
Asoa
Stampfalm
1997
Pele di Mayer
Pian da la Stries
2248
Plattkofelalm
M.ga Sasso Piatto
Peles de Rafreider
Tomaseth
1998
Christ Schwaige
2096
Rif. Sasso Piatto
Plattkofelhütte
2300
Jëuf de Fascia
Fassa Joch
2300
Eures de Fascia
Pian de Sas
Rif. Sandro Pertini
2300
2274
Dialer
Auf der Schneid
2203
2351
Palatsch
Palacia
Pre de Jouf
Cresta di Siusi
2247
La Gusta
Chiarvena
2168
Mahlknechtjoch
P.so de Duron
2288
I Frati
Val Duron
Maso Stefin
Sorìca Alpe
Malga Miravalle
La Fraina
2104
Col de l'Agnel
Do Col d' Aura
B.ta L. Brach
1856
Sofosc
M.ga Docoldaura
2046
Tal Pian
Sorg. Frighela
Ciamp de Grevena
Sorg pra del Monech
Rif. M.ga Micheluzzi
1860
Rio de Duron
Laval
Ciarëjoles
1940
1948
Baita Frai
Molignon di Dentro
2852
Pass de Ciampai
2218
Ciampai
Ciampie
Rif. Dona
2100
Antermoia Kogel
Croda dei Cirmei
2806
Croda del Lago
2279
Ciarëjoles
Camerloi
Fator
2171
Una
2098
Ponjin
2283
2382
Pramolin
Ciampe
0
500 m

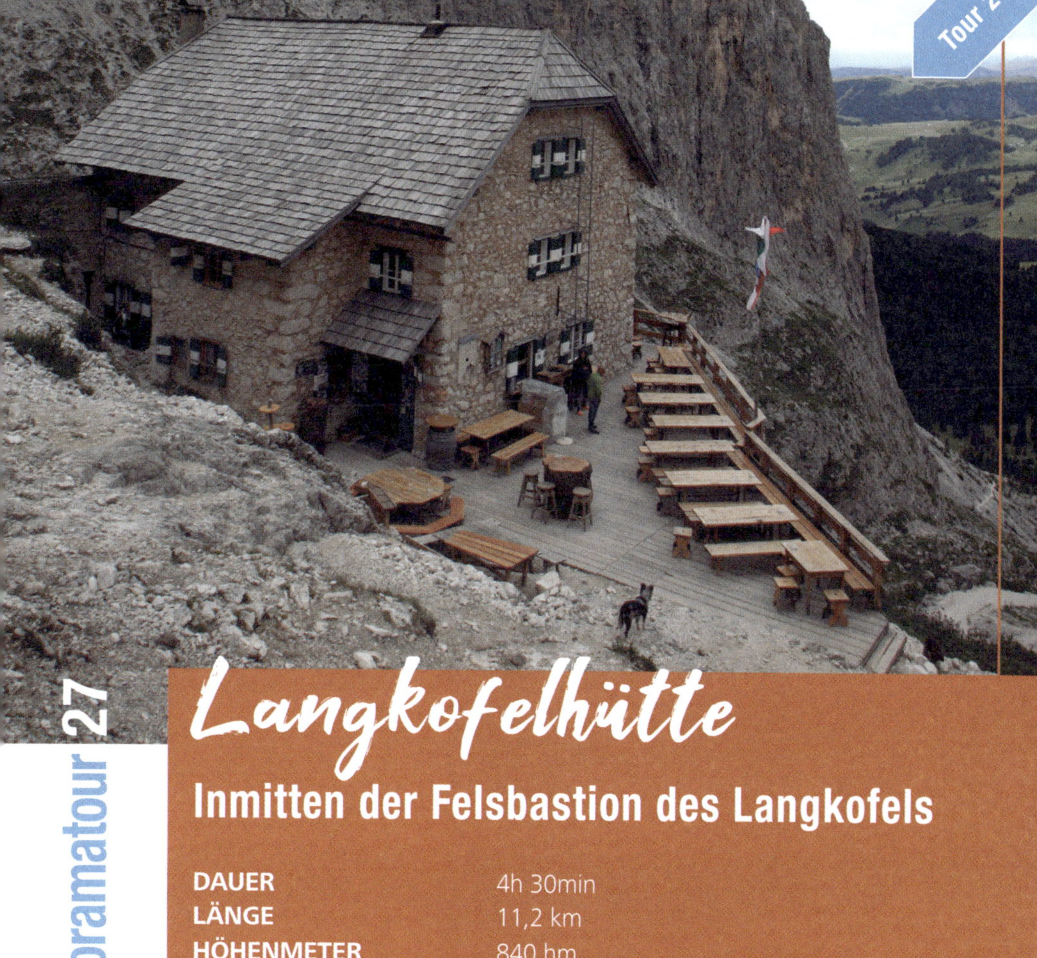

Panoramatour 27

Langkofelhütte

Inmitten der Felsbastion des Langkofels

DAUER	4h 30min
LÄNGE	11,2 km
HÖHENMETER	840 hm
SCHWIERIGKEIT	MITTEL
ÜBERNACHTUNG	ja

Das erwartet dich ...

Gut zu laufende und bequeme Alm- und Forstwege begleiten uns bis zum Confinboden. Die darauffolgenden Bergsteige stellen für trittsichere Wanderer keine allzu großen Ansprüche dar. Mühsamer wird es aber an den steilen Geröllhängen des Langkofels. Schließlich erwartet uns eine Hütte mit einer über 120-jährigen Geschichte, eingebettet in die imposanten Felsfluchten von Langkofel, Langkofelkarspitze und Plattkofelturm.

Start & Ziel & Anreise

Ausgangspunkt ist Saltria auf 1680 m. Von der A22 nehmen wir die Ausfahrt E45 Chiusa-Val Gardena-Klausen-Gröden. Dann geht es auf der Landesstraße 24 weiter Richtung Kompatsch. Von Kompatsch müssen wir den Bus Nr. 179 Richtung Saltria nehmen, die Straße ist für den Privatverkehr gesperrt.

Tourenbeschreibung

Erbaut 1903 von der Wiennesischen Station DÖAV wurde die Hütte nach dem Ersten Weltkrieg vom C.A.I. restauriert und diesem anschließend übergeben. Mitten im Herzen der Langkofelgruppe gelegen bieten sich wunderschöne Blicke zur Seiser Alm hinüber. Zunächst folgen wir dem Fahrweg Nr. 30. Er führt von der Bushaltestelle in Saltria nach Monte Pana, quert dabei den Jenderbach und passiert die Talstation des Florianlifts. Kurz darauf säumen zwei Almwirtschaften den Weg, die Radauer Schwaige und ein wenig oberhalb die Saltner Schwaige. Nachdem wir nochmals ein Bachtal passiert haben, folgen wir der Forststraße in leichtem Auf und Nieder über Wiesen und durch Waldstücke, begleitet von den mächtigen Flanken des Plattkofels. Wir laufen um einen Bergrücken herum und folgen der Abzweigung geradeaus durch das bewaldete, kleine Tal des Confinbaches. Ein wenig später halten wir uns rechts an die Markierung Nr. 525. Der breite Santnerweg führt flach nach Süden auf die Langkofelgruppe zu bis zum Confinboden mit herrlicher Felskulisse.

Noch an einer Abzweigung zur Plattkofelhütte vorbei tauchen wir wieder in den Wald ein. Hier beginnt nun links der Zustieg zur Hütte, der sich in zahlreichen Kehren nach oben windet. Dabei steigt der Steig in der immer alpiner werdenden Landschaft immer steiler an. Schließlich befinden wir uns mitten in der Felsarena des Langkofelkars. Zunächst steigen wir noch durch lichten Bergwald. Dann kreuzen wir einen Wanderweg, unseren späteren Rückweg, und steigen die Serpentinen über die Schutthänge des Kars hinauf zur Langkofelhütte. Ihre Terrasse direkt unter den senkrecht aufragenden Wänden wirkt wie ein Logenplatz der besonderen Art.

Nach einer ausgiebigen Stärkung auf der Hütte kehren wir über den Anstiegsweg wieder über die Geröllhalden zurück, bis wir dem querverlaufenden Wanderweg begegnen. Ihm folgen wir nun nach links bis zur schottrigen Hüttenzufahrt, steigen auf ihr kurz hinab und richten uns dann nach der Markierung 527; sie führt nach links Richtung Plattkofelhütte unter den Nordabstürzen des Plattkofels entlang und hinab in einen flachen Talboden. Von hier aus steigen wir nochmals ca. 20 Minuten zum Geländerücken Piz da Uridl hinauf. Oben schlagen wir den Weg nach Süden ein. An der darauffolgenden Gabelung halten wir uns rechts, über die Almböden bis zu einem Fahrweg. Er führt nach links zum Berggasthaus Zallinger. Ein wenig oberhalb des Gasthofes führt ein Weg rechts leicht ansteigend zur Bergstation des Floriansliftes. Hier bietet sich eine weitere Einkehrmöglichkeit, die Williamshütte. Der Sessellift bringt uns bequem zur Talstation in Saltrina hinab. Alternativ können wir auch zu Fuß absteigen; hierfür zweigen wir noch vor der Bergstation rechts auf den Steig 7a ab. Er bringt uns über Wiesen zum Ort hinunter.

Autoren Tipp

Oberhalb der Langkofelhütte gibt es eine Kletterwand. Sie wurde bereits in den 60er Jahren von so manch einheimischem Bergsteiger zum Klettern genutzt. Als neue Routen eröffnet wurden, fand man einige alte Haken. 2013 führte die Bergführerin Veronika Schrott mit Hilfe des Hüttenwirtes Walter Piazza Bohrarbeiten für neue Routen an der Wand durch. Sie ist nach Nord-West ausgerichtet und 30 m von der Langkofelhütte entfernt.

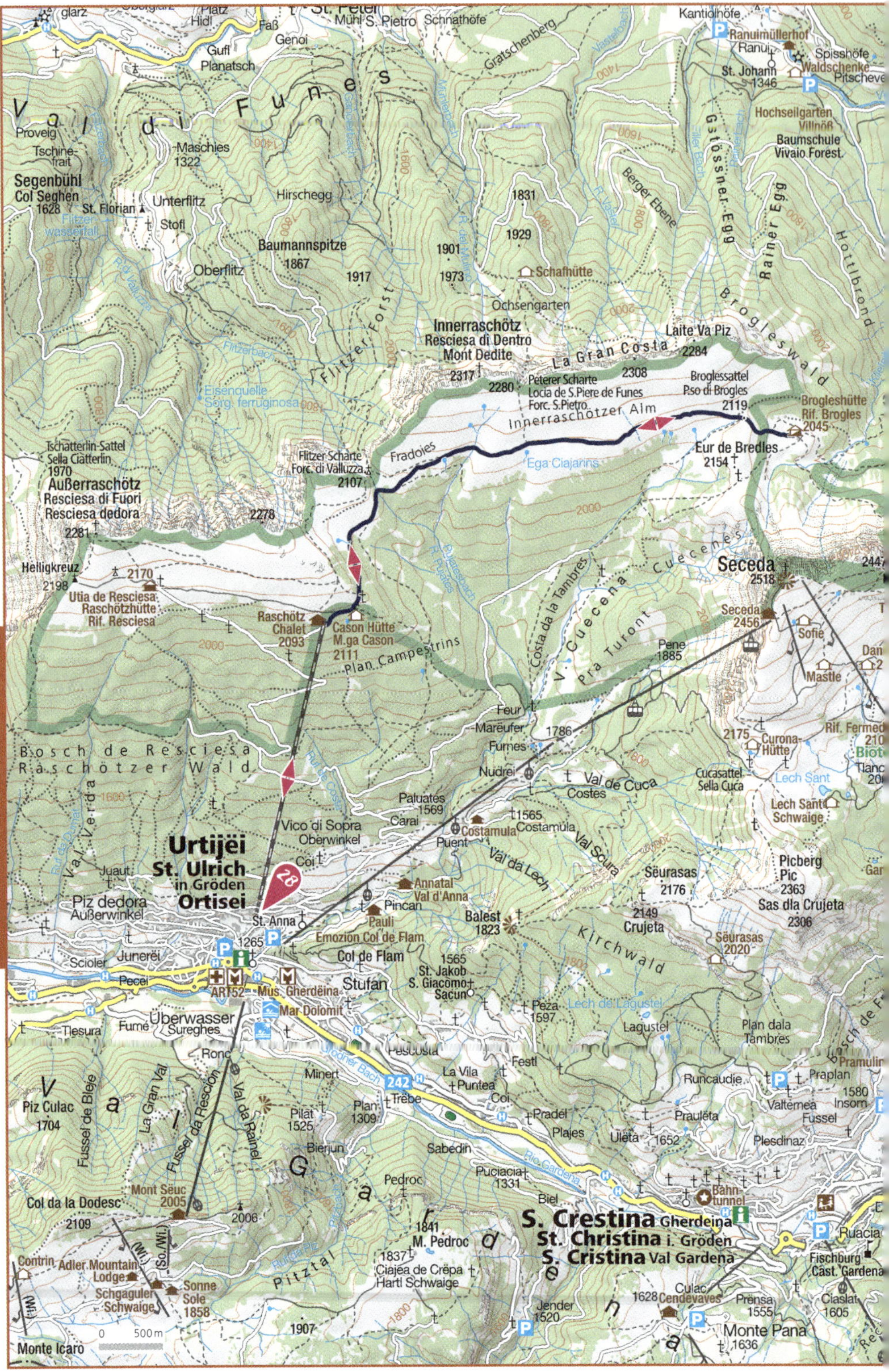

28

Val di Funes
St. Peter
S. Pietro
Schnathöfe
Kantiolhöfe
Ranuimüllerhof
Ranui
St. Johann
1346
Waldschenke
Spisshöfe
Pitscheve
Hochseilgarten Villnöß
Baumschule Vivaio Forest
Gratschenberg
Platz
Hidl
Faß
Genoi
Gufl
Planatsch
Proveig
Tschinefrait
Maschies
1322
Segenbühl
Col Seghen
1628
St. Florian
Unterflitz
Stofl
Flitzer Wasserfall
Hirschegg
Baumannspitze
1867
Oberflitz
1917
1831
1929
1901
1973
Schafhütte
Ochsengarten
Berger Ebene
Gstössner Egg
Rainer Egg
Hottibrond
Broglesswald
Flitzer Forst
Flitzerbach
Eisenquelle
Sorg. ferruginosa
Innerraschötz
Resciesa di Dentro
Mont Dedite
2317
2280
La Gran Costa
2308
2284
Laite Va Piz
Peterer Scharte
Locia de S.Piere de Funes
Forc. S.Pietro
Broglessattel
P.so di Brogles
2119
Brogleshütte
Rif. Brogles
2045
Innerraschötzer Alm
Eur de Bredles
2154
Fradoies
Ega Ciajarins
Tschatterlin-Sattel
Sella Ciatterlin
1970
Flitzer Scharte
Forc. di Valluzza
2107
Außerraschötz
Resciesa di Fuori
Resciesa dedora
2281
2278
Helligkreuz
2198
2170
Utia de Resciesa
Raschötzhütte
Rif. Resciesa
Raschötz Chalet
2093
Cason Hütte
M.ga Cason
2111
Plan Campestrins
Costa da la Tambres
V. Cuecena
Pra Turont
Cuecenes
Seceda
2518
Seceda
2456
Pene
1885
Sofie
Mastle
Feur
Maréufer
Furnes
1786
Nudrei
Val de Cuca
Costes
2175
Curona-Hütte
Rif. Fermeda
Cucasattel
Sella Cuca
Lech Sant
Lech Sant Schwaige
Bosch de Resciesa
Raschötzer Wald
Val Verda
Paluates
1569
Carai
1565
Costamula
Costamula
Puent
Val Scura
Val da Lech
Vico di Sopra
Oberwinkel
Coi
Urtijëi
St. Ulrich
in Gröden
Ortisei
Juaut
Piz dedora
Außerwinkel
Annatal
Val d'Anna
Pincan
Pauli
Emozion Col de Flam
St. Anna
1265
Balest
1823
Seurasas
2176
2149
Crujeta
Picberg
Pic
2363
Sas dla Crujeta
2306
Kirchwald
Seurasas
2020
Scioler
Junerëi
Pecei
Col de Flam
1565
St. Jakob
S. Giacomo
Sacun
Stufan
ART52
Mus. Gherdëina
Mar Dolomit
Peza
1597
Lech de Lagustel
Lagustel
Plan dala Tambres
Überwasser
Sureghes
Tlesura
Fumé
Ronc
Pescosta
Grödner Bach
242
Minert
La Vila
Puntea
Festl
Trebe
Coi
Runcaudie
Praplan
Valtmea
1580
Insom
Fussel
Pradel
Plajes
Uleta
1652
Praulëta
Plesdinaz
Piz Culac
1704
Fussel de Bleje
La Gran Val
Fussel da Resciesa
Val da Rainel
Pilat
1525
Plan
1309
Bierjun
Sabedin
Val Gardena
Rio Gardena
Pedroc
Puciacia
1331
Biel
Bahntunnel
Col da la Dodesc
Mont Sëuc
2005
2109
2006
1841
M. Pedroc
S. Crestina Gherdëina
St. Christina i. Gröden
S. Cristina Val Gardena
Ruacia
Fischburg
Cast. Gardena
Contrin
Adler Mountain Lodge
Schgaguler Schwaige
Sonne Sole
1858
Pitztal
1837
Ciajea de Crëpa
Hartl Schwaige
Culac
1628
Cendevaves
Prënsa
1555
Ciaslat
1605
Jender
1520
1907
Monte Pana
1636
Monte Icaro
0 500 m

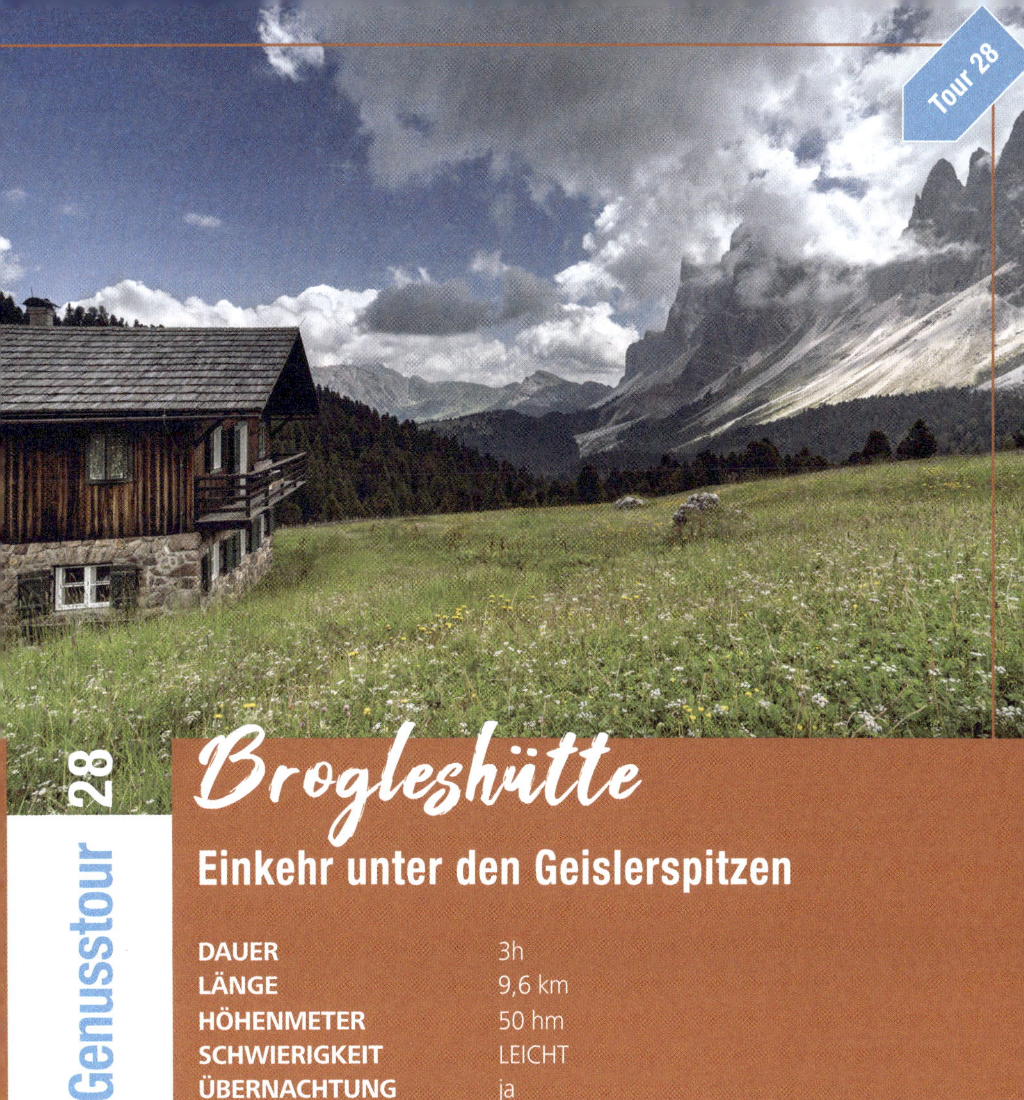

Brogleshütte

Einkehr unter den Geislerspitzen

DAUER	3h
LÄNGE	9,6 km
HÖHENMETER	50 hm
SCHWIERIGKEIT	LEICHT
ÜBERNACHTUNG	ja

Das erwartet dich ...

Die einfache Wanderung zur Brogleshütte – auch Broglesalm – führt uns in sanften Auf- und Abstiegen über meist flaches Gelände. Sie ist hervorragend für Kinder geeignet. Auf ihrer schönen Terrasse genießen wir einen weiten Blick über die Almflächen des traumhaft schönen Naturparks Puez-Geisler und auf die erhabenen Geislerspitzen. Die Auffahrt mit der Seilbahn in Raschötz ist genussreich.

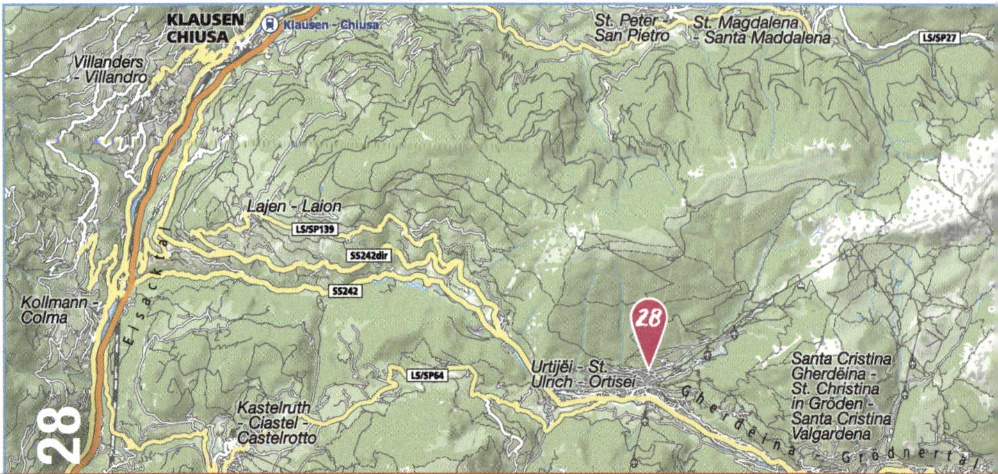

Genusstour 28

Start & Ziel & Anreise

Über die A 13/A 22, der Brenner-Autobahn, fahren wir nach Klausen im Eisacktal und weiter auf der Staatsstraße SS 242 bis nach St. Ulrich in Gröden. Parkmöglichkeiten gibt es an der Talstation des Raschötzer Liftes. Alternativ können wir mit der Bahn nach Brixen fahren und von dort mit dem Bus 330 nach St. Magdalena.

Tourenbeschreibung

Die Markierung Nr. 35 führt uns von der Bergstation der Seilbahn Richtung Osten zur nahen Cason Hütte oder Saltner Schwaige. Nach Norden wandern wir über eine zirbenbestandene Geländeschulter, bis der Weg zur Innerraschötzer Alm abfällt. Nahe des Weges fällt die Flitzerscharte ins Villnößtal ab. Wir berühren sie jedoch nicht. Sanft ansteigend laufen wir über die mageren, oberhalb der Waldgrenze befindlichen Rossweiden nach Osten. Stets begleitet uns dabei der Blick auf die imprägnanten Geislerspitzen. Über den Wiesensattel von Brogles, der die Gemeindegrenze von St. Peter und St. Ulrich bildet, steigen wir schließlich zur Brogleshütte (2045 m) ab, die am Nordrand der Geislerspitzen in einer einzigartigen Dolomitenlandschaft des Naturparks Puez-Geisler liegt. Hier werden wir mit typischen Almgerichten und italienischen Spezialitäten versorgt. Einfache Betten- und Schlaflager stehen zur Übernachtung zur Verfügung. Die hier weidenden Kühe und Pferde dürfen weder gestreichelt noch gefüttert werden!

Alternativ ist auch ein Aufstieg von der Mittelstation der Umlaufbahn St. Ulrich-Seceda über den Weg Nr. 5 möglich. Dieser Weg bietet ein rasch wechselndes Landschaftsbild und gewährt schöne Eindrücke von der Berglandschaft. Das Amt für Naturschutz der Landesregierung von Südtirol hat bereits in vielen Teilen des Landes den landschafts-und umweltgerechten Wegbau umgesetzt. Dies sieht man besonders schön im Gebiet des roterdigen Broglessattels, kurz bevor man die Hütte erreicht.

Für den Rückweg bieten sich mehrere Alternativen an: Einerseits kann man auf dem Anstiegsweg zur Mittelstation zurückwandern. Eine zweite Möglichkeit wäre der bereits erwähnte Weg Nr. 5 zur Mittelstation der Seceda Umlaufbahn. Der Steig zweigt zehn Minuten oberhalb der Hütte am Broglessattel vom Anstiegsweg ab. Links wandern wir hinab, dann südwestlich bis zum Wegschild am Ende des langen Alm-und Wiesenbodens. Verdeckt schräg links finden wir die Bergbahnstation. Eine dritte Möglichkeit wäre, die Abzweigung zur Umlaufbahn zu ignorieren und einfach dem Steig Nr. 5 in den Ortsteil Oberwinkel zu folgen. Eine Teerstraße führt dann in den Ort. Zuletzt könnte man über die Panascharte zur Bergstation der Seceda Umlaufbahn wandern.

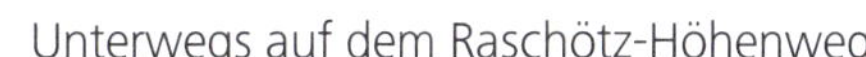

Unterwegs auf dem Raschötz-Höhenweg

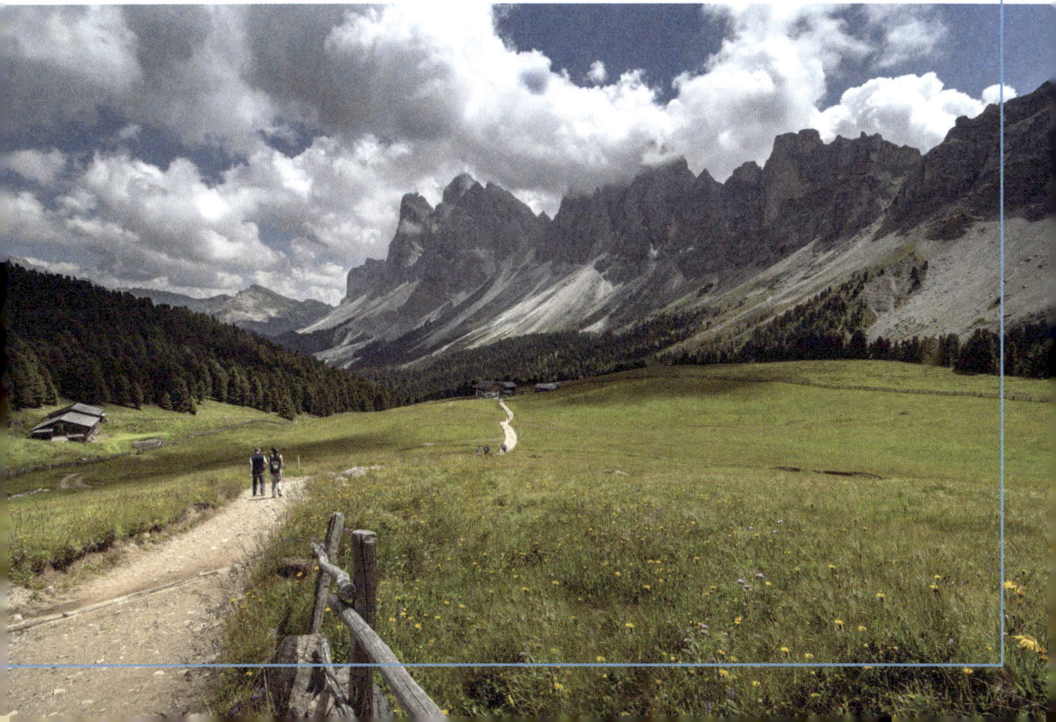

29

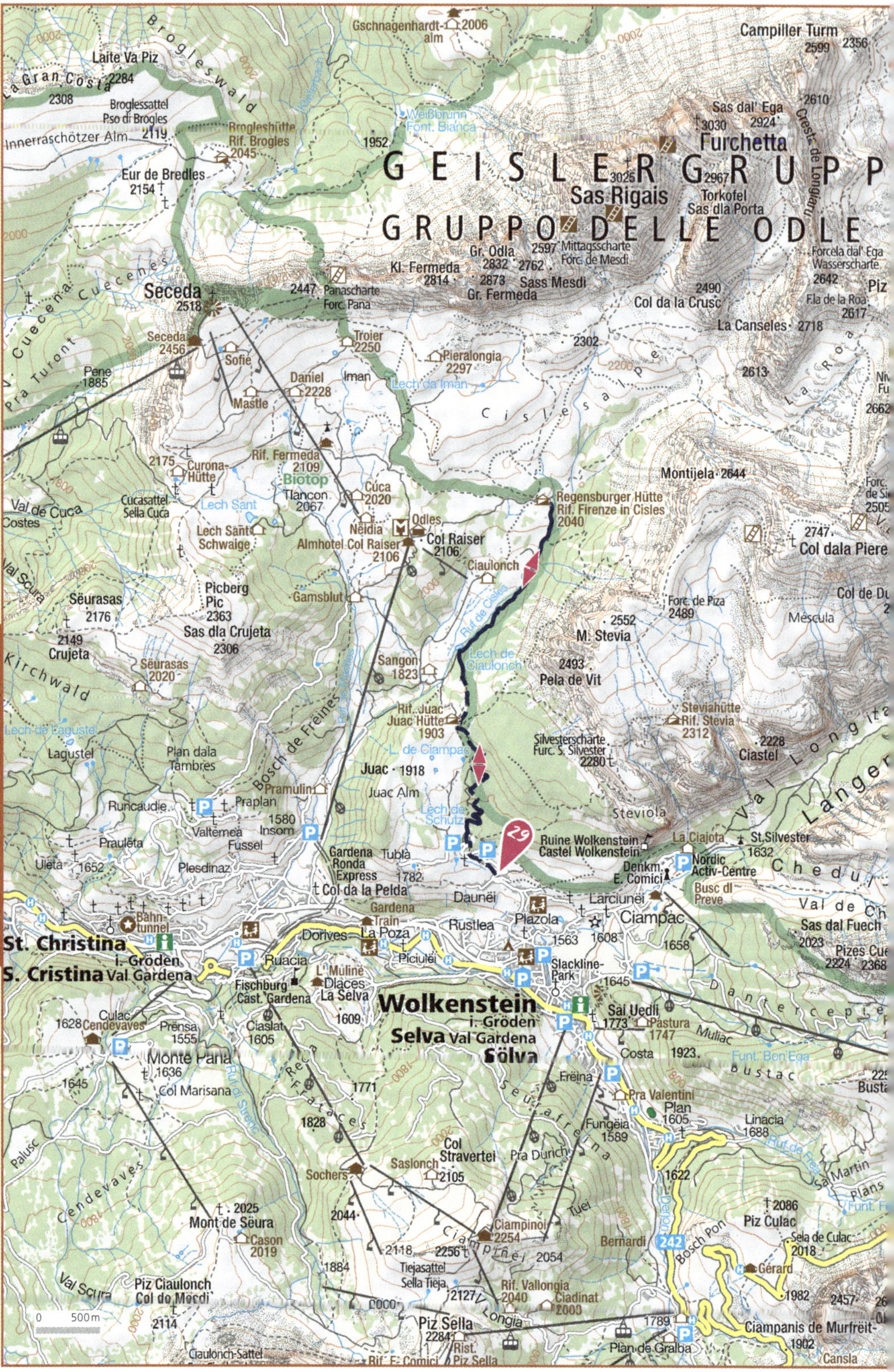

GEISLERGRUPPE
GRUPPO DELLE ODLE

Campiller Turm
Sas dal' Ega
Furchetta
Sas Rigais
Torkofel
Sas dla Porta
Gschnagenhardt-alm 2006
Laite Va Piz
La Gran Costa
Broglesswald
Broglessattel
P.so di Brogles 2119
Brogleshütte
Rif. Brogles 2045
Innerraschötzer Alm
Eur de Bredles 2154
Weißbrunn
Font. Bianca
Gr. Odla
Kl. Fermeda 2814
Gr. Fermeda
Sass Mesdi
Mittagsscharte
Forc. de Mesdi
Panascharte
Forc. Pana
Seceda 2518
Seceda 2456
Sofie
Troier 2250
Pieralongia 2297
Daniel 2228
Iman
Lech da Iman
Cislesalpe
Col da la Crusc
La Canseles 2718
La Roa
Forcela dal' Ega
Wasserscharte
Fla de la Roa 2617
Pene 1885
Pra Turont
V. Cuecena
Mastle
Curona-Hütte
Rif. Fermeda 2109
Biotop
Tlancon 2067
Cuca 2020
Lech Sant
Cucasattel
Sella Cuca
Val de Cuca
Costes
Lech Sant
Schwaige
Regensburger Hütte
Rif. Firenze in Cisles 2040
Montijela 2644
Col dala Piere
Odles
Neidia
Almhotel Col Raiser 2106
Col Raiser 2106
Ciaulonch
Gamsblut
Val Scura
Sëurasas 2176
Picberg
Pic 2363
Sas dla Crujeta 2306
Crujeta 2149
Forc. de Piza 2489
Mëscula
M. Stevia 2552
Lech de Ciaulonch
Ruf de Cisles
Pela de Vit 2493
Kirchwald
Sëurasas 2020
Sangon 1823
Lech de Lagustel
Lagustel
Plan dala Tambres
Bosch de Freines
Rif. Juac
Juac Hütte 1903
L. de Ciampac
Juac 1918
Juac Alm
Steviahütte
Rif. Stevia 2312
Silvesterscharte
Furc. S. Silvester 2280
Ciastel 2228
Steviola
Val Longia
Val Langental
Runcaudie
Praplan
Pramulin
Valternea 1580
Insom
Fussel
Lech de Schutz
Prauleta
Uleta 1652
Plesdinaz
Gardena Ronda Express
Tublà 1782
Col da la Pelda
Dauneì
Ruine Wolkenstein
Castel Wolkenstein
Denkm. E. Comici
La Ciajota
St. Silvester 1632
Nordic Activ-Centre
Busc dl Preve
Larciunei
Ciampac
Chedul
Val de Chedul
Sas dal Fuech 2023
Pizes Cuecenes 2224 2368
Bahn-tunnel
St. Christina i. Gröden
S. Cristina Val Gardena
Gardena Train
Dorives
La Poza
Rustlea
Plazola
Piciulëi
Slackline-Park
Ruacia
L' Mulinë
Dlaces
La Selva
Fischburg
Cast. Gardena
Wolkenstein i. Gröden
Selva Val Gardena
Sölva
Sai Uedli 1773
Pastura 1747
Muliac
Dantercëpies
Culac
Cendevaves 1628
Prensa 1555
Ciaslat 1605
Monte Pana 1636
Col Marisana
Ruf de Sëuc
Costa 1923
Funt. Ben Ega
Bustac
Frëina
Pra Valentini
Plan 1605
Funtëia 1589
Linacia 1688
Ruf de Frea
Sal Martin
Plans
Sëurafreina
Fratacëes
Col Stravertei
Saslonch 2105
Pra Durich
Sochers
Palusc
Cendevaves
Mont de Sëura 2025
Cason 2019
Ciampinoi 2254
Ciamp
Tuel
Bernardi
Bosch Pon
Piz Culac
Sela de Culac 2018
Gérard
Piz Ciaulonch
Col do Mesdi 2114
Val Scura
Tiejasattel
Sella Tieja
Longia
Rif. Vallongia 2040
Ciadinat 2000
Piz Sella 2284
Rist. Piz Sella
Rif. E. Comici
Plan de Gralba 1789
Ciampanis de Murfreit
Cansla
Ciaulonch-Sattel
0 500 m

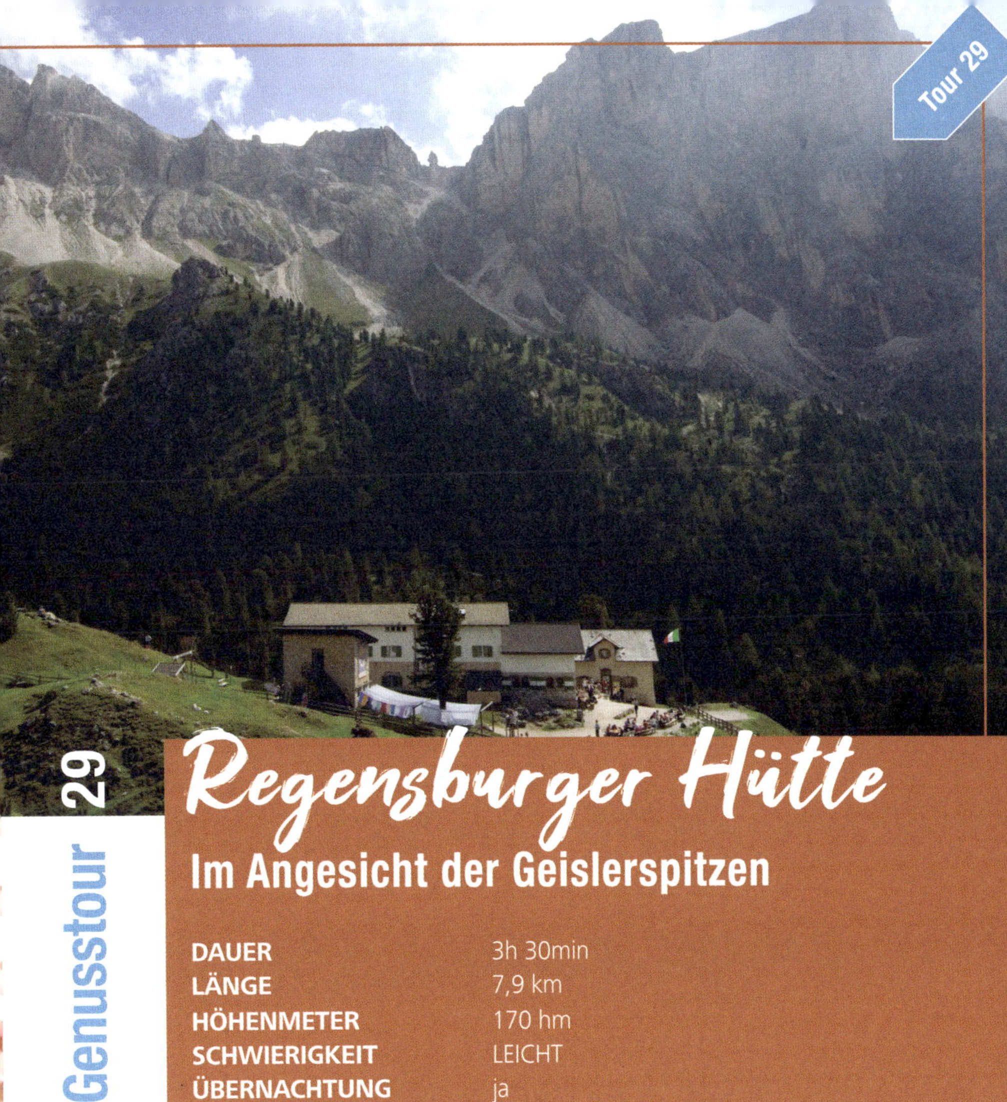

Genusstour 29

Regensburger Hütte

Im Angesicht der Geislerspitzen

DAUER	3h 30min
LÄNGE	7,9 km
HÖHENMETER	170 hm
SCHWIERIGKEIT	LEICHT
ÜBERNACHTUNG	ja

Das erwartet dich ...

Die Wanderung zur Regensburger Hütte ist recht kurz und einfach. Sie führt auf breiten Almwegen durch eine äußerst reizvolle Landschaft. Die Hütte liegt herrlich im Naturpark Puez-Geisler, an der nördlichen Talseite des Grödnertals, am Fuße der Geislerspitzen und der Steviagruppe. Eine Besonderheit nahe der Hütte ist die „Piera Longia", ein steiler Felszahn, der von schwindelfreien Wanderern bestiegen werden kann.

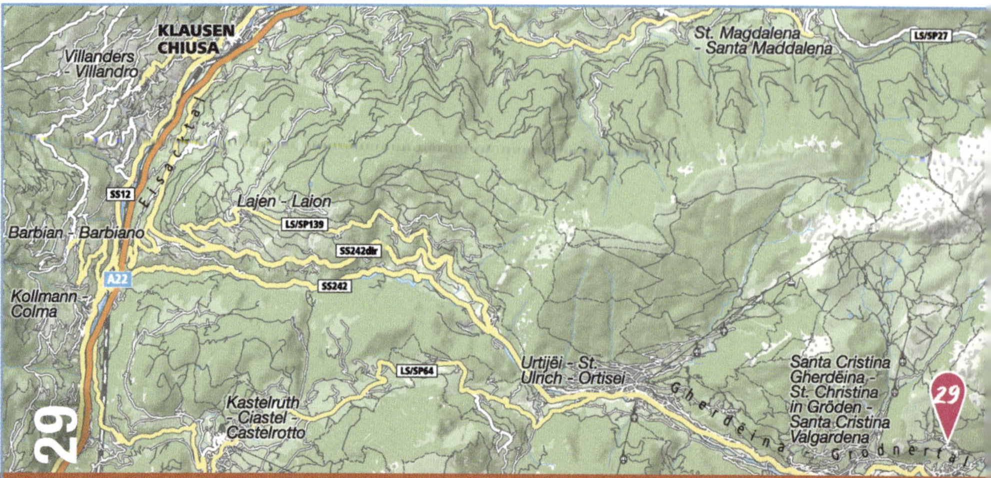

Start & Ziel & Anreise

Über die Brenner-Autobahn A22, Ausfahrt Klausen, Grödnertal. Über die Landstraße SS 242 nach Pontives und weiter über die SS 242 bis nach Wolkenstein.

Tourenbeschreibung

Der Weg auf die Regensburger Hütte eröffnet uns die ganze Schönheit der Grödner Bergwelt. Noch eindrucksvoller wird er, wenn wir ihn mit der Cisles Runde verbinden können: Diese Rundwanderung führt von der Regensburger Hütte zum Plan Ciautier unterhalb der Geislerspitzen und einer Gabelung unter dem Fermedaturm. Bergblumenwiesen und gezackte Felsriesen begleiten uns dabei Schritt für Schritt auf dem Rückweg zum Schutzhaus. Für eine fast schon tagesfüllende Tour könnte man noch weiter über Troier Alm, Daniel, Fermedahütte und Col Raiser laufen.

Vom Zentrum in Wolkenstein fahren oder wandern wir in den etwas weiter oben liegenden Ortsteil Daunëi. Der Ausgangspunkt der Wanderung beginnt am Ende der Daunëistraße bei der Pension Daniel. Hinter dem Brunnen, gegenüber der Pension, führt uns der Weg Nr. 3 nordwestlich auf den darüber liegenden Geländeabsatz. Noch bevor der Fahrweg beim Zaungatter in die Mähwiesen mündet, zweigt der Hüttensteig am Wegweiser ab und führt uns nach Norden durch den lichten Wald hinauf. Eine Stunde später erreichen wir den wunderschön gelegenen Wiesenabschnitt Juac mit einer Hütte. Der Platz ist bekannt für seine herrliche Rundumsicht zu den Grödner Hausbergen. Nachdem wir ihn hinter uns gelassen haben, durchqueren wir ein hübsches, feuchtes Moos. Der Steig führt wieder hinab und trifft auf den Weg mit der Markierung Nr. 1, der uns zur Regensburger Hütte bringt. Hier gibt es einen Teich, dessen Hintergrund durch die zackigen Gebirgsspitzen für Hobbyfotografen sehr beliebt geworden ist. Wir halten uns rechts und steigen in einer Dreiviertelstunde ab Juac zur Regensburger Hütte auf. Kinder können sich auf dem Spielplatz der Hütte austoben oder die Kaninchen beobachten. Auf der schönen Sonnenterrasse mit herrlichem Ausblick auf die Dolomitengipfel werden Südtiroler Spezialitäten serviert.

Der Abstieg nach Daunëi erfolgt auf dem Anstiegsweg. Alternativ können wir auch den Steig Nr. 4 nehmen, der uns in zwanzig Minuten zur Bergstation der Col Raiser-Umlaufbahn nach St. Christina bringt. Eine weitere Abstiegsmöglichkeit besteht darin, den Weg Nr. 1 zu Fuß zu beschreiten und nach St. Christina in Gröden abzusteigen.

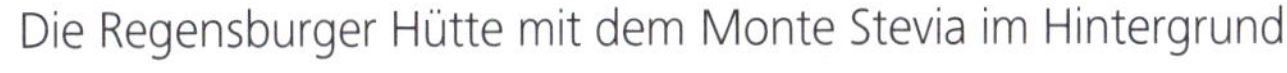

Die Regensburger Hütte mit dem Monte Stevia im Hintergrund

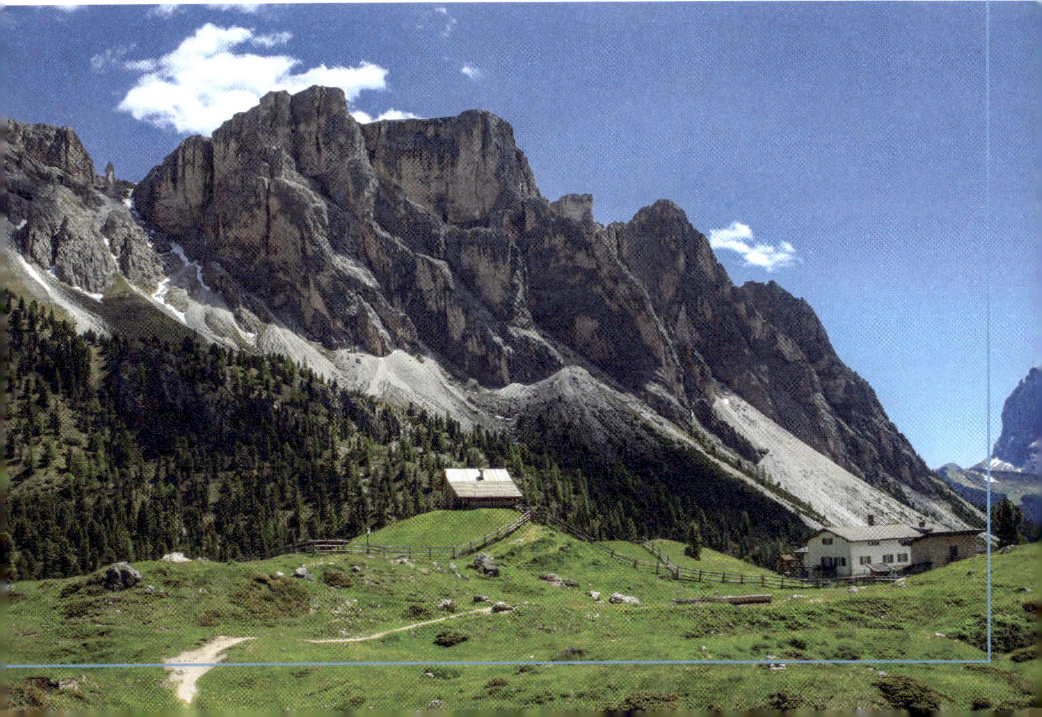

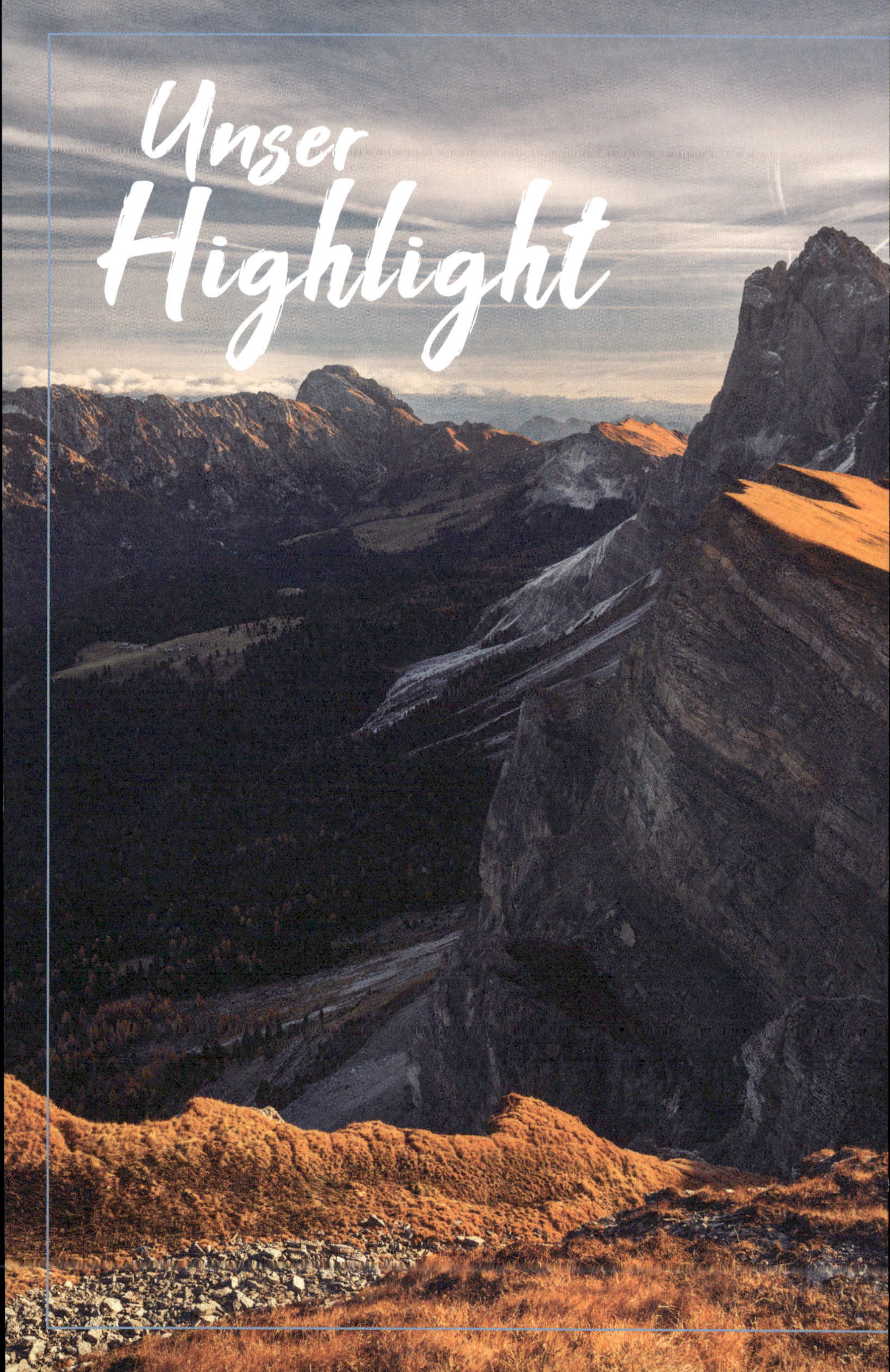
Unser
Highlight

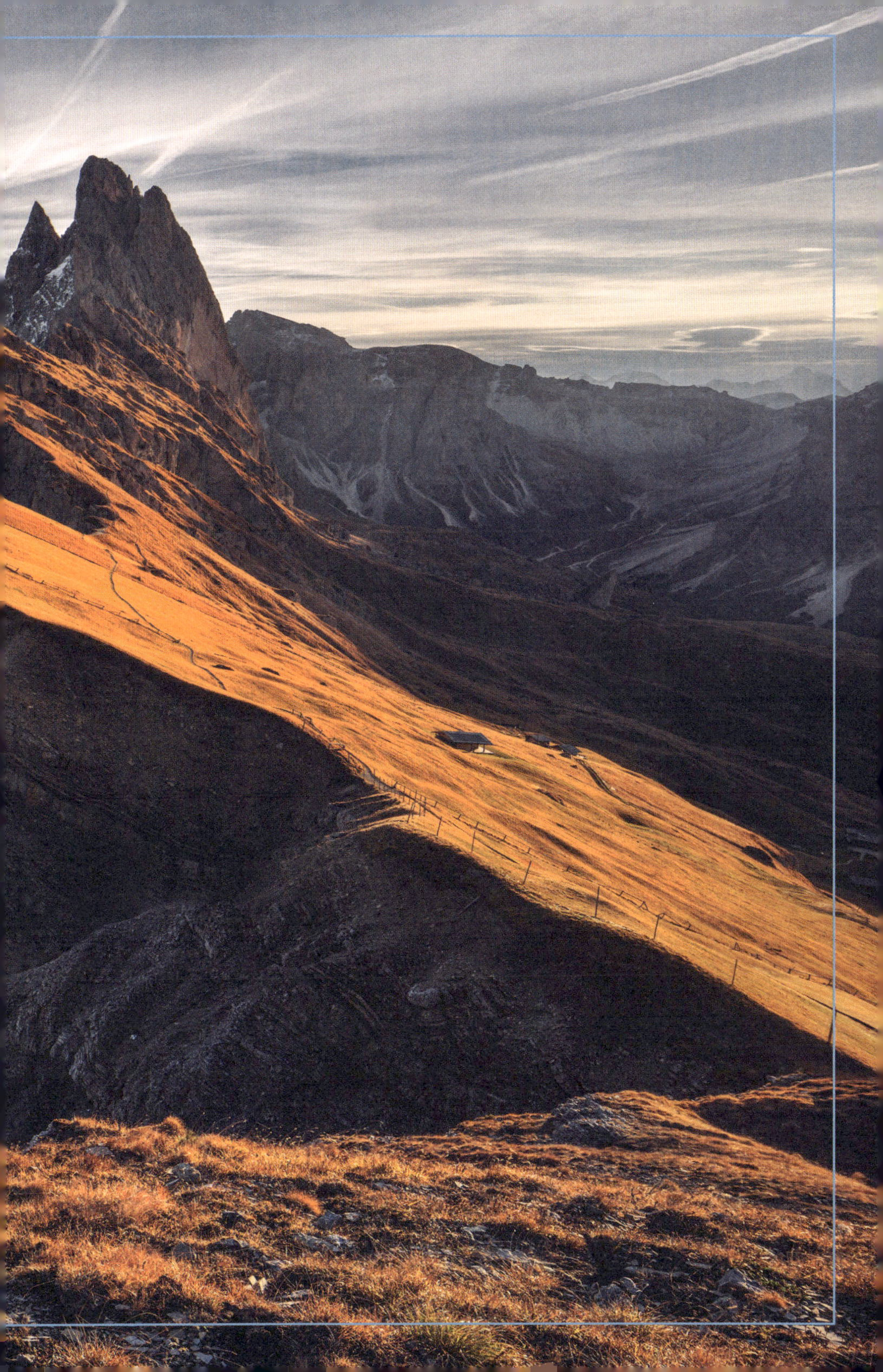

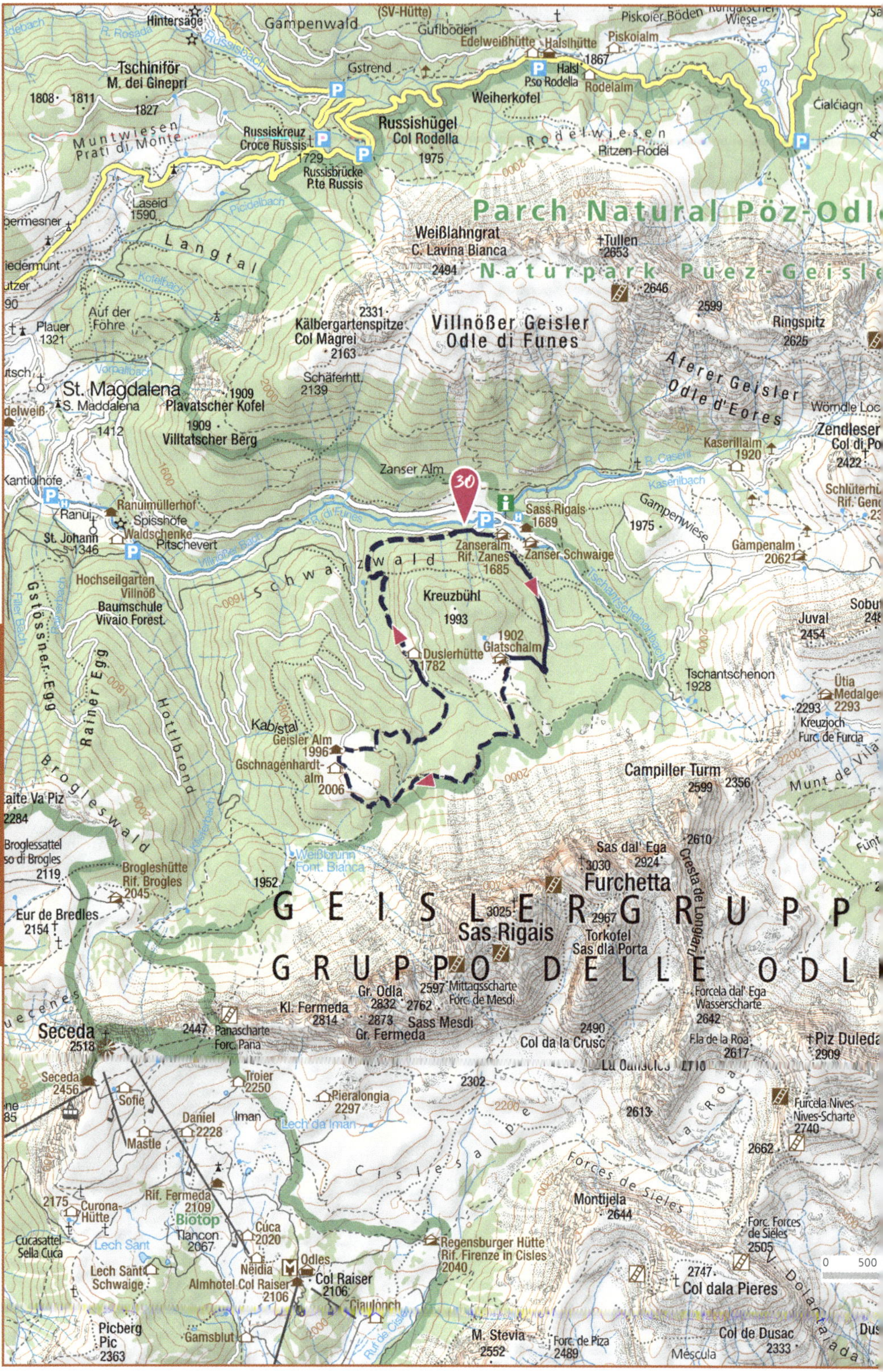

Hintersage
Gampenwald
(SV-Hütte)
Gufiboden
Piskoier Böden
Wiese
Edelweißhütte
Halslhütte
Piskoialm
Halsl 1867
P.so Rodella
Rodelalm
Tschinifòr
M. dei Ginepri
Gstrend
Weiherkofel
Ciaciagn
1808
1811
1827
Russishügel
Col Rodella
1975
Rodelwiesen
Ritzen-Rodel
Muntwiesen
Prati di Monte
Russiskreuz
Croce Russis
1729
Russisbrücke
P.te Russis
Laseid
1590
Langtal
Parch Natural Pöz-Odle
Naturpark Puez-Geisler
Weißlahngrat
C. Lavina Bianca
2494
Tullen
2653
2646
2599
Ringspitz
2625
Plauer
1321
Auf der Föhre
2331
Kälbergartenspitze
Col Mágrei
2163
Villnößer Geisler
Odle di Funes
Aferer Geisler
Odle d'Eores
Wörndle Loch
Schäferhtt.
2139
St. Magdalena
S. Maddalena
1909
Plavatscher Kofel
1909
Villtatscher Berg
1412
Kaserillalm
1920
Zendleser
Col di Po
2422
Kantiolhöfe
Zanser Alm
30
Kasenibach
Sass Rigais
1689
Gampenwiese
1975
Schlüterhütte
Rif. Genova
Ranuimüllerhof
Ranui
Spisshöfe
St. Johann
1346
Waldschenke
Pitschevert
Zanseralm
Rif. Zanes
1685
Zanser Schwaige
Gampenalm
2062
Schwarzwald
Hochseilgarten Villnöß
Baumschule
Vivaio Forest
Kreuzbühl
1993
1902
Glatschalm
Dusleralm
1782
Sobutsch
2486
Juval
2454
Gstössner Egg
Rainer Egg
Hottlbrond
Tschantschenon
1928
Ütia
Medalges
2293
2293
Kreuzjoch
Furc. de Furcia
Kabistal
Geisler Alm
1996
Gschnagenhardt-alm
2006
Campiller Turm
2599
2356
Munt de Vila
Brogleswald
Caite Va Piz
2284
Broglessattel
Passo di Brogles
2119
Weißbrunn
Font. Bianca
Brogleshütte
Rif. Brogles
2045
1952
Sas dal Ega
2924
3030
2610
Furchetta
Cresta de Longiarù
Eur de Bredles
2154
GEISLERGRUPPE
GRUPPO DELLE ODLE
3025
Sas Rigais
2967
Torkofel
Sas dla Porta
Seceda
2518
2447
Panascharte
Forc. Pana
Kl. Fermeda
2814
Gr. Odla
2832
2873
Gr. Fermeda
2762
2597
Mittagsscharte
Forc. de Mesdì
Sass Mesdi
Forcela dal' Ega
Wasserscharte
2642
2490
Col da la Crusc
F.la de la Roa
2617
Piz Duleda
2909
Seceda
2456
Troier
2250
2302
Sofie
Pieralongia
2297
Daniel
2228
Iman
Lech da Iman
La Roa
2613
Furcela Nives
Nives-Scharte
2740
Mastle
Cislesalpe
2662
Forces de Sieles
2175
Curona-Hütte
Rif. Fermeda
2109
Biotop
Montijela
2644
Cucasattel
Sella Cuca
Lech Sant
Tlancon
2067
Cuca
2020
Regensburger Hütte
Rif. Firenze in Cisles
2040
Forc. Forces de Sieles
2505
Lech Sant Schwaige
Neidia
Odles
Col Raiser
2106
Almhotel Col Raiser
2106
2747
Col dala Pieres
Val Dolarciàda
Ciaulonch
Picberg
Pic
2363
Gamsblut
M. Stevia
2552
Forc. de Piza
2489
Col de Dusac
2333
Mèscula
0
500

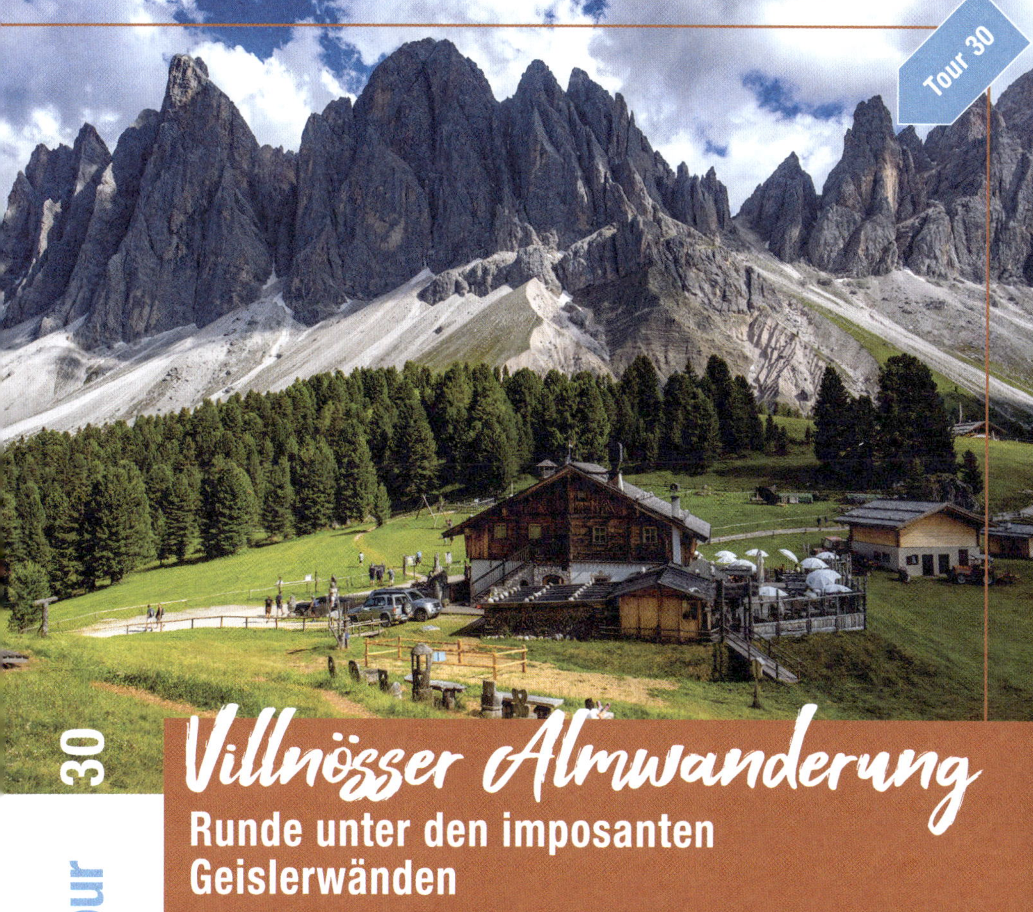

Villnösser Almwanderung

Runde unter den imposanten Geislerwänden

DAUER	2h 50min
LÄNGE	8 km
HÖHENMETER	464 hm
SCHWIERIGKEIT	MITTEL
ÜBERNACHTUNG	ja

Das erwartet dich ...

Diese schöne Wanderung führt uns über Steige und Güterwege durch die bäuerliche südtiroler Kulturlandschaft. Dabei streifen wir intakte Bergwälder und blühende Almwiesen. Der Abstieg von der Geisler Alm zur Duslerhütte kann bei Nässe sehr rutschig werden. An solchen Tagen kann man auf den Fahrweg ausweichen.

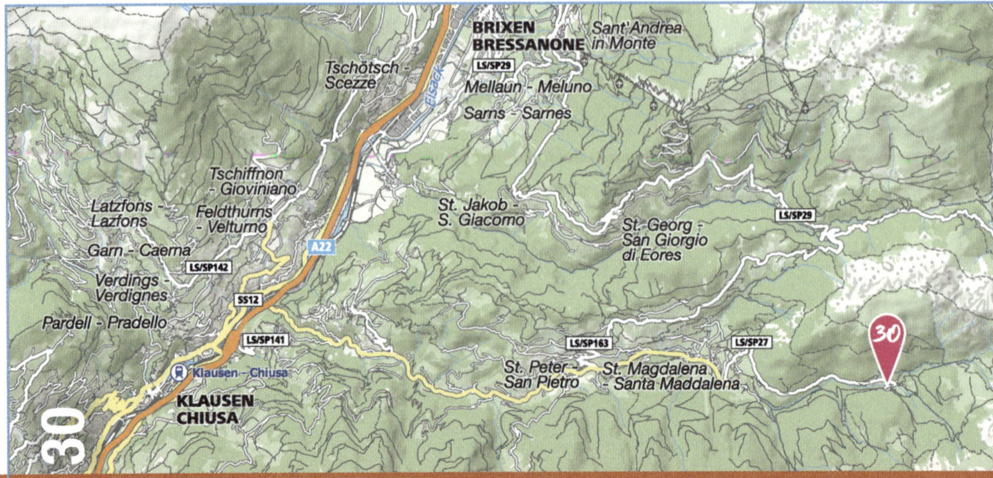

Almtour 30

Start & Ziel & Anreise

Die Wanderung beginnt am Parkplatz bei der Zanser Alm. Von der A 22 fahren wir bei Brixen auf die Staatsstraße 12, die uns in einer halben Stunde ins Villnösstal bringt.

Tourenbeschreibung

Auf dieser Runde lernen wir gleich vier Almen kennen, streifen durch einen herrlichen Bergwald und wandern über aussichtsreiche Almwiesen. Dies alles unter dem Angesicht der erhabenen Geislerspitzen, denen wir auf dem Adolf-Munkler-Weg recht nah kommen. Im Frühling erfreut uns die Blumenpracht, im Herbst bieten die bunt gefärbten Lärchenwälder ein ganz besonderes Schauspiel.

Beim obersten Parkplatz an der Zanser Alm wandern wir über den Güterweg 36 bis zu einer Gabelung: Wir folgen dem Wegschild Richtung Glatschalm, die wir eine halbe Stunde später erreicht haben. Ihre schöne Aussichtsterrasse bietet einen tollen Blick auf die imponierenden Nordwände der Geislerspitzen. Weiter geht es zum Adolf-Munk-Weg: Wir laufen an Zirben vorbei und über eine Wiese zum Wald hinauf. Er bildet die natürliche Grenze zwischen Almgelände und Schutthängen. An der Gabelung führt der Weg nach links zur Gampenalm, rechts gelangt man zur Gschnagenhardtalm. Nur ein paar Meter später sind wir am Adolf-Munk-Weg, der uns sanft hinab durch den lichten Wald zum Bergsturzgelände führt. Über einen steinigen Pfad erreichen wir eine weitere Gabelung, an dem ein Weg direkt zur Geisleralm abzweigt. Wir wandern den Hauptweg weiter entlang und nach dem Weidezaun den Bergrücken hinauf. Hier richten wir uns nach Norden Richtung Gschnagenhardtalm. Wir halten uns auf dem rechten Weg, über Treppen auf eine Kuppe. Nun direkt am Waldrand schweift der Blick über die Almwiesen der Gschnagenhardtalm, die wir wenige Minuten später erreicht haben. Hier gibt es einen kleinen Spielplatz und sogar kleine Hasen, die die Kinder streicheln können. Ein paar Meter weiter liegt die Geisler Alm. Hier gibt es einen etwas größeren Abenteuerspielplatz.

Für den Abstieg nehmen wir den Steig durch den Wald zur Duslerhütte. Er zweigt kurz nach der Alm nach rechts vom Güterweg ab. Steil führt der Steig über Bohlen und Treppen durch den Wald hinab zum Bach. Dann auf einer Höhe bleibend gelangen wir an den Fahrweg zur Geisler Alm, dem wir talwärts zur Duslerhütte folgen. Weiter geht es steil hinab zum Villnößer Bach. Nach einer Rechtskurve wandern wir eben oberhalb der Fahrstraße des Baches zum Parkplatz.

Die imposante Geislergruppe

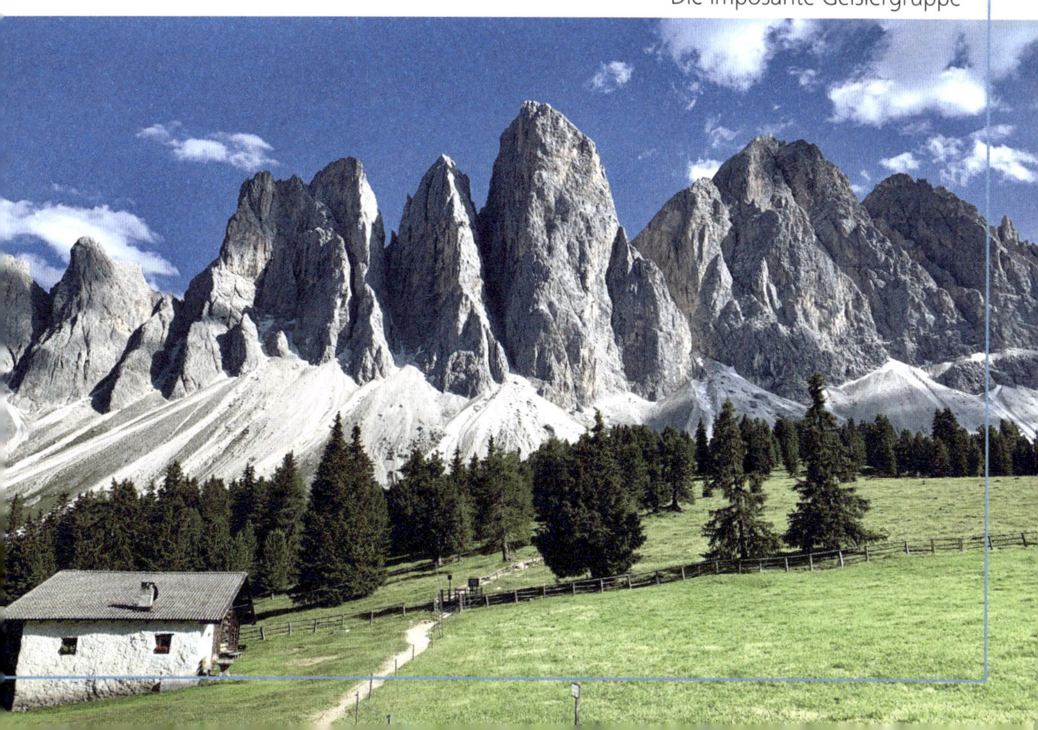

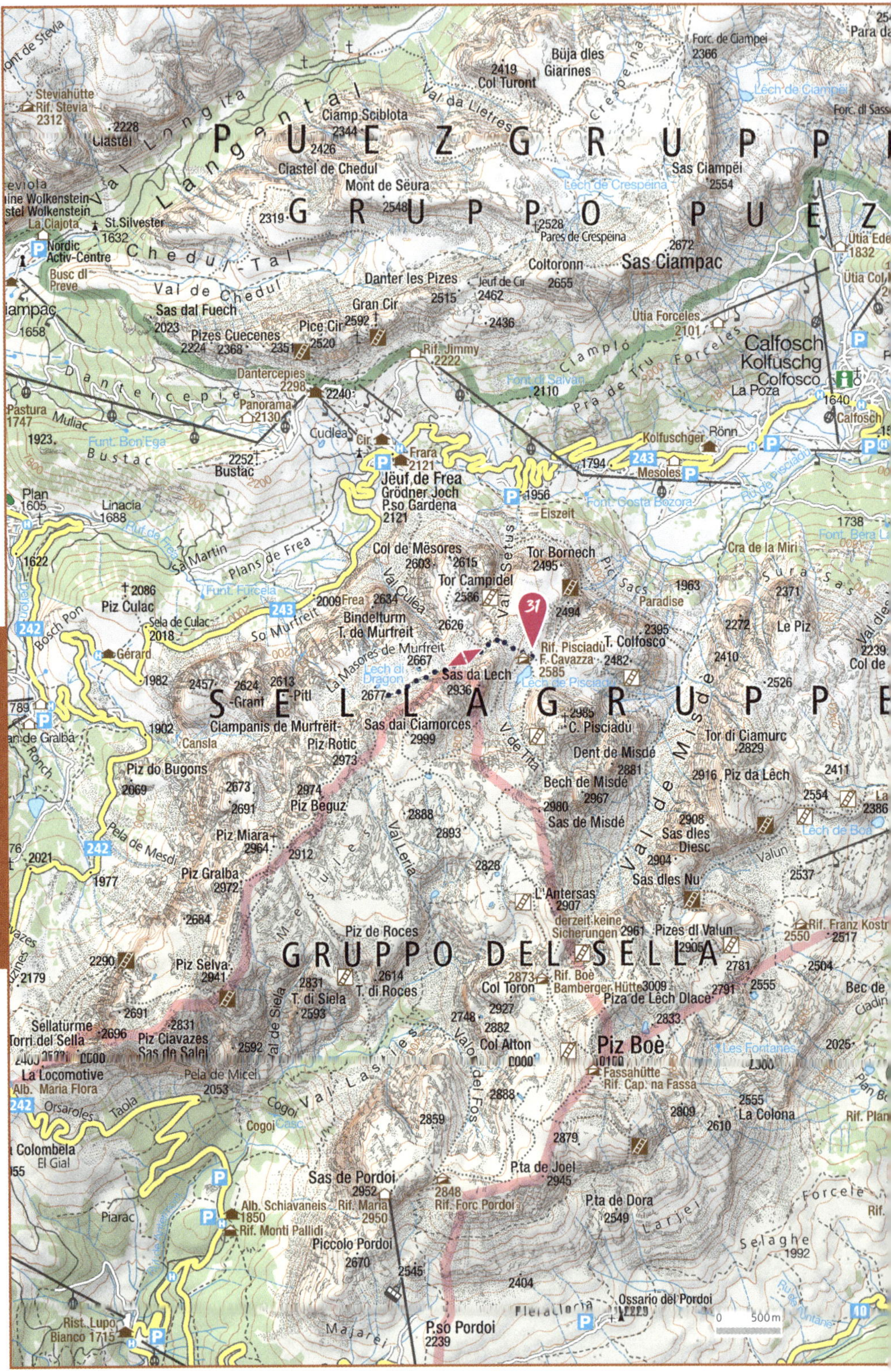

31

PUEZGRUPPE
GRUPPO PUEZ

Forc. de Ciampei 2366
Büja dles Giarines
2419 Col Turont
Val da Lietres
Crespëina
Lëch de Ciampëi
Forc. dl Sass
Para da
Steviahütte Rif. Stevia 2312
2228 Ciastel
Ciamp Sciblota 2344
2426
Ciastel de Chedul
Mont de Sëura
2548
Sas Ciampëi 2554
Lëch de Crespëina
2528 Pares de Crespëina
2319
St. Silvester 1632
La Ciajota
Ruine Wolkenstein
Castel Wolkenstein
Nordic Activ-Centre
Busc dl Preve
Chedul-Tal
Val de Chedul
Langental
Val Longia
Coltoronn 2655
2672
Sas Ciampac
Ütia Ede 1832
Ütia Col
Danter les Pizes
2515
Jeuf de Cir 2462
Gran Cir 2592
2436
Sas dal Fuech 2023
Pizes Cuecenes 2224 2368
2351
Pice Cir 2520
Rif. Jimmy 2222
Ütia Forceles 2101
Calfosch Kolfuschg Colfosco
La Poza
Ciampac 1658
Dantercepies
Dantercepies 2298
2240
Font dl Salvan 2110
Ciampló
Pra de Tru
Forceles
Pastura 1747
Muliac
Panorama 2130
Cir
Cudlea
Frara 2121
Kolfuschger
Rönn
1640
Calfosch
1923
Bustac
Funt. Bon Ega
2252 Bustac
Jëuf de Frea Grödner Joch P.so Gardena 2121
1794
243
Mesoles
Plan 1605
Linacia 1688
Ruf de Frea
1956
Eiszeit
Font. Costa Bozora
Ruf de Pisciadù
1738
Font. Bera
1622
San Martin
Plans de Frea
Col de Mësores 2603
2615
Val Setus
Tor Bornech 2495
Cra de la Miri
Sura Sas
2086 Piz Culac
Funt. Furcela
2009 Frea
Tor Campidel 2586
2634
Val Culea
Pici Sacs
1963
Paradise
2371
Bosch Pon
Sela de Culac 2018
243
So Murfreit
Bindelturm T. de Murfreit
2626
2494
2395
T. Colfosco
2272
Le Piz
Val dles
242
Gérard
1982
La Masores de Murfreit
2667
Lech di Dragon
Sas da Lech 2936
Rif. Pisciadù F. Cavazza 2585
2482
Lech de Pisciadù
2410
2239 Col de
2526
1789
2457
2624 S-Grant
2613 Pitl
2677
SELLAGRUPPE
2985 C. Pisciadù
Val de Misdè
Piz de Gralba
Ronch
1902
Cansla
Ciampanis de Murfreit
Piz Rotic 2973
Sas dai Ciamorces 2999
V. de Tita
Dent de Misdè
Tor di Ciamurc 2829
Piz do Bugons 2069
2673
2974
Piz Beguz
2691
2881
Bech de Misdè
2967
2916
Piz da Lêch
2411
2554
2386
Lech de Boè
2980
Sas de Misdè
Pela de Mesdì
Piz Miara 2964
2888
2893
Val Lería
Mesules
2908
Sas dles Diesc
2904
Valun
242
2021
1977
2912
Piz Gralba 2972
2828
Sas dles Nu
2537
2684
L'Antersas 2907
derzeit keine Sicherungen 2961
Pizes dl Valun
2905
Rif. Franz Kostner 2550 2517
Piz de Roces
2290
Piz Selva 2941
2179
GRUPPO DEL SELLA
2831 T. di Siela 2593
2614 T. di Roces
2873
Col Toron
Rif. Boè Bamberger Hütte 3009
2781
2504
Piza de Lêch Dlacè 2791
2555
Bec de
Ciadin
2691
2927
2833
Sellatürme Torri del Sella
2696
2831 Piz Ciavazes Sas de Salei
Val de Siela
Val Lasties
2748
2882
Col Alton
Val del Fos
Piz Boè 3152
Les Fontanes
2025
2592
La Locomotive
Pela de Micel
2053
Fassahütte Rif. Cap. na Fassa
Alb. Maria Flora
242
Orsaroles
Taola
Cogoi
Cogoi
2888
2809
2555 La Colona
2610
Rif. Plan
Plan Boè
2859
2879
Colombela El Gial
2955
Pta de Joel 2945
Sas de Pordoi 2952
2848 Rif. Forc Pordoi
Rif. Maria 2950
Alb. Schiavaneis 1850
Rif. Monti Pallidi
Pta de Dora 2549
Larjei
Forcele
Selaghe 1992
Piarac
Piccolo Pordoi 2670
2545
2404
Rif.
Ossario del Pordoi
Rist. Lupo Bianco 1715
Majarei
P.so Pordoi 2239
0 500 m
40

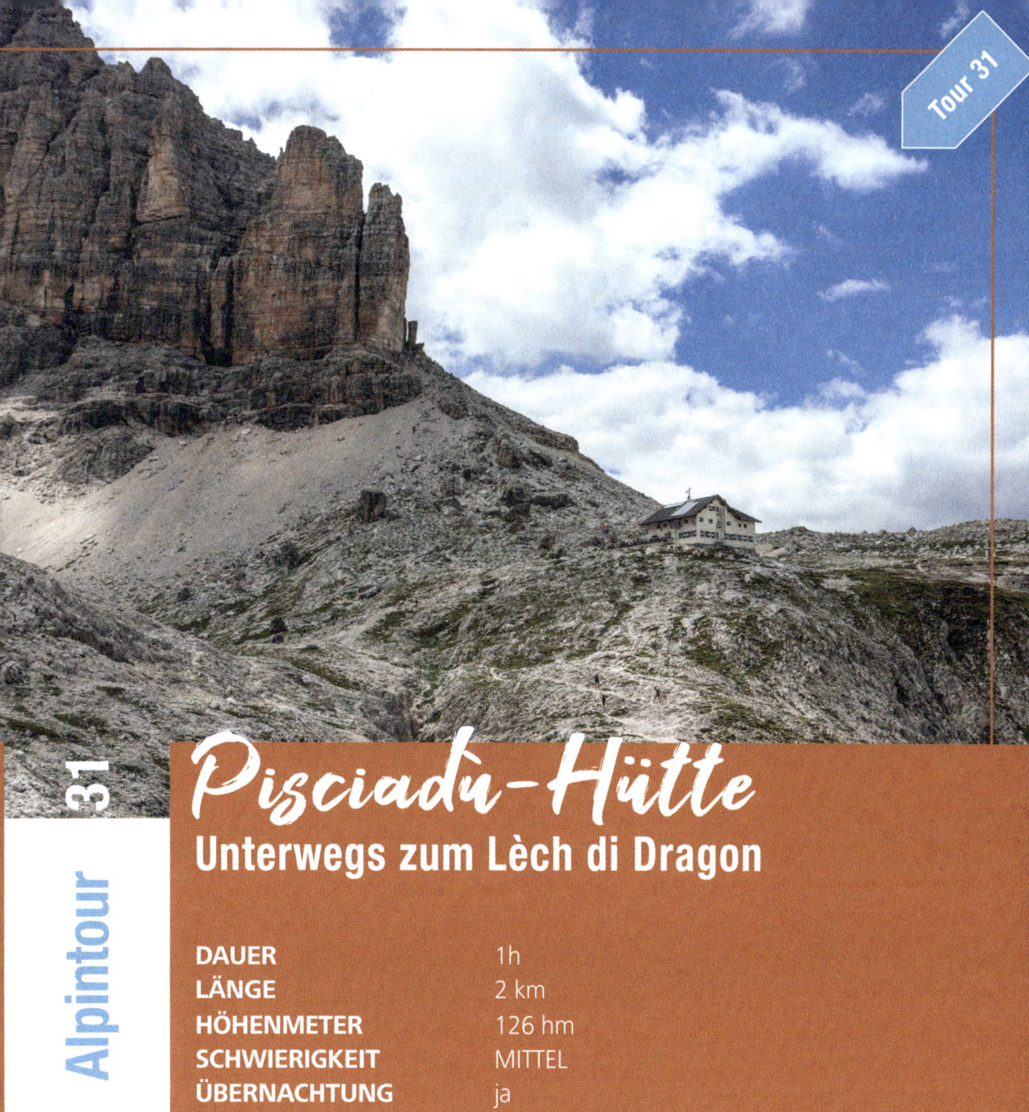

Alpintour 31

Pisciadù-Hütte

Unterwegs zum Lèch di Dragon

DAUER	1h
LÄNGE	2 km
HÖHENMETER	126 hm
SCHWIERIGKEIT	MITTEL
ÜBERNACHTUNG	ja

Das erwartet dich ...

Die extrem kurze Wanderung führt uns durch karges Gebiet und über einen Blockgletscher, der Trittsicherheit und alpine Erfahrung erfordert. Orientierungssinn ist bei dieser Tour auch von Nöten, da der Weg ab der Hälfte nicht wirklich markiert, sondern lediglich mit Steinmännchen ausgewiesen ist. Von der Geländekanzel, auf der das Schutzhaus steht, hat man einen tollen Ausblick auf die Puez-Gruppe.

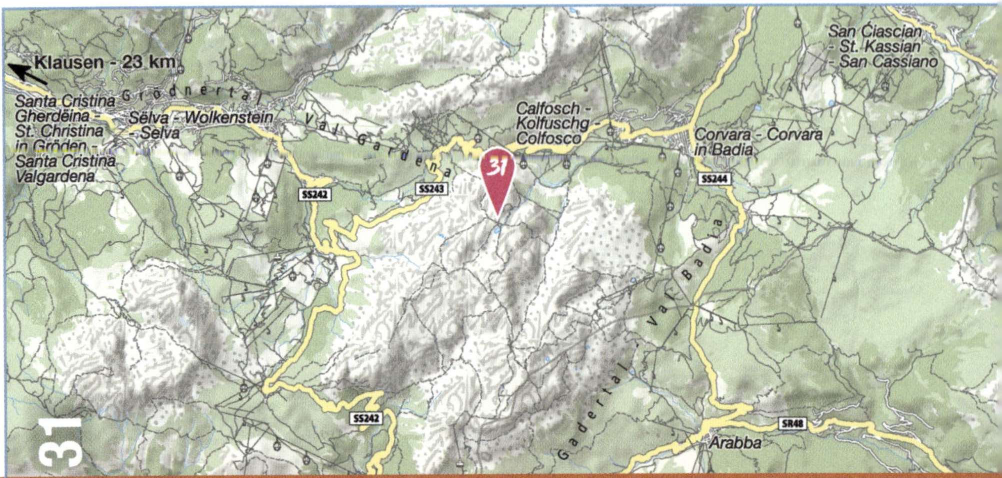

Alpintour 31

Start & Ziel & Anreise

Ausgangspunkt ist die Piscadù-Hütte. Der kürzeste und knackigste Weg zur Hütte führt vom Grödner Joch auf dem Weg Nr. 666 durch das schluchtartige Val Seltus. Drahtseile, Eisenklammern und Altschneefelder machen den Weg sehr anspruchsvoll!

Tourenbeschreibung

Unter den weiten Geröllfeldern der Masores de Murfreit verbirgt sich ein – man glaubt es kaum – Gletscher! So ist nicht nur aufgrund der Erosion der Wände des Sas dai Ciamores und des Sas da Lech hier ständig alles am Rutschen. Das macht einen Ausflug in das Gebiet westlich der Piscadù-Hütte besonders für Geologen interessant. Seit 2013 wird er von Forschern des geologischen Institutes der Universität Bozen im Zuge eines Permafrost-Forschungsprogrammes beobachtet. Es wurden Probebohrungen durchgeführt, die die Wissenschaftler auf eine rund 40 m dicke Eisdecke stoßen ließen. In zukünftigen, regelmäßigen Messungen soll die Temperatur im Inneren des Gletschers und seine Bewegung erfasst und überwacht werden.

Das Schutzhaus selbst ist an die karge Umgebung angepasst: Notwendiges ist vorhanden, Unnötiges fehlt. Das Essen ist ladinisch, einfach und gut.

Wir passieren auf dem Weg Nr. 677 von der Piscadù Hütte die Wegweiser zum Ein- bzw. Ausstieg des Klettersteiges ins Val Sedul und die Hütte der Materialseilbahn. Unterhalb des bedrohlich wirkenden Turms des Sas da Lech bringt uns der nur spärlich markierte, dafür mit einigen Steinmännchen bestückte Weg über Geröllhalden.

Noch bis in den Frühsommer hinein müssen auf dem Weg kleine Schneefelder überquert werden. Ein wenig oberhalb des Sees wandern wir sogar über eine schuttbedeckte Eisfläche. Hier enden dann auch die Markierungen. Im Sommer 2013 war die seilversicherte Aufstiegsroute zur Scharte Forcela di Ciamurc unter einer 2 Meter hohen Schneedecke begraben und damit unpassierbar.

Wer auf diesem Weg auf das Mesulès Plateau steigen möchte, sollte sich unbedingt vorher über herrschende Bedingungen informieren. Der Rückweg erfolgt auf dem Anstiegsweg.

Autoren Tipp

Lêch di Dragon – das ist der ladinische Name für den Drachensee. Im Abstieg von der geologischen Messstation zum See erhält man eine Ahnung, wie groß und mächtig der unsichtbare Gletscher wirklich sein muss. Bei unterschiedlichem Lichteinfall zeigt sich der See auch in ganz verschiedenen Farben – tief türkisfarben oder milchig grau. Er ist ein sogenannter Thermokarstsee und entsteht jeden Sommer auf der Oberfläche des Blockgletschers. Bereits seit 1899 wird sein Erscheinen dokumentiert.

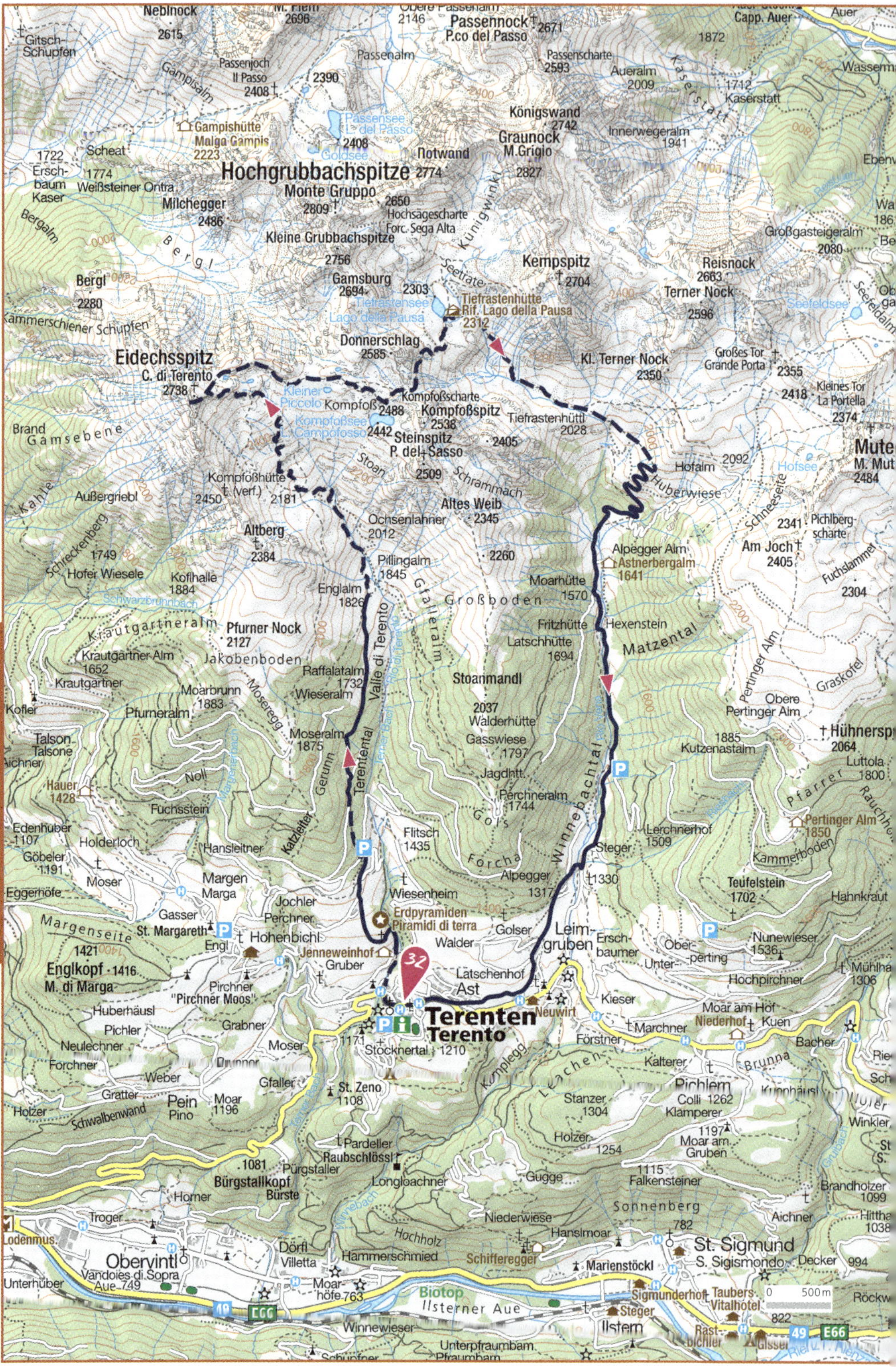

32

Hochgrubbachspitze 2774
Monte Gruppo 2809
Eidechsspitz
C. di Terento 2738
Neblnock 2615
Passennock P.co del Passo 2671
Passenalm
Passenjoch Il Passo 2408
Passensee Lago del Passo
Goldsee
Gampishütte Malga Gampis 2223
Notwand
Königswand 2742
Graunock M.Grigio 2827
Kleine Grubbachspitze 2756
Hochsägescharte Forc. Sega Alta 2650
Milchegger 2486
Bergl 2280
Gamsburg 2694
Tiefrastensee Lago della Pausa
Tiefrastenhütte Rif. Lago della Pausa 2312
Kempspitz 2704
Reisnock 2663
Terner Nock 2596
Donnerschlag 2585
Kl. Terner Nock 2350
Kleiner Piccolo
Kompfoßscharte
Kompfoßspitz 2538
Kompfoßsee Campofosso
Steinspitz P. del Sasso 2509
Tiefrastenhütt 2028
Kompfoßhütte (verf.) 2181
Altes Weib 2345
Ochsenlahner 2012
Altberg 2384
Pillingalm 1845
Englalm 1826
Großboden
Moarhütte 1570
Alpegger Alm Astnerbergalm 1641
Fritzhütte
Latschhütte 1694
Hexenstein
Matzental
Pfurner Nock 2127
Krautgartneralm
Raffalatalm 1732
Wieseralm
Valle di Terento
Stoanmandl
Walderhütte 2037
Gasswiese 1797
Jagdhtt.
Perchneralm 1744
Moseralm 1875
Terentental
Winnebachtal
Flitsch 1435
Alpegger 1317
Wiesenheim
Erdpyramiden Piramidi di terra
Golser
Leimgruben
Walder
Latschenhof
Ast
Terenten
Terento
Stocknertal 1210
Neuwirt
Margen Marga
St. Margareth
Hohenbichl
Jenneweinhof
Gruber
Englkopf M. di Marga 1416
Pirchner "Pirchner Moos"
St. Zeno 1108
Pein Pino
Pardeller
Raubschlössl
Bürgstallkopf Bürste
Obervintl Vandoies di Sopra
Niederwiese
Hochholz
Hammerschmied
Schifferegger
Marienstöckl
St. Sigmund S. Sigismondo
Sigmunderhof
Taubers Vitalhotel
Steger
Biotop
Ilsterner Aue
Ilstern
Unterpfraumbam Pfraumbarn
Winnewieser
Sonnenberg
Pichlern Colli 1262
Stanzer 1304
Holzer
Falkensteiner 1115
Kieser
Marchner
Förstner
Kalterer
Niederhof
Moar am Hof
Teufelstein 1702
Nunewieser 1536
Hochpirchner
Ober-perting
Unter-
Pertinger Alm 1850
Kutzenastalm 1885
Obere Pertinger Alm
Hühnerspiel 2064
Luttola 1800
Graskofel
Am Joch 2405
Pichlberg-scharte
Hofalm 2092
Huberwiese
Großes Tor Grande Porta 2355
Kleines Tor La Portella 2374
Mute M. Mut 2484
Großgasteigeralm 2080
Kaserstatt 1712
Auer
Capp. Auer
Innerwegeralm 1941
Aueralm 2009
Passenscharte 2593
Gitsch-Schupfen
Scheat 1722
Ersch-baum Kaser
Weißsteiner Ontra 1774
Bergalm
Kammerschiener Schupfen
Brand Gamsebene
Außerriebl
Kahle
Schreckenberg
Hofer Wiesele 1749
Kofihalle 1884
Krautgartner Alm 1652
Krautgartner
Jakobenboden
Moarbrunn 1883
Pfurneralm
Kofler
Talson Talsone
Aichner
Hauer 1428
Noll
Fuchsstein
Edenhuber 1107
Holderloch
Göbeler 1191
Moser
Eggerhöfe
Margenseite 1421
Hansleitner
Gasser
Jochler
Perchner
Huberhäusl
Pichler
Neulechner
Forchner
Weber
Gratter
Schwalbenwand
Holzer
Moar 1196
Gfaller
Grabner
Lodenmus.
Unterhuber
Troger
Horner
Pürgstaller
Dörfl Villetta
Moar-höfe 763
Longloachner
Gugge
Hanslmoar
Aichner
Brandholzer 1099
Decker 994
Rast-bichler
Gissen
Kamplegg
Leachen
Forcha
Gols
Gfallertalm
Schrammach
Stoan
Erschbaumer
Lerchnerhof 1509
Kammerboden
Pfarrer
Hahnkraut
Mühlhaus 1306
Kuen
Bacher
Brunna
Moar am Gruben 1197
Klamperer
Steger 1330
500 m

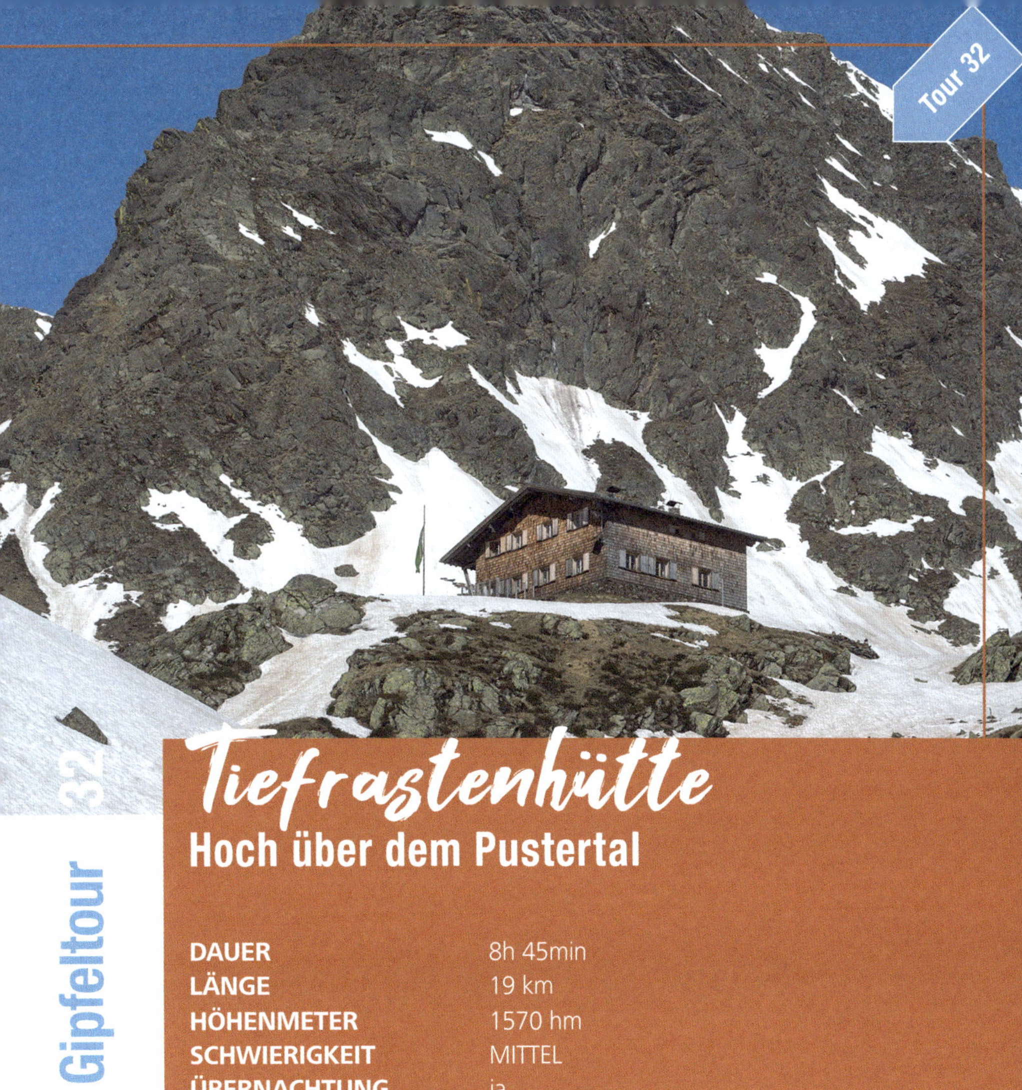

Tiefrastenhütte

Hoch über dem Pustertal

DAUER	8h 45min
LÄNGE	19 km
HÖHENMETER	1570 hm
SCHWIERIGKEIT	MITTEL
ÜBERNACHTUNG	ja

Das erwartet dich ...

Die Rundwanderung ist extrem lang und erfordert daher Erfahrung, gute Kondition und Trittsicherheit, gerade wenn zum Ende hin die Beine müde werden. Sie führt teilweise über raue Wege und zum Schluss steht ein langer Abstieg bevor. Oben erwartet uns jedoch ein herrlicher Panoramagipfel.

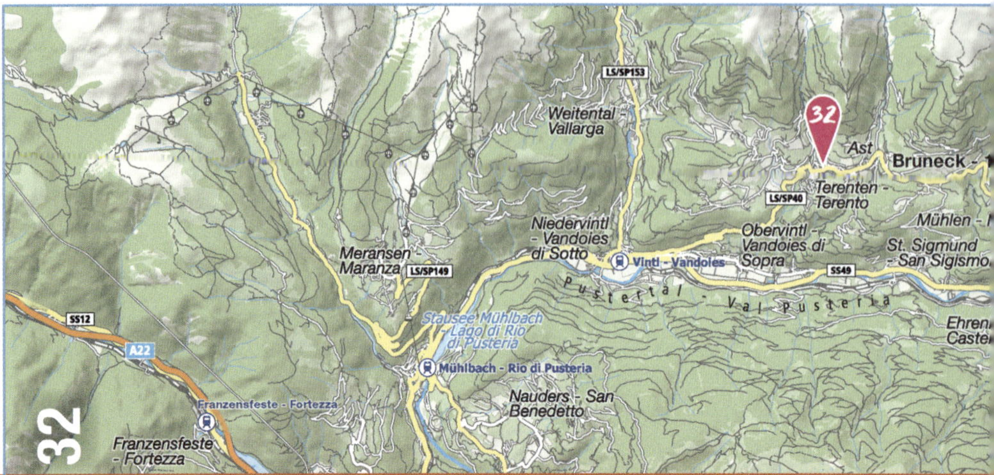

Gipfeltour 32

Start & Ziel & Anreise

Ausgangspunkt bildet Terenten, ein Dorf an der Pustertaler Sonnenstraße. Von Bozen fahren wir über die A22 bei der Ausfahrt Brixen/Pustertal auf die Pustertaler Staatsstraße. Zehn Minuten später erreichen wir das Dorf Terenten.

Tourenbeschreibung

Die 2738 Meter hohe Eidechsspitze wird von den Einheimischen meist nur „Hegedex" genannt. Wieso sie den Namen eines Reptils trägt, ist unklar. Eidechsen gibt es hier auf jeden Fall keine. Sie sonnen sich lieber in tieferen Lagen. Ihr breiter Rücken bietet an klaren Tagen eine fantastische Weitsicht. Ein Blick aus dem Tal zum Gipfel lässt erahnen, dass uns ein weiter und anstrengender Weg bevorsteht. Über 1500 Höhenmeter müssen von Terenten bewältigt werden – keine Kleinigkeit, auch für versierte Berggeher. Der Rückweg über die Tiefrastenhütte macht den Ausflug zu einer interessanten Runde, die abwechslungsreiche Einblicke gibt.

Vom Terrassendorf Terenten wandern wir zunächst in den Graben des Terner Baches. Die Markierung Nr. 22 bringt uns links über die Wiesen hinauf bis an eine Straße. Wir folgen der Asphaltstraße nur kurz, dann biegen wir in einen Ziehweg ein – ein Hinweisschild macht uns darauf aufmerksam. Er steigt im Wald zu einer Schotterpiste an. So wandern wir durchs Terentental zur Raffaltalm und zur idyllischen Englalm. Ein markierter Steig lässt uns weiter ansteigen und über einige Serpentinen erreichen wir die kleine Komfoßhütte. Von hier aus folgen wir den Markierungen über die felsdurchsetzte Flanke auf den ausgeprägten Ostgrat, über den wir schließlich den Gipfel der Eidechsspitze erreichen.

Für den Abstieg laufen wir erst einmal ein kurzes Stück auf dem Anstiegsweg zurück. Dann geht es links über blockiges Gelände zu einem schartigen Grat hinab. Er geleitet uns in die seltsame, buckelige Landschaft des Kompfoß, aus der uns zwei düstere Seen entgegenblicken. Zwischen Donnerschlag und Kompfoßspitze bringt uns der Weg zwischen Felsstufen hindurch und über Geröll und Wiesen hinab zur Tiefrastenhütte. Das Schutzhaus liegt in traumhafter Lage in einem schönen Kessel am Tiefrastensee. Jedes Jahr im Spätsommer findet am Ufer des Sees ein großes Fest mit Live-Konzert statt. Es lohnt sich, noch eine Nacht hier zu verbringen, bevor wir wieder absteigen.

Ein gut begehbarer Steig führt über eine Talstufe abwärts. Dann wandern wir flach aus dem Tal hinaus, nach einiger Zeit auf einer Sandpiste, die in Schleifen zur Astnerbergalm hinunterzieht. Über die Straße durch das Winnebachtal gelangen wir zurück nach Terenten.

Es geht direkt vorbei an den Erdpyramiden bei Terenten

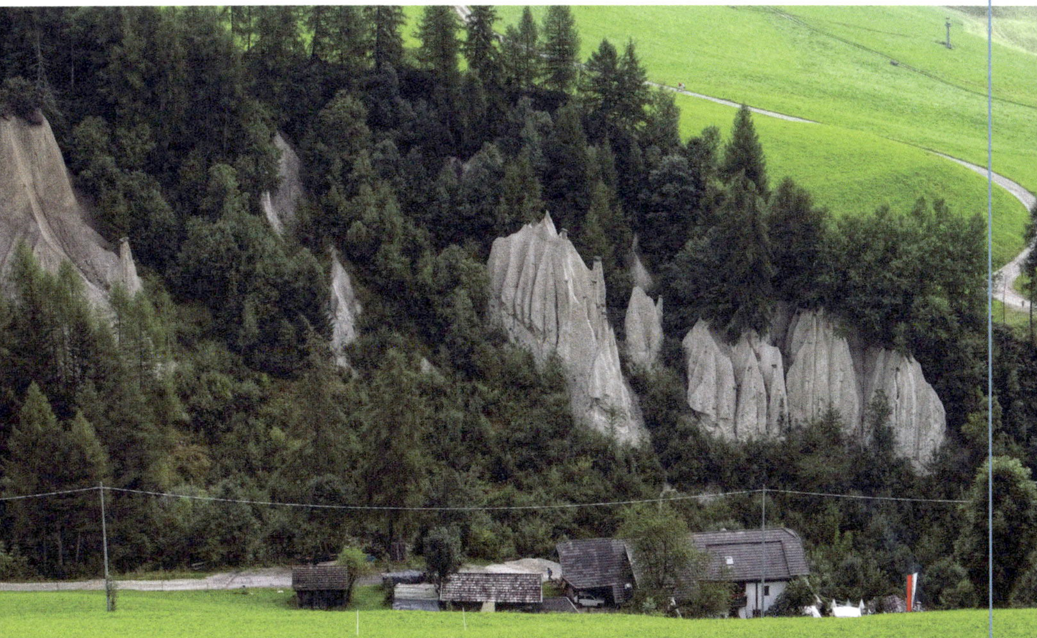

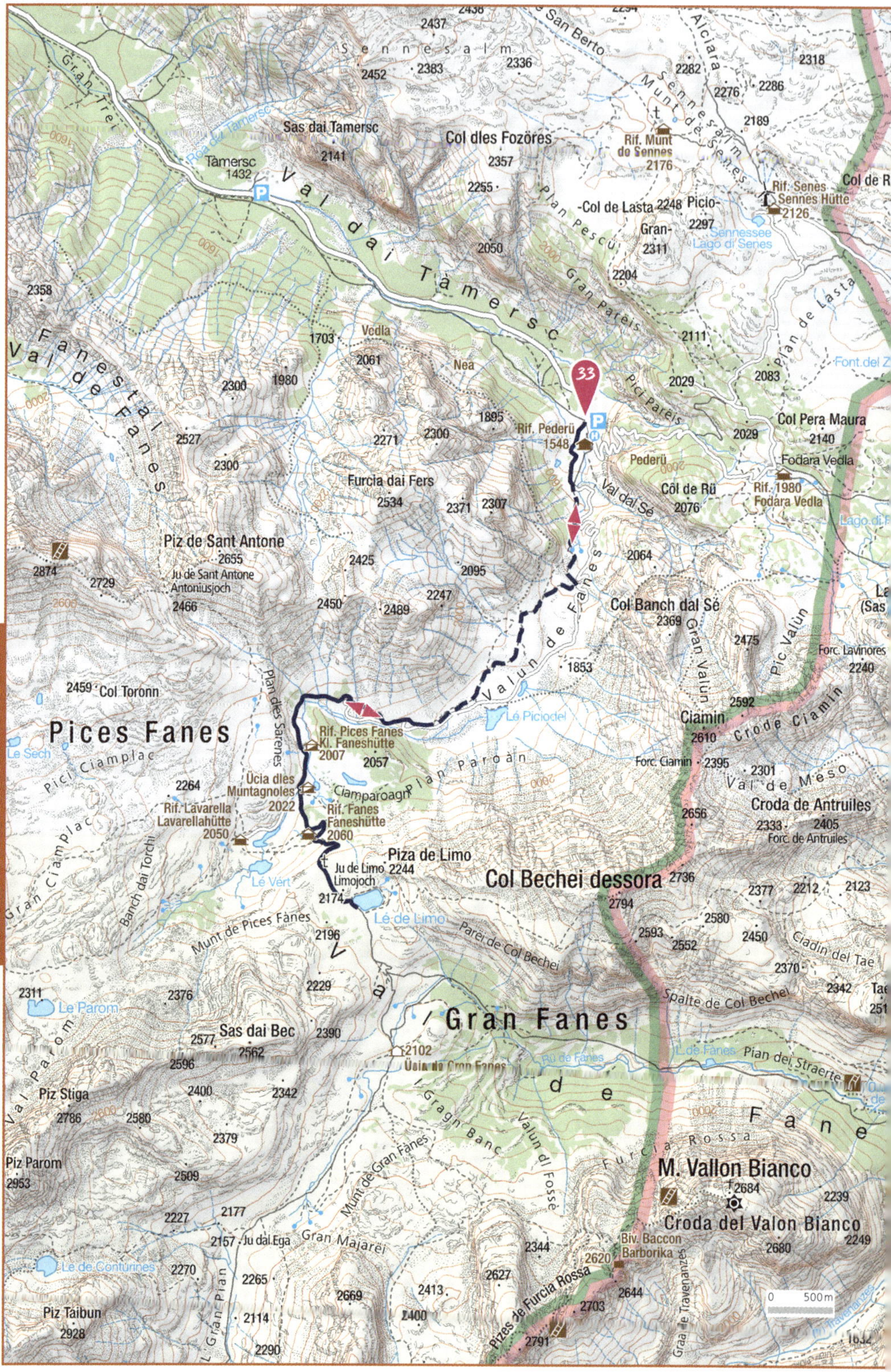

33

Sennesalm
San Berto
Alciara
Sennes alm
Munt de Senes
2437
2452
2383
2336
2282
2276
2286
2318
2189
Gran Trei
Roa dl Tamersc
Sas dai Tamersc
2141
Col dles Fozöres
2357
Rif. Munt de Senes
2176
Tàmersc
1432
Val dai Tàmersc
2255
Plan Pescu
Col de Lasta
2248
Picio
2297
Gran
2311
Rif. Senes
Sennes Hütte
2126
Col de R
Sennessee
Lago di Senes
2050
2204
Gran Parëis
2358
Fanestal
Val de Fanes
1703
Vedla
2061
Nea
2111
Plan de Lasta
2083
2029
Pici Parëis
Font.del Z
2300
1980
1895
Rif. Pederü
1548
2527
2300
2271
2300
Pederü
2029
Col Pera Maura
2140
Fodara Vedla
Rif. 1980
Fodara Vedla
Furcia dai Fers
2534
2371
2307
Cöl de Rü
2076
Val dal Sé
Lago di
Piz de Sant Antone
2655
Ju de Sant Antone
Antoniusjoch
2874
2729
2466
2425
2095
2064
2450
2489
2247
Col Banch dal Sé
2369
Gran Valùn
Pic Valùn
2475
Forc. Lavinores
2240
Valun de Fanes
1853
2459
Col Toronn
Pices Fanes
Plan des Sarenes
Lé Piciodel
Ciamin
2592
2610
Crode Ciamin
Le Sech
Pici Ciamplac
Rif. Pices Fanes
Kl. Faneshütte
2007
2057
Plan Paroàn
Forc. Ciamin
2395
2301
Val de Meso
Croda de Antruiles
2264
Rif. Lavarella
Lavarellahütte
2050
Ücia dles Muntagnoles
2022
Ciamparoagn
Rif. Fanes
Faneshütte
2060
2656
2333
2405
Forc. de Antruiles
Gran Ciamplac
Banch dai Torchi
Lé Vert
Ju de Limo
Limojoch
Piza de Limo
2244
2174
Col Bechei dessora
2736
2794
2377
2212
2123
Lé de Limo
Munt de Pices Fanes
2196
Parei de Col Bechei
2593
2552
2580
2450
Ciadin del Tae
2370
2342
2311
Le Parom
2376
2229
Spalte de Col Bechei
Val Parom
2577
Sas dai Bec
2562
2390
Gran Fanes
2596
2102
Ücia de Gran Fanes
Rü de Fanes
L. de Fanes
Pian dei Straerte
Piz Stiga
2786
2400
2342
2580
Val de Fanes
Gragn Banc
Valùn dl Fossè
Furcia Rossa
2379
Piz Parom
2953
2509
Munt de Gran Fanes
M. Vallon Bianco
2684
Croda del Valon Bianco
2239
2680
2249
2227
2177
2157
Ju dal Ega
Gran Majarëi
2344
Biv. Baccon Barborika
2620
Lé de Conturines
2270
2265
2627
Pizes de Furcia Rossa
2644
Graa de Travenanzes
Piz Taibun
2928
2669
2413
2400
2703
2114
2791
Gran Plan
2290
0 500 m

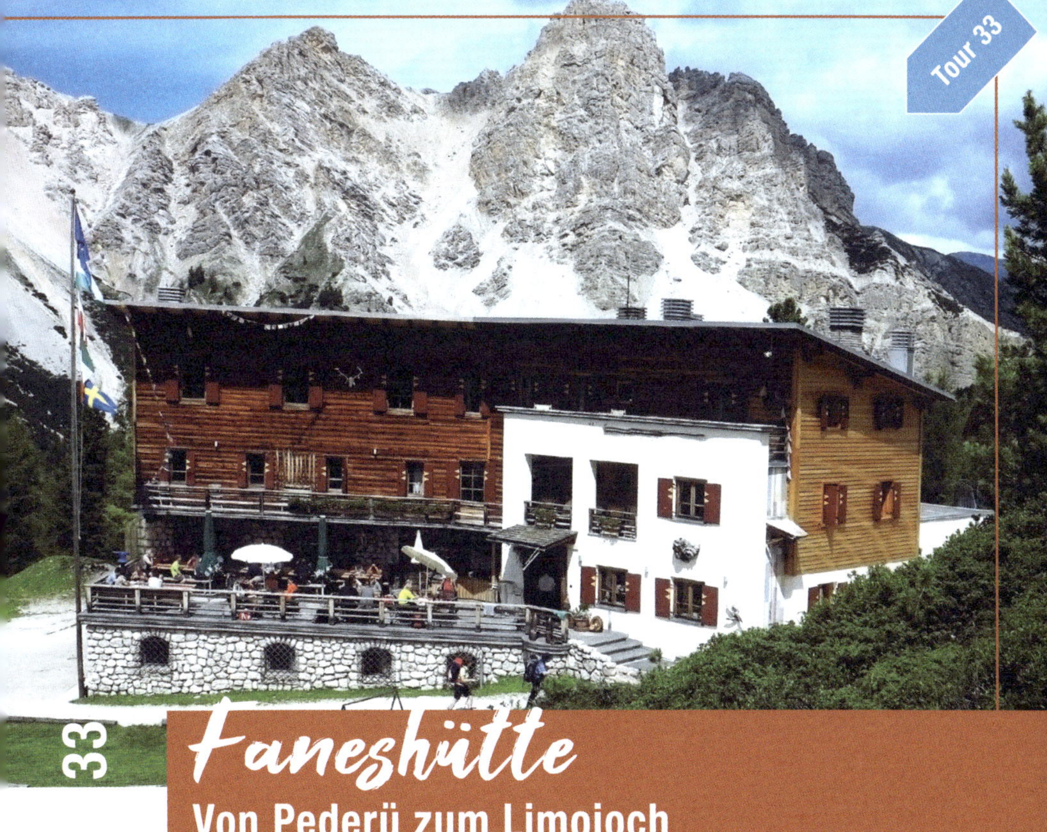

Faneshütte

Von Pederü zum Limojoch

DAUER	3h 45min
LÄNGE	13 km
HÖHENMETER	650 hm
SCHWIERIGKEIT	LEICHT
ÜBERNACHTUNG	ja

Das erwartet dich ...

Die Wanderung ist insgesamt nicht sehr anspruchsvoll und gut für Kinder geeignet. Dafür erwartet uns ein landschaftlich sehr reizvoller Panoramaweg mit schönen Hütten. Die Fanes-Hochfläche mit Almwirtschaft ist ein wahrer Traum: Klare Bäche, ein kleiner, klarer und sehr erfrischender Gebirgssee in unmittelbarer Nähe und die imposanten aufsteigenden Gipfel sind eine Augenweide. Bei nachmittäglichem Kaffee und Kuchen kann man den Murmeltieren beim Spielen zusehen.

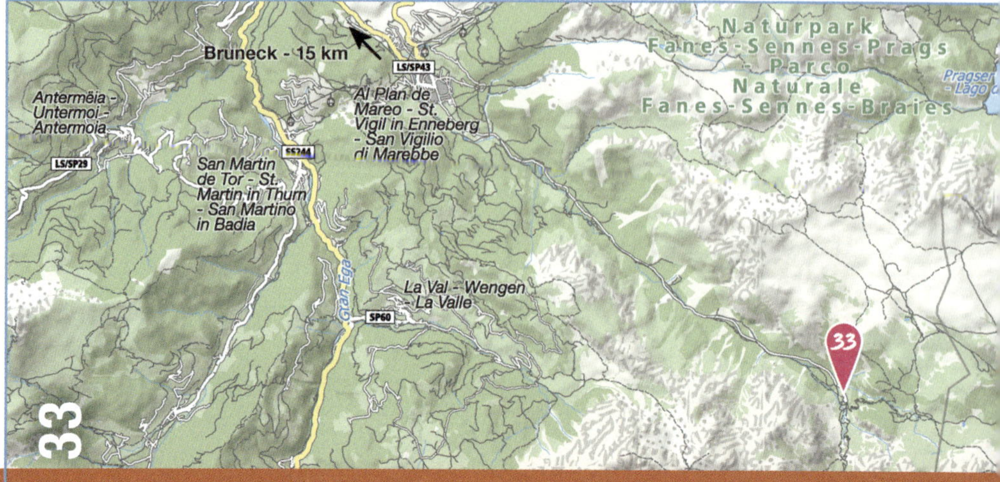

Almtour 33

Start & Ziel & Anreise

Über die A 13/A 22 Brenner-Autobahn und die SS 49 fahren wir durch das Pustertal nach Bruneck. Die SS 244 führt weiter nach St. Vigil bis zum Berggasthof Pederü. Parkmöglichkeiten gibt es am Berggasthof. Die Zufahrt ist mautpflichtig. Eine direkte Busverbindung gibt es zwischen dem Gadertal, St. Vigil und Pederü.

Tourenbeschreibung

Das Fanesgebiet im Naturpark Fanes-Sennes-Prags zieht vor allem Romantiker an: Das ist auch kein Wunder, denn die Wanderung auf die Fanesalm ist wie ein Kaleidoskop vielfältigster Farben und Formen: knorrige alte Zirben und im Herbst bunt gefärbte Lärchen ducken sich unter den majestätischen Gipfeln von Limospitze, Conturinespitze, Antonispitze – um nur einige zu nennen – und der Vigilbach sprudelt zwischen Felsblöcken hervor. Viele Sagen, die in der ladinischen Geschichte eine große Rolle spielen,ranken sich um das Hochplateau; so sollen beispielsweise die Dolomitenkönigin und ihr Gefolge Zuflucht bei den Murmeltieren gefunden haben; noch heute warten sie dort auf ihre Erlösung.

Eine der vielen Möglichkeiten für den Aufstieg führt über das Rautal hinauf ins Almgebiet von Kleinfanes, in dem einst die „Marmottes" regierten. Sie tummeln sich auch heute noch zahlreich zwischen dem Weidevieh, aber auch weiter oben am Limosee sieht man sie oft müßig in der Sonne liegen. Vor mehr als tausend Jahren wurde die Fanesalm erstmals urkundlich erwähnt als „petra Uanna". Funde vom „Ciastel de Fanes" auf 2657 m Höhe beweisen die Besiedlung des Gebietes in bereits vorgeschichtlicher Zeit.

Vom Berggasthaus Pederü wandern wir über einen markierten Steig zur kleinen Fanesalm. Er läuft teils parallel zur Limojochstraße, teils ein wenig weiter entfernt in Kurven. Die ehemalige Militärstraße läuft kurvenreich an der Ostflanke des Tals hinauf. Unser Weg aber führt rechts des Vigilbaches entlang. Der Bach tritt knapp oberhalb von Pederü am Ende eines Gerölltrichters zu Tage. Auf einer höher gelegenen Talstufe wird er zum seichten Piciodelsee. Hinter dem See wandern wir über eine licht bewaldete Geländestufe immer wieder entlang der Straße. So erreichen wir den untersten Boden der kleinen Fanesalm mit dem Grünsee und der Lavarellahütte (2050 m). Nach links zweigt hier die Straße zur Faneshütte (2060 m) ab. Zwei Kehren wandern wir weiter hinauf zum Limojoch. Jenseits der Passhöhe leuchtet der Limosee. Der Abstieg erfolgt auf dem Anstiegsweg; alternativ kann man natürlich auch die staubige Straße benutzen. Sie ist etwas knieschonender, doch als Hüttenzufahrt ein wenig verkehrsreich.

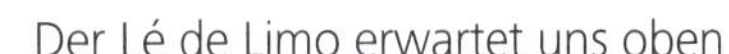

Der Lé de Limo erwartet uns oben

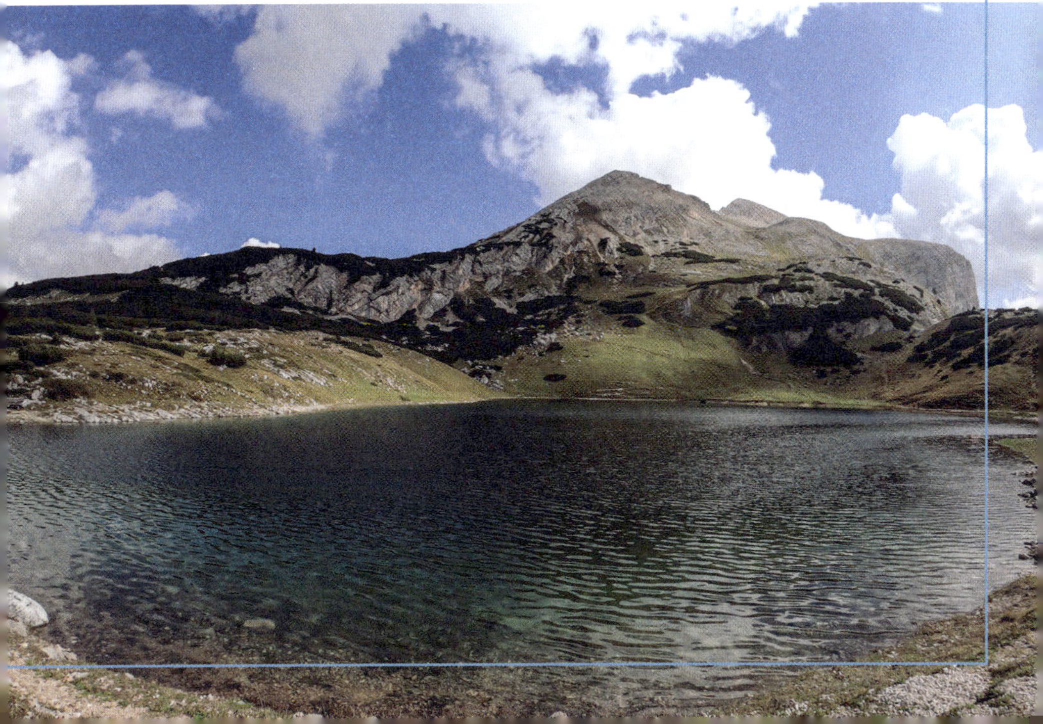

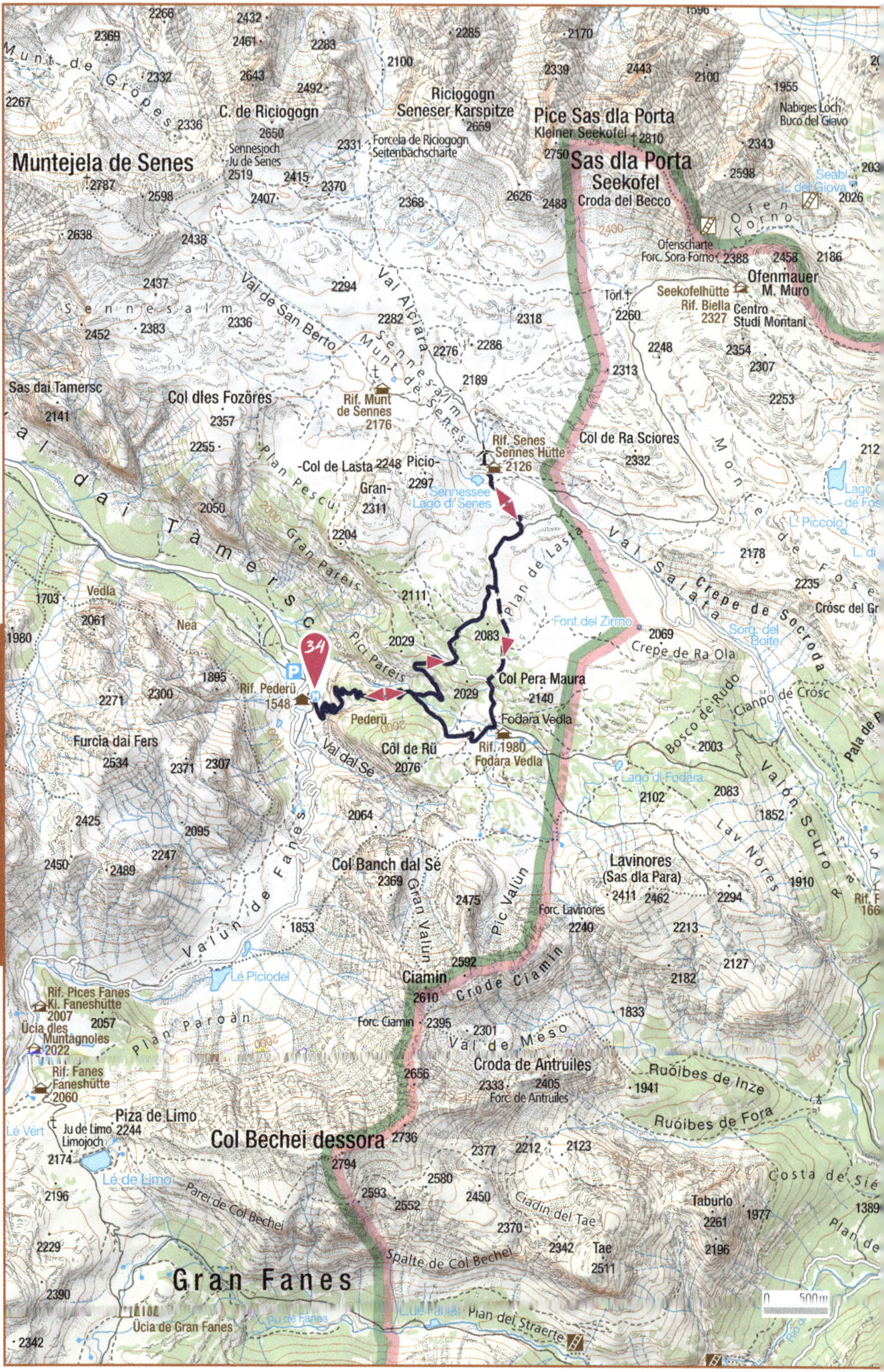

34

Muntejela de Senes
2787
Munt de Gròpes
C. de Riciogogn
Sennesjoch
Ju de Senes
2519
Riciogogn
Seneser Karspitze
2659
Forcela de Riciogogn
Seitenbachscharte
Pice Sas dla Porta
Kleiner Seekofel
2810
Sas dla Porta
Seekofel
Croda del Becco
Nabiges Loch
Buco del Giavo
Ofenscharte
Forc. Sora Forno
Ofenmauer
M. Muro
Seekofelhütte
Rif. Biella
2327
Centro
Studi Montani
Sennesalm
Val de San Berto
Val Alcìara
Sennesalm
Munt de Senes
Rif. Munt
de Sennes
2176
Rif. Senes
Sennes Hütte
2126
Sennessee
Lago di Senes
Col de Ra Sciores
Sas dai Tamersc
Col dles Fozöres
Col de Lasta
Picio-Gran-
Plan Pescù
Gran Parèis
Val dai Tamersc
Pici Parèis
Plan de Lasta
Val Salata
Font del Zirmo
Crepe de Ra Ola
Crepe de Socroda
Sorg. del Boite
Crósc del Gr
Monte de Fosè
L. Piccolo
Vedla
Nea
Rif. Pederü
1548
Pederü
Col Pera Maura
Fodara Vedla
Rif. 1980
Fodara Vedla
Côl de Rü
Val dal Sé
Furcia dai Fers
Bosco de Rudo
Cianpo de Crósc
Lago di Fodara
Valón Scuro
Lav Nóres
Lavinores
(Sas dla Para)
Col Banch dal Sé
Gran Valùn
Pic Valùn
Forc. Lavinores
Valùn de Fanes
Lé Piciodel
Ciamin
Crode Ciamin
Forc. Ciamin
Val de Meso
Rif. Pices Fanes
Kl. Faneshütte
Ùcia dles
Muntagnoles
Plan Paroan
Croda de Antruiles
Forc. de Antruiles
Ruóibes de Inze
Ruóibes de Fora
Rif. Fanes
Faneshütte
2060
Piza de Limo
Ju de Limo
Limojoch
Lé Vèrt
Lé de Limo
Col Bechei dessora
Parei de Col Bechei
Ciadin del Tae
Costa de Siè
Taburlo
Tae
Spalte de Col Bechei
Gran Fanes
Ùcia de Gran Fanes
Rü de Fanes
Plan del Straerte
Plan de
500 m

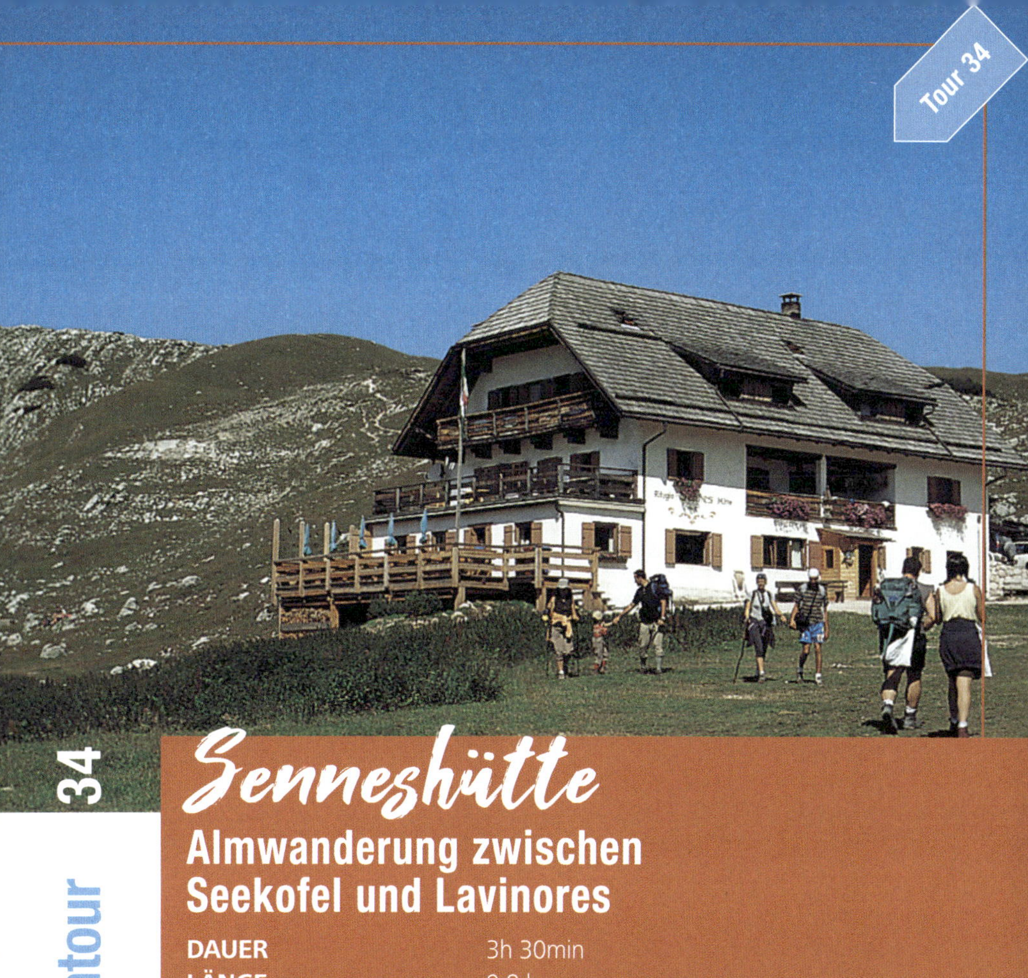

34 Almtour

Senneshütte

Almwanderung zwischen Seekofel und Lavinores

DAUER	3h 30min
LÄNGE	9,8 km
HÖHENMETER	580 hm
SCHWIERIGKEIT	LEICHT
ÜBERNACHTUNG	ja

Das erwartet dich ...

Die Senneshütte liegt im Naturpark Fanes-Sennes-Prags. Der Weg dorthin führt als schöne Almwanderung über angenehme Wege. Sie liegt am Schnittpunkt vieler Wanderwege und ist Stützpunkt für allerlei Touren, wie auf den Seekofel oder den Muntjela de Senes. Lediglich der Auftakt ist knackig: Eine gute Stunde geht es in steilem Zickzack über eine alte Militärstraße.

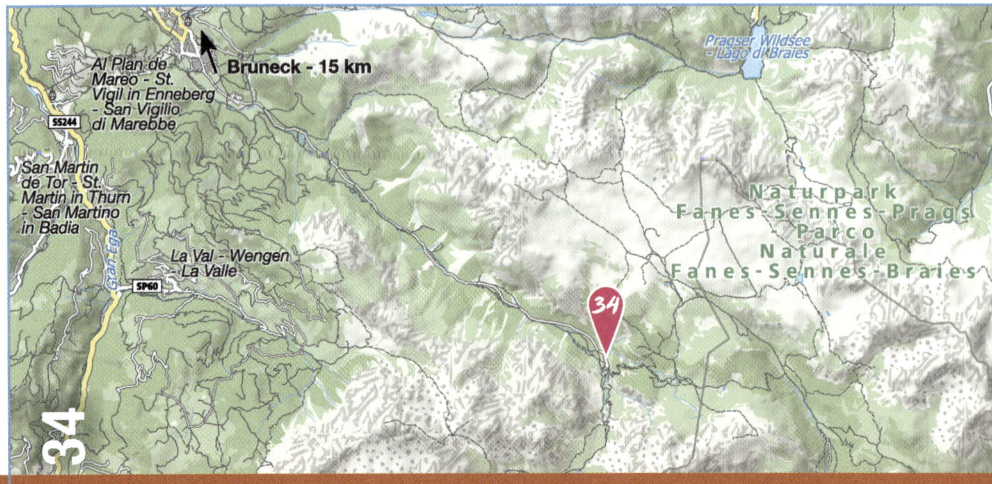

34 Almtour

Start & Ziel & Anreise

Über die A 13/A 22 Brenner-Autobahn und die SS 49 fahren wir durch das Pustertal nach Bruneck. Die SS 244 führt weiter nach St. Vigil bis zum Berggasthof Pederü. Parkmöglichkeiten gibt es am Berggasthof. Die Zufahrt ist mautpflichtig. Eine direkte Busverbindung gibt es zwischen dem Gadertal, St. Vigil und Pederü.

Tourenbeschreibung

Der Weg durchs Rautal nach Pederü ist flankiert von himmelhochragenden Felsflanken, aus denen gewaltige Geröllreißen herabstürzen. Nur eine Wegstunde entfernt liegt die Sennesalm, eine der größten Almen Südtirols, zwischen Seekofel und Lavinores. Ihre Almfächen umfassen ein Gebiet von gut 10 km². Von Pederü ist der Aufstieg über die steile Militärstraße teilweise sehr mühsam. Hier lässt sich noch nichts von dem weiten Horizont rund um die Pian di Lasta ahnen. Doch je höher wir aufsteigen und je näher wir an die Senneshütte und Fodara Vedla heranrücken, desto mehr nahe und auch fernere Gipfel schieben sich in unser Blickfeld: die Hohe Gaisl oder der Seekofel, um nur zwei zu nennen. Ist man dann an der Hütte angekommen, kann man die Bergidylle mit grasendem Vieh, blauem Himmel, weiß dahinziehenden Wolken untermalt vom Pfeifen der Murmeltiere, genießen.

Vom Berggasthaus Pederü steigen wir zunächst die steile, ehemalige, Kriegsstraße bergan, was gerade den Auftakt recht anstrengend macht. Dabei muss man des Öfteren dem einen oder anderen Jeep ausweichen – kein Wunder, denn die Straße dient zugleich als Zufahrt zur Fanes Hochebene, auf der die beiden Schutzhütten Rifugio Fanes und Rifugio Lavarella liegen. Nach einer Stunde folgt man dem Wegschild „Sennes" nach links. Die Mulatteria steigt nun in zwei Schleifen über einen licht bewaldeten Hang an. Dann mündet sie wieder in den Fahrweg, hinter uns nun der Col ra Machina. Sie bringt uns über den Plan de Lasta zur schön gelegenen Senneshütte. Hier erwartet uns eine gemütliche Stube mit gemauertem Kamin, eine Terrasse und eine eingezäunte Liege- sowie eine riesige Spielwiese für Kinder. Die ladinische Küche ist hervorragend.

Für den Abstieg nehmen wir wieder die alte Militärstraße ins Visier. Das Landschaftsbild wird nun von der Hohen Gaisl ausgefüllt. Nach einem Kilometer schickt uns ein Wegschild in einer Rechtskurve nach links. Ein markierter Weg bringt uns nun in südliche Richtung zur Almsiedlung mit dem Rifugio Fodara Vedla (1980 m). Bei den Hütten halten wir uns links. Ein schmaler Pfad führt uns hinunter und mündet wieder in die alte Militärstraße. Die steilen Serpentinen bringen uns schließlich wieder hinab zur Pederühütte.

Der Blick ins Tal mit der Fodara Vedla Hütte im Vordergrund

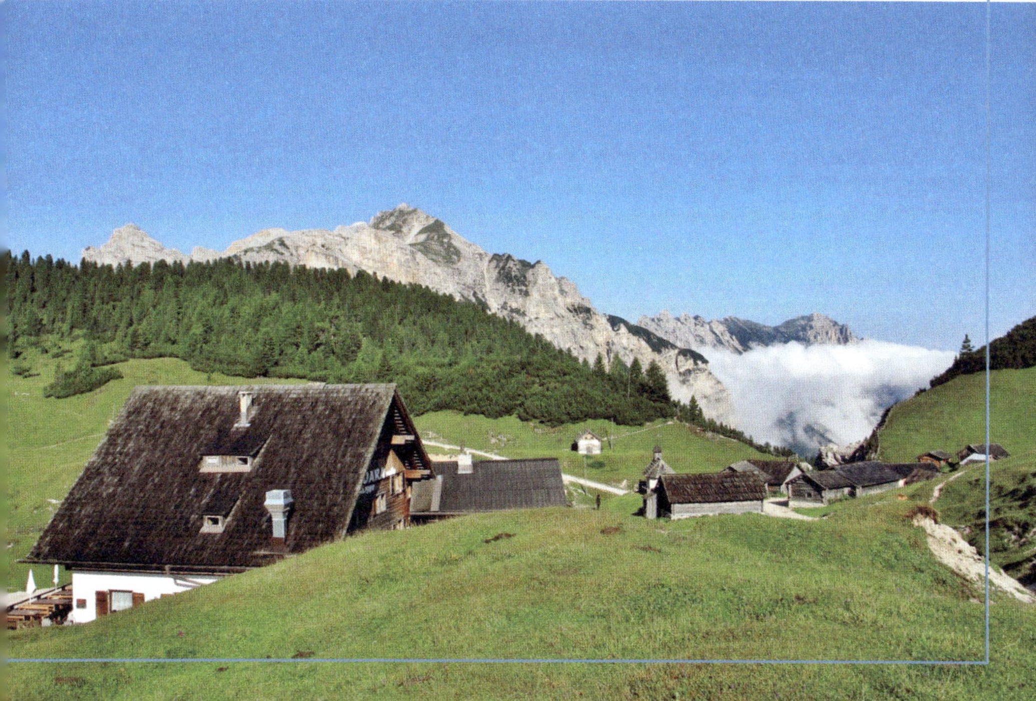

35

Pragser Berg
Monte di Braies
Burger
Golser
Gruber
Bacher
Moserhof
Schweinberg
Porcara
Bergheim
Hub
Schmieden
Ferrara
Pragser Tal
2020
1965
Kühwiesenkopf
(Franz-Josefs-Höhe)
Wöggenalm
1627
St. Veit
S. Vito
Mösslhof
1476
Woidach
Pascoll
Eggerhof
Innerprags
Braies di Dentro
Gde. Prags
Com. Braies
Wöggerklamm
Steinwander
1394
Oberhaus
1324
Hotel Trenker
Hotel Steinerhof
Valle di Braies
Schadebachtal
Asch
Monte P
1803
2100
Kaserkopf
2414
halpenkopf
ei Colli Alti
2542
2140
Jochboden
Schönblick
Leitha
Kühwiesenalm
1950
Pragser Furkel
2225
Pragser Kaser
1937
Rungplatte
Bocksleach
Seewald
Bosco del Lago
2247
2280
Spitzköfel
Kaserhütte
Riedlwiesen
Riedl
1563
Bärenseealbl
1535
Brentariegel
Regola di Brenta
2122
2230
Almtal
2071
2033
Schwarzberg
Monte Nero
2142
Alexanderhöhe
1534
Bärenleite
Herrstein
Sasso del Signore
2447
Hot. Pragser Wildsee
Hot. Lago di Braies
1490
Großer Apostel
Grande Apostolo
2095
2169
2327
Daumk
Weißlahnsattel
2126
1947
Pragser Wildsee
Lago di Braies
Val di Foresta
Grünwaldalm
1590
2107
Seitenbachtal
Seewald
Selva del Lago
1535
1822
Kl. Apostel
Piccolo Apostolo
2226
Gametzalpenkopf
2594
Föhrascharte
2196
Gr. Rosskopf
Campo del Cavallo Grande
Gamsscharte
Sella dei Camosci
2443
2559
2446
Schwalbenkofel
M. delle Rondini
1887
1799
2195
1588
2002
2025
1596
2474
Kl. Rosskopf
2450
2361
2448
2285
2170
Großes Rosstal
2062
Torl
La Porta
2100
2339
2443
2100
1955
Riciogogn
Seneser Karspitze
2659
Pice Sas dla Porta
Kleiner Seekofel
2810
Nabiges Loch
Buco del Giavo
Gr. Jaufen
Giavo Grande
2480
2390
2338
2370
Forcela de Riciogogn
Seitenbachscharte
2331
2750
Sas dla Porta
Seekofel
Croda del Becco
2343
2598
2034
Seabl
L. del Giova
2341
2181
2189
Rossalm
Alpe Cavallo
2371
2026
2368
2626
2488
Ofen
Forno
2400
2148
Walsche Platz
Camro Latino
Ofenscharte
Forc. Sora Forno
2388
2458
2186
2232
2273
Kleiner Jaufen
Giavo Piccolo
2372
Val Alciara
2317
2351
Ofenmauer
M. Muro
Seekofelhütte
Rif. Biella
2327
Torl
2260
Centro Studi Montani
2245
1920
2282
2318
2253
Sennes
Munt de Sennes
2276
2286
2248
2354
2307
2374
Rossalmhütte
Baita del Cavallo
Fosses Riedl
Forc. Cocodain
2332
2164
2189
2313
2253
Rif. Munt de Sennes
2176
2213
2553
2076
ol de Lasta
Rif. Senes
Sennes Hütte
2126
Col de Ra Sciores
2332
Monte de Fosses
2122
Rote Wand
Remeda Rosses
2605
2259
2248
Picio-
2297
Gran-
2311
Sennessee
Lago di Senes
Lago Gran de Foses
2319
Gais
La Croda
2674
Kleine Gaisl
Piccola Croda Rossa
2204
L. Piccolo
2178
L. di Remeda da Rossa
Plan de Lasta
Val Salata
2235
2859
Pareis
2111
Crepe de Socroda
Crósc del Griso
2188
2703
2029
2083
Font. del Zirmo
2069
Sorg. del Boite
Ra Geralbes
2406
0 500 m
Crepe de Ra Ola
2305
2336
Picilareis
Col Pera Maura
2140
2029
2218
2218
Ra Montejela
Pederü
Rif. 1980
Fodara Vedla
Clanpo de Crósc
Crode de Ra Fedes
2163
2784

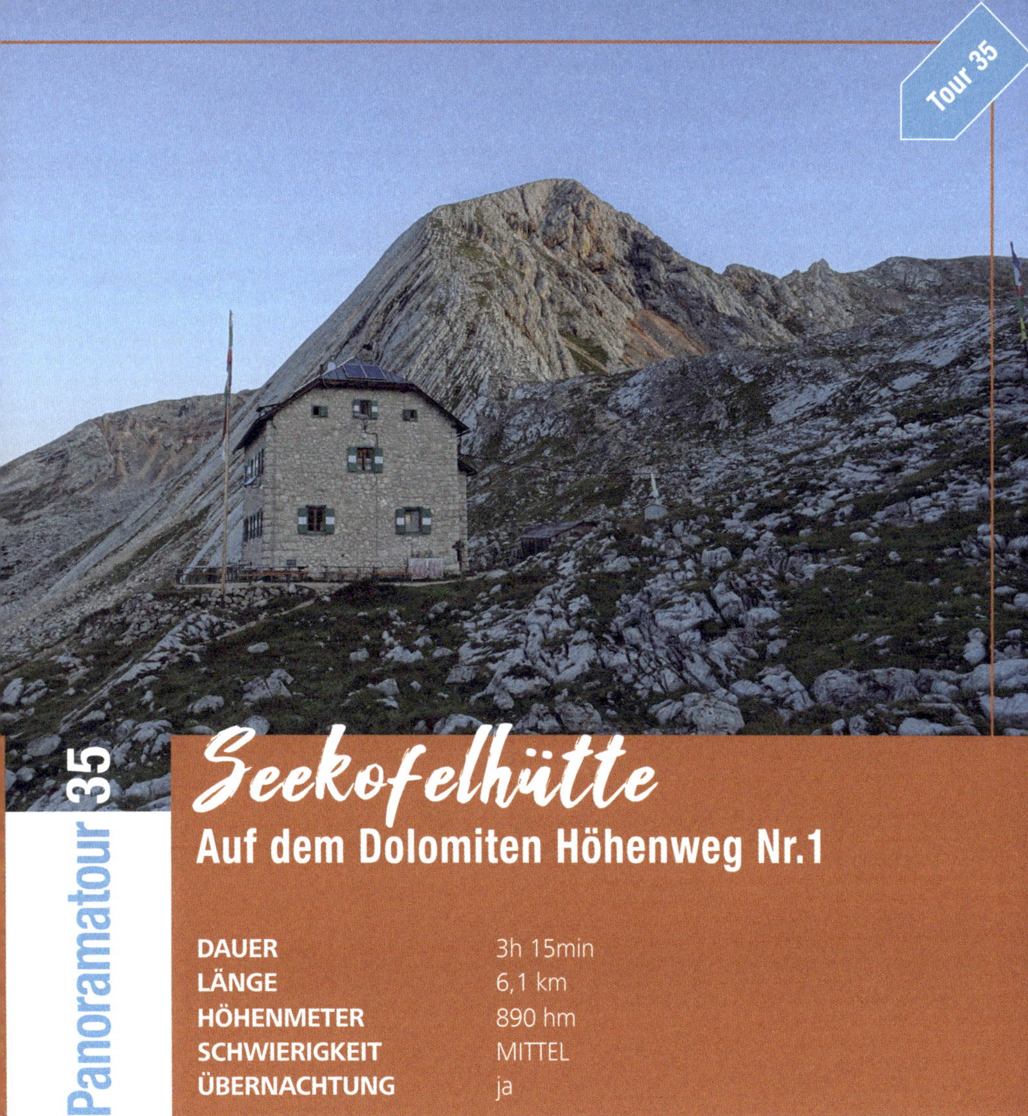

Tour 35

Panoramatour 35

Seekofelhütte

Auf dem Dolomiten Höhenweg Nr.1

DAUER	3h 15min
LÄNGE	6,1 km
HÖHENMETER	890 hm
SCHWIERIGKEIT	MITTEL
ÜBERNACHTUNG	ja

Das erwartet dich ...

Die Wanderung ist zwar von der Streckenlänge recht kurz, aber die fast 900 Höhenmeter, die überwunden werden müssen, sind anspruchsvoll: Direttissima geht es aufwärts. Dafür ist die Tour technisch einfach und auch gut markiert, sodass die Orientierung eindeutig ist. Mit der Seekofelhütte bietet sich eine freundliche Einkehr; der grünblaue Pragser Wildsee lädt am Ende noch zum Verweilen ein. Eine faszinierende Dolomitenlandschaft begleitet uns während unseres Aufstiegs.

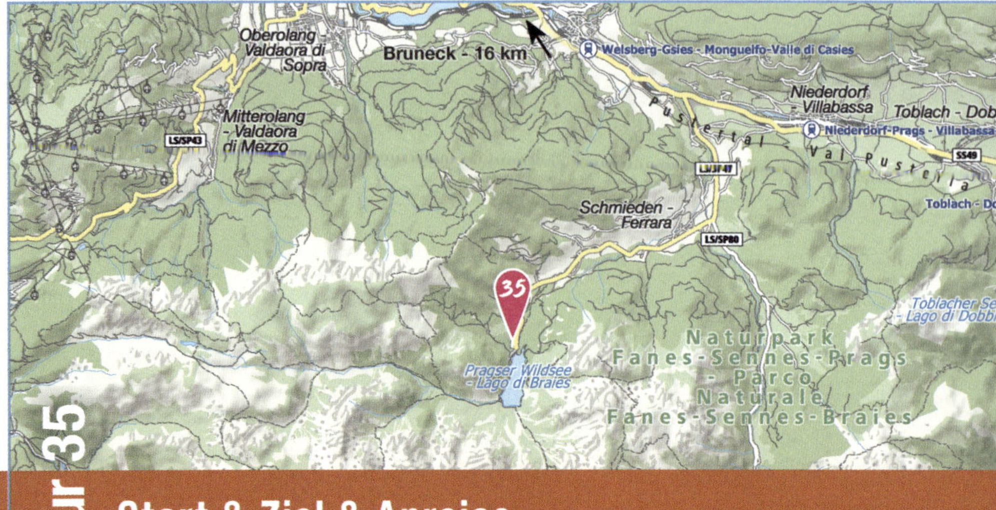

Panoramatour 35

Start & Ziel & Anreise

Der Ausgangspunkt der Wanderung ist der Parkplatz beim Pragser Wildsee. Wir verlassen die A 22 Richtung Brixen/Pustertal. Nach ca. 56 km erreicht man den See und das Hotel Lago di Braies. Die Regiobahn 400 fährt von Franzensfeste nach Niederdorf; von dort nimmt man den Bus 442 nach St. Veit am Pragser Wildsee.

Tourenbeschreibung

Die Wanderung beginnt am herrlich gelegenen Pragser Wildsee, der idyllisch unterhalb der mächtigen Hänge des Seekofels liegt. Er entstand aufgrund eines Murenabgangs, der einen natürlichen Staudamm bildete. Er liegt im Naturpark Fanes-Sennes-Prags und ist einer der bekanntesten Seen in den Dolomiten und ein Naturdenkmal. Hier wurde auch die italienische Serie „Un passo dal Cielo" – Die Bergpolizei – ganz nah am Himmel, gedreht. Unserer Route ist die 1. Etappe des Dolomiten Höhenweges Nr. 1 und führt durch das wunderschöne Ofenkar unterhalb der Ofenmauer.

Nördlich vom Pragser Wildsee laufen wir auf den See zu und schlendern dann auf der rechten Seeseite entlang. Wir folgen dem Wanderweg 1 bis zum Ende des Sees. Am Schotterfeld befindet sich eine Gabelung, der wir nach rechts auf einem Pfad aus dem Tal hinaus folgen. Steile Kehren bringen uns hinauf zu einem Talboden und das Nabige Loch. An der nächsten Weggabelung biegen wir halb rechts ein und folgen dabei weiterhin der Markierung Nr. 1, nicht Nr. 4! Mit Hilfe von Drahtseilen überwinden wir einen Abschnitt, der bei Nässe sehr rutschig werden kann. Daraufhin gelangen wir erneut an eine Kreuzung: hier rechts durch das Ofental unterhalb der erhabenen Ofenmauer ansteigend bis zur Ofenscharte. Hier erwarten uns ein Marienbildstock und ein herrlicher Blick auf die umliegenden Gipfel der Dolomiten.

Mit noch genügend Kraft in den Beinen kann man von hier aus den Seekofel besteigen. Andernfalls steigen wir kurz zur Seekofelhütte ab. Das Schutzhaus ist ein wunderschönes Steingebäude, das sich gut in die raue Mondhochebene des Naturparks einfügt. Die Hütte wurde 1907 eröffnet. Bis heute gibt es den 16 km lagen Karrenweg, der zur Erleichterung der Bauarbeiten angelegt wurde. Die Hütte wird seit vielen Jahren von der Familie Salton geführt und ist die erste Station entlang der Alta Via delle Dolomiti n. 1. und Kreuzung zahlreicher anderer Routen im Naturpark. Der Weiterweg führt uns in nordwestliche Richtung. Wir folgen dem Pfad kurz bis zur Ofenscharte und dem Marienbildstock. Hier machen wir uns an den Aufstieg durch das Schrofengelände. Der vor uns liegende Weg sieht schwieriger aus, als er ist. Dennoch erwartet uns der Berg mit seinem sehr steilen Südostrücken. Kurze Passagen sind durch eine Eisenkette gesichert, dann geht es nicht mehr ganz so steil weiter nach Nordwesten. Ein Pfad führt uns schließlich über die Karstfläche des Bergrückens bis zum Gipfel des Seekofels. Der Abstieg erfolgt auf dem Anstiegsweg.

Bei guten Wetterverhältnissen kann man alternativ auch über einen anderen Weg aufsteigen, der durch die mondähnliche Landschaft der Seekofelhütte führt. Schon bald erhalten wir dabei eine faszinierende Fernsicht bis hin zum Alpenhauptkamm. Im Nordosten sehen wir den Großglockner, links daneben erhebt sich die Venedigergruppe und der Blick nach Norden lässt den Rauchkofel in den Zillertaler Alpen erscheinen. Aber auch die Tiefblicke lassen das Herz höher schlagen: 1300 Höhenmeter blicken wir zum grünblau leuchtenden Pragser Wildsee hinab. Zu guter Letzt genießen wir das Panorama auf die Dolomiten. Bei gutem Wetter eine schier atemberaubende Wanderung.

36

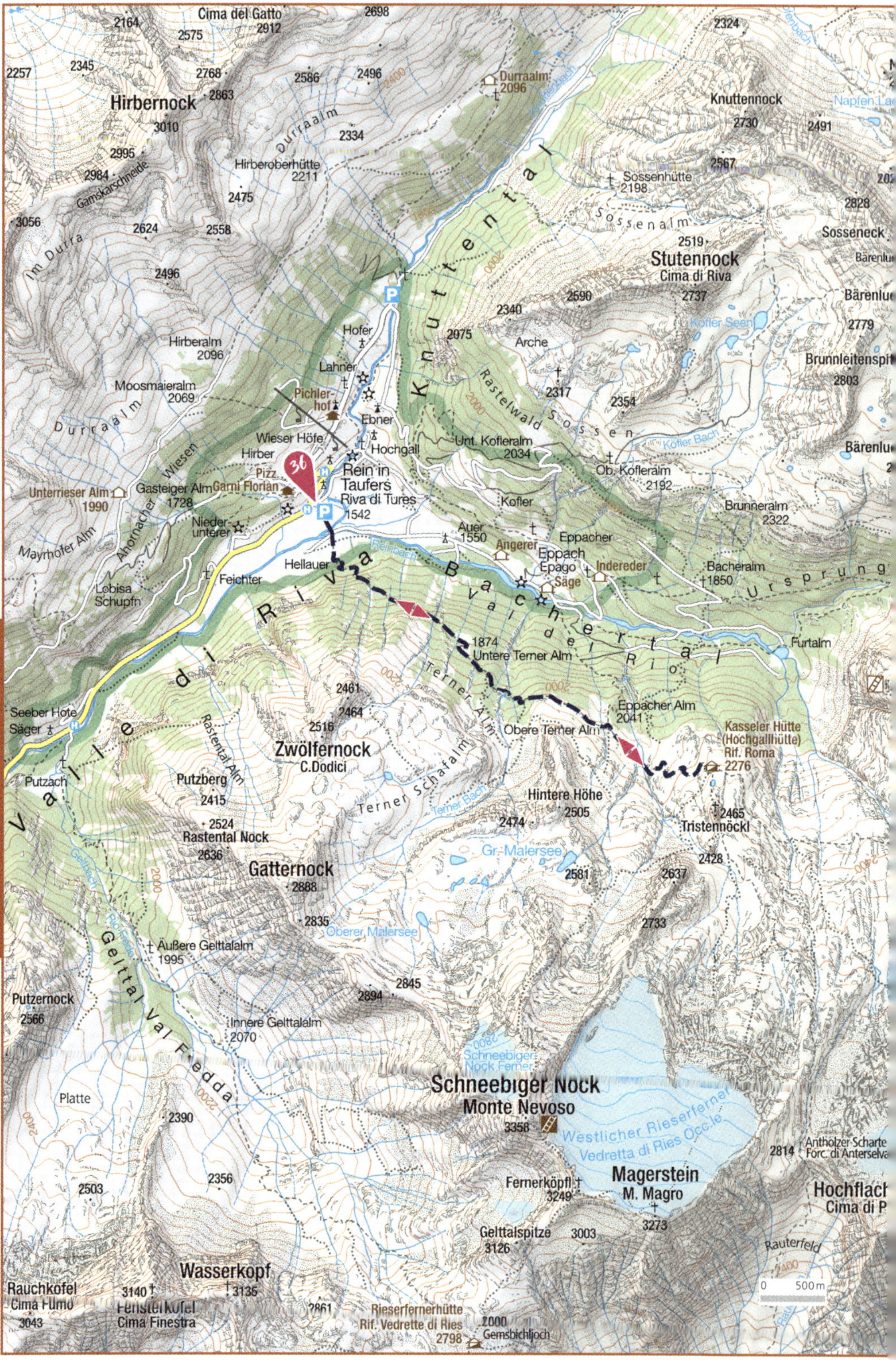

Cima del Gatto
2912
Hirbernock
3010
Gamskarschneide
Im Durra
Durraalm
Durraalm
2096
Hirberoberhütte
2211
Knuttental
Knuttennock
2730
Sossenhütte
2198
Sossenalm
Stutennock
Cima di Riva
2737
Sosseneck
Kofler Seen
Brunnleitenspitz
2803
Hirberalm
2096
Moosmaieralm
2069
Hofer
Lahner
Pichlerhof
Ebner
Wieser Höfe
Hochgall
Hirber
Rein in Taufers
Riva di Tures
1542
Pizz.
Garni Florian
Gasteiger Alm
1728
Unterrieser Alm
1990
Ahornacher Wiesen
Mayrhofer Alm
Niederunterer
Hellauer
Feichter
Lobisa
Schupfn
Rastelwald
Sossen
Unt. Kofleralm
2034
Ob. Kofleralm
2192
Kofler Bach
Kofler
Auer
1550
Angerer
Eppacher
Eppach
Epago
Indereder
Säge
Brunneralm
2322
Bacheralm
1850
Ursprung
Reinbach
Bachertal
Val del Rio
Furtalm
Valle di Riva
1874
Untere Terner Alm
Terner Alm
Eppacher Alm
2041
Obere Terner Alm
Kasseler Hütte
(Hochgallhütte)
Rif. Roma
2276
Seeber Hotel
Säger
Putzach
Rastental Alm
Zwölfernock
C.Dodici
Putzberg
2415
Terner Schafalm
Terner Bach
Hintere Höhe
2505
Tristennöckl
2465
Rastental Nock
2636
Gr. Malersee
Gatternock
2888
Oberer Malersee
Geltbach
Geltal
Äußere Gelttalalm
1995
Putzernock
2566
Gelttal Val Fedda
Innere Gelttalalm
2070
Platte
Schneebiger Nock Ferner
Schneebiger Nock
Monte Nevoso
3358
Westlicher Rieserferner
Vedretta di Ries Occ.le
Antholzer Scharte
Forc. di Anterselva
Fernerköpfl
3249
Magerstein
M. Magro
3273
Hochflach
Cima di P
Gelttalspitze
3126
Rauterfeld
Wasserkopf
3135
Rauchkofel
Cima Fumo
3043
Fensterkofel
Cima Finestra
Rieserfernerhütte
Rif. Vedrette di Ries
2798
Gemsbichljoch
0 500 m

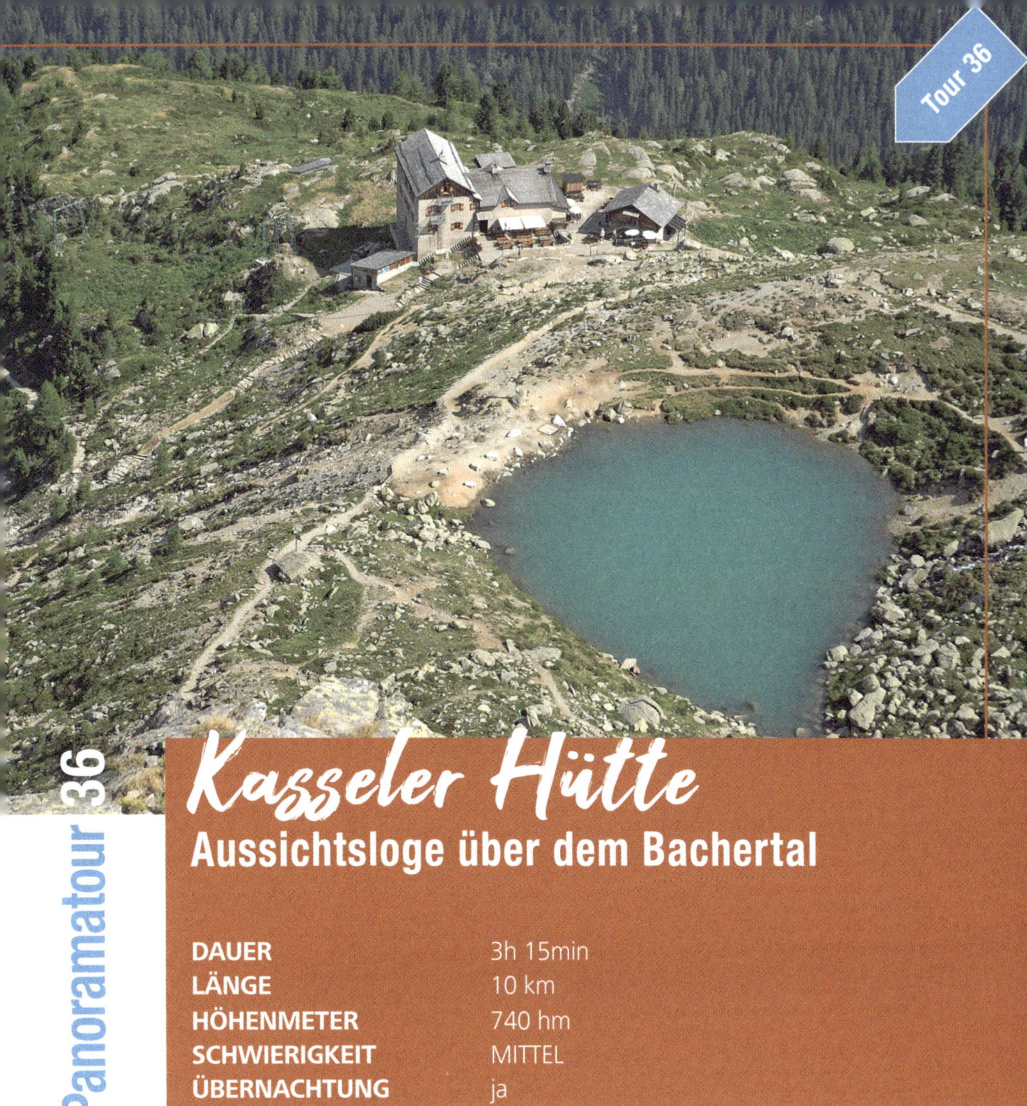

Tour 36

Panoramatour 36

Kasseler Hütte

Aussichtsloge über dem Bachertal

DAUER	3h 15min
LÄNGE	10 km
HÖHENMETER	740 hm
SCHWIERIGKEIT	MITTEL
ÜBERNACHTUNG	ja

Das erwartet dich ...

Die Hüttenwanderung führt uns auf gut begehbaren Wegen in eindrucksvoller Felsszenerie ins Herz der Rieserfernergruppe. Die Hütte bietet Ausblick fast über das gesamte Bachertal mit seiner hochalpinen, teils vergletscherten Gipfelumrahmung. Von der Hütte aus kann man das eine oder andere Ziel erreichen – die Dreitausender bleiben jedoch gletschererfahrenen Hochalpinisten vorbehalten.

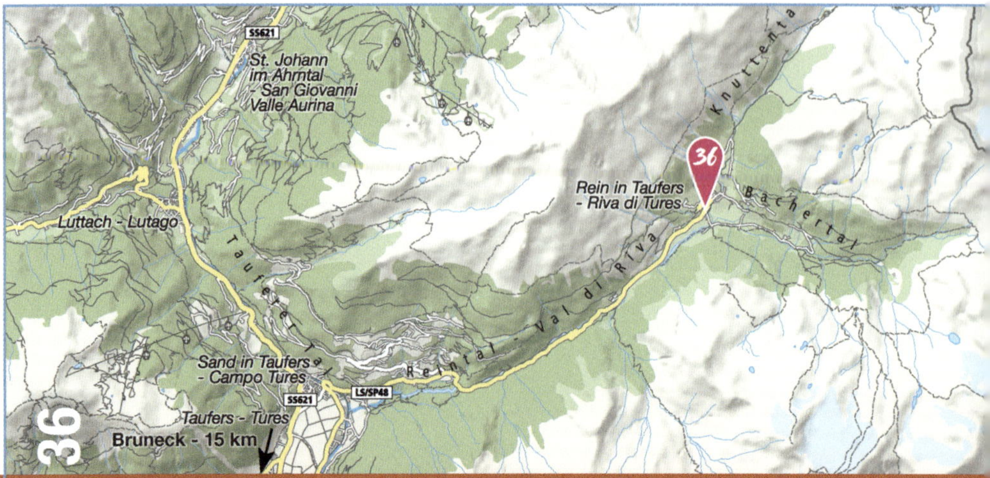

Start & Ziel & Anreise

Nach Rein gelange wir, indem wir auf der Brennerautobahn bis Brixen Nord fahren. Auf der Pustertalstraße geht es bis Bruneck, dann Richtung Ahrntal und bis Sand in Taufers. Von hier aus fahren wir weiter Richtung Rein. Ein großer Parkplatz befindet sich unterhalb des Ortes.

Tourenbeschreibung

Der höchste Gipfel der Rieserfernergruppe ist der Hochgall (3436 m). Dass er nicht nur kein Wanderziel ist, sondern eher einer Besteigung von alpin erfahrenen Bergsteigern überlassen bleiben sollte, sieht man schon auf den ersten Blick von der Kasseler Hütte aus. An der schroffen Nordwestflanke und den beiden zerklüfteten Gletschern ist die Erfahrung von Alpinisten gefragt, die sich sowohl in Fels als auch Eis auskennen und sicher bewegen können.

Unproblematisch gestaltet sich dagegen der Weg auf die Hütte. Sie wurde 1893 von der Sektion Kassel errichtet. In den 80er Jahren des zwanzigsten Jahrhunderts sollte hier oben ein Sommerskigebiet entstehen mit allem drum und dran: Hotels, Gletscherpisten und Liften. Geblieben ist zum Glück nur der Zweckbau unter dem Tristennöckl. Von der Terrasse hat man einen herrlichen Fernblick auf die Dolomiten und die Tiroler Berge. Der Hüttenwirt kocht persönlich Spezialitäten aus der Region, z.B. Speckknödel mit Gulasch. An gemütlicheren Abenden greift er auch mal zur Ziehharmonika; dann wird es auf der Hütte musikalisch lustig.

Vom Parkplatz unterhalb von Rein wandern wir entlang des Talbodens über den Bach. Danach führt der Weg in den Wald, durch den wir im angenehmen Schatten die Südflanke des Bachertales über Kehren, dann direkt schräg über den Hang, emporsteigen. Nach der untern Terneralm (1874 m) überqueren wir den Terner Bach. Die Eppacher Alm lassen wir links liegen. In mäßig steilem Anstieg überqueren wir den Tristenbach, der von den Schmelzwassern des Rieserferners gespeist wird. Schon lange ist die Kasseler Hütte (2276 m) in unser Blickfeld gerückt; wir erreichen sie im Schlussanstieg über ein paar Schleifen. Nach einer gemütlichen Rast erfolgt der Abstieg über den Anstiegsweg.

Autoren Tipp

Imposant erhebt sich südlich der Hütte ein Zacken – das Tristennöckl (2456 m). Nicht besonders hoch bietet der Gipfel doch eine wunderbare Rundumsicht. An der Lacke oberhalb der Hütte vorbei. Die Wegschilder hier schicken uns über einen schmalen Steig, der in Kehren hinauf und unter der Nordwand nach rechts leitet. An einer drahtseilversicherten Stelle steigen wir gut 30 m an, dann halten wir uns links durch eine steile Rinne. Über ein paar Schrofen erreichen wir letztendlich den Gipfel.

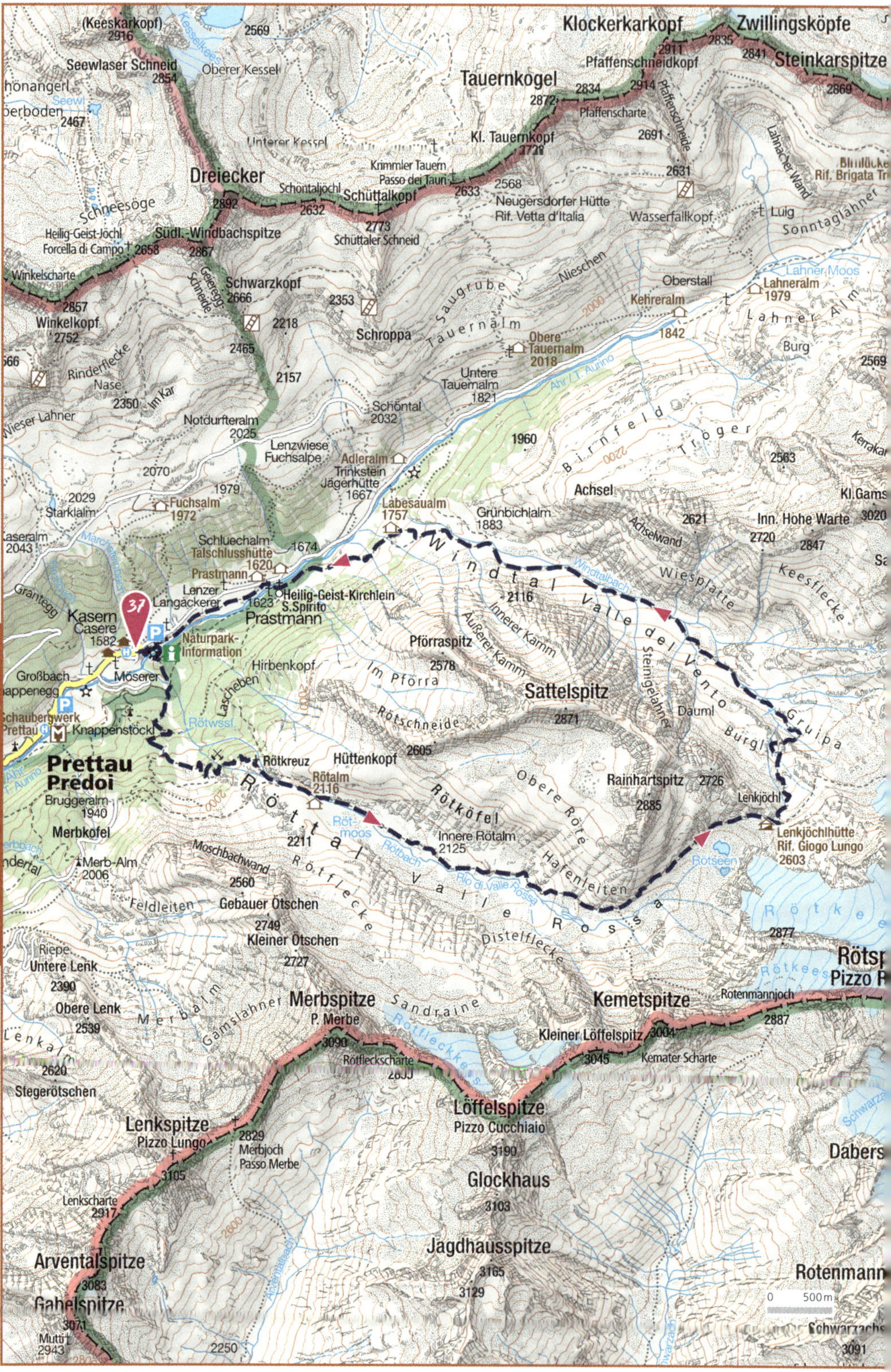

37

(Keeskarkopf)
2916
2569
Kesselkees
Klockerkarkopf
2911
2835
Zwillingsköpfe
2841
Steinkarspitze
Seewlaser Schneid
2854
Oberer Kessel
Pfaffenschneidkopf
Tauernkogel
2872
2834
2914
2869
Seewl
2467
Pfaffenscharte
Pfaffenschneide
Unterer Kessel
Kl. Tauernkopf
2691
Lahnacher Wand
Krimmler Tauern
Passo dei Tauri
Rif. Brigata Tr
Dreiecker
Schöntaljöchl
Schüttalkopf
2633
2568
2631
2892
2632
Neugersdorfer Hütte
Rif. Vetta d'Italia
Wasserfallkopf
Luig
Schneesöge
2773
Schüttaler Schneid
Sonntaglahner
Heilig-Geist-Jöchl
Forcella di Campo
2658
Südl. Windbachspitze
2867
Winkelscharte
Geierfeg Schneide
Schwarzkopf
2666
Nieschen
Oberstall
Lahner Moos
Lahneralm
1979
2857
2353
Saugrube
Kehreralm
Winkelkopf
2752
2218
Schroppa
Tauernalm
1842
Lahner Alm
2465
Obere Tauernalm
2018
Burg
Rinderflecke
Nase
2157
Untere Tauernalm
1821
Ahr / T. Aurino
2569
2350
Im Kar
Schöntal
2032
Wieser Lahner
Notdurfteralm
2025
1960
Birnfeld
Tröger
Lenzwiese
Fuchsalpe
Adleralm
Trinkstein
Jägerhütte
1667
2563
Kerrakar
2070
2029
Starklalm
1979
Fuchsalm
1972
Labesaualm
1757
Achsel
Kl. Gams
Grünbichlalm
1883
2621
Inn. Hohe Warte
2720
3020
Kaseralm
2043
Schluechalm
Talschlusshütte
1674
Achselwand
2847
Prastmann
1620
Windtal
Wiesplatte
Keesflecke
Grantegg
Lenzer
Langackerer
1623
Heilig-Geist-Kirchlein
S. Spirito
Prastmann
2116
Windtalbach
Valle del Vento
Innerer Kamm
Kasern
Casere
1582
Naturpark-Information
Pförraspitz
Äußerer Kamm
Großbach
Möserer
Hirbenkopf
2578
Steinigelahner
Im Pförra
Sattelspitz
Dauml
Gruipa
Schaubergwerk
Prettau
Knappenstöckl
Lascheben
Rötwssf.
Rötschneide
2871
Burgl
2605
Prettau
Predoi
Rötkreuz
Hüttenkopf
Rainhartspitz
2726
Bruggeralm
1940
Rötalm
2116
Obere Röte
2885
Lenkjöchl
Merbkofel
Rötkofel
Röttal
Rötmoos
Innere Rötalm
2125
Lenkjöchlhütte
Rif. Giogo Lungo
2603
Rötseen
Merb-Alm
2006
2211
Moschbachwand
Rötbach
Hafenleiten
2560
Rötflecke
Rio di Valle Rossa
Valle Rossa
Rötkees
Feldleiten
Gebauer Ötschen
2877
2749
Kleiner Ötschen
Distelflecke
Rötsp
Pizzo R
Riepe
Untere Lenk
2727
Rötkees
2390
Merbalm
Gamslahner
Merbspitze
P. Merbe
Sandraine
Kemetspitze
Rotenmannjoch
Obere Lenk
2539
2887
Lenkalm
3090
Rötfleckscharte
Rötfleckkees
Kleiner Löffelspitz
3004
3045
Kemater Scharte
2620
2839
Stegerötschen
Löffelspitze
Pizzo Cucchiaio
Schwarzach
Lenkspitze
Pizzo Lungo
2829
Merbjoch
Passo Merbe
3190
Dabers
3105
Glockhaus
Lenkscharte
2917
3103
2600
Jagdhausspitze
Arventalspitze
3165
Rotenmann
3083
3129
Arventalbach
0
500 m
Gabelspitze
3071
Schwarzachs
Mutti
2943
2250
3091

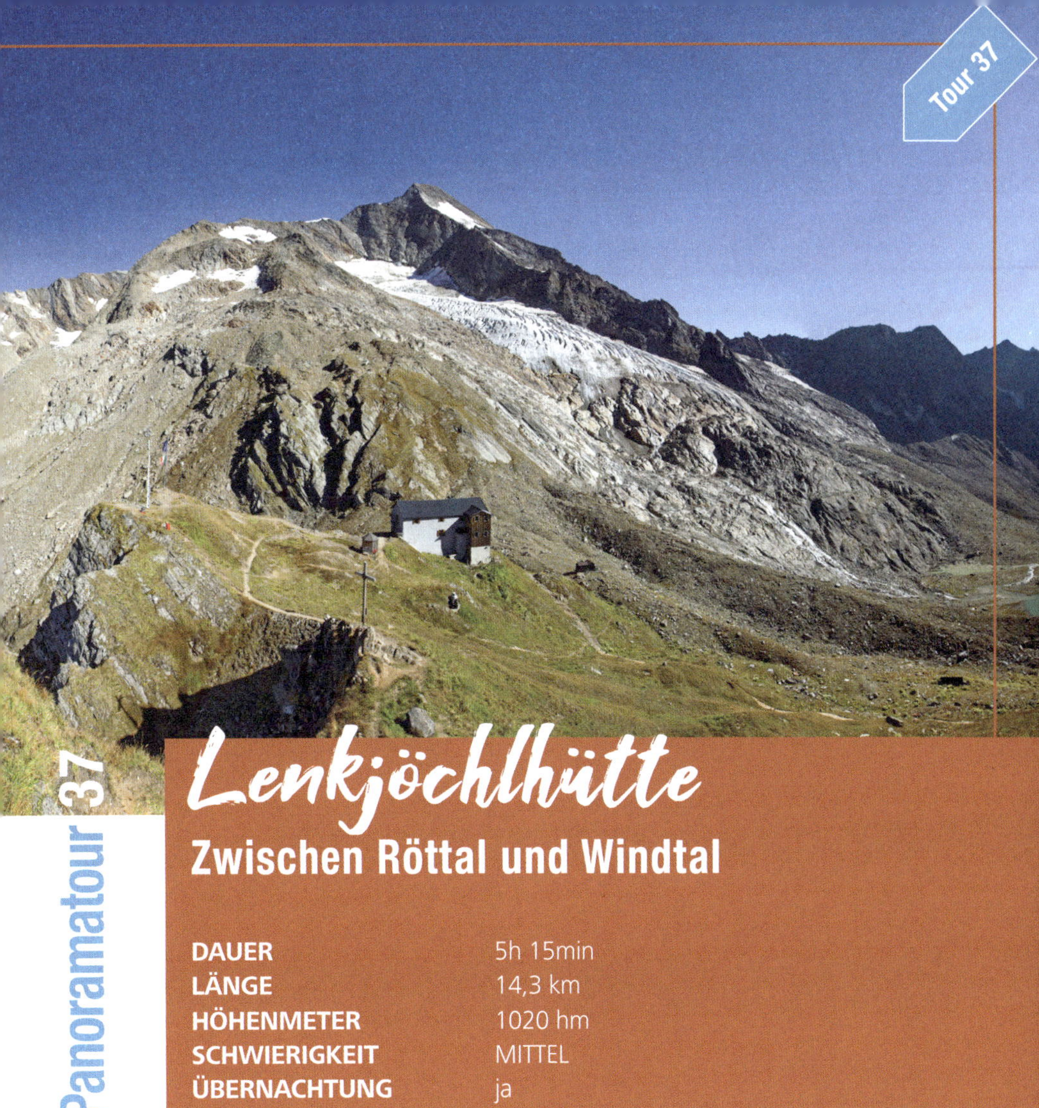

Tour 37

Panoramatour 37

Lenkjöchlhütte

Zwischen Röttal und Windtal

DAUER	5h 15min
LÄNGE	14,3 km
HÖHENMETER	1020 hm
SCHWIERIGKEIT	MITTEL
ÜBERNACHTUNG	ja

Das erwartet dich ...

Diese Rundwanderung ist sehr lang, aber auch sehr abwechslungsreich. Höhepunkt bildet die Lenkjöchlhütte im Naturpark Rieserferner-Ahrn. Sie liegt oberhalb eines kleinen Sees und bietet herrliche Ausblicke auf das umliegende Panorama mit Rötspitze, Virglkopf, Ahrner Kopf, Rosshuf – um nur ein paar zu nennen.

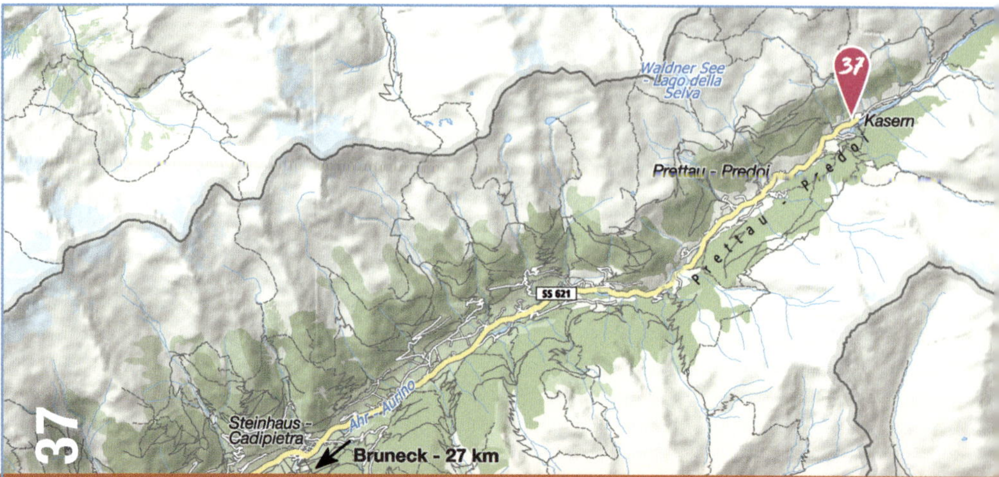

Panoramatour 37

Start & Ziel & Anreise

Ausgangspunkt ist Kasern im obersten Ahrntal, 27 km entfernt von Sand in Taufers. Dabei fahren wir von Bruneck auf der Staatsstraße 621 in das Ahrntal nach Prettau und Kasern. Parkmöglichkeiten gibt es in Kasern am Naturparkhaus.

Tourenbeschreibung

Im hinteren Ahrntal in Südtirol und im nördlichsten Zipfel von Italien steht die Lenkjöchlhütte. Sie thront auf 2590 m Höhe, unter sich das Heilig-Geist-Kircherl, auf einem vor Lawinen und Steinschlag gesicherten Platz über dem Lenkjöchl, dem Übergang zwischen Röt- und Windtal in der Venedigergruppe. Imposant sind hier die beiden vergletscherten Dreieinhalbtausender Rötspitze und Dreiherrenspitze. Die Rötspitze bildet dabei den Blickfang, wenn man aus dem Röttal über das Lenkjöchl aufsteigt. Doch der Gipfel ist nur guten Alpinisten vorbehalten, denn sein Fels und Eis verlangen alpine Erfahrung und Trittsicherheit.

Von Kasern wandern wir kurz hinab zur Ahr, überqueren den Bach und laufen zur Rötbrücke weiter. Danach wandern wir durch den Wald hinauf bis an einen Lehrpfad, der vom Bergbauernmuseum heraufkommt. Auf ihm steigen wir zum Rötkreuz und zur Rötalm weiter bergan. Eben führt dann der Weg ins Tal hinein.

Dabei haben wir freie Sicht auf die mächtige Fels-und Eispyramide der Rötspitze. Immer näher rückt sie heran, je weiter wir aufsteigen, bis sie am Lenkjöchl zum Greifen nah erscheint. Dann sehen wir auch schon die Lenkjöchlhütte, die kurz oberhalb der Wasserscheide zwischen Röt-und Windtal steht. Sie blickt auf eine traditionsreiche, über einhundertjährige Geschichte zurück: 1887 eröffnet und seit 1891 bewirtschaftet ist sie ein wahres Bergsteiger-Refugium. An besonders heißen Tagen können sich extrem Abgehärtete im kleinen See unter der Hütte abkühlen. Mit etwas Glück kann man rund um die Hütte Gämsen und Murmeltiere beobachten. Die Hütte verfügt über 5 Zimmer und ein großes Lager, Terrasse gibt es keine. Das Essen ist einfach, aber hervorragend.

Für den Abstieg wählen wir die Kehren hinab in den innersten Boden des Windtales. Dabei passieren wir einen Wasserfall und schlendern über die blumendurchtränkten Almwiesen hinaus zur Labesaualm. Eine Sandstraße bringt uns dann zum gotischen Heilig-Geist-Kirchlein. Hier kann man tolle Fresken und ein sagenumwobenes, „durchschossenes" Kreuz besichtigen. Schließlich laufen wir an der Ahr entlang zurück nach Kasern.

Die Ahr in der Nähe der Heilig-Geist-Kapelle

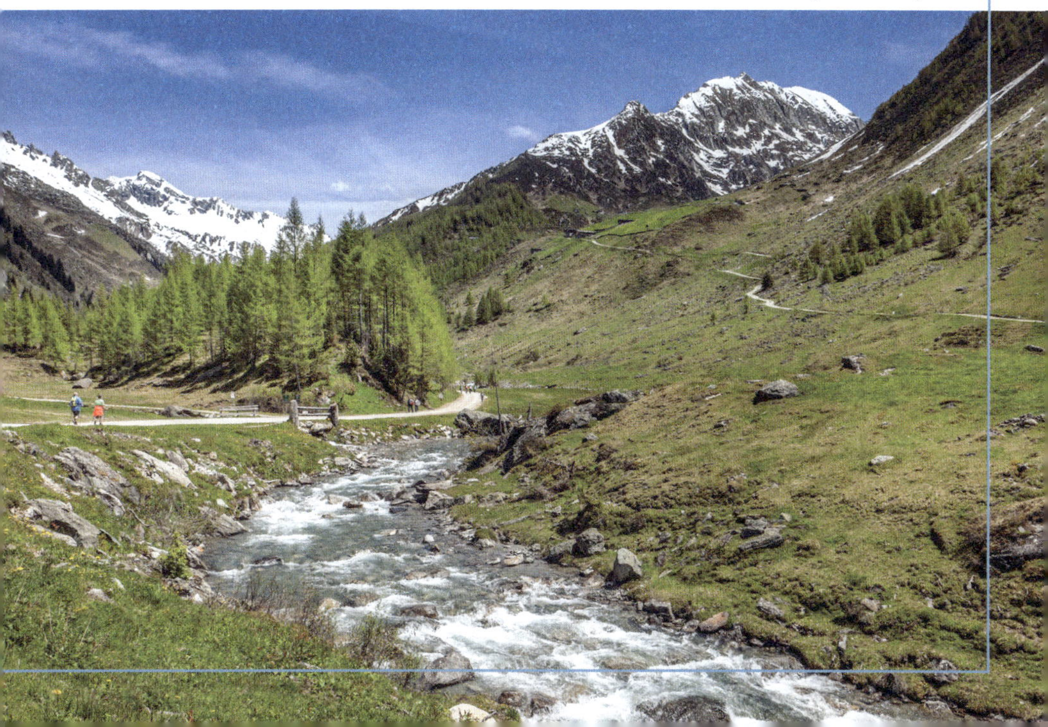

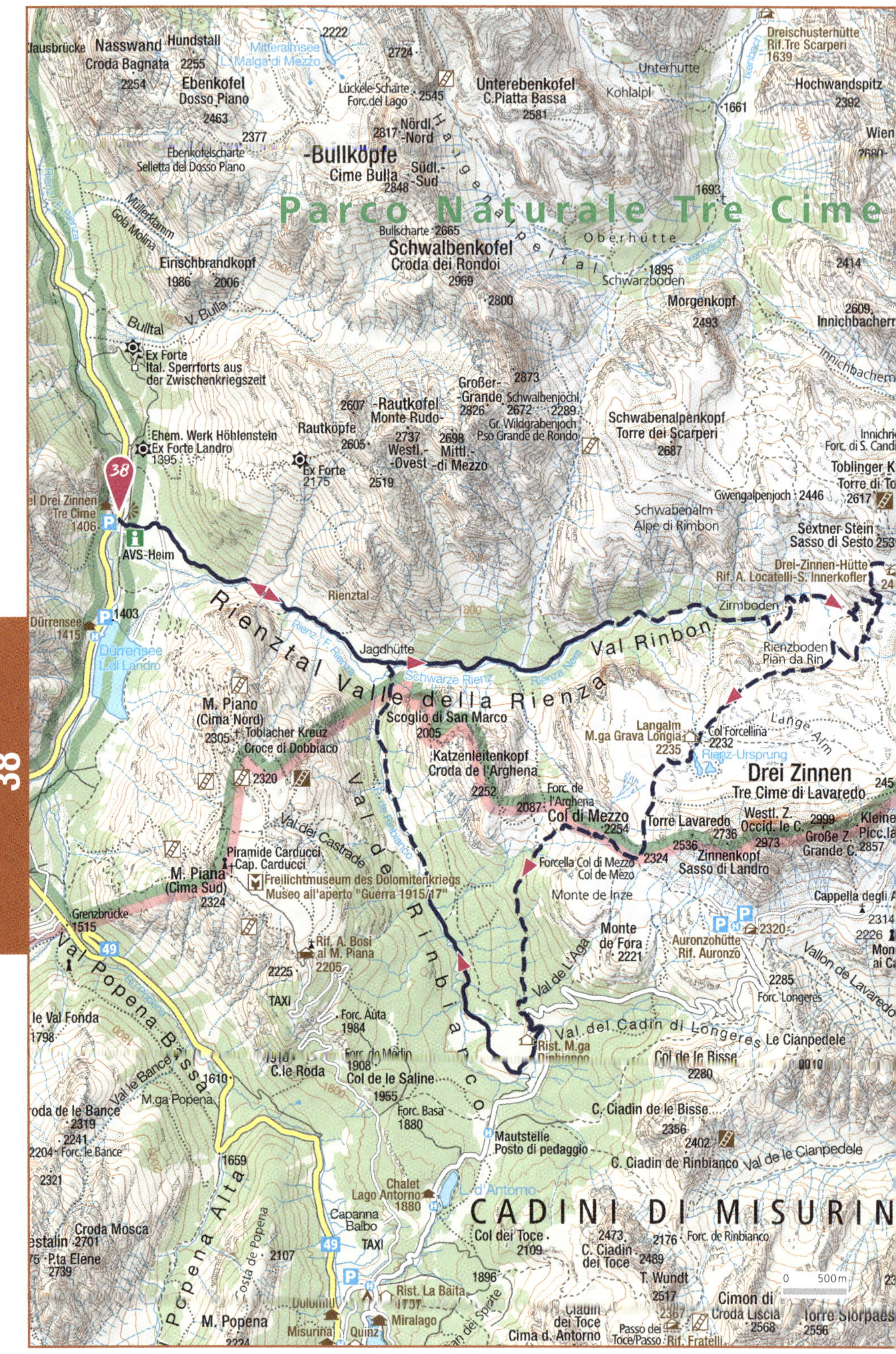

Nasswand
Hundstall
Croda Bagnata
2255
2254
Ebenkofel
Dosso Piano
2463
Mitteralmsee
L. Malga di Mezzo
2222
2724
Lückele-Scharte
Forc. del Lago
2545
Unterebenkofel
C. Piatta Bassa
2581
Unterhütte
Kohlalpl
Dreischusterhütte
Rif. Tre Scarperi
1639
Hochwandspitz
2392
1661
2377
2817
Nördl.
-Nord
Ebenkofelscharte
Selletta del Dosso Piano
-Bullköpfe
Cime Bulla
Südl.
-Sud
2848
Haunoldköpfe
1693
Parco Naturale Tre Cime
Müllerklamm
Gola Molina
Bullscharte 2665
Oberhütte
Schwalbenkofel
Croda dei Rondoi
2969
Eirischbrandkopf
1986
2006
2800
1895
Schwarzboden
2414
Morgenkopf
2493
2609
Innichbacher
Bulltal
V. Bulla
Ex Forte
Ital. Sperrforts aus der Zwischenkriegszeit
Großer-
-Grande
2873
Schwalbenjöchl
2672
2289
2826
2607
-Rautkofel
Monte Rudo
Gr. Wildgrabenjoch
Pso Grande de Rondo
Schwabenalpenkopf
Torre dei Scarperi
2687
Ehem. Werk Höhlenstein
Ex Forte Landro
1395
Rautköpfe
2605
2737
Westl.-
-Ovest
2698
Mittl.-
-di Mezzo
Ex Forte
2175
2519
38
Drei Zinnen
Tre Cime
1406
AVS-Heim
Gwengalpenjoch 2446
Schwabenalm
Alpe di Rimbon
Toblinger K
Torre di To
2617
Sextner Stein
Sasso di Sesto
Drei-Zinnen-Hütte
Rif. A. Locatelli-S. Innerkofler
Rienztal
1800
Zimboden
Dürrensee
1415
1403
Dürrensee
L. di Landro
Rienztal Valle della Rienza
Jagdhütte
Schwarze Rienz
Rienza Nera
Val Rinbon
Rienzboden
Pian da Rin
M. Piano
(Cima Nord)
2305
Toblacher Kreuz
Croce di Dobbiaco
Scoglio di San Marco
2005
Katzenleitenkopf
Croda de l'Arghena
Langalm
M.ga Grava Longia
2235
Col Forcellina
2232
Lange Alm
Rienz-Ursprung
Drei Zinnen
Tre Cime di Lavaredo
2320
2252
Forc. de l'Arghena
2087
Col di Mezzo
2254
Torre Lavaredo
2736
Westl. Z.
Occid. le C.
2999
2973
Große Z.
Grande C.
Kleine
Picc.la
2857
Val dei Castrade
Val de Rinbianco
Piramide Carducci
Cap. Carducci
M. Piana
(Cima Sud)
2324
Freilichtmuseum des Dolomitenkriegs
Museo all'aperto "Guerra 1915/17"
Forcella Col di Mezzo
Col de Mezo
2324
2536
Zinnenkopf
Sasso di Landro
Monte de Inze
Grenzbrücke
1515
Cappella degli
2314
49
Val Popena Bassa
Rif. A. Bosi
al M. Piana
2205
2225
TAXI
Monte
de Fora
2221
Val de l'Aga
Auronzohütte
Rif. Auronzo
2320
2226
2285
Forc. Longeres
Vallon de Lavaredo
le Val Fonda
1798
Forc. Aùta
1984
Val del Cadin di Longeres
Rist. M.ga Rinbianco
Le Cianpedele
1610
C.le Roda
1908
Forc. de Mèdin
Col de le Saline
1955
Col de le Bisse
2280
Val le Bance
M.ga Popena
roda de le Bance
2319
2241
2204
Forc. le Bance
Forc. Basa
1880
C. Ciadin de le Bisse
2356
2402
Mautstelle
Posto di pedaggio
C. Ciadin de Rinbianco
Val de le Cianpedele
2321
1659
Chalet
Lago Antorno
1880
L. d'Antorno
CADINI DI MISURIN
Croda Mosca
estalin 2701
P.ta Elene
2739
Popena Alta
Capanna
Balbo
TAXI
49
Col dei Toce
2109
2473
C. Ciadin
dei Toce
2489
2176
Forc. de Rinbianco
2107
Costa de Popena
1896
T. Wundt
2517
Rist. La Baita
Miralago
Cimon di Croda Liscia
2568
Torre Siorpaes
2556
M. Popena
Misurina
Quinz
Cima d. Antorno
Passo dei Toce/Passo
Rif. Fratelli
0
500 m

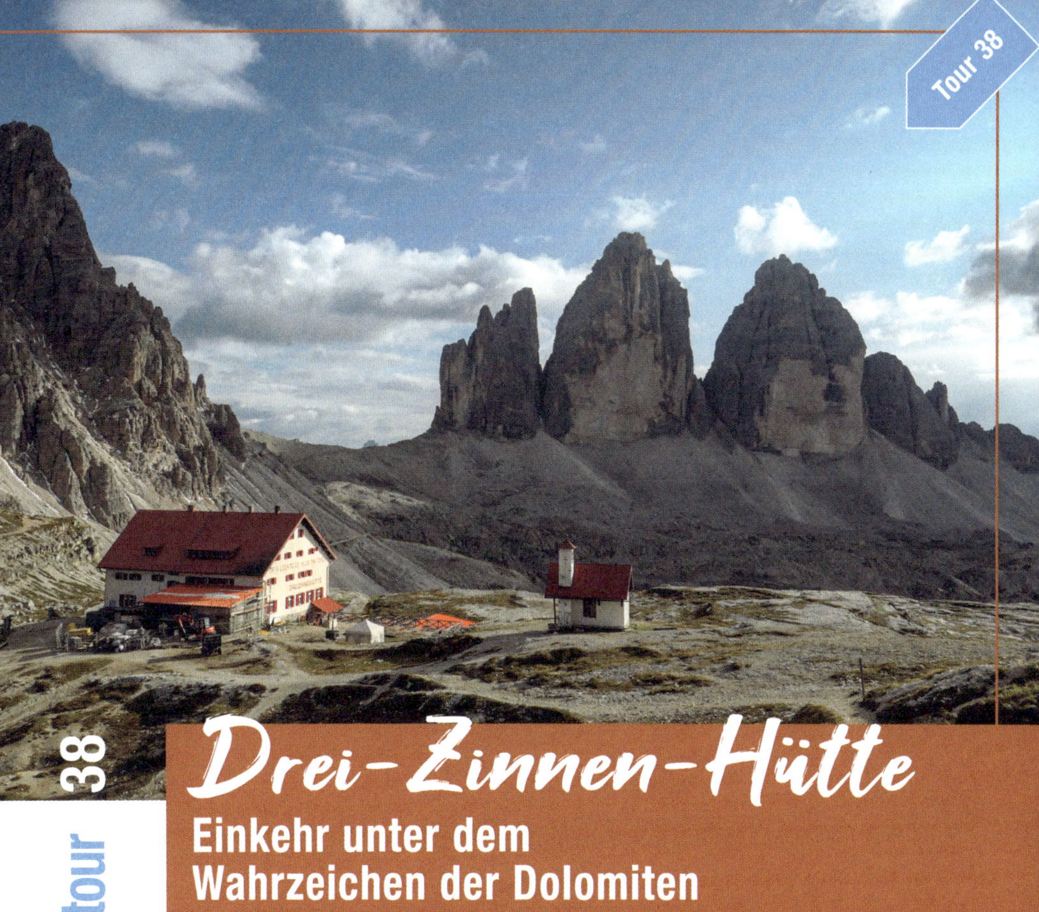

Tour 38

38

2-Tagestour

Drei-Zinnen-Hütte

Einkehr unter dem Wahrzeichen der Dolomiten

DAUER	7h
LÄNGE	21,5 km
HÖHENMETER	1220 hm
SCHWIERIGKEIT	MITTEL
ÜBERNACHTUNG	ja

Das erwartet dich ...

Der Rundweg entlang der Drei Zinnen ist sehr lang; er erfordert sehr gute Ausdauer und auch Trittsicherheit, wenn die Füße gegen Ende der Tour immer müder werden. Technisch stellt sie aber eine problemlose Wanderung dar. Im Laufe der Wanderung nähert man sich allmählich den Drei Zinnen an und erhält faszinierende Einblicke in ihre Nordwände.

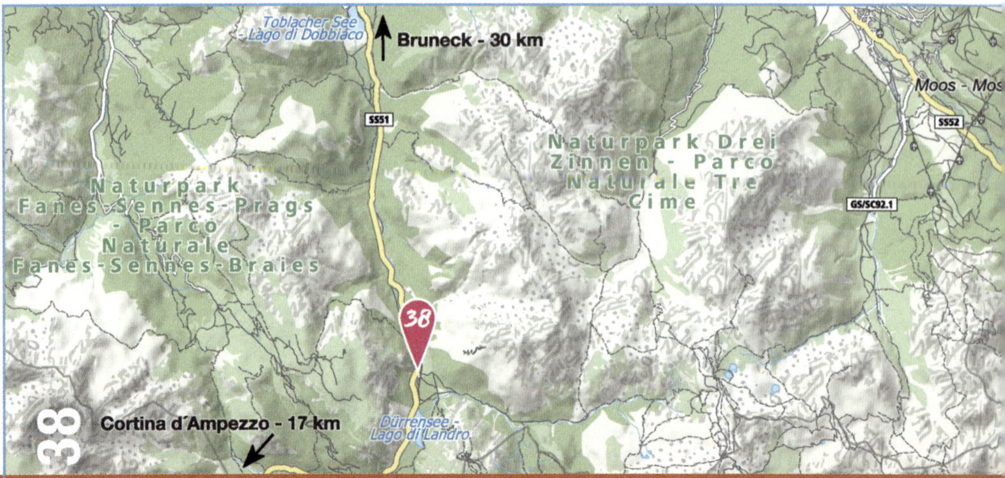

Start & Ziel & Anreise

Beim Hotel Drei-Zinnen-Blick befindet sich ein großer Parkplatz. Das Höhlensteintal erreichen wir von Toblach über die Strada d'Alemagna. Ab Toblach fährt auch ein Shuttle Bus, bei dem aber eine online Reservierung notwendig ist.

Tourenbeschreibung

Heutzutage wird alles schneller und schnelllebiger. Da ist es nicht verwunderlich, dass die meisten Besucher der Drei Zinnen zur Auronzohütte hinauffahren, um nicht mal eine Stunde später den ultimativen Anblick der Nordwände der Drei Zinnen zu erleben. Unsere Runde spiegelt jedoch die genussvolle, langsame Annäherung an dieses schöne Wunder der Natur wieder. Schritt um Schritt erheben sich dabei die riesigen Zähne aus Hauptdolomit vor uns. Wenn der Massentourist dann bereits bei Kaffee und Kuchen sitzt, genießen wir auf den Wiesen vor dem Zinnenkopf unsere Brotzeit.

1. Tag

So folgen wir als Erstes der Sandstraße vom Hotel Drei Zinnen Blick zunächst flach, dann stetig steigend ins Rienztal. Anfangs die Zinnen noch im Blick, werden sie bald von ihrem felsigen Vorbau verdeckt. Hinter der Mündung des Rinbianco-Tals erreichen wir einen Wanderweg. Wir steigen durch das Val Rinbon auf, erklimmen eine felsige Geländestufe und gelangen in Schleifen zur Drei-Zinnen-Hütte am Toblinger Riedl. Auf ihrer Terrasse genießen wir neben einer feinen Brotzeit die Drei-Zinnen-Schau. Die Hütte liegt im Gebiet des Dolomitenkriegs, was das Umfeld von ehemaligen Kriegsunterständen, -steigen und -tunnel verdeutlicht. Als Übernachtungsstützpunkt ist die Hütte extrem beliebt, daher sollte frühzeitig gebucht werden.

2. Tag

Für den Rückweg wandern wir auf dem Hüttenweg ein kurzes Stück zurück. An der Gabelung am Rienzboden halten wir uns links und laufen in angenehmem Auf und Ab zum Col Forcellina, an dem uns ein paar kleine Seen zuzwinkern. Kurz darauf passieren wir die Langalm und besteigen den grasigen Rücken vor dem Zinnenkopf zu einem herrlichen Rastplatz. In der späten Nachmittagssonne erscheinen die senkrechten Nordwände der Drei Zinnen besonders schön. Ein ausgetretener Pfad zieht sich flach zum Forcella del Col de Mezzo hinüber. Nach rechts wandern wir ins Val dell'Arghena, steil in den Graben hinab und dann Richtung Süden zur Drei-Zinnen-Straße. Dann halten wir uns an der Malga Rinbianco rechts uns spazieren das Tal hinaus zur Schwarzen Rienz. An der Sandstraße nach links zurück zum Ausgangspunkt beim Hotel Drei-Zinnen-Blick.

Das bekannte Panorama der Drei Zinnen

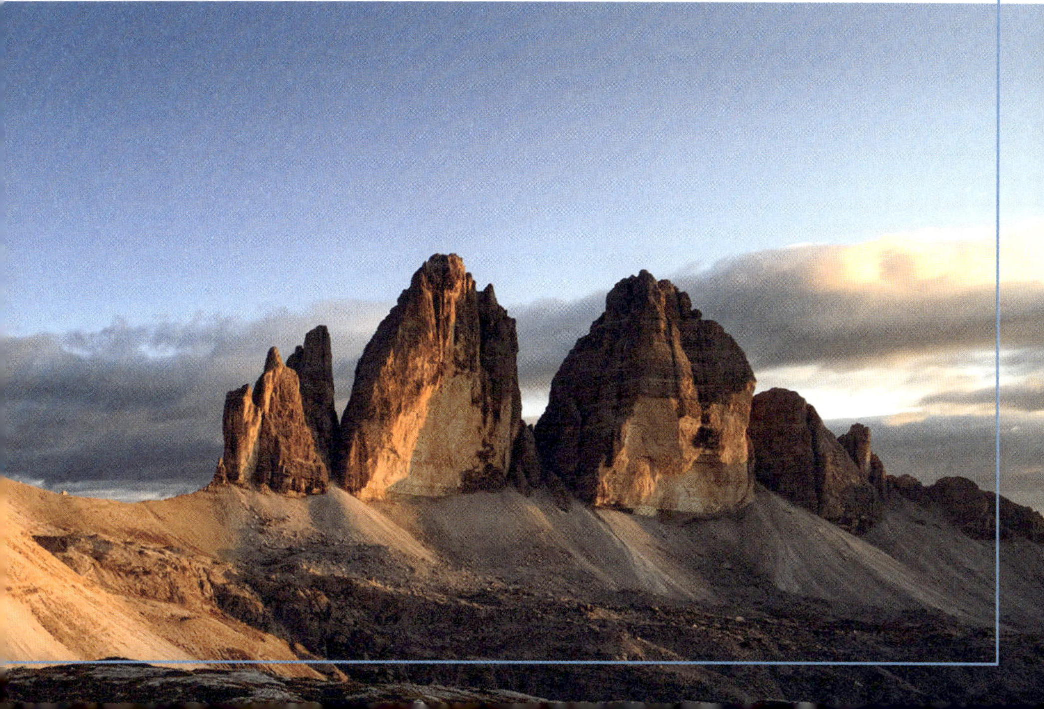

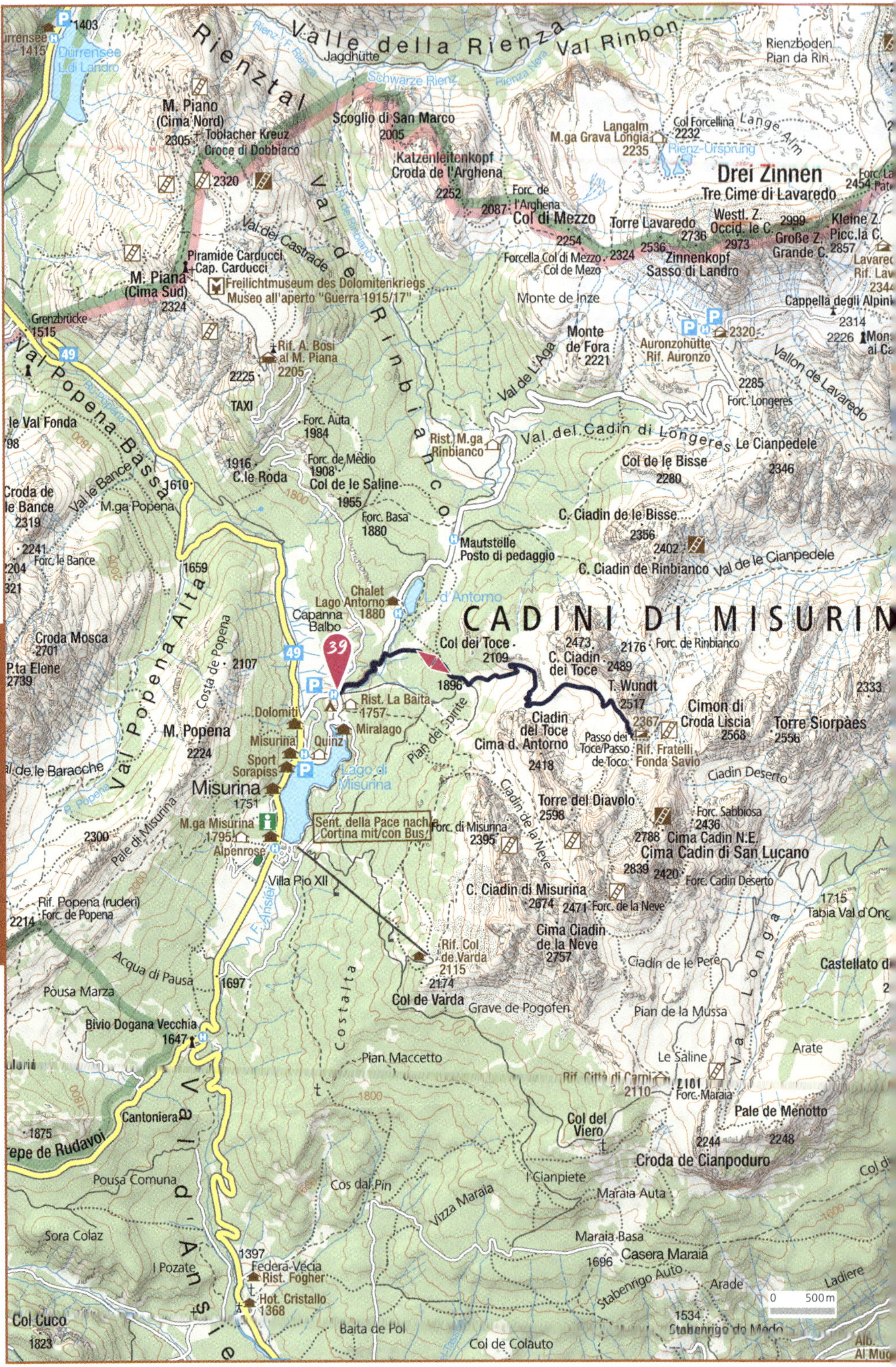

Valle della Rienza
Rienztal
Val Rinbon
Dürrensee
L. di Landro
1415
1403
Jagdhütte
Schwarze Rienz
Rienzboden
Pian da Rin
M. Piano
(Cima Nord)
2305
Toblacher Kreuz
Croce di Dobbiaco
Scoglio di San Marco
2005
Katzenleitenkopf
Croda de l'Arghena
2252
Langalm
M.ga Grava Longia
2235
Col Forcellina
2232
Lange Alm
Rienz-Ursprung
Drei Zinnen
Tre Cime di Lavaredo
2454
2320
Val de Rinbianco
Val dei Castrade
Forc. de l'Arghena
2087
Col di Mezzo
2254
Forcella Col di Mezzo
Col de Mezo
2324
Torre Lavaredo
2736
2536
Westl. Z.
Occid. le C.
2999
2973
Kleine Z.
Picc.la C.
Große Z.
Grande C.
2857
Zinnenkopf
Sasso di Landro
Piramide Carducci
Cap. Carducci
Freilichtmuseum des Dolomitenkriegs
Museo all'aperto "Guerra 1915/17"
M. Piana
(Cima Sud)
2324
Monte de Inze
Cappella degli Alpini
Grenzbrücke
1515
49
Val Popena Bassa
Rif. A. Bosi
al M. Piana
2205
2225
TAXI
Monte de Fora
2221
Auronzohütte
Rif. Auronzo
2320
2314
2226
Vallon de Lavaredo
Val de L'Aga
2285
Forc. Longeres
le Val Fonda
Forc. Auta
1984
Rist. M.ga Rinbianco
Val del Cadin di Longeres
Le Cianpedele
Forc. de Medio
1908
1916
C.le Roda
Col de le Saline
1955
Col de le Bisse
2280
2346
Croda de le Bance
2319
Val le Bance
M.ga Popena
1610
Forc. Basa
1880
C. Ciadin de le Bisse
2356
2402
Mautstelle
Posto di pedaggio
C. Ciadin de Rinbianco
Val de le Cianpedele
2241
Forc. le Bance
2204
321
1659
Val Popena Alta
Chalet
Lago Antorno
1880
L. d'Antorno
Capanna Balbo
CADINI DI MISURIN
Croda Mosca
2701
Costa de Popena
2107
39
Col dei Toce
2109
2473
C. Ciadin dei Toce
2489
2176
Forc. de Rinbianco
P.ta Elene
2739
1896
T. Wundt
2517
2333
Rist. La Baita
1757
Dolomiti
Miralago
Pian dei Spirite
Ciadin del Toce
Cima d. Antorno
2418
2367
Passo dei Toce/Passo de Toco
Rif. Fratelli Fonda Savio
Cimon di Croda Liscia
2568
Torre Siorpaès
2556
M. Popena
2224
Misurina
Quinz
Sport
Sorapiss
Lago di Misurina
Ciadin Deserto
le Baracche
Misurina
1751
Torre del Diavolo
2598
Ciadin de la Neve
Forc. Sabbiosa
2436
M.ga Misurina
1795
Sent. della Pace nach Cortina mit/con Bus
Forc. di Misurina
2395
2788
Cima Cadin N.E.
Cima Cadin di San Lucano
2839
2420
Forc. Cadin Deserto
2300
Pale di Misurina
Alpenrose
Villa Pio XII
C. Ciadin di Misurina
2674
2471
Forc. de la Neve
1715
Tabia Val d'Onç
Rif. Popena (ruderi)
Forc. de Popena
2214
F. Ansiei
Cima Ciadin de la Neve
2757
Rif. Col de Varda
2115
Ciadin de le Pere
Val Longa
Castellato di
Acqua di Pausa
1697
2174
Col de Varda
Costalta
Pousa Marza
Grave de Pogofen
Pian de la Mussa
Bivio Dogana Vecchia
1647
Pian Maccetto
Le Saline
Arate
Val d'Ansiei
Rif. Città di Carpi
2110
2101
Forc. Maraia
1800
Pale de Menotto
Cantoniera
Col del Viero
1875
Crepe de Rudavoi
2244
2248
Croda de Cianpoduro
Pousa Comuna
Cos dal Pin
I Cianpiete
Maraia Auta
Vizza Maraia
Sora Colaz
Maraia Basa
Casera Maraia
1696
1397
Federa Vecia
Rist. Fogher
I Pozate
Stabenrigo Auto
Arade
Ladiere
Hot. Cristallo
1368
0 500 m
Col Cuco
1823
1534
Stabenrigo de Medo
Baita de Pol
Col de Colauto
Alb. Al Mug

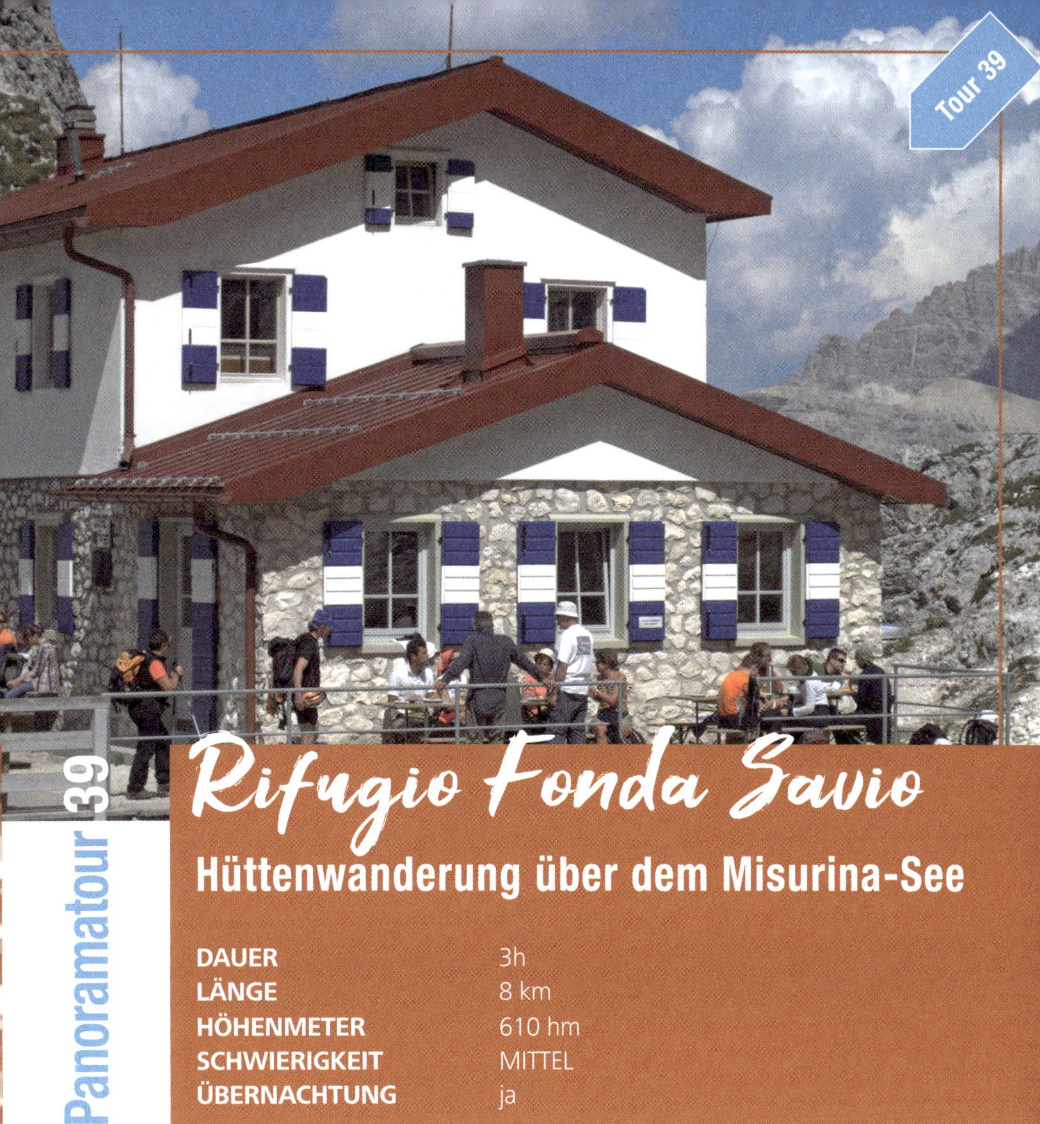

Panoramatour 39

Rifugio Fonda Savio

Hüttenwanderung über dem Misurina-See

DAUER	3h
LÄNGE	8 km
HÖHENMETER	610 hm
SCHWIERIGKEIT	MITTEL
ÜBERNACHTUNG	ja

Das erwartet dich ...

Der Hüttenweg liegt in einer landschaftlich sehr reizvollen Umgebung; das Rifugio Fonda Savio ist die einzige Schutzhütte am Passo dei Toce. Von hier aus erhält man tolle Einblicke in die kleinen Dolomiten über dem Misurinasee. Die Wanderung ist aufgrund ihrer Kürze und nicht besonders vielen Höhenmetern gut zu machen. Lediglich am Schluss erwartet uns eine leichte Felsstufe.

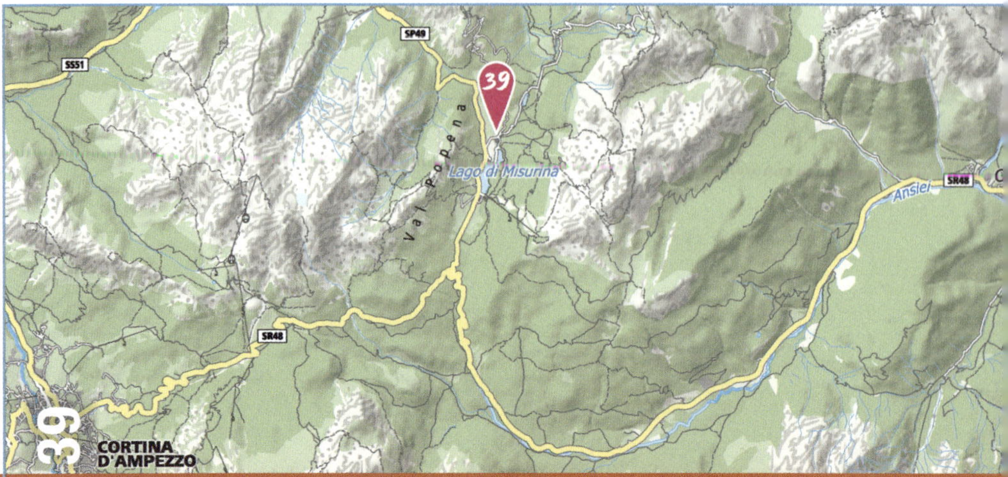

Panoramatour 39

Start & Ziel & Anreise

Die Wanderung beginnt am Camping Misurina nahe der „Drei-Zinnen-Straße". Die Zufahrt erfolgt über den Misurinasee. Der See kann aus den umliegenden Orten Auronzo Di Cadore (etwa 7 km vom See entfernt), Giralba (8 km Entfernung) und Cortina D'Ampezzo (etwa 10 km weit weg) erreicht werden.

Tourenbeschreibung

Das Rifugio Fonda Savio ist ein beliebtes Ziel unter Wanderern und Bergsteigern – ist sie doch der einzige Stützpunkt innerhalb der Cadini-Gruppe. Die familiengeführte Hütte dient auch als Stützpunkt für zahlreiche Klettertouren und kann als Etappenziel bei Wanderungen durch die Sextener Dolomiten genutzt werden. Die Hütte ist benannt nach den im Zweiten Weltkrieg gefallenen Brüdern Piero, Paolo und Sergio Fonda-Savio.

Die ersten Meter der Wanderung führen uns vom Camping Misurina auf der „Drei-Zinnen-Straße" die ersten beiden Serpentinen hinauf, bis wir an eine Abzweigung mit einem schmalen Fahrweg gelangen. Ein Schild weist uns hier schon den Weg nach „Fonda Savio". Rechts durch den Wald gelangen wir zum Pian dei Spirite. Bei Tag trifft man hier wohl nicht auf die Berggeister. An der Materialseilbahn vorbei steigt der Weg in Schleifen und über eine Geländestufe in das Toce-Kar hinauf. Linker Hand erhebt sich der zerklüftete und im Torre Wundt kulminierende Felsgrat. Im Hintergrund erspähen wir bereits die Hütte. Über den linken Rand des Ciadin dei Toce bewältigen wir nochmals eine kleine Felsstufe mit Seilsicherungen, dann stehen wir auf der Sonnenterrasse des Rifugio Fonda Savio.

Der packende Anblick der bizarren Felskulisse des Schneekars (Ciadin del Nevaio) zieht uns in seinen Bann: Besonders imposant ist die Cima Cadin di San Lucano, der höchste Ciadin Berg. Aber auch nach Norden kann man den Blick kaum abwenden: Die Drei Zinnen ragen nun aus einem ganz anderen Blickwinkel hervor. Zu ihrer Rechten findet sich weitere Gipfelprominenz: Paternkofel, Sextener Rotwand, Elfer und Zwölfer. Für ausdauernde Bergsteiger bietet sich eine Fortsetzung der Tour über den „Sentiero Bonacossa" oder den „Sentiero Durissini" an. Der Abstieg erfolgt über den Anstiegsweg.

Der schöne Lago di Misurina

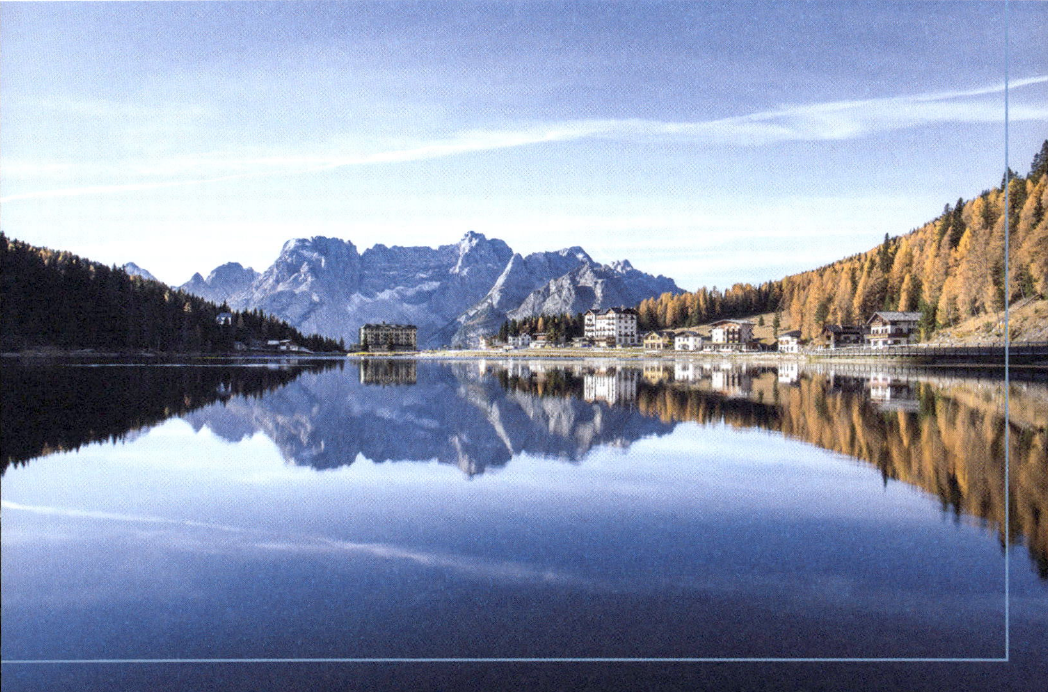

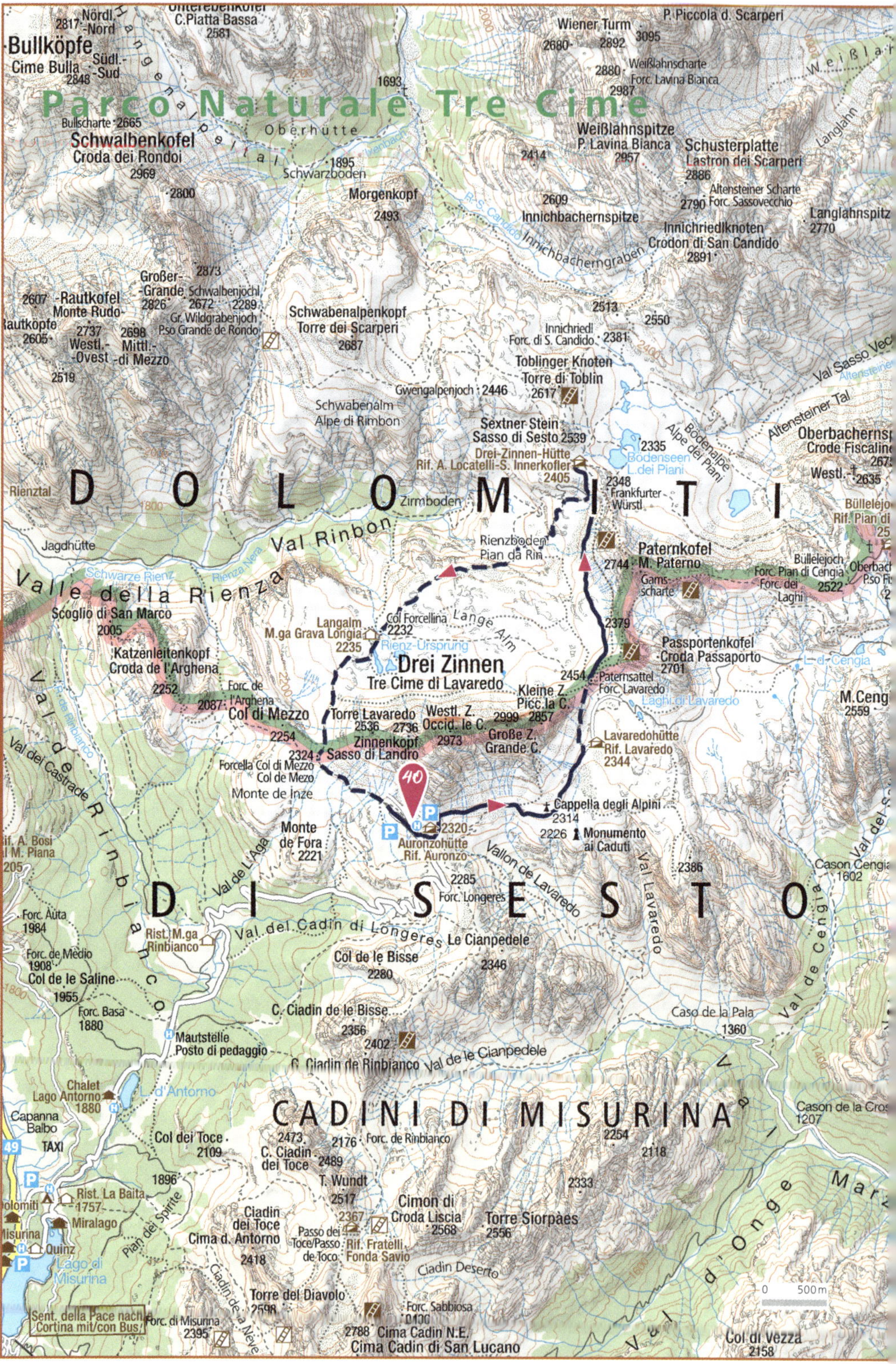

Parco Naturale Tre Cime

DOLOMITI DI SESTO

CADINI DI MISURINA

Bullköpfe
Cime Bulla
2817 Nördl.-Nord
Südl.-Sud
2848
C.Piatta Bassa
2581
Hangenalpeltal
Oberhütte
1693
Bullscharte 2665
Schwalbenkofel
Croda dei Rondoi
2969
2800
1895
Schwarzboden
Morgenkopf
2493
Wiener Turm
2680
2892
3095
P. Piccola d. Scarperi
2880
Weißlahnscharte
Forc. Lavina Bianca
2987
Weißlahnspitze
P. Lavina Bianca
2957
2414
Schusterplatte
Lastron dei Scarperi
2886
Altensteiner Scharte
2790 Forc. Sassovecchio
Langlahnspitz
2770
Langlahn
Weißlahn
2609
Innichbachernspitze
Innichbacherngraben
Innichriedlknoten
Crodon di San Candido
2891
Großer-Grande
2873
Schwalbenjochl
2672
2289
2826
Gr. Wildgrabenjoch
P.so Grande de Rondo
2607 Rautkofel
Monte Rudo
Rautköpfe
2605
2737
Westl.-Ovest
2698
Mittl.-di Mezzo
2519
Schwabenalpenkopf
Torre dei Scarperi
2687
2513
2550
Innichriedl
Forc. di S. Candido
2381
Toblinger Knoten
Torre di Toblin
2617
Gwengalpenjoch 2446
Schwabenalm
Alpe di Rimbon
Sextner Stein
Sasso di Sesto 2539
Drei-Zinnen-Hütte
Rif. A. Locatelli-S. Innerkofler
2405
2335
Bodensee
L.dei Piani
Bödenalpe
Alpe dei Piani
Val Sasso Vecchio
Altensteiner Tal
Oberbachernspitze
Crode Fiscaline
2675
Westl. 2635
Büllelejoch
Rif. Pian di ...
Rienztal
Zirmboden
2348
Frankfurter Würstl
Jagdhütte
Val Rinbon
Rienzboden
Pian da Rin
Paternkofel
2744 M. Paterno
Gamsscharte
Büllelejoch
Forc. Pian di Cengia
Forc. dei Laghi
2522
Oberbach
P.so Fi...
Schwarze Rienz
Rienza Nera
Valle della Rienza
Scoglio di San Marco
2005
Langalm
M.ga Grava Longia
2235
Col Forcellina
2232
Lange Alm
Rienz-Ursprung
2379
Passportenkofel
Croda Passaporto
2701
L. d. Cengia
Katzenleitenkopf
Croda de l'Arghena
2252
Drei Zinnen
Tre Cime di Lavaredo
2454
Paternsattel
Forc. Lavaredo
Laghi di Lavaredo
Kleine Z.
Picc.la C.
M. Cengia
2559
Forc. de l'Arghena
2087
Col di Mezzo
Torre Lavaredo
2536
2736
Westl. Z.
Occid. le C.
2973
2999
2857
Große Z.
Grande C.
Val de Rinbianco
2254
2324
Zinnenkopf
Sasso di Landro
Lavaredohütte
Rif. Lavaredo
2344
Val dei Castrade
Forcella Col di Mezzo
Col de Mezo
Monte de Inze
40
Cappella degli Alpini
2314
2320
2226
Monumento ai Caduti
Val del ...
Rif. A. Bosi
M. Piana
205
Monte de Fora
2221
Auronzohütte
Rif. Auronzo
Val de l'Aga
Vallon de Lavaredo
Val Lavaredo
2386
Cason Cengia
1602
2285
Forc. Longeres
Val de Cengia
Forc. Auta
1984
Rist. M.ga Rinbianco
Val del Cadin di Longeres
Le Cianpedele
Forc. de Medio
1908
Col de le Saline
1955
Col de le Bisse
2280
2346
Forc. Basa
1880
C. Ciadin de le Bisse
2356
Caso de la Pala
1360
Mautstelle
Posto di pedaggio
2402
C. Ciadin de Rinbianco
Val de le Cianpedele
Chalet Lago Antorno
1880
L. d'Antorno
Cason de la Crosa
1207
Capanna Balbo
Col dei Toce
2109
2473
C. Ciadin dei Toce
2176
2489
Forc. de Rinbianco
2254
2118
49
TAXI
1896
T. Wundt
2517
2333
Rist. La Baita
1757
Dolomiti
Miralago
Misurina
Quinz
Pian dei Spiriti
Ciadin dei Toce
Cima d. Antorno
2418
2367
Passo dei Toce/Passo de Toco
Rif. Fratelli Fonda Savio
Cimon di Croda Liscia
2568
Torre Siorpàes
2556
Val d'Onge
Lago di Misurina
Ciadin Deserto
Torre del Diavolo
2598
Ciadin de la Neve
Forc. Sabbiosa
2430
Sent. della Pace nach/Cortina mit/con Bus
Forc. di Misurina
2395
2788 Cima Cadin N.E.
Cima Cadin di San Lucano
Col di Vezza
2158
0 500 m

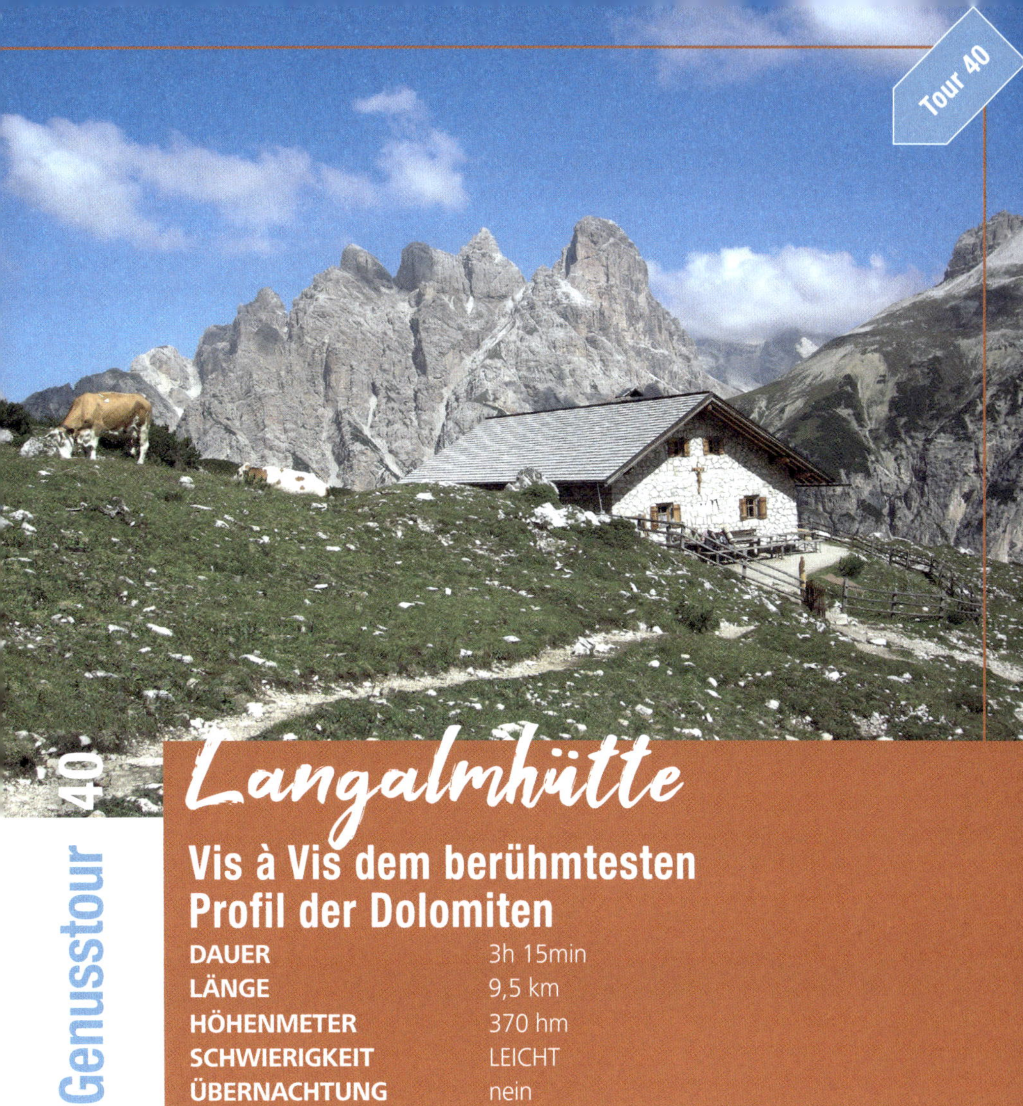

Langalmhütte

Vis à Vis dem berühmtesten Profil der Dolomiten

DAUER	3h 15min
LÄNGE	9,5 km
HÖHENMETER	370 hm
SCHWIERIGKEIT	LEICHT
ÜBERNACHTUNG	nein

Das erwartet dich ...

Diese Runde ist nicht besonders lang und die Anzahl der zu bewältigenden Höhenmeter ist auch eher mäßig. So stellt sie eher einen entspannten Bergspaziergang dar; die Kulisse ist jedoch herausragend im Angesicht des weltberühmten Dreigestirns. Wer der Kolonnenwanderung im Hochsommer ausweichen möchte, der tut gut an einem Aufbruch am Nachmittag. Dieser lässt vielleicht sogar das abendliche Farbspektakel erleben.

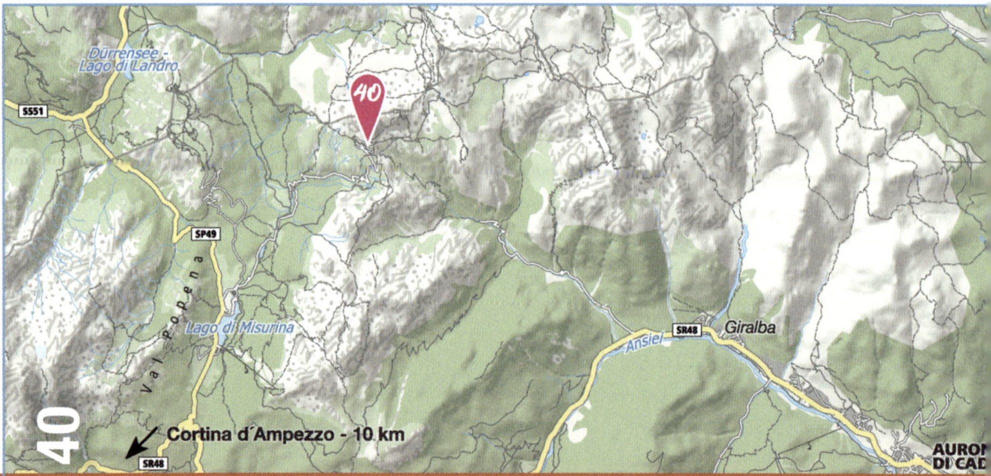

Genusstour 40

Start & Ziel & Anreise

Ausgangspunkt ist das Rifugio Auronzo. Die Schutzhütte befindet sich am Endpunkt der „Drei-Zinnen-Straße", gut 8 km von Misurina entfernt. An der Hütte gibt es einen sehr großen Parkplatz.

Tourenbeschreibung

Die Drei Zinnen gehören, was das Klettern betrifft, zu den Klassikern der Alpen. Wer jedoch lieber festen Boden unter den Füßen behalten möchte, der sollte sie umwandern. Dafür gibt es viele gut markierte Wege. Bequem erhält man auch so einen Einblick und einmalige Eindrücke in die Bergwelt der Sextner Dolomiten und ihrer Paradestücke. Auf dem Weg zum Paternsattel tummelt sich alles – modisch poppig, kitschig, Lycra, traditionelle Bergkluft, Jung und Alt. Der leichte Anstieg zum Sattel belohnt mit einem Drei-Zinnen-Blick.

Wir wandern vom Parkplatz am Rifugio Auronzo los. Auf ehemaligem Kriegsfahrweg laufen wir unter den Südwänden der Drei Zinnen entlang. Wir passieren die Cappella degli Alpini und erreichen das Rifugio Lavaredo. Hier sehen wir hinüber bis ins Ansiei-Tal und zur einsamen Marmarole Gruppe. Im Süden erheben sich die bizarren Zacken der Cadini. Am 2454 Meter hohen Paternsattel bestaunen wir die Drei Zinnen in ihrer ganzen Pracht. Der weitere Wegverlauf lässt uns auch immer wieder den Blick nach rechts richten, zur Westwand des Paternkofels. In seinem Nordgrat befindet sich die Felsskulptur des „Frankfurter Würstel". Vom Toblinger Riedl winken dann allmählich auch ein paar Zeiger der berühmten „Sextener Sonnenuhr" herüber: Rotwand, Elfer, Zwölfer und Einser.

Nach und nach bringt uns der Weg in Schleifen hinab zum Rienzboden, und im Angesicht der Nordwände der Drei Zinnen wandern wir mit einem längeren Gegenanstieg über die Lange Alm. Dann passieren wir die Tümple beim Col Forcellina, auch Rienzquelle genannt und erreichen die Langalm. Vom Grasrücken bei der Alm hat man einen letzten herrlichen Blick auf die steinerne Schönheit. Die Speisen auf der gemütlichen Alm werden nur mit regionalen Zutaten und mit Produkten aus biologischer und biodynamischer Landwirtschaft zubereitet. Ihre schöne Sonnenterrasse verspricht ein paar herrliche Stunden mit Gipfelschau. Über die Sommermonate wird die Alm von ca. 120 Rindern beweidet. Der Rückweg führt zuerst hinauf über die Forcella Col di Mezzo und schließlich weiter zur Auronzohütte zurück.

Unter den Drei Zinnen geht es entlang

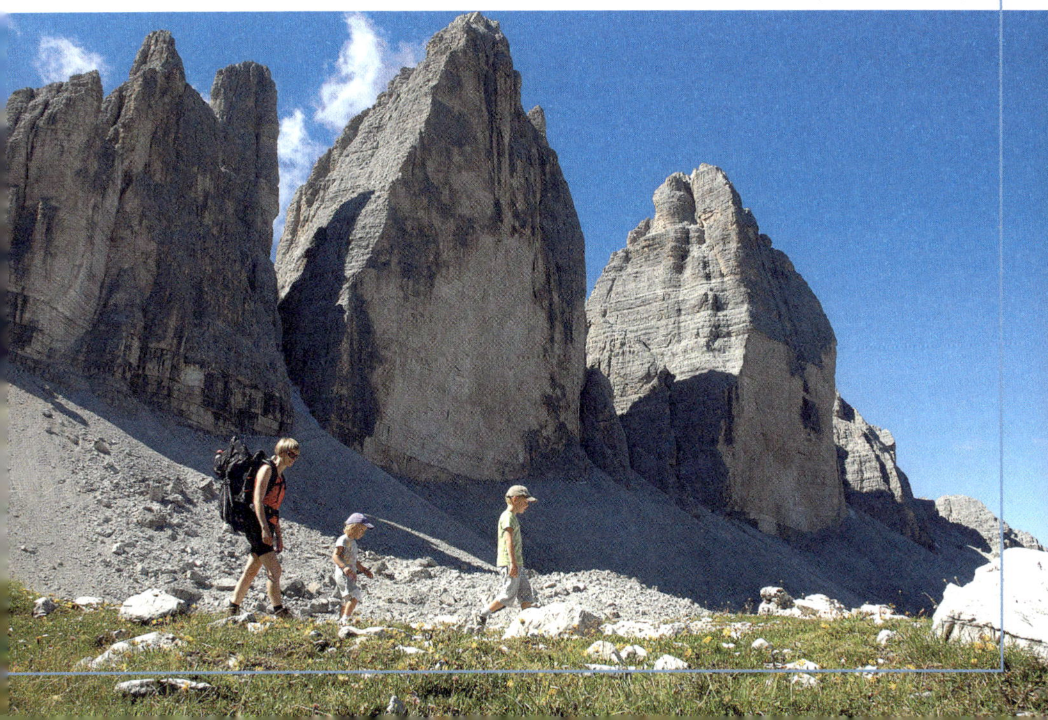

41

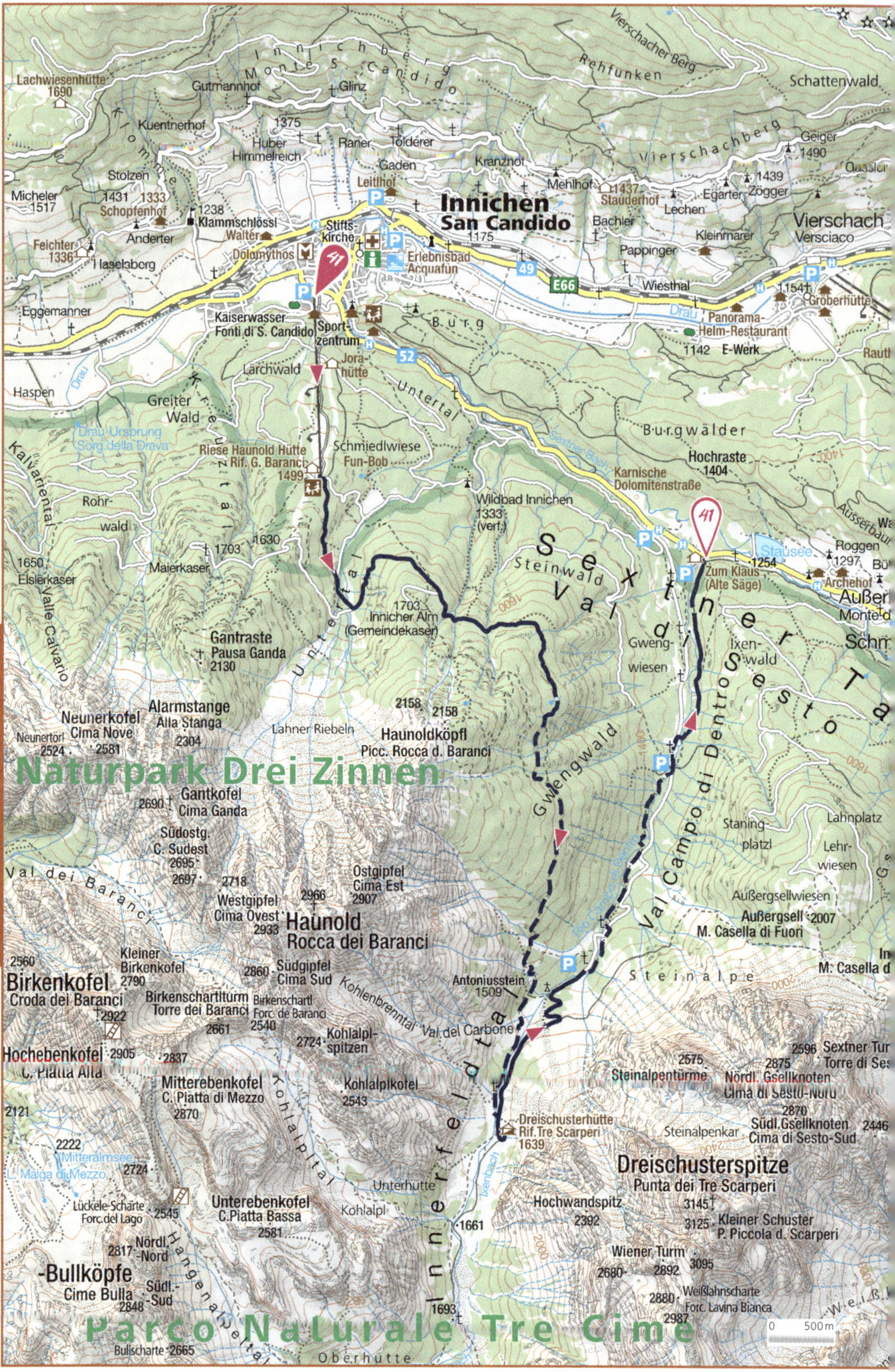

Lachwiesenhütte 1690
Gutmannhof
Innichberg
Monte S. Candido
Glinz
Vierschacher Berg
Rehfunken
Schattenwald
Klammbach
Kuentnerhof
1375
Huber
Raner
Tolderer
Himmelreich
Vierschachberg
Geiger 1490
Gaden
Kranzhof
Stolzen
Leithof
Mehlhof
1437 Stauderhof
1439
Egarter
Zögger
Micheler 1517
1431
1333 Schopfenhof
1238 Klammschlössl
Innichen
San Candido
Lechen
Vierschach
Versciaco
Walter
Stiftskirche
1175
Bachler
Kleinmarer
Feichter 1336
Anderter
Dolomythos
Erlebnisbad Acquafun
Pappinger
Haselsberg
49
E66
Wiesthal
1154
Groberhütte
Eggemanner
Kaiserwasser
Fonti di S. Candido
Sportzentrum
Burg
Drau
Panorama-Helm-Restaurant
1142
E-Werk
Rauth
Lärchwald
Jorahütte
52
Haspen
Kreuzental
Greiter Wald
Untertal
Drau-Ursprung
Sorg. della Drava
Schmiedlwiese
Fun-Bob
Burgwälder
Sextner Bach
Riese Haunold Hütte
Rif. G. Baranci
1499
Hochraste 1404
Karnische Dolomitenstraße
Kalvarienta
Wildbad Innichen 1333 (verf.)
Außerbach
Rohrwald
1703
1630
Steinwald
Sextner Tal
Val di Sesto
Stausee
Roggen
1254
1297
Zum Klaus (Alte Säge)
Archehof
Außerberg
Monte
1650
Elsler Kaser
Maierkaser
Unterfeldtal
1703 Innicher Alm (Gemeindekaser)
Gwengwiesen
Ixenwald
Valle Calvario
Gantraste
Pausa Ganda
2130
Alarmstange
Alla Stanga
2304
2158
2158
Neunerkofel
Cima Nove
2581
Neunertörl 2524
Lahner Riebeln
Haunoldköpfl
Picc. Rocca d. Baranci
Val Campo di Dentro
Naturpark Drei Zinnen
Gwengwald
2690
Gantkofel
Cima Ganda
Lahnplatz
Stanigplatzl
Lehrwiesen
Südostg.
C. Sudest
2695
2697
2718
Val dei Baranci
Ostgipfel
Cima Est
2907
2966
Westgipfel
Cima Ovest
2933
Haunold
Rocca dei Baranci
Außergsellwiesen
Außergsell 2007
M. Casella di Fuori
2560
Kleiner Birkenkofel
2790
2860
Südgipfel
Cima Sud
Steinalpe
M. Casella d
Birkenkofel
Croda dei Baranci
2922
Birkenschartlturm
Torre dei Baranci
Birkenschartl
Forc. de Baranci
2540
2661
Kohlenbrenntal
Val del Carbone
Antoniusstein 1509
Kohlalplspitzen
2724
Hochebenkofel
C. Piatta Alta
2905
2837
2596
Sextner Tur
Torre di Ses
2575
2875
Steinalpentürme
Nördl. Gsellknoten
Cima di Sesto-Nord
Mitterebenkofel
C. Piatta di Mezzo
2870
Kohlalplkofel
2543
2121
Innerfeldtal
2870
Südl. Gsellknoten
Cima di Sesto-Sud
2446
Dreischusterhütte
Rif. Tre Scarperi
1639
Steinalpenkar
2222
Mitteralmsee
L. Malga di Mezzo
2724
Kohlalpltal
Dreischusterspitze
Punta dei Tre Scarperi
Unterhütte
Lückele-Scharte
Forc. del Lago
2545
Unterebenkofel
C. Piatta Bassa
2581
Kohlalpl
Ixenbach
Hochwandspitz
2392
3145
3125
Kleiner Schuster
P. Piccola d. Scarperi
1661
2817
Nördl.-Nord
Hangenalpental
Wiener Turm
2892
3095
2680
-Bullköpfe
Cime Bulla
2848
Südl.-Sud
Weißlahnscharte
Forc. Lavina Bianca
2880
2987
1693
Parco Naturale Tre Cime
0 500 m
Bullscharte 2665
Oberhütte

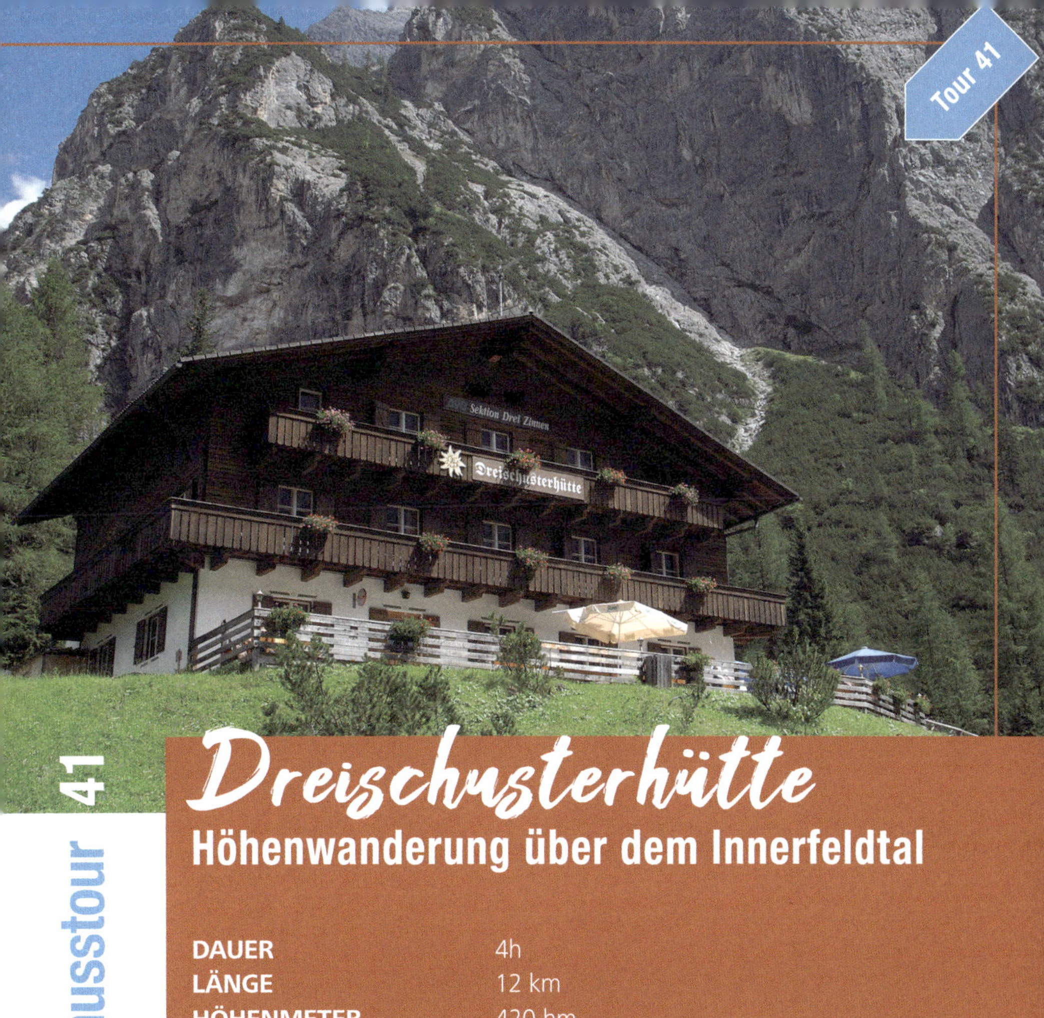

Tour 41

Genusstour 41

Dreischusterhütte

Höhenwanderung über dem Innerfeldtal

DAUER	4h
LÄNGE	12 km
HÖHENMETER	420 hm
SCHWIERIGKEIT	LEICHT
ÜBERNACHTUNG	ja

Das erwartet dich ...

Die Wanderung ist nicht sehr anstrengend und führt über gut begehbare Wege und Steige über Höhen und durchs Tal. Teilweise wandern wir auch auf Sandstraßen. Einen Höhepunkt bildet der Blick nach Osten auf das Massiv der Dreischusterspitze. Doch auch in westliche Richtung gibt es mit Haunold und Birkenkofel einiges zu sehen.

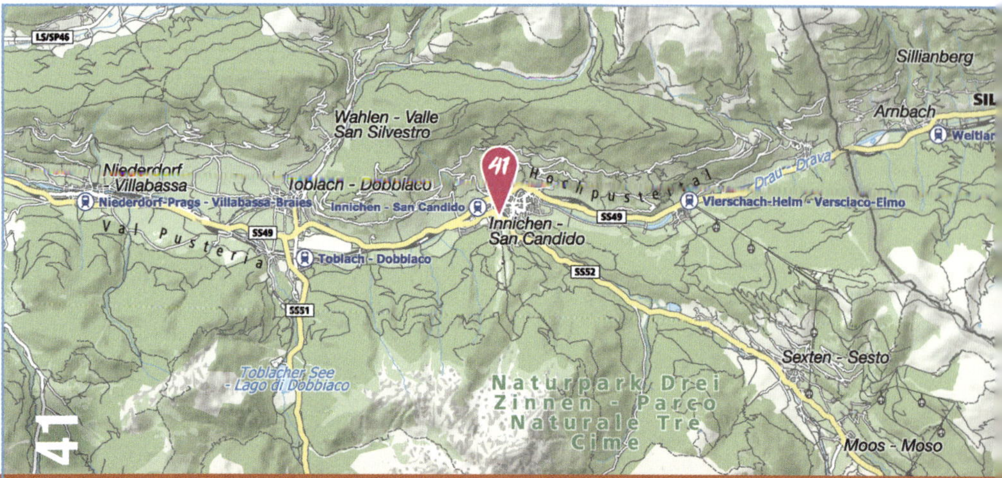

Start & Ziel & Anreise

Ausganspunkt ist die Bergstation des Haunold-Sesselliftes. Zur Talstation gelangen wir, indem wir von der A22 die Ausfahrt Brixen/ Pustertal nehmen. Dann folgen wir der Pustertaler Staatsstraße/E66. Nach Toblach wechseln wir auf die SS52 bis nach Innichen.

Tourenbeschreibung

Die Dreischusterhütte am Nordrand der Sextner Dolomiten gehört zu den beliebtesten Ausflugs- und Wanderzielen in der Region. Sie ist herrlich gelegen am Talschluss des Südtiroler Innerfeldtales im Naturpark Drei Zinnen in den Sextener Dolomiten. Um einiges weiter, dafür aber auch abwechslungsreicher, führt der Höhenweg vom Haunold-Sessellift herüber: Aussichtsreich, stets die mächtigen Bergstöcke der Dreischusterspitze und des Haunolds im Blick.

Eine eher unspannende Sandpiste führt uns zunächst von der Bergstation des Haunold Sesselliftes in einen mächtigen Geröllgraben, der von den Lahner Riebeln gespeist wird. Schon von hier aus erblicken wir über die Baumwipfel die imposanten Felsspitzen des Haunoldmassivs. Wir steigen kurz bergan und erreichen eine quer verlaufende Forststraße. Hier biegen wir links ein und gelangen eine Viertelstunde später und gut einhundert Höhenmeter weiter oben an eine

Gabelung. Hier halten wir uns geradeaus und folgen dem Wegschild zur Dreischusterhütte. Nach mehreren Gräben biegen wir schließlich ins Innerfeldtal ein und laufen bis zu einem Holzlagerplatz, an dem die Sandpiste endet. Nun rückt auch das mächtige Dreischustermassiv in unser Blickfeld. Ein schmaler Weg geleitet uns, fast eben, ins Tal hinein. Wir erreichen den Gwengwald, durch den wir absteigen. Dann treffen wir am Antoniusstein auf einen Talweg, der uns taleinwärts zur Dreischusterhütte führt.

Die Hütte ist eine beliebte Einkehr in großartiger Felskulisse. Sie ist gerade in den Sommermonaten ein Geheimtipp, wenn sich im benachbarten Höhlensteintal rund um die Drei Zinnen die Touristen auf die Füße treten. Es gibt hier eine kleine Kapelle und nur zehn Minuten entfernt findet sich ein kindertauglicher Klettergarten für die jüngeren Besucher. Die Gäste werden mit regionalen Produkten und Speisen verwöhnt. Nach einer ausgiebigen Rast wandern wir über die tagsüber gesperrte Straße oder den Fußweg wieder hinab. Am unteren Parkplatz halten wir uns rechts, passieren den Bach und wandern weiter hinab zur Alten Säge an der Straße Innichen – Sexten.

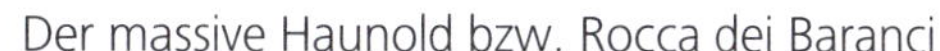

Der massive Haunold bzw. Rocca dei Baranci

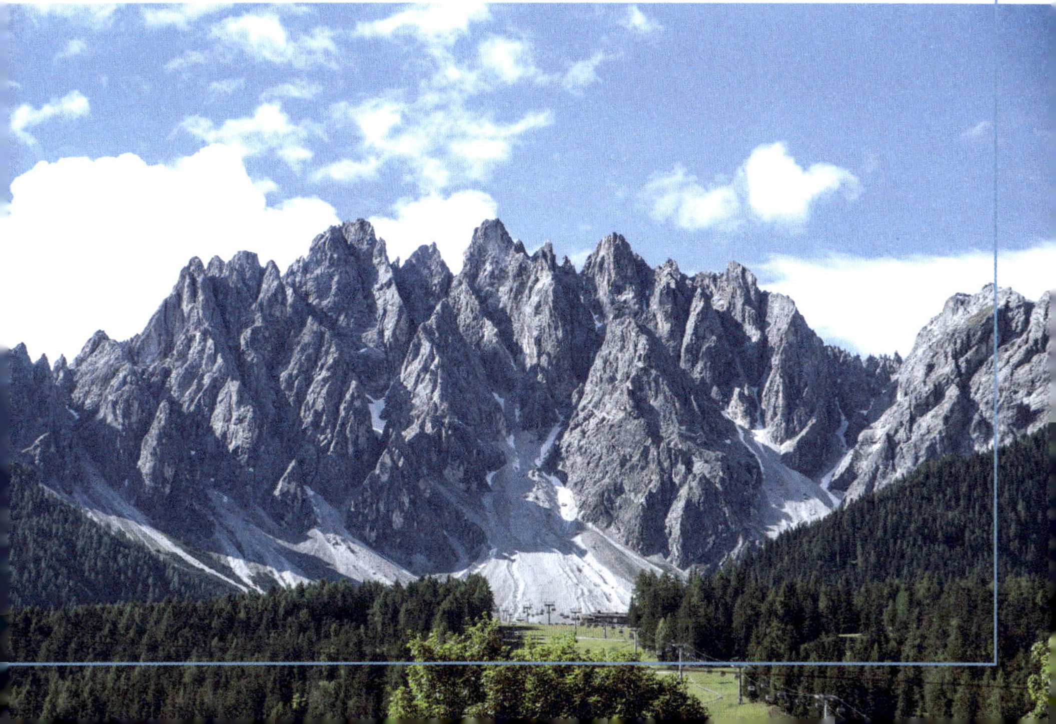

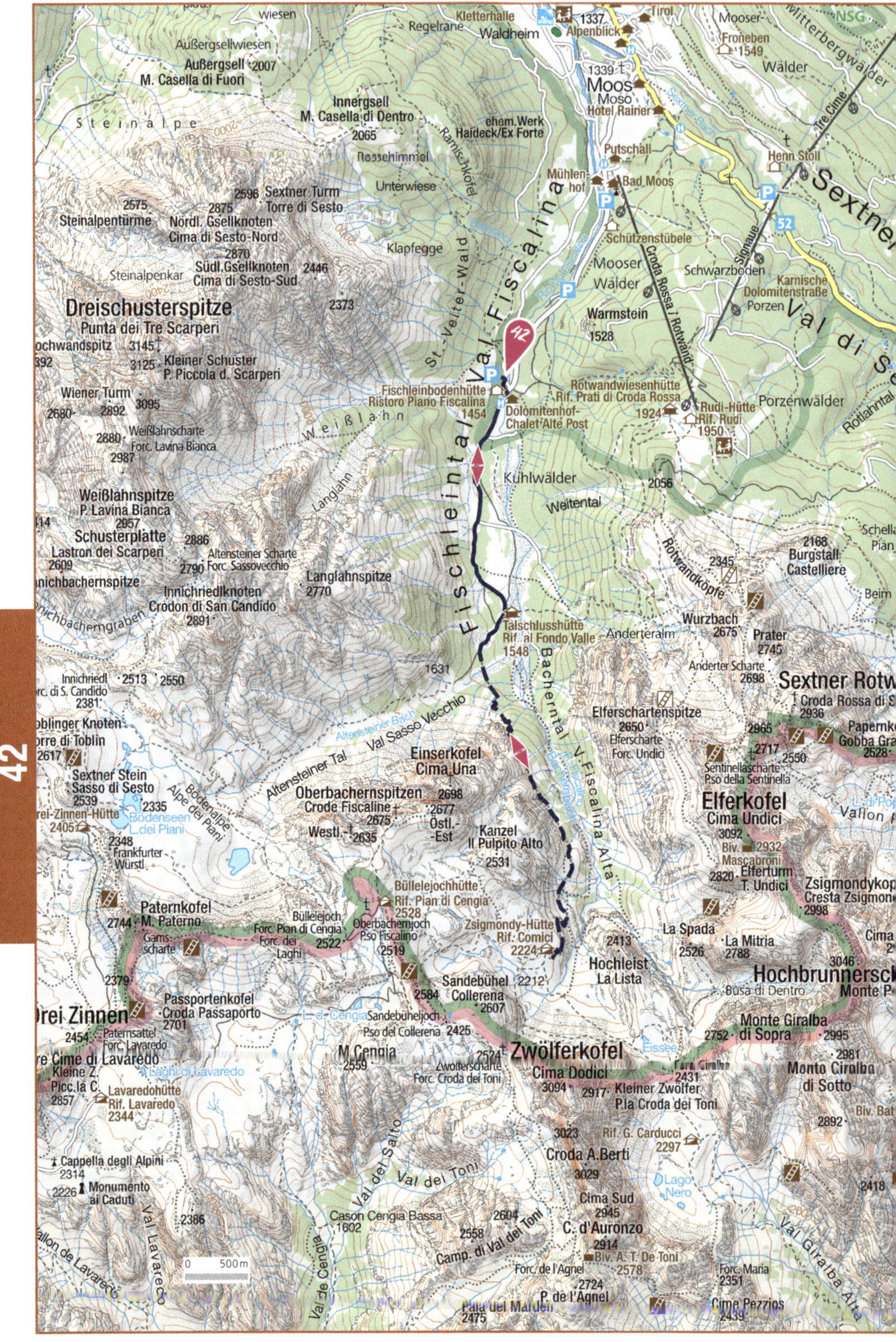

42
Wiesen
Außergsellwiesen
Außergsell 2007
M. Casella di Fuori
Regelrane
Kletterhalle
Waldheim
1337
Alpenblick
Tirol
Mooser
Froneben 1549
Wälder
Mitterbergwälder
NSG
Steinalpe
Innergsell
M. Casella di Dentro
2065
ehem. Werk
Haideck/Ex Forte
Rossehimmel
Ramischkofel
1339
Moos
Moso
Hotel Rainer
Sextner Bach
Tre Cime
Henn Stoll
Sextner
Putschall
Mühlen-hof
Bad Moos
Unterwiese
2575
2596
Sextner Turm
Torre di Sesto
2875
Steinalpentürme
Nördl. Gsellknoten
Cima di Sesto-Nord
2870
Südl. Gsellknoten
Cima di Sesto-Sud
2446
Steinalpenkar
Klapfegge
St.-Velter-Wald
Val Fiscalina
Schützenstübele
Mooser Wälder
Croda Rossa / Rotwand
Schwarzboden
Signaue
52
Karnische Dolomitenstraße
Porzen
Val di S
Dreischusterspitze
Punta dei Tre Scarperi
2373
Warmstein 1528
ochwandspitz
3145
392
3125
Kleiner Schuster
P. Piccola d. Scarperi
Wiener Turm
3095
2680
2892
Weißlahnscharte
Forc. Lavina Bianca
2880
2987
Weißlahn
Fischleinbodenhütte
Ristoro Piano Fiscalina
1454
Dolomitenhof-Chalet Alte Post
Rotwandwiesenhütte
Rif. Prati di Croda Rossa
1924
Rudi-Hütte
Rif. Rudi
1950
Porzenwälder
Rotlahntal
Fischleintal
Langlahn
Kühlwälder
2056
Weißlahnspitze
P. Lavina Bianca
2957
Schusterplatte
Lastron dei Scarperi
2886
2609
Altensteiner Scharte
Forc. Sassovecchio
2790
Weitental
Rotwandköpfe
2345
2168
Burgstall
Castelliere
Schella
Pian
nichbachernspitze
Innichriedlknoten
Crodon di San Candido
2891
Langlahnspitze
2770
Innichbacherngraben
Talschlusshütte
Rif. al Fondo Valle
1548
Anderteralm
Wurzbach
2675
Prater
2745
Beim
Innichriedl
rc. di S. Candido
2381
2513
2550
1631
Bacherntal
Anderter Scharte
2698
Sextner Rotw
Croda Rossa di S
2936
Toblinger Knoten
Torre di Toblin
2617
Altensteiner Bach
Val Sasso Vecchio
Altensteiner Tal
Elferschartenspitze
2650
Elferscharte
Forc. Undici
2965
2717
2550
Papernk
Gobba Gra
2528
Sentinellascharte
Pso della Sentinella
Einserkofel
Cima Una
Sextner Stein
Sasso di Sesto
2539
Bödenalpe
Alpe dei Piani
Oberbachernspitzen
Crode Fiscaline
2698
2677
2675
Östl.-Est
Westl.
2635
Val Fiscalina Alta
Elferkofel
Cima Undici
3092
Vallon
rei-Zinnen-Hütte
2405
2335
Bödenseen
L. dei Piani
2348
Frankfurter Würstl
Kanzel
Il Pulpito Alto
2531
Biv. Mascabroni
2932
2820
Elferturm
T. Undici
Zsigmondykop
Cresta Zsigmon
2998
Büllelejochhütte
Rif. Pian di Cengia
2528
Paternkofel
M. Paterno
2744
Büllelejoch
Forc. Pian di Cengia
Forc. dei Laghi
2522
Oberbachernjoch
Pso Fiscalino
2519
Zsigmondy-Hütte
Rif. Comici
2224
2413
La Spada
2526
La Mitria
2788
Cima
Gamsscharte
Hochleist
La Lista
3046
Hochbrunnersch
Monte P
2379
Sandebühel
Collerena
2607
2212
2584
Busa di Dentro
Drei Zinnen
Passportenkofel
Croda Passaporto
2701
Paternsattel
Forc. Lavaredo
2454
L. d. Cengia
Sandebühel joch
Pso del Collerena
2425
Monte Giralba di Sopra
2752
2995
re Cime di Lavaredo
Kleine Z.
Picc. la C.
2857
M. Cengia
2559
2524
Zwölferkofel
Cima Dodici
3094
Zwölferscharte
Forc. Croda dei Toni
Eissee
2431
2981
Monte Giralba di Sotto
Laghi di Lavaredo
Lavaredohütte
Rif. Lavaredo
2344
2917
Kleiner Zwölfer
P.la Croda dei Toni
Biv. Bat
2892
Val del Salto
3023
Rif. G. Carducci
2297
Cappella degli Alpini
2314
Croda A. Berti
3029
Val dei Toni
Monumento ai Caduti
2226
Lago Nero
2418
Cima Sud
2945
Val Lavaredo
2386
Cason Cengia Bassa
1602
2604
2558
Camp. di Val dei Toni
C. d'Auronzo
2914
Biv. A. T. De Toni
2578
Val Giralba Alta
Vallon de Lavaredo
Val de Cengia
0
500 m
Forc. de l'Agnel
Forc. Maria
2351
2724
P. de l'Agnel
Pala del Marden
2475
Cime Pezzios
2439

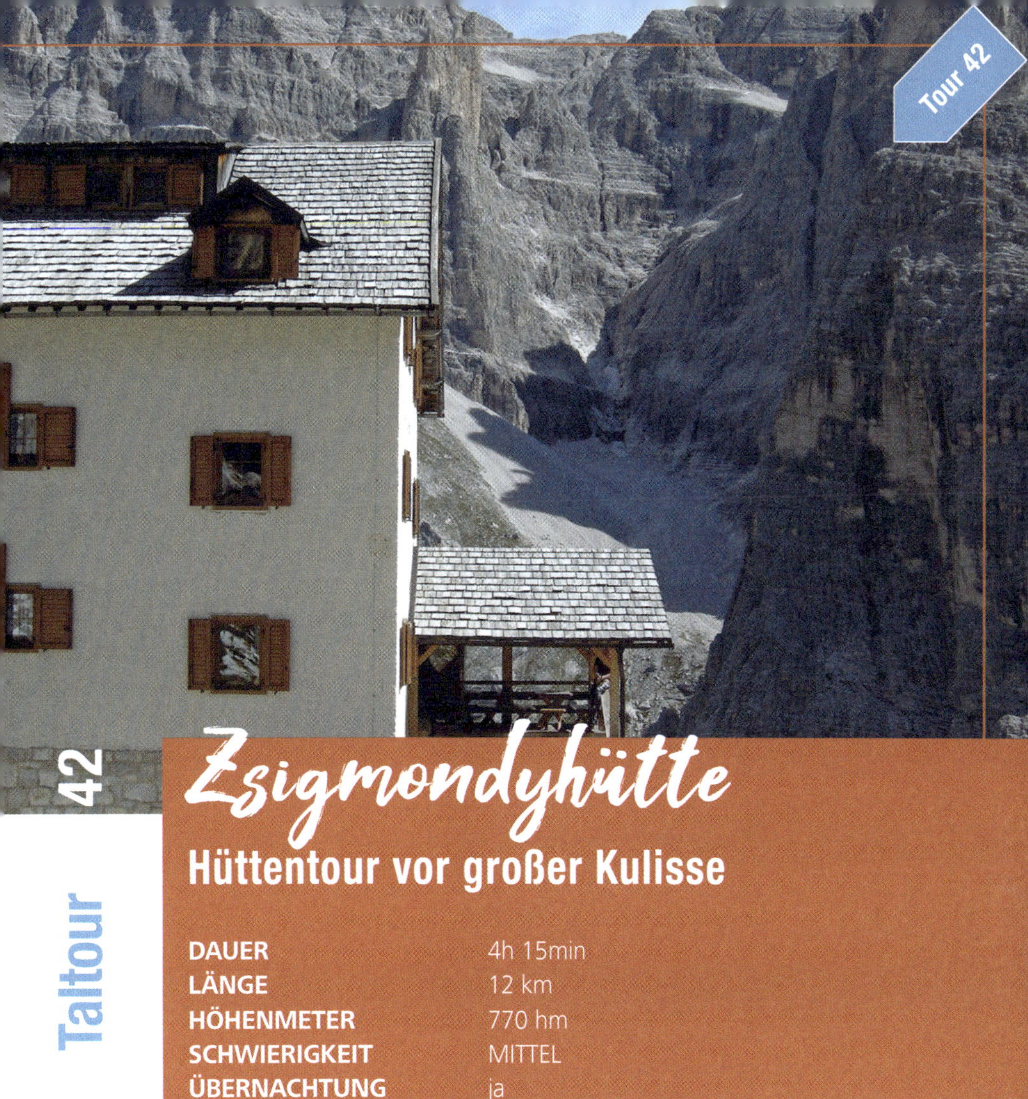

42

Taltour

Zsigmondyhütte

Hüttentour vor großer Kulisse

DAUER	4h 15min
LÄNGE	12 km
HÖHENMETER	770 hm
SCHWIERIGKEIT	MITTEL
ÜBERNACHTUNG	ja

Das erwartet dich ...

Diese Wanderung von Hütte zu Hütte ist extrem beliebt und bewegt sich auf gut zu gehenden, teilweise steinigen Wegen. Die Tour bietet eine herrliche Kulisse mit dem Zwölferkogel und den Dreitausendern im Westen. Die Höhenmeter sind überschaubar, erfordern aber doch ein wenig Ausdauer.

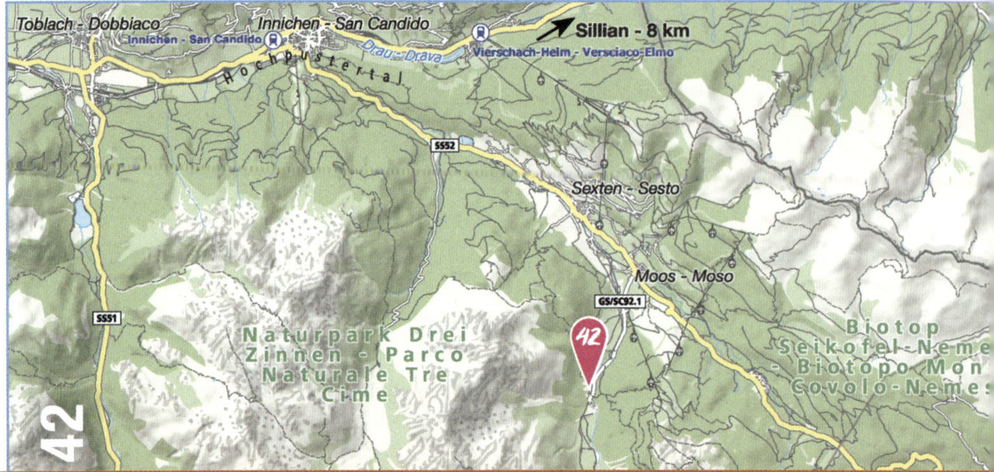

42 Taltour

Start & Ziel & Anreise

Der Ausgangspunkt der Wanderung ist der große Parkplatz am Fischleinboden. Von Sexten-Moos führt die Fischleinstraße hinauf zum Parkplatz.

Tourenbeschreibung

Die Zsigmondyhütte gehört zu einem der beliebtesten Wanderziele in den Sextner Dolomiten. Ein Blick ins Bacherntal genügt: Frei thronend an seinem Ende ragt der imposante Zwölferkogel hervor, der mit seinem mächtigen, aber auch eleganten Felsdreieck wohl einer der schönsten Berge der gesamten Dolomiten ist. Ganz anders muten dagegen die westlichen Dreitausender an, wie wir auf dem Weg zum Paternsattel feststellen. Von dort aus sehen wir eine riesige Masse, einen mehr als einen Kilometer langen, hohen Felsgrat, der sich südlich bis zur Cima D'Auronzo erstreckt. Michl und Johann Innerkofler bestiegen als Erste 1874 diesen Felsriesen. Doch vor dem Zwölfer baut sich ein anderer, kleinerer Gipfel auf, wie wir auf dem Weg vom Fischleinboden zur Hütte feststellen werden: Der Hochleist ist hier der erste Blickfang. Mit fortschreitendem Weg wird jedoch aus dem imposanten Turm ein flacher Rücken.

Zunächst wandern wir eben durch lichten Wald vom Parkplatz am Fischleinboden zur Talschlusshütte. Wir passieren das Haus und laufen am Ende der Straße auf einem rauen Weg bis zu einer Weggabelung: Hier, am Eingang des Altensteintals, wenden wir uns nach links, durch Latschen hindurch und hinauf bis zum Felsfuß des Einsers. Über dem Graben des Bacherntals geht es hinein ins Tal, stets den Blick auf eine imposanter werdende Felskulisse gerichtet. Wir treten über eine felsige Geländestufe hinaus und erspähen nun auch den Zwölfer, der nun eindrucksvoll aus dem Schatten des Hochleist heraustritt. Hier gibt es auch einen schönen Rastplatz.

Ein paar Windungen führen uns im Schlussanstieg am Schrofenhang hinauf zur Zsigmondyhütte – offiziell bezeichnet wird sie als Zsigmondy-Comici-Hütte. Sie wurde nach zwei Bergsteigern benannt: Emil Zsigmondy, der als einer der ersten ohne Führer in den Alpen war; Emilio Comici, ein sehr bekannter italienischer Kletterer, dem 1933 die Durchsteigung der Nordwand der Großen Zinne gelang, gemeinsam mit den Brüdern Dimai. Ein Meilenstein für damalige Verhältnisse. Meist im Herbst gibt es auf der Hütte diverse Events wie den Zinnenlauf, den Zsigmondylauf – ein Berglauf der im Fischleintal startet und bei der Zsigmondyhütte endet – und das Schutzhüttenfest als Ausklang eines schönen Sommers. Der Abstieg nach der Rast erfolgt auf dem Anstiegsweg.

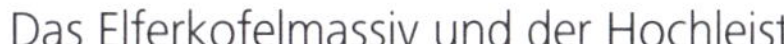

Das Elferkofelmassiv und der Hochleist

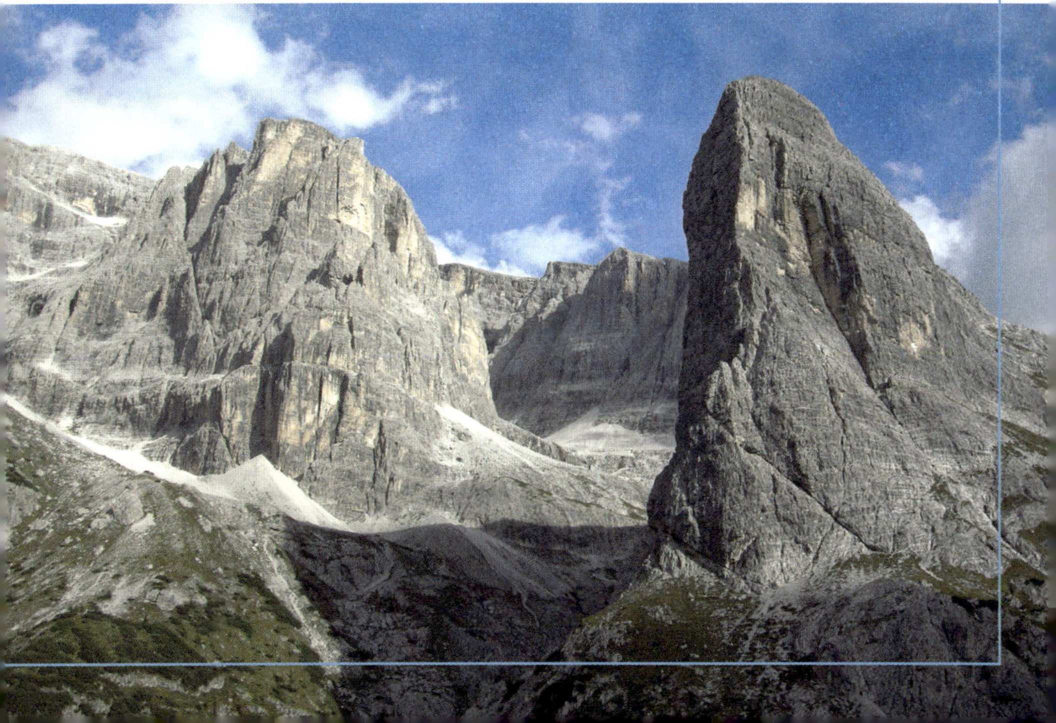

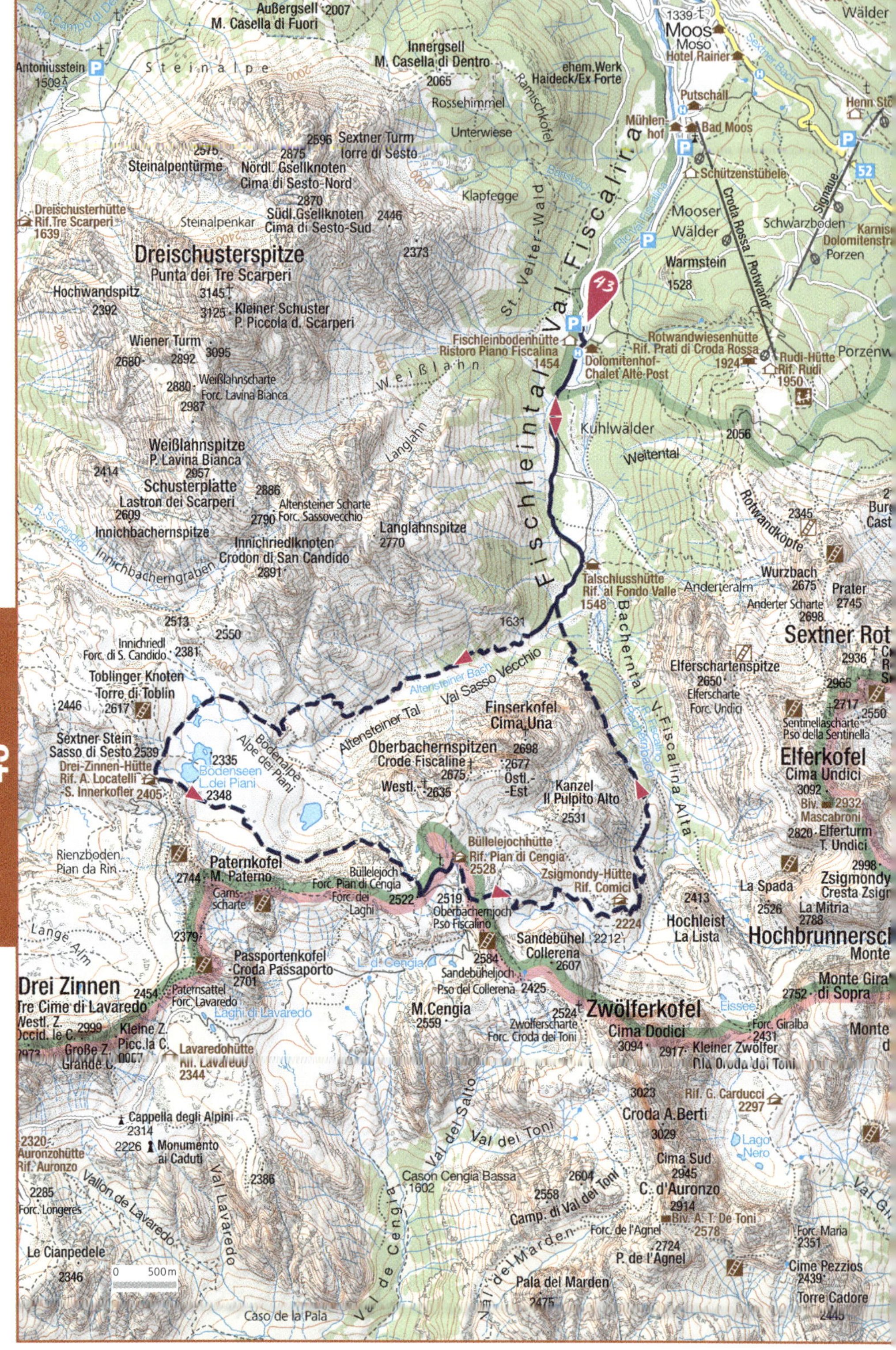
Außergsell 2007
M. Casella di Fuori
Antoniusstein 1509
Steinalpe
Innergsell
M. Casella di Dentro
2065
Rossehimmel
Unterwiese
ehem. Werk
Haideck/Ex Forte
1339
Moos
Moso
Hotel Rainer
Putschall
Mühlenhof
Bad Moos
Schützenstüberle
Wälder
Sextner Turm
Torre di Sesto
2596
2575
2875
Steinalpentürme
Nördl. Gsellknoten
Cima di Sesto-Nord
2870
Südl. Gsellknoten
Cima di Sesto-Sud
2446
Klapfegge
Dreischusterhütte
Rif. Tre Scarperi
1639
Steinalpenkar
2373
Dreischusterspitze
Punta dei Tre Scarperi
3145
Hochwandspitz
2392
3125
Kleiner Schuster
P. Piccola d. Scarperi
Wiener Turm
2680
2892
3095
2880
Weißlahnscharte
Forc. Lavina Bianca
2987
Weißlahn
St. Velter-Wald
Val Fiscalina
Fischleinbodenhütte
Ristoro Piano Fiscalina
1454
Dolomitenhof-
Chalet Alte Post
Rotwandwiesenhütte
Rif. Prati di Croda Rossa
1924
Rudi-Hütte
Rif. Rudi
1950
Mooser
Wälder
Warmstein
1528
Croda Rossa / Rotwand
Schwarzboden
Signaue
Karnis
Dolomitenstr
Porzen
Porzenw
Henn
43
52
Weißlahnspitze
P. Lavina Bianca
2414
2957
Schusterplatte
Lastron dei Scarperi
2886
2609
2790
Altensteiner Scharte
Forc. Sassovecchio
Langlahn
Innichbachernspitze
Innichbacherngraben
Innichriedlknoten
Crodon di San Candido
2891
Langlahnspitze
2770
Fischleintal
Kuhlwälder
Weitental
2056
Rotwandköpfe
2345
Talschlusshütte
Rif. al Fondo Valle
1548
Anderteralm
Wurzbach
2675
Anderter Scharte
2698
Prater
2745
Sextner Rot
2513
2550
1631
Innichriedl
Forc. di S. Candido
2381
Toblinger Knoten
Torre di Toblin
2446
2617
Altensteiner Bach
Val Sasso Vecchio
Altensteiner Tal
Bachernta
V. Fiscalina Alta
Elferschartenspitze
2650
Elferscharte
Forc. Undici
2936
2965
2717
Sentinellascharte
Pso della Sentinella
2550
Sextner Stein
Sasso di Sesto
2539
Drei-Zinnen-Hütte
Rif. A. Locatelli
S. Innerkofler
2405
2335
Bodenseen
L. dei Piani
Bödenalpe
Alpe dei Piani
2348
Finserkofel
Cima Una
Oberbachernspitzen
Crode Fiscaline
2698
2677
2675
Östl.-Est
Westl.
2635
Kanzel
Il Pulpito Alto
2531
Elferkofel
Cima Undici
3092
Biv. 2932
Mascabroni
2820
Elferturm
T. Undici
Rienzboden
Pian da Rin
Paternkofel
M. Paterno
2744
Gamsscharte
Büllelejoch
Forc. Pian di Cengia
Forc. dei Laghi
2522
Büllelejochhütte
Rif. Pian di Cengia
2528
2519
Oberbachernjoch
Pso Fiscalino
Zsigmondy-Hütte
Rif. Comici
2224
2212
2413
Hochleist
La Lista
La Spada
2526
2998
Zsigmondy
Cresta Zsig
La Mitria
2788
Hochbrunnersch
Monte
Lange Alm
2379
Passportenkofel
Croda Passaporto
2701
L. di Cengia
Sandebühel
Collerena
2607
2584
Sandebüheljoch
Pso del Collerena
2425
Monte Gira
di Sopra
2752
Drei Zinnen
Tre Cime di Lavaredo
Westl. Z.
Occid. le C.
2999
Große Z.
Grande C.
2973
2454
Paternsattel
Forc. Lavaredo
Kleine Z.
Picc.la C.
Laghi di Lavaredo
Lavaredohütte
Rif. Lavaredo
2344
M. Cengia
2559
2524
Zwölferkofel
Cima Dodici
3094
Zwölferscharte
Forc. Croda dei Toni
2917
Kleiner Zwölfer
Cia Croda dei Toni
Eissee
Forc. Giralba
2431
Monte
Cappella degli Alpini
2314
2226
Monumento
ai Caduti
2320
Auronzohütte
Rif. Auronzo
Val Lavaredo
Val del Salto
Val dei Toni
3023
Rif. G. Carducci
2297
Croda A. Berti
3029
Lago
Nero
Cima Sud
2945
C. d'Auronzo
2914
Biv. A. T. De Toni
2578
2285
Forc. Longeres
Vallon de Lavaredo
2386
Cason Cengia Bassa
1602
2604
2558
Camp. di Val dei Toni
Forc. de l'Agnel
2724
P. de l'Agnel
Forc. Maria
2351
Cime Pezzios
2439
Torre Cadore
2445
Le Cianpedele
2346
0
500 m
Val de Cengia
Val del Marden
Pala del Marden
2475
Caso de la Pala

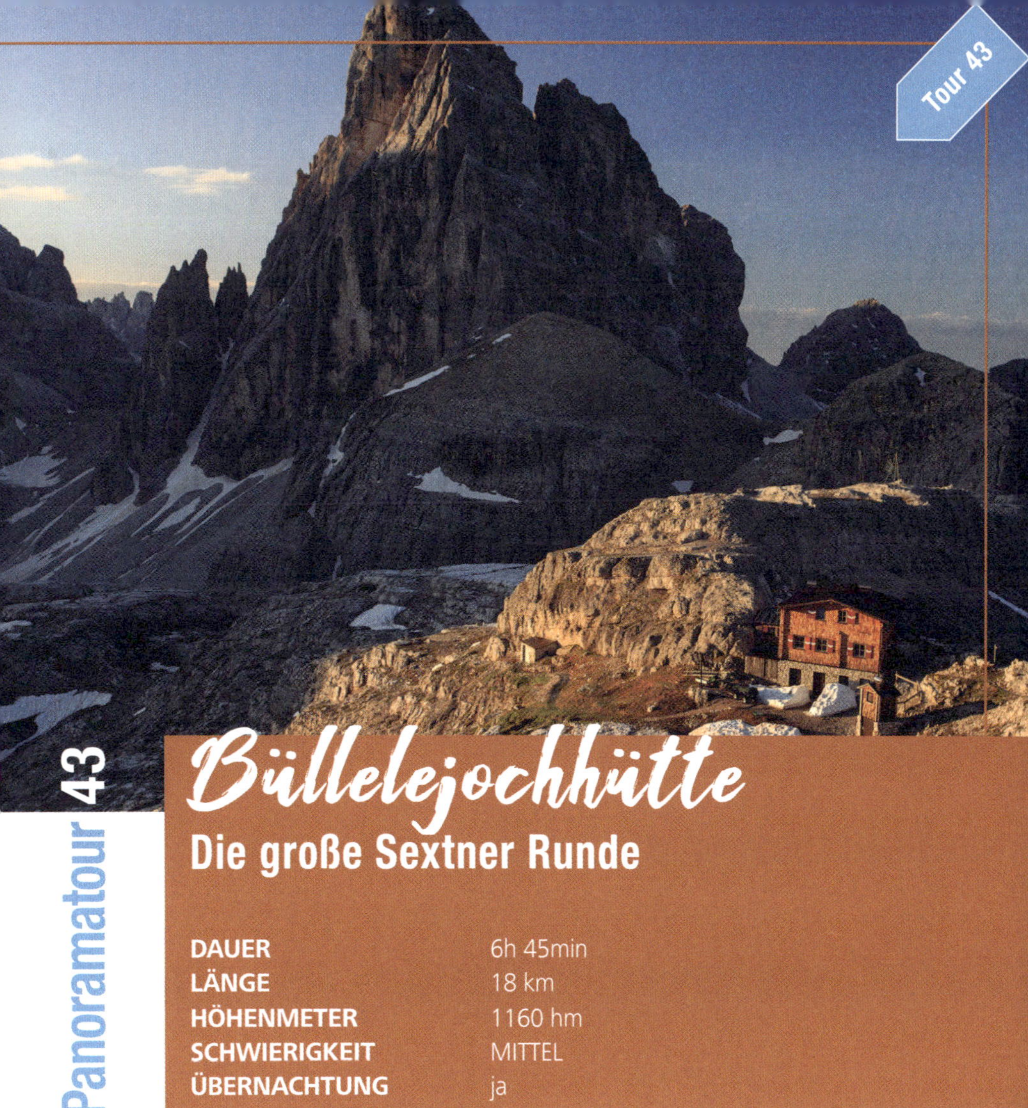

Panoramatour 43

Büllelejochhütte

Die große Sextner Runde

DAUER	6h 45min
LÄNGE	18 km
HÖHENMETER	1160 hm
SCHWIERIGKEIT	MITTEL
ÜBERNACHTUNG	ja

Das erwartet dich ...

Die lange Rundwanderung verläuft auf ordentlich markierten und viel begangenen Wegen. Aufgrund der Länge ist Ausdauer unbedingt von Nöten; aber auch Trittsicherheit wird an den schmäleren Bergsteigen abverlangt. Dafür bewegt man sich während der gesamten Tour in einer einmaligen Kulisse, die ständig neue, faszinierende Perspektiven auf die Bergwelt der Sextner Dolomiten gibt.

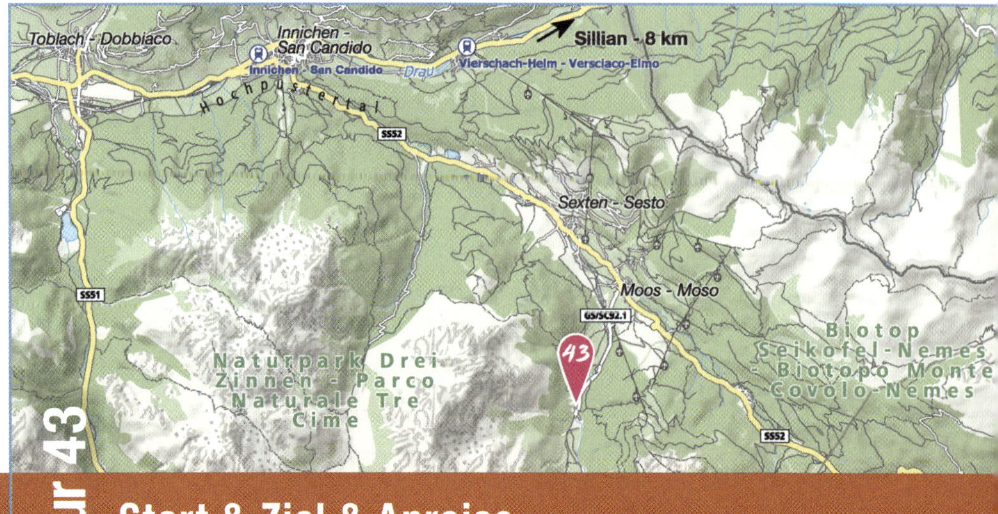

Panoramatour 43

Start & Ziel & Anreise

Der Ausgangspunkt der Wanderung ist der große Parkplatz am Fischleinboden. Von Sexten-Moos führt die Fischleinstraße hinauf zum Parkplatz. Hierfür fahren wir von der A22 über die SS49 und die SS52.

Tourenbeschreibung

Diese Wanderung ist der absolute Klassiker in den Sextner Dolomiten. Sie führt uns um den Einser. Der Wegverlauf bietet immer wieder neue, faszinierende Szenerien mit den Drei Zinnen als einem der Höhepunkte. Unterwegs bieten sich drei geschäftige, aber auch gemütliche Hütten zur Einkehr an. An schönen Tagen sind wir hier nicht alleine unterwegs. Das größere Problem als die Mitwanderer stellt wohl die Frage der Gehrichtung dar: mit oder gegen den Uhrzeigersinn? Beide Möglichkeiten sind reizvoll; beim Aufstieg durch das Altensteintal stehen die Drei Zinnen unter der Mittagssonne, wohingegen die Kulisse des Bacherntals mit Zwölfer, Elfer und Rotwand sich sehr schön in der Nachmittagssonne präsentiert.

Die Wanderung beginnt am großen Parkplatz im Fischleintal; beinahe eben wandern wir über den Fischleinboden zur Talschlusshütte, an der geschäftiges

Treiben herrscht. Hier steigen wir westlich ins Altensteintal an; an der Weggabelung bleiben wir geradeaus. Links von uns erheben sich die Nordwände vom Einser und den Oberbachernspitzen, im Talhintergrund erscheinen die bizarren Zackenprofile von Paternkofel und Toblinger Knoten. In der Senke zwischen den beiden Gipfeln steht die Drei-Zinnen-Hütte, die wir zuletzt in mäßigem Anstieg erreichen.

Wir folgen dem Weg weiter, unter dem mit zahlreichen Türmen und Zacken bestandenen Nordgrat des Paternkofels leicht hinab zur Bödenalpe und den beiden kleinen Seen. Den Geröllhängen und einer ausgetretenen Geröllspur folgend wandern wir steil hinauf ins Büllelejoch. Dabei begleitet uns ein herrlicher Blick zum wuchtigen Zwölfer. Nur wenige Gehminuten in nordöstliche Richtung befindet sich die Büllelejochhütte. Um die Hütte und in den Sextner Dolomiten stößt man immer wieder auf Spuren aus dem Ersten Weltkrieg wie Stellungen, Unterstände und Weganlagen. Das Projekt „Dolomiten ohne Grenzen" soll die Dolomiten nicht länger eine Barriere sein lassen, sondern ein Ort der Zusammenkunft und Freundschaft. 12 Klettersteige – historisch oder alpinistisch interessant – verbinden sich zu einer anspruchsvollen Rundtour, die den wohl längsten Via Ferrata Trail der Welt darstellt. Auf der Hütte können Bergführer gebucht werden, die Hüttenwirte sind gern dabei behilflich.

Ein Band, das aus dem Fels gesprengt wurde, bringt uns relativ eben zum Oberbachernjoch, an dem wir einen stimmungsvollen Blick auf die Felskulisse des Bacherntals genießen. Ebenso bleibt der Blick am breiten Rumpf des Elfer haften, von dem sich ein hoher Gratrücken Richtung Süden über den Zsigmondykopf und die Hochbrunnerschneid bis zum Monte Giralba hinzieht. Kaum zu übersehen ist auch der düstere Karwinkel des Inneren Lochs, durch den der Aufstieg zur Hochbrunnerschneid verläuft. An der Westflanke erhebt sich die mächtige Geröllterrasse des Elfers, über die der „Alpinisteig" führt. Diese wunderschöne Aussicht begleitet uns nun auf dem Weg hinab zur Zsigmondyhütte, die in unvergleichlicher Lage vor dem Zwölferkogel liegt.

Mehrere Schleifen ziehen sich nun über steile und steinige Hänge hinab zum Bacherntal und schließlich wandern wir hoch an seiner linken Flanke dahin. Ein letztes Mal steil hinab bis zur Weggabelung am Eingang ins Altensteintal. Wir laufen wieder an der Talschlusshütte vorbei zurück zum Parkplatz.

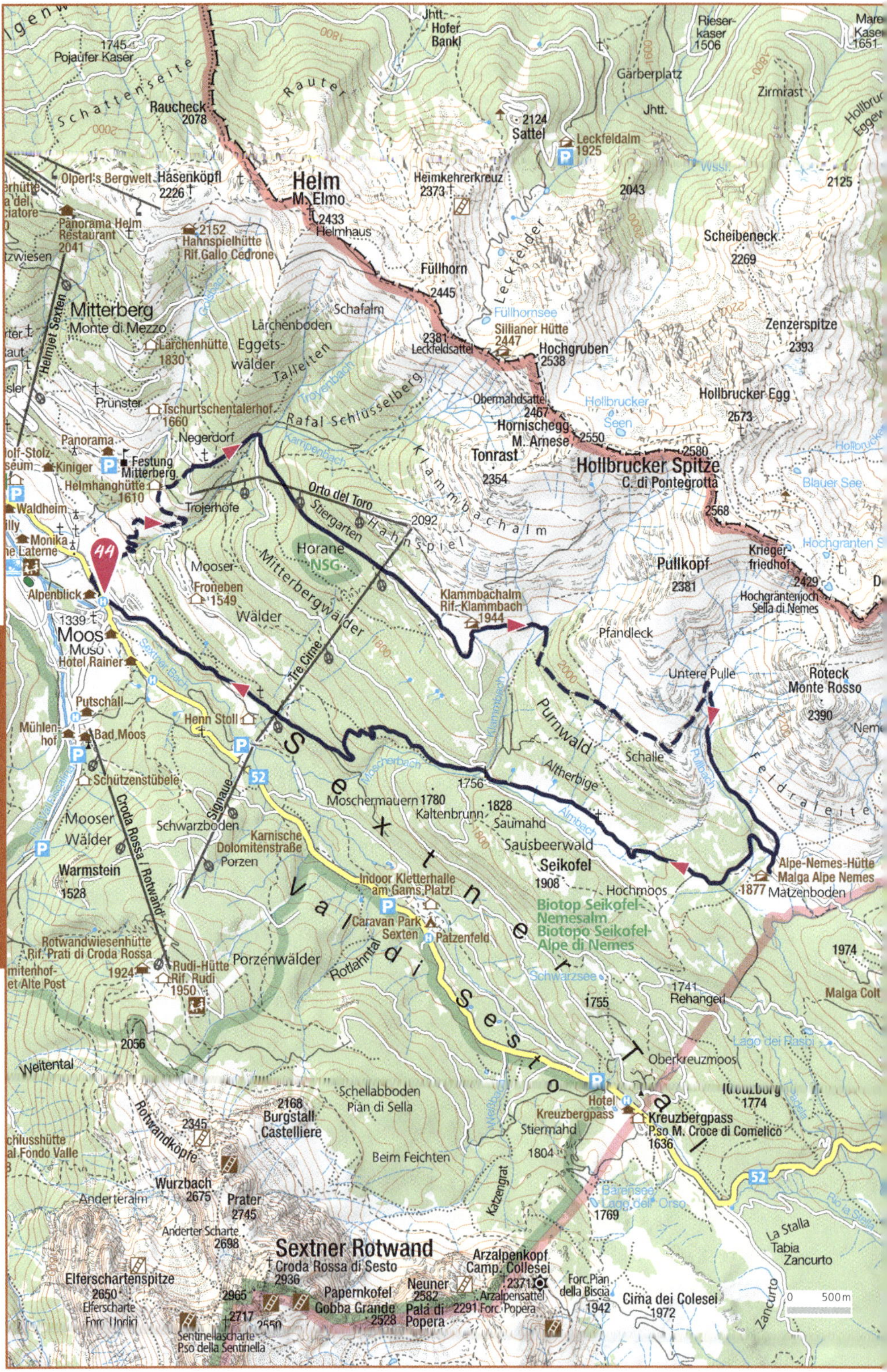

44

Pojaufer Kaser
1745
Schattenseite
Raucheck
2078
Rauter
Jhtt. Hofer Bankl
Rieser-kaser
1506
Gärberplatz
Zirmrast
Jhtt.
2124
Sattel
Leckfeldalm
1925
Olperl's Bergwelt
Hasenköpfl
2226
Helm
M. Elmo
2433
Helmhaus
Heimkehrerkreuz
2373
2043
2125
Panorama Helm Restaurant
2041
2152
Hahnspielhütte
Rif. Gallo Cedrone
Scheibeneck
2269
Füllhorn
2445
Leckfelder
Fühlhornsee
Schafalm
Mitterberg
Monte di Mezzo
Lärchenboden
Sillianer Hütte
2447
Zenzerspitze
2393
2381
Leckfeldsattel
Hochgruben
2538
Helmjet Sexten
Lärchenhütte
1830
Eggets-wälder
Talleiten
Trojenbach
Obermahdsattel
2467
Hollbrucker Seen
Hollbrucker Egg
2673
Prünster
Tschurtschentalerhof
1660
Rafal
Schlüsselberg
Hornischegg
M. Arnese
2550
2580
Panorama
Negerdorf
Kampenbach
Tonrast
2354
Hollbrucker Spitze
C. di Pontegrotta
Festung Mitterberg
Kiniger
Helmhanghütte
1610
Orto del Toro
Klammbachalm
Blauer See
Waldheim
Trojerhöfe
Stiergarten
Hahnspiel
2092
2568
Monika
Laterne
44
Horane
NSG
Mooser
Pullkopf
2381
Kriegerfriedhof
Hochgranten
Alpenblick
Froneben
1549
Mitterbergwälder
Klammbachalm
Rif. Klammbach
1944
2429
Hochgrantenjoch
Sella di Nemes
1339
Moos
Moso
Wälder
Pfandleck
Hotel Rainer
Tre Cime
1800
2000
Sextner Bach
Untere Pulle
Roteck
Monte Rosso
2390
Putschall
Klammbach
Purnwald
Henn Stoll
Mühlenhof
Bad Moos
Schalle
Pullbach
52
Signaue
Sextner Tal
Moscherbach
Altherbige
Feldraleite
Schützenstübele
1756
Moschermauern
1780
1828
Kaltenbrunn
Saumahd
Almbach
Croda Rossa / Rotwand
Mooser Wälder
Schwarzboden
Karnische Dolomitenstraße
Sausbeerwald
Seikofel
1908
Alpe-Nemes-Hütte
Malga Alpe Nemes
1877
Matzenboden
Warmstein
1528
Porzen
Indoor Kletterhalle am Gams Platzl
Hochmoos
Biotop Seikofel-Nemesalm
Biotopo Seikofel-Alpe di Nemes
Caravan Park Sexten
Patzenfeld
Val di Sesto
1974
Rotwandwiesenhütte
Rif. Prati di Croda Rossa
1924
Rudi-Hütte
Rif. Rudi
1950
Porzenwälder
Rotlahntal
Schwarzsee
Malga Colt
1741
Rehangerl
1755
2056
Lago dei Rasci
Weitental
Oberkreuzmoos
Schellabboden
Pian di Sella
Hotel Kreuzbergpass
1774
2168
Burgstall
Castelliere
Rotwandköpfe
2345
Stiermahd
Kreuzbergpass
P.so M. Croce di Comelico
1636
Schlusshütte
Rif. Fondo Valle
Beim Feichten
1804
Wurzbach
2675
Anderteralm
Prater
2745
Katzengrat
Bärensee
Lago dell' Orso
1769
La Stalla
Tabia Zancurto
Anderter Scharte
2698
Sextner Rotwand
Croda Rossa di Sesto
2936
Arzalpenkopf
Camp. Collesei
2371
Elferschartenspitze
2650
Elferscharte
Forc. Undici
2965
Papernkofel
Gobba Grande
2528
Neuner
2582
Pala di Popera
2291
Arzalpensattel
Forc. Popera
Forc. Pian della Biscia
1942
Cima dei Colesei
1972
Zancurto
2717
2550
Sentinellascharte
P.so della Sentinella
0 500 m

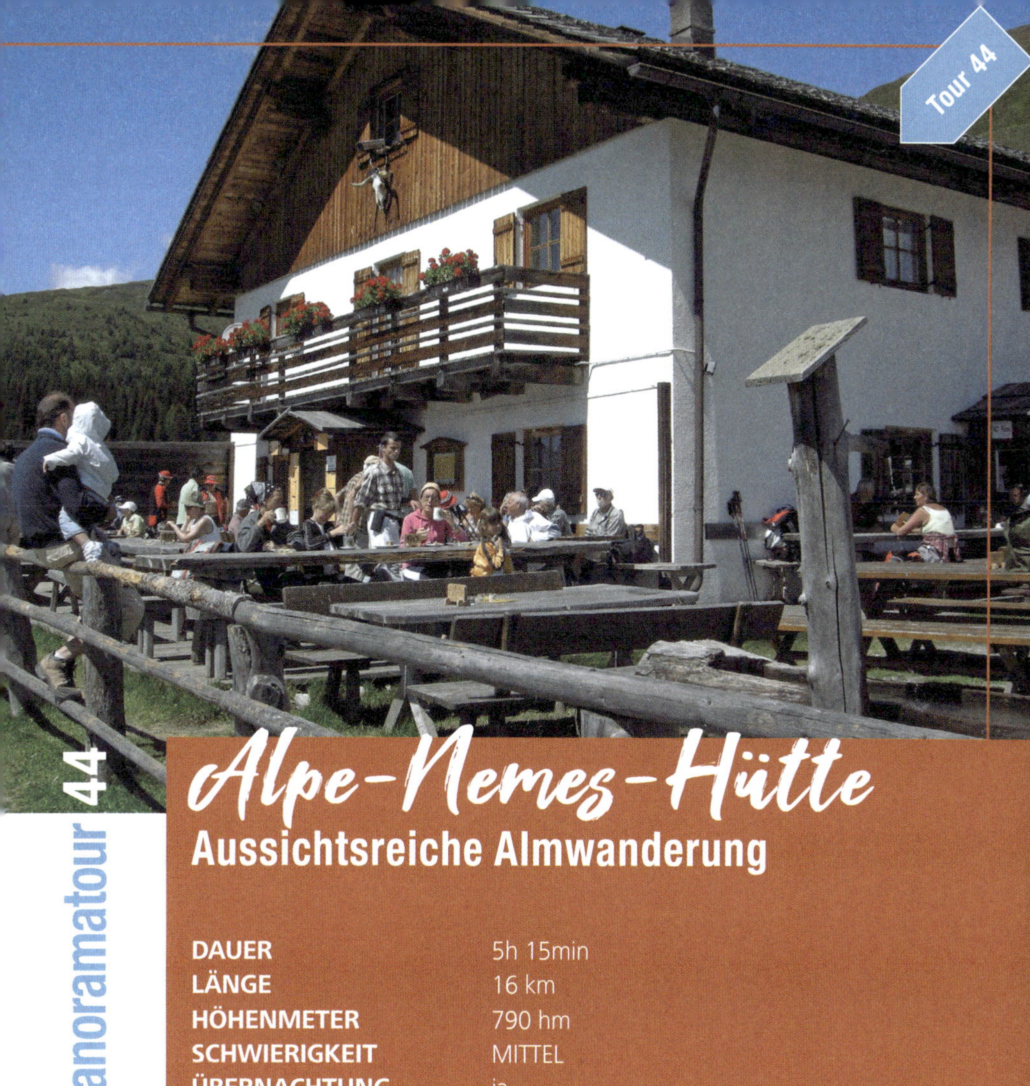

Tour 44

Panoramatour 44

Alpe-Nemes-Hütte

Aussichtsreiche Almwanderung

DAUER	5h 15min
LÄNGE	16 km
HÖHENMETER	790 hm
SCHWIERIGKEIT	MITTEL
ÜBERNACHTUNG	ja

Das erwartet dich ...

Die Rundwanderung führt uns über gute Almwege und teilweise auch Sandstraßen. Sie kann jedoch recht anstrengend werden, da fast 800 Höhenmeter überwunden werden müssen und die Tour mit ihren 16 km nicht gerade kurz ist. Auf der Wanderung erwarten uns die größten und schönsten Almflächen und die traumhafte Natur des UNESCO Weltkulturerbes der Sextner Dolomiten.

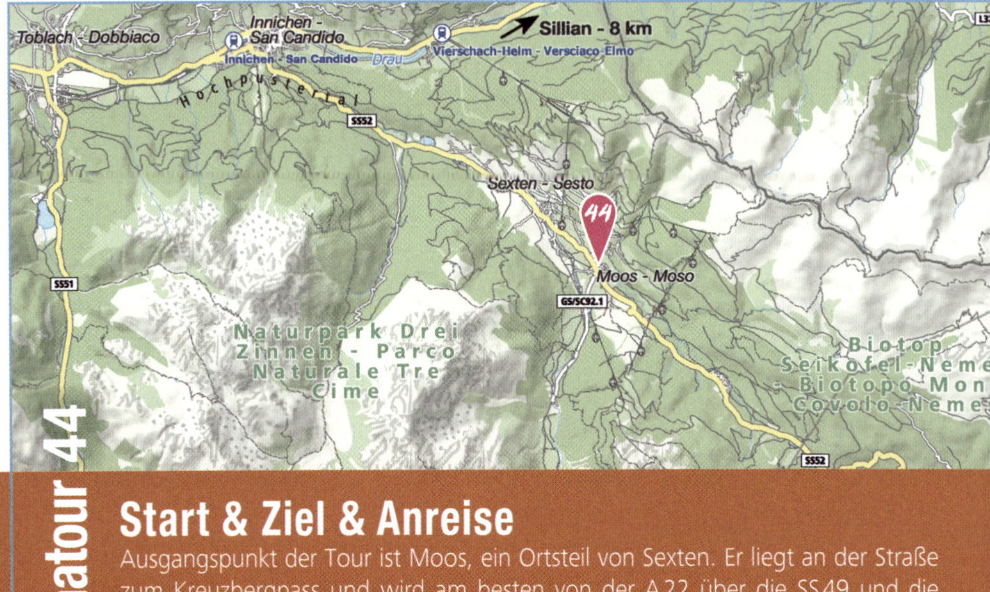

Start & Ziel & Anreise

Ausgangspunkt der Tour ist Moos, ein Ortsteil von Sexten. Er liegt an der Straße zum Kreuzbergpass und wird am besten von der A22 über die SS49 und die SS52 angefahren.

Tourenbeschreibung

Hier im Osten, nahe der Provinzgrenze unter dem Karnischen Hauptkamm, liegen die größten Almreviere von Sexten. Wer dem Kreuzbergpass einen Besuch abstattet, dem eröffnet sich erst so richtig die stille Schönheit dieses Landstriches mit seinen Lärchenwäldern und den weiten Almwiesen. Nahe der Nemesalm existiert ein ganz spezielles Biotop; das Hochmoor steht heute unter Naturschutz. Die Produkte aus der Almwirtschaft finden vielfach Verwendung in den Einkehrstationen: Milch, Käse, Butter oder Eier. Die Hütte selbst ist Sommers wie Winters ein Stützpunkt für die Hochloipe, Tourengehen, Bergsteigen oder einfach nur gemütliches Wandern. Zwischendurch gibt es Live-Musik – aufgespielt vom Wirt persönlich auf der Ziehharmonika.

Von Sexten-Moos steigen wir gleich zu Beginn einen steilen Weg über die Palmstatt hinauf zur Heimhanghütte. Nach einem kurzen Verweilen auf der Hütte in sehr schöner Lage wandern wir weiter bergwärts über Lärchenwiesen. Schließlich erreichen wir eine Erschließungsstraße, die uns in sanftem Anstieg in den Graben des Kampenbaches führt. Ein Wegweiser schickt uns über den Bach und nach links den bewaldeten Rücken des Stiergartens hinauf. Etwas flacher geht es dann weiter über freie Wiesenböden zur schön gelegenen Klammbachhütte (1944 m).

Nach der Hütte steigen wir abermals leicht hinauf bis zum Punkt auf einer Höhe von 2041 m. Wir umrunden das Pfandleck und gehen bis zum Graben des Pullbachs. Ein Fahrweg führt uns von hier hinab zur Alpe-Nemes-Hütte (1877 m), nahe der Provinzgrenze. Die Sandstraße zum Hochmoor bringt uns unter dem Seikofel entlang und durch die lichte Talmulde des Almbachs zu der Straßenspinne am Klammbach. Schilder weisen uns den Weg durch den Wald hinab und hinaus nach Sexten-Moos.

Eine alternative Route ist der Beginn der Almwanderung am Kreuzbergpass. Die Markierung Nr. 131 führt uns durch eine liebliche Hügellandschaft. Ab und an wechseln wir auf Waldstraßen bis zur Alpes-Nemes-Hütte. Der Fortweg führt – wie bereits beschrieben – über die Klammbachhütte und die Heimhanghütte, nur umgekehrt.

Immer im Blick auf der Runde: Die Sextener Dolomiten

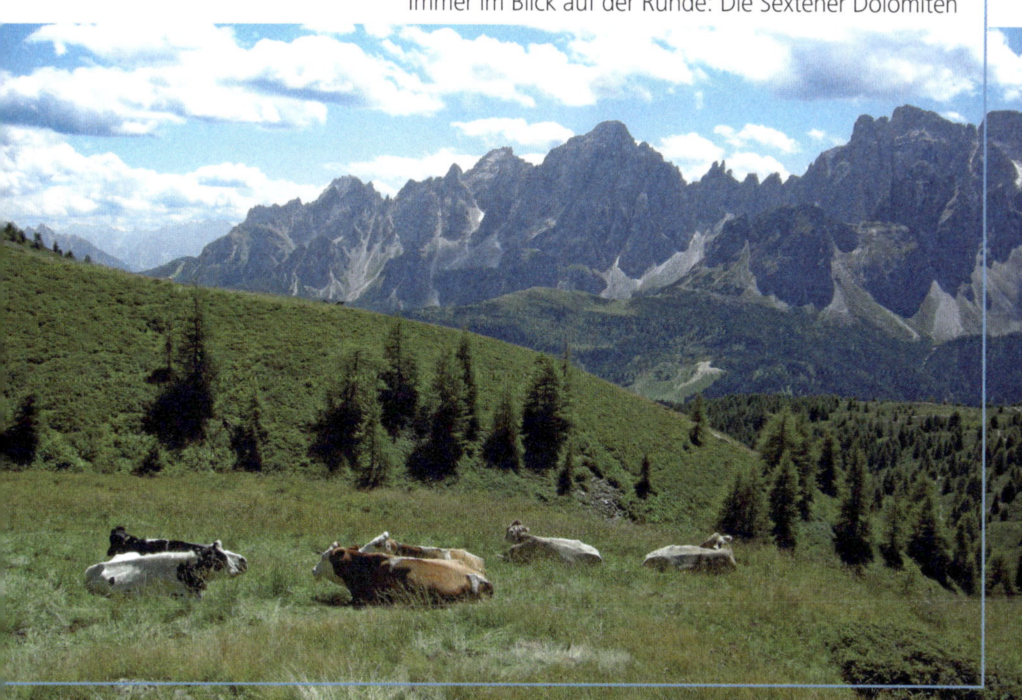

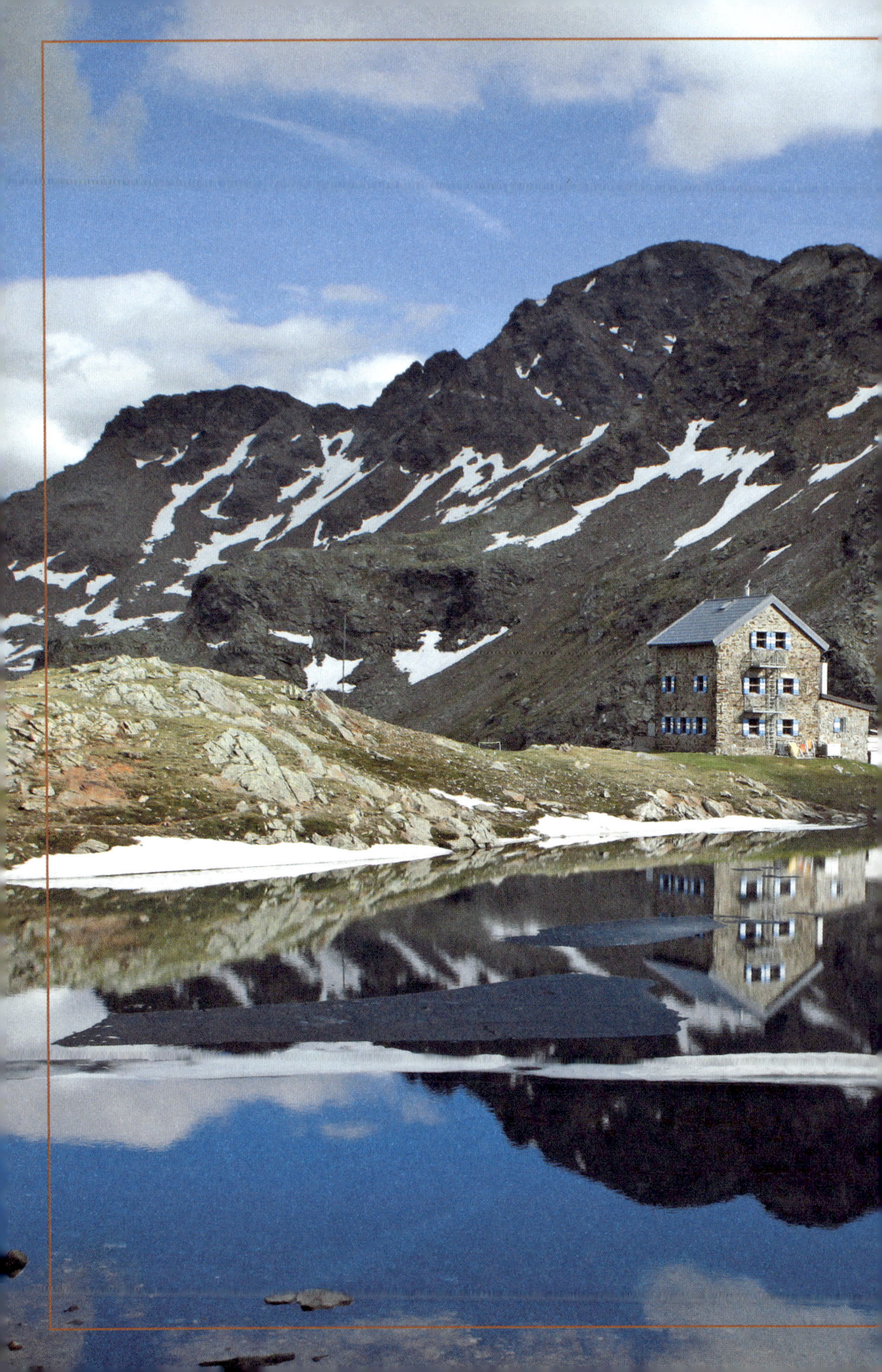

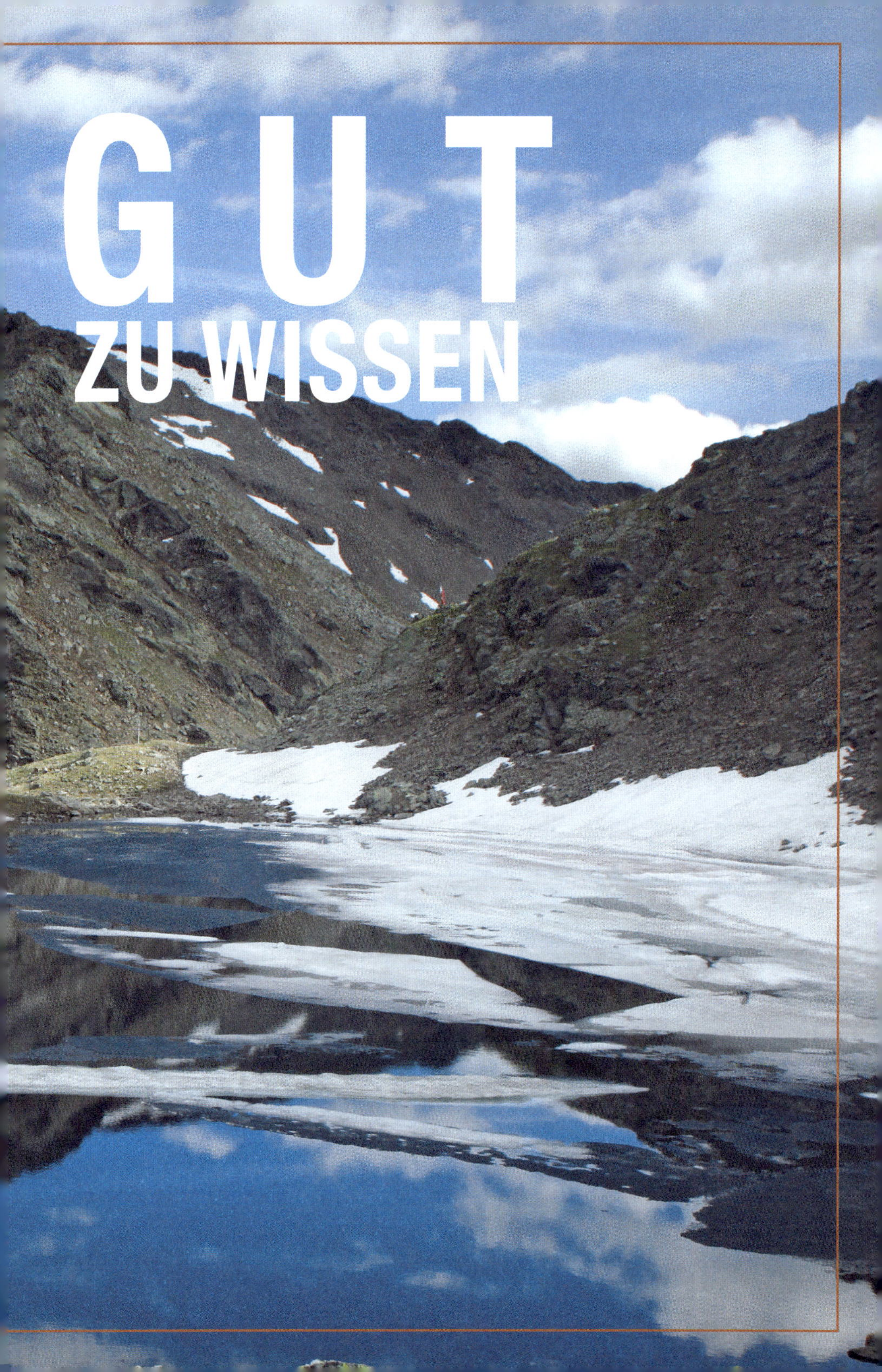
GUT ZU WISSEN

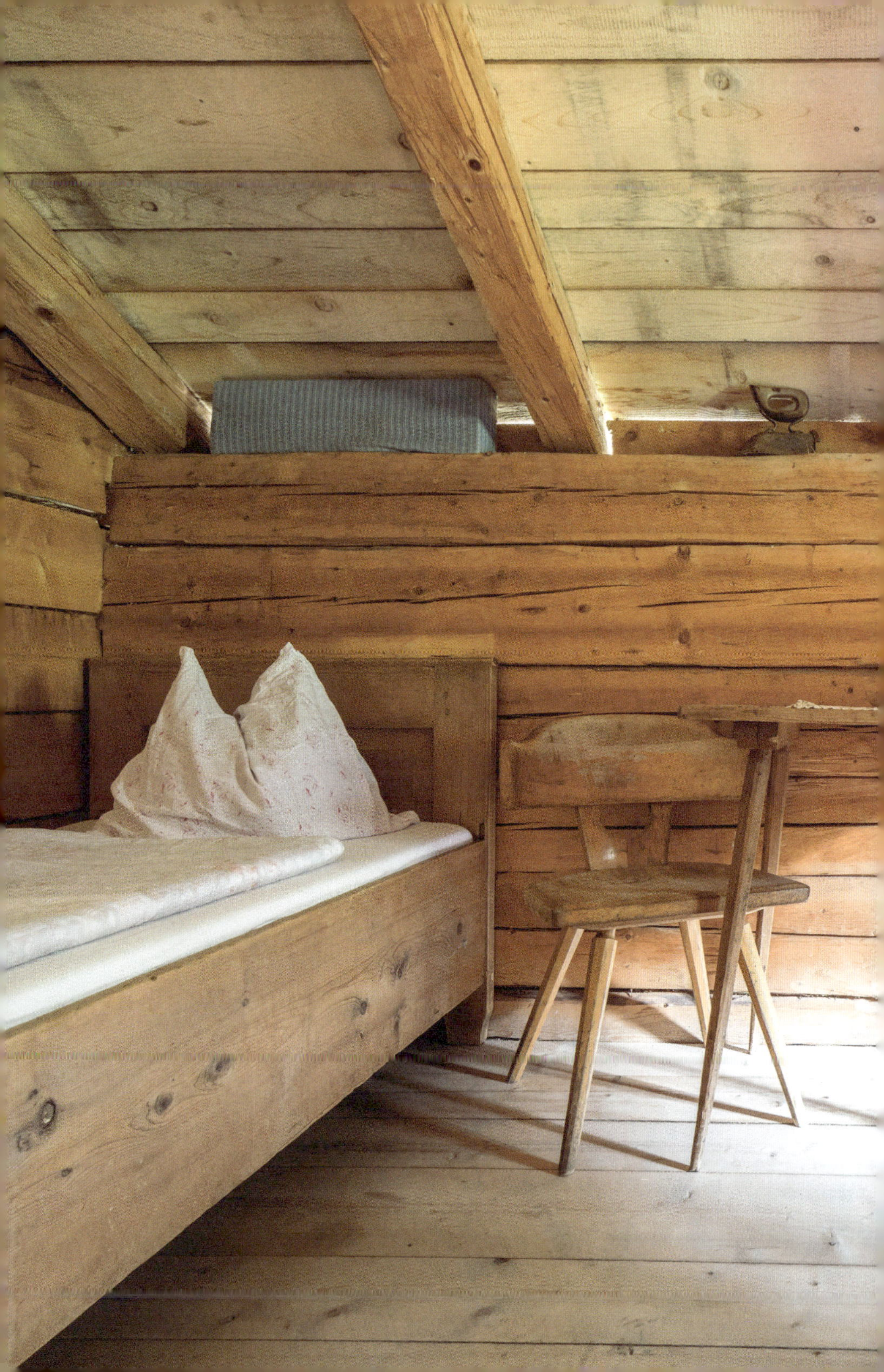

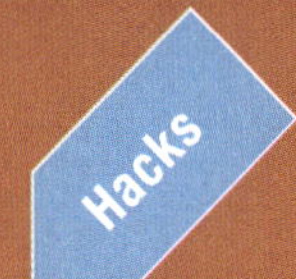

Unsere Hütten-Hacks

Es geht auch einfacher

HACKS

SCHNARCHALARM

Wer kennt es nicht? Du bist gerade eingeschlafen und dann geht das Schnarchkonzert los. Oropax sind das einzige und beste Mittel dagegen und helfen dir, die Nacht gut zu überstehen. Vorsorglich machst du sie gleich beim Zu-Bett-Gehen rein, dann steht deinem erholsamen Schlaf nichts mehr im Wege.

STIRNLAMPE

Die Stirnlampe ist ein wichtiger Begleiter beim Wandern, aber auch auf Hütten wird sie dir das Leben erleichtern: Wo war noch einmal das Klo? Ohne Stirnlampe wirst du den Weg wohl kaum finden, ohne jemanden aufzuwecken. Auch für Leseratten eignet sich das gedimmte Licht: So kannst du im Bett noch lesen, ohne dass sich deine Lager- bzw. Zimmer-Kameraden gestört fühlen.

TROCKENRAUM

Was riecht denn da so gut im Lager? Vermutlich der klassische Bergsteigerduft! Damit sich das ganze in Grenzen hält, dürfen müffelnde Bergschuhe nicht mit ins Schlaflager genommen werden. Extra für Bergschuhe im Sommer bzw. Skischuhe im Winter gibt es den Trockenraum, der in jedem Fall zu nutzen ist. Deine Lager- bzw. Zimmer-Kameraden werden es dir danken.

Endlich was Neues ausprobieren

Lust was Neues auszuprobieren?

WENN JA HABEN WIR EIN PAAR VORSCHLÄGE FÜR DICH.

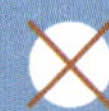

- **TÖRGGELEN:** Der Brauchtum im Herbst ist ein besonderes kulinarisches Highlight – bester Südtiroler Wein und traditionelle Gerichte wie die Gerstensuppe und Schlutzkrapfen warten auf dich!
- **MESSNER MOUNTAIN MUSEUM CORONES:** Dich erwartet ein Museum der Superlative auf dem Gipfelplateau des Kronplatzes auf 2275 Meter!
- **MOUNTAINBIKEN:** Südtirol ist ein Biker-Paradies, egal ob Vollprofi oder Anfänger, für jede und jeden ist hier etwas dabei. Gut zum Üben ist beispielsweise der Cir flow trail in Wolkenstein.
- **ERDPYRAMIDEN AM RITTEN:** Die bizarren Säulen aus Moränenlehm versetzen dich auf jeden Fall ins Staunen!
- **WEINKELLEREIEN:** Südtirol ist bekannt für seine guten Weine, die in zahlreichen Kellereien produziert werden. Erlebe bei Weinführungen und -verkostungen den Zauber dieses Handwerks.

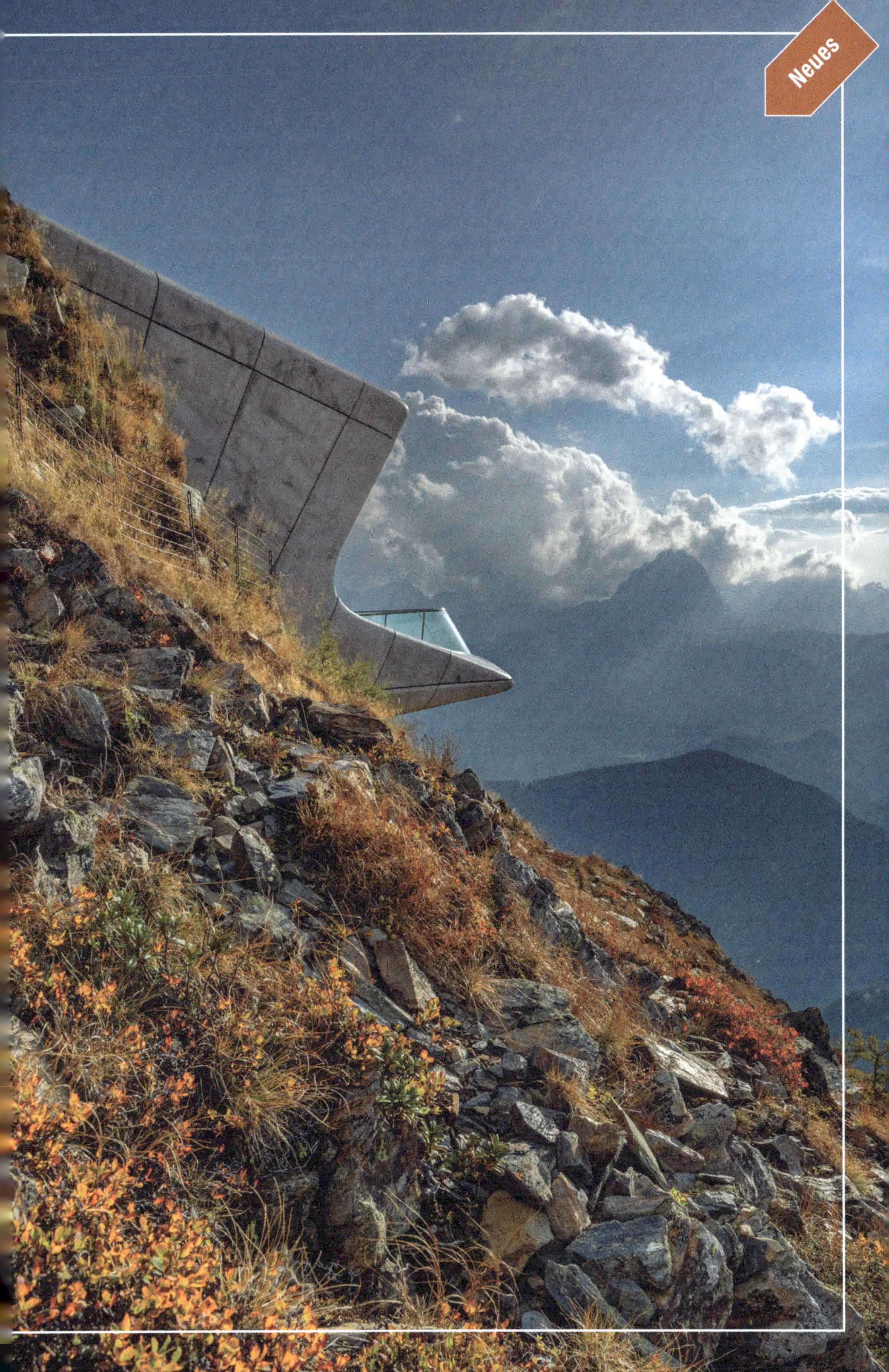
Neues

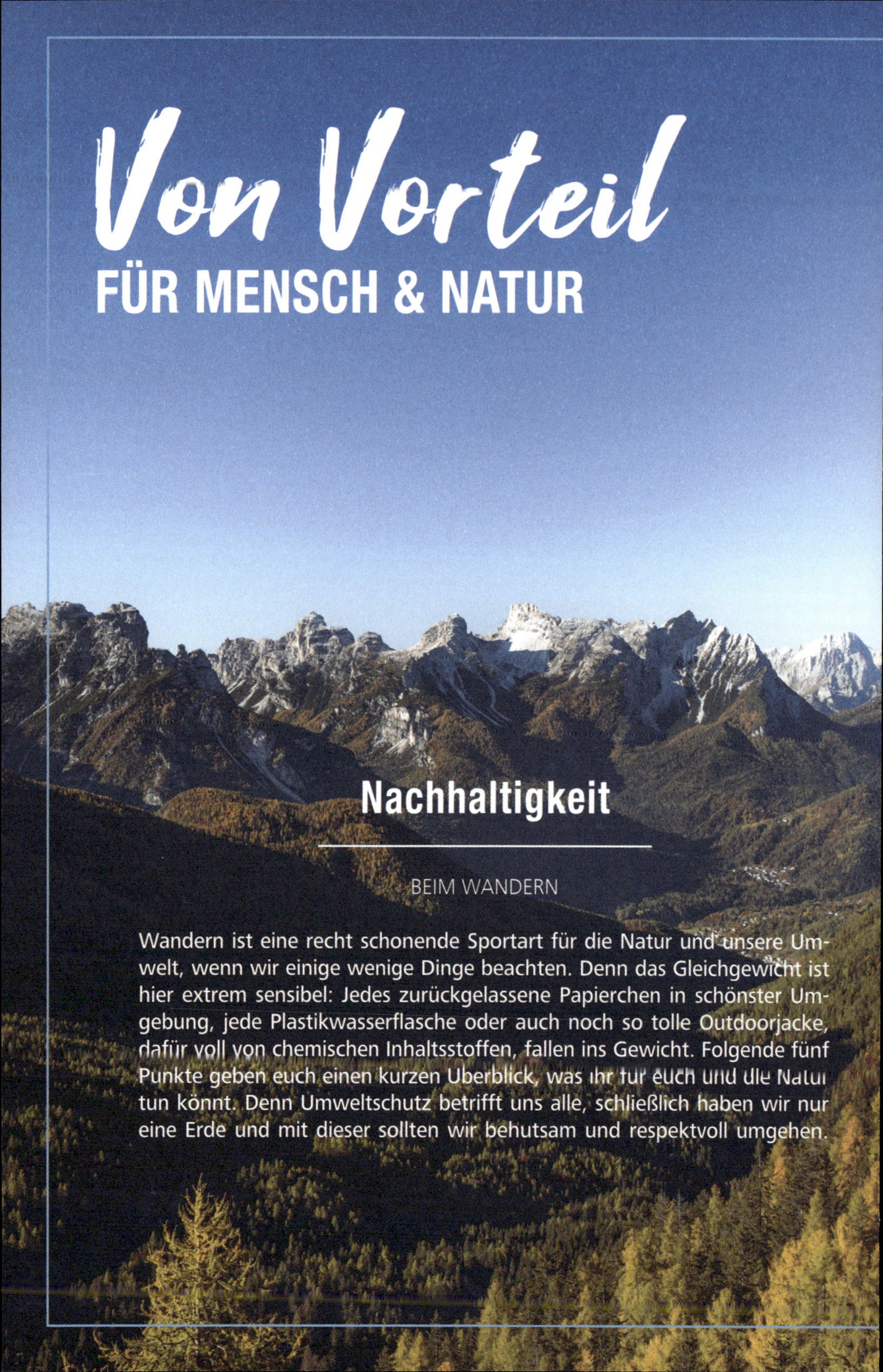

Von Vorteil

FÜR MENSCH & NATUR

Nachhaltigkeit

BEIM WANDERN

Wandern ist eine recht schonende Sportart für die Natur und unsere Umwelt, wenn wir einige wenige Dinge beachten. Denn das Gleichgewicht ist hier extrem sensibel: Jedes zurückgelassene Papierchen in schönster Umgebung, jede Plastikwasserflasche oder auch noch so tolle Outdoorjacke, dafür voll von chemischen Inhaltsstoffen, fallen ins Gewicht. Folgende fünf Punkte geben euch einen kurzen Überblick, was ihr für euch und die Natur tun könnt. Denn Umweltschutz betrifft uns alle, schließlich haben wir nur eine Erde und mit dieser sollten wir behutsam und respektvoll umgehen.

Und das kannst du machen …

Green-Guide

01 Nachhaltigkeit beginnt schon bei der Anreise: Je mehr Menschen mit dem Auto fahren, desto mehr CO_2-Ausstoß und desto mehr umweltschädlichen Gummiabrieb der Reifen gibt es. Doch viele Ausgangspunkte sind auch gut mit den öffentlichen Verkehrsmitteln zu erreichen. Also einfach mal das Auto stehen lassen. Oder Fahrgemeinschaften bilden.

02 Keine Einwegflaschen: Gerade das Trinken ist auf Wanderungen wichtig. Doch sollte man aus Rücksicht zur Natur und sich selbst zuliebe auf Einwegflaschen aus Plastik verzichten und lieber seine eigene Trinkflasche mitnehmen.

03 Kein Verpackungsmüll: Die Verpflegung für den Hunger zwischendurch ist mindestens genauso wichtig wie das Trinken. Brotdosen bieten sich zum Transport von Proviant an oder einfach alles in ein Bienenwachstuch einwickeln.

04 Wanderausrüstung leihen: Gerade beim Ausprobieren einer Sportart muss nicht gleich alles neu gekauft werden, was dann vielleicht im Keller landet. Manche Ausrüstungsgegenstände können auch erst einmal ausgeliehen werden. Auch ist es nicht notwendig, jedes Jahr ein neues Outfit zu kaufen. Achtet ihr schon beim ersten Kauf auf Qualität, macht sich das bemerkbar, denn qualitativ hochwertigere Produkte begleiten uns oft jahrelang.

05 Weniger ist mehr: Oft findet sich die schönste Natur in unmittelbarer Nähe. So muss es nicht immer die weit entfernte Gebirgskette sein. Auch Ziele, die aufgrund ihrer Bekanntheit an Wochenenden und in den Ferien total überlaufen sind, freuen sich über ein paar Besucher weniger. Weniger bekannte Ziele haben auch ihren Reiz und warten nur darauf, entdeckt zu werden.

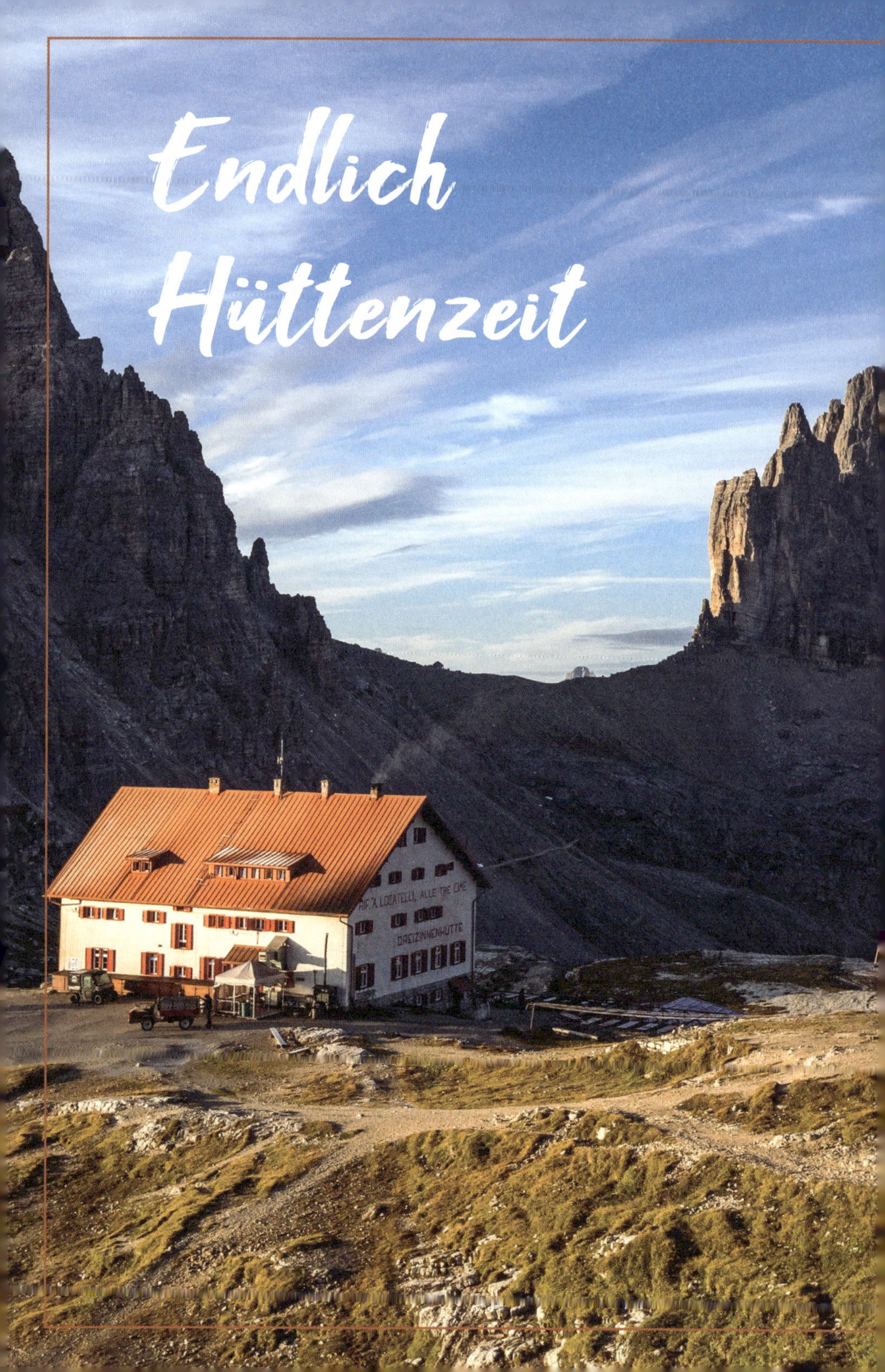
Endlich
Hüttenzeit

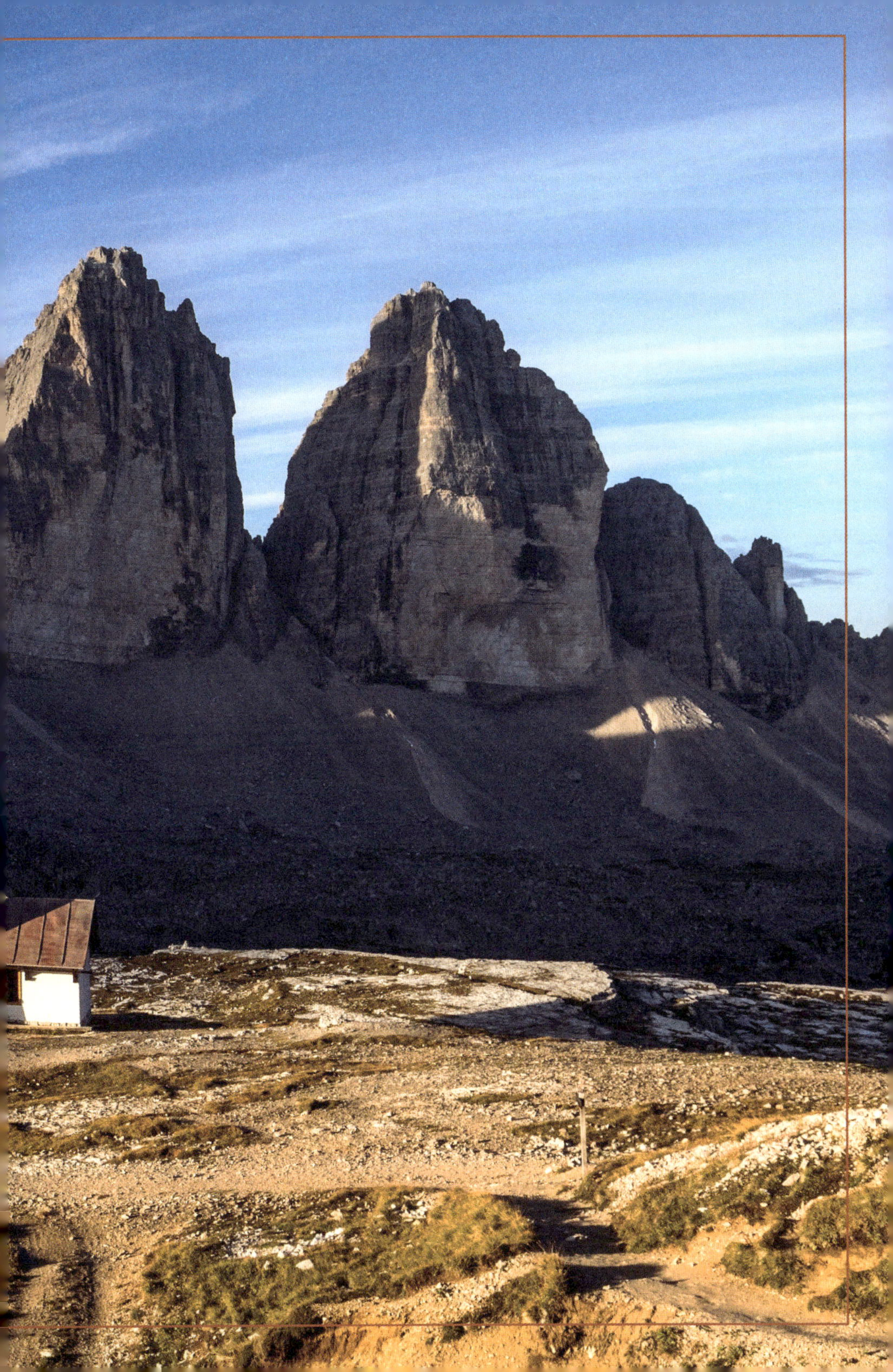

Karl-Kapferer-Straße 5, A-6020 Innsbruck

1. Auflage 2022 (22.01)
Verlagsnummer 3515
ISBN 978-3-99121-353-6

Konzept und Bildnachweis

Konzept & Gestaltung: © KOMPASS-Karten GmbH

Text: KOMPASS-Karten AutorInnen (s. Klappe)

Grafische & Kartografische Herstellung:
© KOMPASS-Karten GmbH

Kartengrundlage: © KOMPASS-Karten GmbH unter Verwendung von OpenStreetMap Contributers (www.openstreetmap.org)

Titelbild: Die Drei-Zinnen-Hütte; © Fabian Künzel

Cover Rückseite: Sonnenuntergang im Naturpark Drei Zinnen; © Shaiith Nowak Jacek - stock-adobe.com

Weiterer Bildnachweis:
S.2/3; S.43: © Smit Herbert Lorenzoni Photography
S.4/5: © Shaiith Nowak Jacek - stock-adobe.com
S.8/9; S.10/11; S.111: © Pichture You(r) Mind - stock-adobe.com
S.15: © 2018 Liubomir Paut - stock-adobe.com
S.16: © Halfpoint - stock.adobe.com
S.18; S.142/143: © Valeriy - stock.adobe.com
S.21; S.51; S.53; S.55; S.57; S.61; S.67; S.75; S.83; S.91; S.97; S.99; S.107; S.119; S.123; S.131; S.204/205: Franziska Baumann
S.22: © MOSTOVYE - stock.adobe.com
S.24/25; S.41; S.197: © Stefan - stock.adobe.com
S.27: © clara226 - stock.adobe.com
S.31: © Familie Reinstadler, Tabarettahütte
S.35: © Timon - stock-adobe.com
S.37: Manfred Föger
S.39: © Stefan Plangger
S.45: © ManfredGrandis - stock.adobe.com
S.47: © adomanski - stock-adobe.com
S.49: © Ina Ludwig - stock-adobe.com
S.59: © Karina Baumgart - stock-adobe.com
S.63; S.89: Mark Zahel
S.71: © Familie Lamprecht
S.79: © Verena Unterkofler, Voraner Alm
S.87: © Sigena Semmling
S.95: © Jana Erb - Kontrapixel
S.103: © Marion Schieder
S.115: © Tierser-Alpl-Hütte
S.126: Raphaela Moczynski und Hannes Kleindienst
S.135; S.137: © Hanna Gottschalk - stock.adobe.com
S.139: © VRD - stock.adobe.com
S.141: © blende11.photo - stock.adobe.com
S.145: © Fokke - stock.adobe.com
S.147: © Dominika - stock.adobe.com
S.149: © Artem - stock.adobe.com

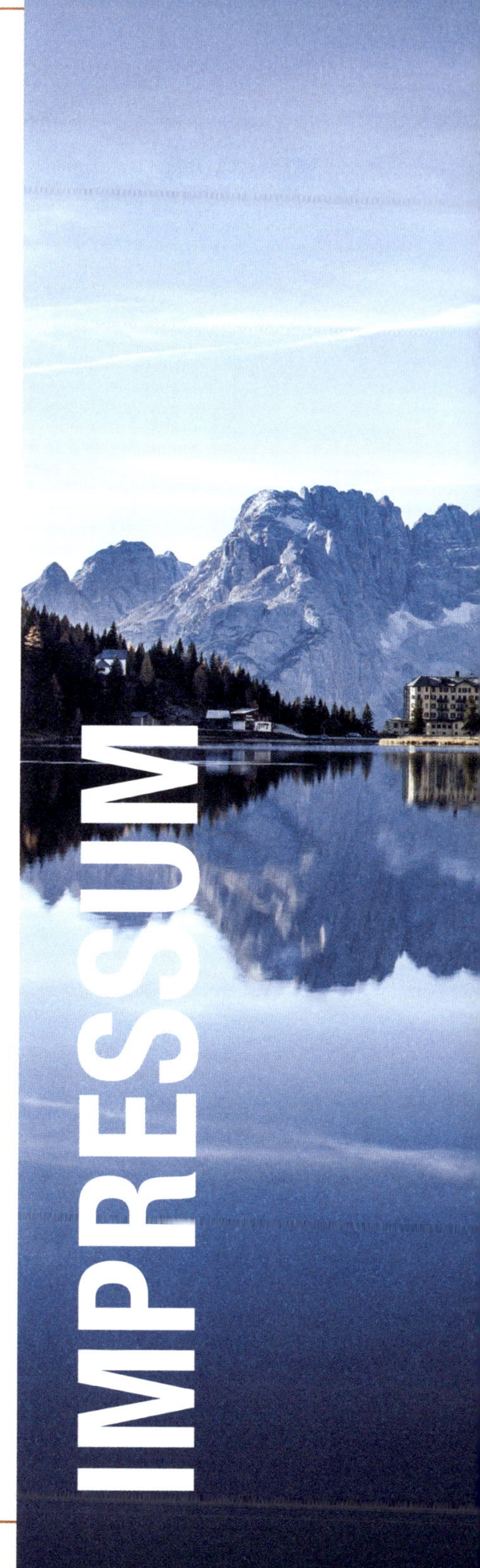

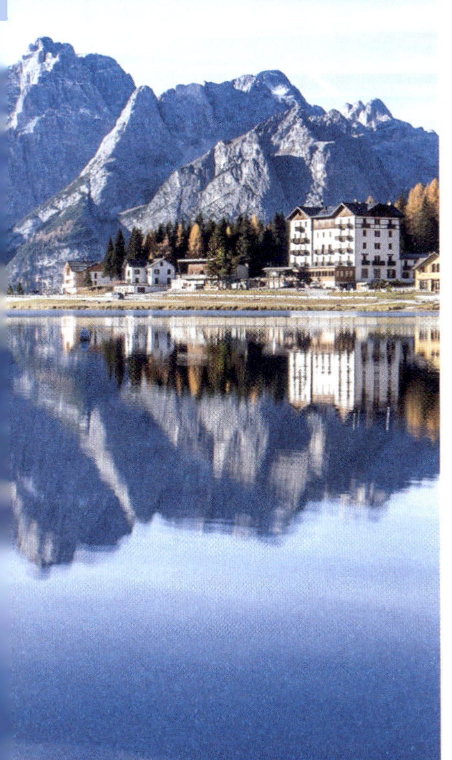

Weiterer Bildnachweis:
S.153; S.161; S.169; S.181; S.185; S.187; S.189; S.193; S.195; S.201; S.203: Eugen E. Hüsler und Manfred Kostner
S.155: © LianeM - stock.adobe.com
S.157: © Bildagentur-o - stock.adobe.com
S.159: © Chris - stock.adobe.com
S.163: © Franz Gerhard - stock.adobe.com
S.165: Michael Will
S.173: © christakramer - stock.adobe.com
S.175: © cmfotoworks - stock.adobe.com
S.177: © Chris - stock.adobe.com
S.179: © Vincenzo De Santis - stock.adobe.com
S.183; S.214/215: © Photofex - stock.adobe.com
S.191: © Matteo - stock.adobe.com
S.206: © Patrick Daxenbichler - stock.adobe.com
S.209: © ubeer@sharepointbase.de - stock.adobe.com
S.210: © Massimo - stock.adobe.com
S.212/213: © Frank Krautschick - stock.adobe.com

Alle Angaben und Routenbeschreibungen wurden nach bestem Wissen gemäß unserer derzeitigen Informationslage gemacht. Die Wanderungen wurden sehr sorgfältig ausgewählt und beschrieben, Schwierigkeiten werden im Text kurz angegeben. Es können jedoch Änderungen an Wegen und im aktuellen Naturzustand eintreten. Wanderer und alle Kartenbenützer müssen darauf achten, dass aufgrund ständiger Veränderungen die Wegzustände bezüglich Begehbarkeit sich nicht mit den Angaben in der Karte decken müssen. Bei der großen Fülle des bearbeiteten Materials sind daher vereinzelte Fehler und Unstimmigkeiten nicht vermeidbar. Die Verwendung dieses Führers erfolgt ausschließlich auf eigenes Risiko und auf eigene Gefahr, somit eigenverantwortlich. Eine Haftung für etwaige Unfälle oder Schäden jeder Art wird daher nicht übernommen. Für Berichtigungen und Verbesserungsvorschläge ist die Redaktion stets dankbar. Korrekturhinweise bitte an folgende Anschrift:

KOMPASS KARTEN GMBH
Karl-Kapferer-Straße 5, A-6020 Innsbruck
www.kompass.de/service/kontakt

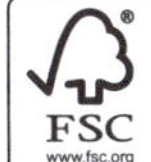

FSC
www.fsc.org
MIX
Papier aus verantwortungsvollen Quellen
FSC® C018236

Deine Orientierung

Hallo!
Ich bin deine Anleitung wie du zu den GPX-Tracks aus deinem neuen Buch kommst. Damit kannst du dir die Route in Wanderapps und Navigationsgeräte laden. Scann den QR-Code oder gehe auf folgende Website:

www.kompass.de/gpx

Für Navigationsgeräte und Apps haben wir auf unserer Webseite alle Touren im GPX-Format zum Download bereitgestellt:
Hier findet man alle weiteren Information. Einfach das richtige Produkt auf der Seite auswählen, die Daten herunterladen und auf das Zielgerät oder in die gewünschte App importieren.

Was ist ein GPX-Track? GPX ist ein Datenformat für Geodaten. Das Wort GPS steht für Global Positioning System (Globales Positionsbestimmungssystem). Mit einem GPX-Track bekommt man die rote Linie, also den Wanderpfad, als geografische Koordinaten.

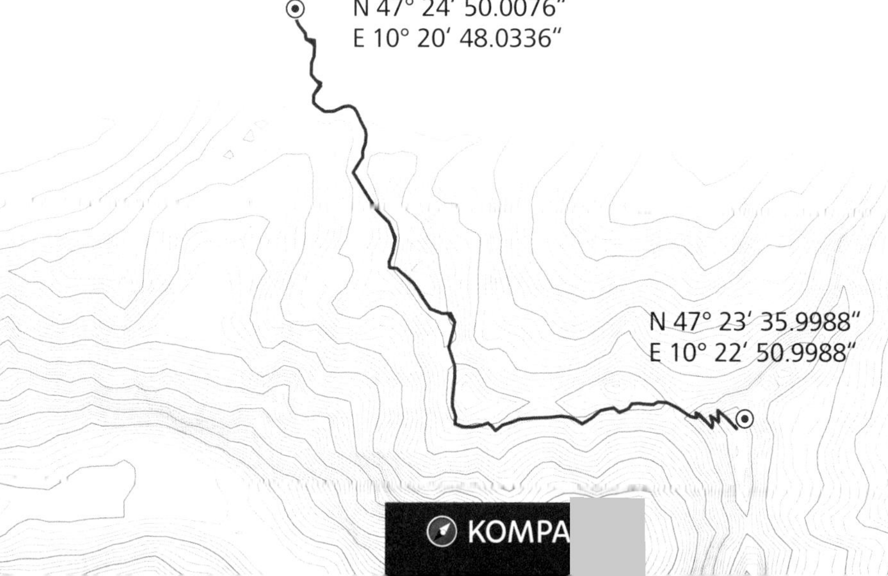